DIE LEHRE DES WACHSTUMS
in 3 Bänden

Band 1: C.W. Leadbeater: Astralebene, Mentalebene,
Träume, Hellsehen

Band 2: Annie Besant : Der Mensch und seine Körper,
Reinkarnation, Karma, Dharma

Band 3: I.K. Taimni: Selbsterziehung und Selbstverwirklichung

DIE LEHRE DES WACHSTUMS

BAND 1

C. W. Leadbeater

ASTRALEBENE
MENTALEBENE
TRÄUME
HELLSEHEN

F. Hirthammer Verlag München

Die Rechte der englischen Ausgaben dieser vier theosophischen Handbücher liegen bei The Theosophical Publishing House, Adyar, Indien.

ISBN 3-921288-56-8

Lieber Leser,

die drei Bände der LEHRE DES WACHSTUMS stellen Erkenntnisse und ein Wissen vor, das den esoterisch wenig bewanderten Lesern ziemlich phantastisch, ja teilweise unglaubwürdig erscheinen muß. Deshalb ein jetzt von der modernen Naturwissenschaft bestätigtes Beispiel, das nicht bloß die Größe und Entwicklung der Autoren ahnen – wirklich nur ahnen – läßt, sondern auch unmißverständlich die okkulte Forschung im Grundsätzlichen bestätigt und ihre Überlegenheit auf Gebieten zeigt, wo die Naturwissenschaft Milliarden ausgibt, aber bisher nur schrittchenweise vorwärts kommt.

1908, als man noch am Atombau-Modell herumrätselte und ein halbes Jahrzehnt bevor Niels Bohr sein Atom-Modell der Welt vorstellte, hatten C. W. Leadbeater und Annie Besant in OCCULT CHEMISTRY und später in anderen Büchern von sogenannten Grundatomen (Ultimate Physical Atoms), aus denen sich die Atomkerne zusammensetzen, berichtet. So hatte Leadbeater aus hellseherischer Sicht z.B. beim Wasserstoffatom festgestellt, daß dessen Kern – man bedenke, daß der Durchmesser des Kerns weniger als ein Billionstel Millimeter beträgt (jedes Elektronenmikroskop versagt erheblich früher) und daß Leadbeater außerdem die unvorstellbare Bewegung der Atome durch Psychokinese verlangsamen mußte, um überhaupt beobachten zu können – sich aus 18 solcher Grundatome zusammensetzt.

Inzwischen erfuhr diese mehrfach in Büchern niedergelegte Forschung mehrere Bestätigungen. So hatten z. B. 1964 die Forscher M. Gell-Mann und G. Zweig entdeckt, daß sich die subatomaren Elementarteilchen aus Grundeinheiten zusammensetzen. Für diese Grundeinheiten prägten sie den Namen „Quarks". Nach ihrer Auffassung bestand ein Proton aus drei solcher Quarks. Dann (veröffentlicht 1978) gelang es dem englischen Forscher, Dr. Stephen M. Phillips, neun solcher Ultimate Physical Atoms im Wasserstoffkern nachzuweisen. Heute sagte mir ein Professor für Kernenergie, daß mehr als neun dieser sogenannten Quarks, oder was man auch immer darunter versteht, vorhanden sein dürften.

München, 23. Juli 1980

Der Verleger

INHALTSÜBERSICHT

DIE LEHRE DES WACHSTUMS (BAND I)

ERSTES BUCH

C.W. Leadbeater

Die Astralebene

Ihre Szenerie, ihre Bewohner, ihre Phänomene

F. HIRTHAMMER VERLAG MÜNCHEN

Einleitung

Obwohl die meisten Menschen sich dessen nicht bewußt sind, verbringen wir doch unser ganzes Leben inmitten einer weiten, bevölkerten unsichtbaren Welt. Während des Schlafes oder im Trance-Zustand, wenn die normalen physischen Sinne für die Zeit außer Tätigkeit gesetzt sind, öffnet sich dem Menschen diese andere Welt bis zu einem gewissen Grade, und er bringt manchmal mehr oder weniger unbestimmte Erinnerungen von dem zurück, was er dort gesehen und gehört hat.

Wenn der Mensch bei dem Wechsel der Erscheinungsform, den er den Tod nennt, seinen physischen Körper ganz beiseite legt, dann ist es diese unsichtbare Welt, die ihn aufnimmt und in der er die langen Jahrhunderte hindurch lebt, die zwischen seinem Tode und seiner Wiederverkörperung in die Daseinsform, die wir kennen, verfließen. Bei weitem den größten Teil dieses langen Zeitraumes verbringt er in der Himmelswelt, der der zweite Teil dieses Buches gewidmet ist; was wir hier jedoch zu betrachten haben, ist der niedere Teil dieser unsichtbaren Welt, der Zustand, in welchen der Mensch unmittelbar nach dem Tode übergeht – der Hades oder die Unterwelt der Griechen, das Fegefeuer oder das Mittelreich des Christentums, der von den Alchimisten des Mittelalters die Astral-Ebene oder Astralsphäre genannt wurde. Der Zweck dieses Handbuches ist, die Mitteilungen und Aufschlüsse über dieses interessante Gebiet, die sich in der theosophischen Literatur zerstreut finden, zu sammeln und zu ordnen und sie durch neue Tatsachen, die uns zur Kenntnis gekommen sind, etwas zu ergänzen. Wir machen darauf aufmerksam, daß alle diese Zusätze nur das Ergebnis der Untersuchungen einiger weniger Forscher sind und deshalb in keiner Weise Autorität beanspruchen, sondern daß jeder ihren Wert selbst abschätzen muß. Anderseits hebe ich jedoch hervor, daß wir alle uns mögliche Mühe angewandt haben, genau zu sein, und daß keine Tasache, ob alt oder neu, in dieses Handbuch Aufnahme gefunden hat, die nicht von wenigstens zwei unabhängigen geschulten Forschern bezeugt und außerdem von älteren, uns an Kenntnis in diesen Dingen natürlich weit überlegenen Forschern als richtig anerkannt worden ist. Man kann daher hoffen, daß diese Berichte von der Astral-Ebene sich als zuverlässig erweisen werden, wenn sie auch auf Vollständigkeit keinen Anspruch erheben können.

In erster Linie muß man sich bei der Betrachtung der Astralsphäre darüber klar werden, daß sie absolut real, wirklich ist. Ich gebrauche hier das Wort Wirklichkeit natürlich nicht im Sinne des metaphysischen Standpunktes, wo alles, außer dem Einen, dem Unoffenbaren, unwirklich, weil vergänglich ist; ich verwende die Bezeichnung in ihrem gewöhnlichen alltäglichen Sinne und will damit sagen, daß die Dinge und die Bewohner der Astralsphäre genau so wirklich sind, wie unsere eigenen Körper, unsere Möbel oder unsere Häuser wirklich sind,

Sie sind ebensowenig ewig, wie die Dinge auf der physischen Ebene, aber sie sind nichtsdestoweniger von unserem Standpunkt aus wirklich, so lange sie da sind – es sind Wirklichkeiten, die wir nicht einfach deshalb unbeachtet lassen dürfen, weil die meisten Menschen von ihrem Dasein nichts wissen oder von ihnen nur ein sehr unsicheres Bewußtsein haben.

Es kann niemand die Lehren der Weisheits-Religion richtig verstehen, ehe er nicht wenigstens verstandesmäßig die Tatsache erfaßt hat, daß es in unserem Sonnensystem ganz bestimmte Ebenen oder Sphären gibt, von denen jede ihre eigene Materie von stufenweise verschiedener Dichtigkeit besitzt, und daß Menschen, die sich hierzu befähigt haben, einige dieser Sphären besuchen und erforschen können, gerade so wie man unbekannte Länder bereisen und erforschen kann; ferner, daß man durch Vergleichung der Berichte von Personen, die andauernd in diesen Sphären arbeiten, wenigstens ebenso befriedigende Beweise für deren Existenz und deren Natur erhalten kann, wie die, welche die meisten von uns von der Existenz und der Natur von Grönland oder Spitzbergen besitzen. Und gerade so wie jeder, der die Mittel hat und die Neigung, die Mühe auf sich zu nehmen, sich auf die Reise begeben und selbst Grönland oder Spitzbergen sehen kann, gerade so kann jeder, der sich entschließt und die Mühe auf sich nimmt, durch die dazu nötige Lebensweise sich hierfür zu befähigen, seinerzeit dahin gelangen, selbst diese höheren Sphären zu schauen.

Die Namen, die diesen Ebenen gewöhnlich gegeben werden, sind in der Reihenfolge ihrer Stofflichkeit, von den dichteren zu den feineren aufsteigend, folgende: Die physische, die Astral-, die Mental- oder Devachan-, die Buddhi- und die Nirwana-Sphäre oder Ebene. Es gibt noch zwei höhere, aber diese sind so hoch über unser jetziges Begriffsvermögen erhaben, daß wir diese zurzeit außer Betracht lassen können. Die Materie jeder dieser Sphären unterscheidet sich von der nächst tieferen in derselben Weise, wenn auch in einem weit höheren Grade, wie sich Dampf von festen Körpern unterscheidet; tatsächlich sind die feste, die flüssige und die gasförmige Materie nur Unterabteilungen derjenigen Materie, die zur physischen Ebene gehört.

Die Astral-Ebene, die ich hier zu beschreiben suchen will, ist die zweite dieser grossen Regionen der Natur – die nächste über (oder innerhalb) der uns allen vertrauten physischen Welt. Sie ist oft das Reich der Illusion, der

Täuschung, genannt worden; nicht daß sie selbst irgendwie illusorischer wäre als die physische, sondern wegen der außerordentlichen Unzuverlässigkeit der Eindrücke, welche der ungeschulte Seher von ihr zurückbringt. Dies rührt hauptsächlich von zwei charakteristischen Eigentümlichkeiten der Astralwelt her; erstens haben viele ihrer Bewohner eine wunderbare Fähigkeit, ihre Gestalten mit Proteus-artiger Geschwindigkeit zu wechseln und in praktisch unbegrenzt verschiedener Weise die zu verblenden und zu verwirren, mit denen sie ihr Spiel treiben wollen; und zweitens ist das Schauen auf dieser Ebene eine von dem physischen Sehen sehr verschiedene und eine viel erweiterte Fähigkeit als diese. Man sieht den Gegenstand sozusagen von allen Seiten auf einmal, die Innenseite eines festen Körpers ist dem Blick ebenso offen, wie die Außenseite; es ist daher klar, daß es einem unerfahrenen Besucher dieser neuen Welt viel Schwierigkeiten macht zu verstehen, was er in Wirklichkeit sieht, und noch größere, das Geschaute in der so sehr unzureichenden Sprache der gewöhnlichen Welt wiederzugeben.

Ein gutes Beispiel für die Art der Irrtümer, die geschehen können, ist die häufige Umkehrung der Zahlen, die der Seher vom Astrallicht abzulesen hat; er wird leicht 139 statt 931 lesen u. s. f. Wenn jedoch ein Schüler des Okkultismus durch einen fähigen Meister angeleitet wird, dann würde ein solcher Fall nur bei großer Hast oder durch Unachtsamkeit möglich sein, da ein solcher Zögling einen langen und vielseitigen Lehrkurs in der Kunst des genauen Schauens durchzumachen hat; der Meister oder vielleicht ein fortgeschrittener Schüler zeigt ihm immer neue täuschende Formen und fragt ihn: »Was siehst Du?« Jeder Irrtum in der Antwort wird alsbald berichtigt und seine Veranlassung erklärt, bis der Neuling nach und nach eine Sicherheit und Zuverlässigkeit in der Beurteilung der astralen Phänomene erlangt, die alles im physischen Leben Mögliche weit überschreitet.

Aber er muß nicht nur lernen, korrekt zu sehen, sondern auch, sein Erinnerungsbild von dem, was er gesehen hat, genau von einer Sphäre in die andere zu übertragen; und um ihm darin zu helfen, wird er geschult, sein Bewußtsein ohne Unterbrechung von der physischen Ebene zur astralen und mentalen und wieder zurück zu bringen; denn ehe er dies nicht fertig bringt, ist immer die Möglichkeit vorhanden, daß während der leeren Zwischenzeit, welche die Bewußtseinsperioden auf den verschiedenen Ebenen trennt, seine Erinnerung verzerrt wird oder ihm etwas entfällt. Sobald der Schüler die Fähigkeit erworben hat, sein Bewußtsein vollkommen klar durchzubringen, steht ihm die Benutzung aller astralen Fähigkeiten offen, und zwar nicht nur, wenn er während des Schlafes oder im Trancezustand sich außerhalb seines physischen Körpers befindet, sondern auch im gewöhnlichen wachen Zustand.

Bei manchen Theosophen besteht die Gewohnheit, verächtlich von der Astralregion zu sprechen, und sie halten sie der Beachtung ganz unwürdig. Doch scheint mir dies eine falsche Auffassung. Ganz gewiß, wonach wir zu trachten haben, ist das spirituelle Leben, und es würde für jeden Schüler verhängnisvoll sein, diese höhere Entwicklung zu vernachlässigen und sich mit der Erreichung des astralen Bewußtseins zufrieden zu geben. Bei einigen Menschen gestattet es ihr Karma, die höheren mentalen Fähigkeiten zuerst zu entwickeln – die Astralsphäre einstweilen sozusagen zu überspringen; aber dies ist nicht die Methode, die gewöhnlich von den Meistern der Weisheit bei ihren Schülern angewandt wird. Wo sie möglich ist, da erspart sie ohne Zweifel viele Schwierigkeiten, aber bei den meisten von uns haben die Fehler und Torheiten in der Vergangenheit einen solchen sprungweisen Fortschritt unmöglich gemacht; alles was wir hoffen können, ist, daß wir unsern Aufstieg langsam Schritt für Schritt erringen, und da unserer Welt der dichteren Materie diese astrale Sphäre zunächst liegt, so finden unsere ersten überphysischen Erfahrungen gewöhnlich in ihr statt. Sie ist daher für alle Anfänger in diesen Studien von großem Interesse, und ein klares Verständnis ihrer Geheimnisse ist von großer Wichtigkeit, nicht nur, um die uns sonst unerklärlich bleibenden Phänome in den Sitzungs-Räumen, Spukhäusern usw. zu begreifen, sondern auch um uns und andere vor möglichen Gefahren zu schützen.

Die erste Einführung in diese merkwürdige Welt ist bei verschiedenen Menschen sehr verschieden. Manche werden nur einmal in ihrem ganzen Leben unter ungewöhnlichen Einflüssen sensitiv genug, die Gegenwart einer ihrer Bewohner wahrzunehmen, und wenn sich dieses Erlebnis nicht wiederholt, kommen sie meistens zu dem Glauben, damals einer Halluzination zum Opfer gefallen zu sein; andere machen die Erfahrung, daß sie immer häufiger etwas sehen und hören, gegen das ihre Umgebung blind und taub ist; andere wieder – und das ist der bei weitem gewöhnlichste Fall – fangen an, mit immer größerer Klarheit sich dessen zu erinnern, was sie in jener anderen Region während des Schlafes gesehen und gehört haben.

Unter denen, welche sich speziell dem Studium dieses Gegenstandes widmen, versuchen einige das astrale Sehen durch Kristall-Schauen oder andere Methoden zu entwickeln, während die, welche den unschätzbaren Vorteil haben, sich der unmittelbaren Führung eines befähigten Lehrers zu erfreuen, meistens zuerst unter seinem speziellen Schutz diese Sphäre betreten; sie müssen dann die verschiedensten Prüfungen und Erfahrungen durchmachen, bis der Lehrer sich beruhigt fühlt, daß der Schüler gegen alle Gefahren und alle Schrecken, die ihm dort entgegentreten können, gefeit ist. Aber wie auch die vorbereitenden Schritte sich gestalten mögen, der

Zeitpunkt, da der Mensch das erstemal tatsächlich sich klar wird, daß wir uns alle fortwährend inmitten einer großen Welt voll aktiven Lebens befinden, von der freilich die meisten keine Ahnung haben, muß jedenfalls einen denkwürdigen Abschnitt in seinem Dasein bezeichnen.

So unendlich reich und mannigfaltig ist dieses Leben in der astralen Welt, daß der Neuling zunächst vollständig verwirrt wird; und selbst für den geübteren Forscher ist es keine leichte Aufgabe, alle Formen dieses Lebens zu klassifizieren und aufzuzeichnen. Wenn der Entdecker eines unbekannten tropischen Waldgebiets aufgefordert wird, nicht nur über das Land, das er durchstreift hat, einen umfassenden Bericht mit Einzelheiten über seine pflanzlichen und mineralischen Produkte zu geben, sondern auch über Gattung und Art aller der Myriaden Insekten, Vögel, Säugetiere und Reptilien, die er gesehen hat, dann mag er wohl vor der Größe seiner Aufgabe zurückschrecken; aber selbst dies hält keinen Vergleich aus mit der Schwierigkeit für den psychischen Forscher, denn in seinem Falle sind die Dinge noch viel komplizierter; zunächst durch die schwere Aufgabe, seine Erinnerung an das, was er gesehen hat, aus jener Sphäre vollständig und genau in unsere zu übertragen, und ferner dadurch, daß die gewöhnliche Sprache so sehr ungeeignet ist, das auszudrücken und zu schildern, was er zu berichten hat.

Wie dem auch sei – gerade wie der Forschungsreisende auf der physischen Ebene wahrscheinlich seinen Bericht über ein Land mit irgendeiner Art Beschreibung seiner Szenerie und seiner charakteristischen Merkmale beginnen wird, ebenso wird es sich empfehlen, diese flüchtige Skizze der Astralsphäre mit dem Versuch zu beginnen, eine Idee von der Szenerie zu geben, die den Hintergrund zu ihren wunderbaren und ewig wechselnden Lebens-Vorgängen bildet.

Doch hier tritt uns gleich von Anbeginn eine fast unüberwindbare Schwierigkeit in der Kompliziertheit des Gegenstandes entgegen. Alle, die auf jener Ebene volles Schauen besitzen, stimmen darin überein, daß der Versuch, bis jetzt ungeöffneten Augen ein lebendiges Bild dieser astralen Szenerie zu geben, dem Unternehmen gleicht, einem Blinden die entzückende Mannigfaltigkeit der Farbentöne eines Sonnenunterganges zu schildern – so genau und ausführlich die Beschreibung auch sein mag, es besteht keine Gewißheit, daß die dem Hörer vermittelte Vorstellung ein angemessenes Bild der Wirklichkeit ist.

Die Szenerie

Zunächst ist hervorzuheben, daß die Astral-Ebene sieben Abteilungen besitzt, die dem Grade der Stofflichkeit, wie dem Aggregatzustand seiner Materie nach verschieden sind. Obgleich die Armut der physischen Sprache uns zwingt, von höheren und niederen Abteilungen zu reden, so dürfen wir nicht in den Irrtum verfallen, sie (und ebenso die größeren Ebenen, von denen diese nur Teile sind) uns als besondere Gegenden im Raum vorzustellen, – als lägen sie übereinander, wie die Fächer eines Büchergestells, oder einander umschließend, wie die Schalen einer Zwiebel. Man muß sich darüber klar sein, daß die Materie jeder Ebene oder Unterebene die nächst tiefere Ebene oder Unterebene durchdringt, so daß hier auf der Oberfläche der Erde alle zusammen im selben Raum vorhanden sind, wenn auch die feineren Stoffarten sich weiter – in der Richtung von der Erdoberfläche fort – ausdehnen, als die gröberen.

Wenn wir also sagen, ein Mensch erhebt sich von einer Ebene oder Unterebene zu einer anderen, so denken wir uns dabei nicht, daß er sich überhaupt im Raum irgendwohin bewegt, sondern daß er sein Bewußtsein von einer Stufe auf eine andere versetzt, indem er allmählich für die Schwingungen der einen Stoffart unempfänglich wird und statt dessen anfängt, auf die einer höheren und feineren Art zu reagieren, so daß die eine Welt mit ihrer Szenerie und ihren Bewohnern langsam vor seinen Blicken verschwindet, während an ihrer Stelle eine andere, höhere allmählich aufdämmert.

Numerieren wir diese Abteilungen von der höchsten herabsteigend zur niedrigsten, dann finden wir, daß sie ihrer Natur nach in drei Klassen zerfallen: Die erste, zweite und dritte Abteilung bilden eine Klasse, die vierte, fünfte und sechste eine zweite, während die siebente, die niedrigste von allen, allein steht.

Die Verschiedenheit zwischen der Materie der einen dieser Klassen und der nächsten ist etwa mit dem Unterschied zwischen festen Körpern und Flüssigkeiten zu vergleichen, während die Verschiedenheit der Materie der Abteilungen innerhalb einer Klasse mehr der zwischen zwei Arten fester Körper entspricht, sagen wir der Verschiedenheit zwischen Stahl und Sand.

Wenn wir zunächst die siebente Abteilung beiseite lassen, können wir sagen, daß die vierte, fünfte und sechste als Hintergrund die physische Welt haben, mit allem, was dazu gehört, die Welt, in der wir leben. Das Leben auf der sechsten Abteilung ist einfach gerade so, wie unser gewöhnliches Leben auf dieser Erde, aber ohne den physischen Körper und seine Bedürfnisse. Beim Aufstieg durch die fünfte und vierte wird es weniger und weniger materiell und zieht sich immer mehr von unserer niederen Welt und ihren Interessen zurück.

Die Szenerie dieser niederen Abteilungen ist also die der Erde, wie wir sie kennen; aber in Wirklichkeit ist sie noch viel mehr; denn wenn wir sie, von diesem andersartigen Standpunkt aus, mit den astralen Sinnen betrachten, dann bieten selbst die rein physischen Gegenstände einen sehr verschiedenen Anblick. Wie schon erwähnt, der, dem die Augen vollständig geöffnet sind, sieht sie nicht von einem Gesichtspunkt aus, sondern von allen Seiten auf einmal, eine Tatsache, die schon an und für sich hinreichend verwirrend ist, und wenn wir noch hinzufügen, daß jedes Partikelchen im Innern eines festen Körpers ebenso vollständig und klar sichtbar ist wie die der Außenseite, dann wird man begreifen, daß unter solchen Umständen selbst die bekanntesten Gegenstände zuerst gar nicht wiederzuerkennen sind.

Und doch, wenn man einen Augenblick darüber nachdenkt, wird man einsehen, daß ein solches Schauen eine viel richtigere Wahrnehmung des Geschauten gibt, als das physische Sehen. Von der Astralsphäre aus betrachtet, erscheinen z. B. die Seiten eines gläsernen Würfels alle gleich groß, wie sie ja auch wirklich sind, während wir auf der physischen Ebene die entferntere Seite perspektivisch sehen – d. h. sie erscheint kleiner als die nähere, und das ist doch offenbar eine Täuschung. Diese charakteristische Art des astralen Schauens hat Veranlassung dazu gegeben, dieses ein Schauen in der vierten Dimension zu nennen, ein sehr sinnreicher, bezeichnender Ausdruck.

Zu diesen Ursachen der Verwirrung kommt noch eine Tatsache hinzu, durch welche die Dinge noch komplizierter werden, nämlich die, daß dieses höhere Schauen Stoffarten wahrnehmen kann, die zwar noch rein physisch, aber dennoch unter gewöhnlichen Bedingungen unsichtbar sind. Zum Beispiel alle kleinen Teilchen, die die Atmosphäre bilden, alle die verschiedenen Ausströmungen, die von jedem Ding, das lebt, ausgehen; ebenso vier verschiedene Grade noch feinerer Art physischer Materie, die in Ermangelung unterscheidender Namen alle als ätherisch bezeichnet werden müssen.

Diese letzteren bilden eine Art System für sich und durchdringen ungehindert alle andere physische Materie. Die Erforschung ihrer Schwingungen und die Art, wie verschiedene höhere Kräfte auf sie wirken, würde für sich allein ein weiteres Feld sehr interessanten Studiums für jeden Mann der Wissenschaft bilden, der das nötige Schauen für ihre Untersuchung besäße.

Wenn wir nun auch alles bisher Gesagte uns ganz klar vorstellen, so haben wir doch noch nicht die Hälfte der Schwierigkeiten des Problems vor Augen; denn wir haben es außer mit diesen neuen Formen physischer Materie, auch mit den noch zahlreicheren verwirrenden Unterabteilungen der astralen Materie zu tun. Zunächst müssen wir uns merken, daß jeder materielle Gegenstand, selbst jedes Partikelchen, sein astrales Gegenstück besitzt, und dieses Gegenstück selbst ist nicht ein einfacher Körper, sondern ist gewöhnlich in komplizierter Weise aus verschiedenen Sorten astraler Materie zusammengesetzt. Hierzu kommt noch, daß jedes lebende Geschöpf mit einer eigenen Atmosphäre umgeben ist, die gewöhnlich seine Aura genannt wird. Diese Aura ist beim Menschen selbst wieder ein faszinierender Gegenstand des Studiums für sich. Sie erscheint als ein ovaler leuchtender Nebel von sehr komplizierter Zusammensetzung; infolge ihrer Form ist sie manchmal das aurische Ei genannt worden.

Theosophen, die das Buch lesen, werden gewiß erfreut sein zu hören, daß der Schüler, schon auf den ersten Stufen seiner Entwicklung zum vollständigen Schauen, durch unmittelbare Beobachtung sich von der Zuverlässigkeit dessen überzeugen kann, was uns unsere große Begründerin,, Frau Blavatsky, über die »sieben Prinzipien im Menschen« gelehrt hat. Wenn er seinen Mitmenschen betrachtet, dann sieht er nicht nur seine äußere Erscheinung; er unterscheidet den ätherischen Körper von fast genau derselben Größe wie der physische, während er zugleich auch vollkommen deutlich sehen kann, wie das universelle Lebensfluidum aufgenommen und der individuellen Eigenart angepaßt wird,.wie es rosig leuchtend den Körper durchkreist und, wenn der Körper gesund ist, schließlich in seiner veränderten Form wieder von ihm ausstrahlt.

Der leuchtendste Teil der Aura, der vielleicht vor allem am leichtesten zu sehen ist, obwohl er zu einer feineren Art Materie gehört – zu der astralen, – ist der, welcher durch lebhaftes Aufblitzen immer wechselnder Farben die verschiedenen Begierden und Wünsche kennzeichnet, die von Augenblick zu Augenblick die Psyche des Menschen durchziehen. Dies ist der eigentliche Astralkörper.

Dahinter liegt der Mentalkörper, die Aura des niederen Verstandes, die aus einer noch feineren Art Materie besteht, der der Form-Stufen der Devachan-Ebene; ihre Farben wechseln nur in geringem Maße, je nach der Lebensführung der Menschen; sie kennzeichnen den Zug seiner Gedanken und die Anlagen und den Charakter seiner Persönlichkeit. Noch höher und unendlich viel schöner, sofern er sich schon deutlich entwickelt hat, ist das lebendige Licht des Kausalkörpers, des Trägers des höheren Selbstes, der die Stufe der Entwicklung des wahren Egos während seines Weiterschreitens von Geburt zu Geburt anzeigt. Aber um diese Auren sehen zu können, muß der Schüler selbstverständlich sein Schauen bis zu der Stufe entwickelt haben, zu welcher sie gehören.

Wer diese Dinge studieren will, wird sich viel Mühe sparen, wenn er sofort lernt, diese Auren nicht als bloße Ausstrahlungen anzusehen, sondern als die wirkliche Manifestation des Egos in den bezüglichen Sphären, – wenn er sich klar macht, daß das aurische Ei der wahre Mensch ist, nicht der in der Mitte kristallisierte physische Körper. Solange sich das wiederverkörpernde Ego auf der Ebene seiner wahren Heimat, in den formlosen Bereichen verbleibt, ist der Kausalkörper der Träger, den es bewohnt; steigt es jedoch in die Bereiche der Formen hinab, dann muß es sich mit deren Materie umkleiden, damit es in ihnen funktionieren kann; aus dem Stoff, den es so an sich zieht, bildet sich ihm sein devachanischer oder Verstandeskörper.

Ebenso, wenn er weiter zur Astralsphäre hinabsteigt, gestaltet er sich aus deren Materie den Astral- oder Begierden-Körper, wobei er natürlich die anderen Körper beibehält; bei seinem weiteren Abstieg zu der niedrigsten Ebene von allen bildet sich schließlich der physische Körper in der Mitte der eiförmigen Aura, die nun den vollständigen Menschen enthält.

Eingehendere Berichte über diese komplizierte Aura finden sich in anderen theosophischen Büchern. Aber das hier gesagte wird genügen, um zu zeigen, daß der Neuling sorgfältigen Studiums und vieler Übung bedarf, um sofort auf einen Blick die eine Aura von der andern zu unterscheiden, da sie alle denselben Raum einnehmen, wobei die feinere immer die gröbere durchdringt. Aber trotzdem ist die menschliche Aura, oder, gewöhnlicher noch, nur ein Teil von ihr, nicht selten der erste rein astrale Gegenstand, den ein Ungeschulter erblickt, obgleich das Gesehene in solchem Fall natürlich sehr leicht falsch gedeutet wird.

Wenn aber auch die *astrale* Aura mit dem Glanz ihrer Farbenblitze oft leichter in die Augen fällt, so besteht doch der Nerven-Äther und der ätherische Doppelkörper in Wirklichkeit aus einer viel dichteren, noch zur physischen Ebene gehörigen Materie, obgleich auch sie für das gewöhnliche Auge unsichtbar ist.

Wenn wir mit psychischem Blick den Körper eines neugeborenen Kindes untersuchen, so finden wir diesen nicht nur durchdrungen von astraler Materie jeden Grades der Dichtigkeit, sondern auch von den verschiedenen Graden des Äthers, und wenn wir uns die Mühe nehmen, die Linie der Entwicklung dieser inneren Körper bis zu ihrem Ursprung zurück zu verfolgen, dann finden wir, daß der letztere, der Ätherkörper, – die Form, in die der physische Körper hineingebaut wird, – von den Dienern der

Herren des Karma gestaltet wird, während die astrale Materie vom Ego selbst um sich angesammelt wurde, während es durch die Astral Ebene herabstieg, natürlich nicht bewußt, sondern automatisch.Der Ätherkörper ist aus allen verschiedenen Graden oder Arten des Äthers zusammengesetzt; ihr Verhältnis untereinander ist jedoch sehr verschieden und wird durch mehrere Faktoren bestimmt, z. B. durch die Rasse, die Unterrasse, den Typus des Menschen, wie auch durch sein individuelles Karma.

Wenn man bedenkt, daß diese vier Abteilungen der Materie aus zahlreichen Verbindungen bestehen, die ihrerseits wieder Gruppen bilden, die zu den „Atomen" der sogenannten chemischen „Elemente" zusammentreten, dann wird man erkennen, daß dieses zweite „Prinzip" des Menschen sehr kompliziert und die Anzahl seiner möglichen Variationen praktisch unendlich groß ist; infolgedessen können die Wesen, denen es zukommt, so kompliziert und ungewöhnlich auch eines Menschen Karma sein mag, doch ein Modell wählen, nach welchem ein genau für ihn passender Körper sich gestalten läßt.

Wenn man von der Astralsphäre aus auf physische Materie blickt, so ist bemerkenswert noch ein anderer Punkt: wenn das höhere Schauen voll entwickelt ist, dann hat es die Fähigkeit, das Bild der winzigsten Partikelchen in jedem gewünschten Maße zu vergrößern, gerade wie durch ein Mikroskop; nur ist die Möglichkeit der Vergrößerung unendlich viel stärker als die eines Mikroskops, das je hergestellt worden ist oder wohl je hergestellt werden wird. Die hypothetischen „Moleküle" und „Atome" der Wissenschaft sind für den okkulten Forscher sichtbare, wirkliche Dinge, nur erkennt dieser, daß sie von viel komplizierterer Natur sind, als der Mann der Wissenschaft bis jetzt entdeckt hat. Hier bietet sich wiederum ein weites Feld des Studiums von hinreißendem Interesse, dem man sehr leicht einen ganzen Band widmen könnte. Wenn ein wissenschaftlicher Forscher dieses astrale Schauen in ganzer Vollkommenheit erwürbe, dann würden nicht nur seine Experimente mit den gewöhnlichen bekannten Phänomenen unendlich erleichtert, er würde auch vollständig neue Gebiete der Erkenntnis sich vor ihm ausbreiten sehen, zu deren Durchforschung eine ganze Lebenszeit nicht ausreichen würde.

Durch die Entwicklung dieses Schauens würde er z. B. mit etwas sehr Merkwürdigem, Schönem und Neuem bekannt werden, nämlich mit Farben, die anders und ganz verschieden von denen des gewöhnlichen Spektrums sind und über diese Palette hinausgehen; die ultraroten und ultravioletten Strahlen, die die Wissenschaft auf anderm Wege entdeckt hat, sind dem astralen Schauen vollständig wahrnehmbar. Wir dürfen uns jedoch nicht gestatten, diesen faszinierenden Nebenwegen weiter zu folgen, sondern müssen zu unserem Versuch zurückkehren, eine ungefähre Vorstellung von dem allgemeinen Aussehen der Astral-Ebene zu vermitteln.

Obgleich die gewöhnlichen Dinge der physischen Welt, wie schon bemerkt, den Hintergrund für das Leben auf gewissen Stufen der Astral-Ebene bilden, so wird es inzwischen doch klar geworden sein, daß so viel mehr von ihrer wirklichen Erscheinung und ihren charakteristischen Eigentümlichkeiten zu sehen ist, daß ihr allgemeiner Eindruck weit von dem uns gewohnten abweicht.

Um sich dies klar zu machen, nehmen Sie als Beispiel einen ganz einfachen Gegenstand, einen Felsen. Mit geschultem Blick betrachtet, ist er nicht mehr als eine tote Masse von Stein. Vor allem ist die ganze physische Masse des Felsen zu sehen, anstatt eines nur kleinen Teiles; sodann sind die Schwingungen seiner physischen Partikel wahrnehmbar; drittens sieht man, daß er ein astrales Gegenstück besitzt, das aus verschiedenen Graden astraler Materie besteht und dessen Partikel ebenfalls in fortwährender Bewegung sind; viertens kann man das universelle Leben in ihm kreisen und von ihm ausstrahlen sehen: fünftens erblickt man eine Aura, die ihn umgibt, wenn diese sich auch natürlicher Weise nicht soweit ausdehnt, wie im Fall der höheren Reiche; sechstens sieht man, wie die ihm eigene Elementar-Essenz ihn durchdringt, immer tätig ist und sich immer verändernd. Im Falle des Pflanzen-, Tier- und Menschen-Reichs ist natürlich dies Bild ein noch viel komplizierteres.

Manche Leser werden hier vielleicht dagegen einwenden, daß von den meisten psychisch Veranlagten, die gelegentlich Blicke in die astrale Welt tun können, das Geschaute lange nicht so kompliziert beschrieben wird; auch in den „Séancen" werde von den Wesen, die sich dort manifestieren, solche Kompliziertheit nicht berichtet. Aber das ist leicht zu verstehen. Wenige ungeschulte Personen, ob lebend oder schon gestorben, sehen ohne sehr lange Erfahrung die Dinge, wie sie wirklich sind; selbst die, welche vollständig schauen können, sind oft zu sehr geblendet und verwirrt, um alles zu verstehen und im Gedächnis zu behalten; und unter den wenigen, die beides können – sehen und erinnern –, ist kaum einer, der das Erinnerte in die Sprache unserer niederen Ebene übersetzen kann. Viele ungeschulte psychisch Begabte untersuchen überhaupt niemals ihre Visionen wissenschaftlich; sie empfangen einfach einen Eindruck, der ganz genau und richtig sein kann, vielleicht aber auch nur halb richtig oder selbst ganz irreführend ist.

Die letzte Möglichkeit wird um so wahrscheinlicher, wenn wir die Streiche in Betracht ziehen, die von mutwilligen Bewohnern der anderen Welt oft gespielt werden und gegen welche der Ungeschulte absolut wehrlos ist. Sodann muß man im Auge behalten, daß den gewöhnlichen Bewohnern der Astral-Ebene, seien es Menschen oder Elementale, der Regel nach nur die Dinge dieser Ebene bewußt sind; die physische Materie ist ihnen ebenso vollständig unsichtbar, wie die Astral-Materie der Mehrzahl der Menschen. Da, wie bemerkt, jeder physische Körper sein astrales Gegenstück besitzt, das ihnen sichtbar sein *würde*, so mag man vielleicht denken, daß dieser Unterschied unbedeutend ist; aber er ist doch wesentlich für die richtige, symmetrische Auffassung des Gegenstandes.

Wenn jedoch ein Astralwesen beständig durch ein Medium wirkt, so können die feineren Astralsinne allmählich sich so vergröbern, daß sie für die höheren Grade der Materie ihrer eigenen Ebene unempfindlich werden und anstatt dessen die physische Welt in ihren Sehkreis aufnehmen; aber nur der geschulte Besucher, der aus dem diesseitigen Leben kommt und auf beiden Ebenen voll bewußt ist, kann sich darauf verlassen, beide gleichzeitig klar zu sehen. Die Sache ist also wirklich sehr kompliziert und nur, wenn sie völlig durchschaut und wissenschaftlich entwirrt wird, ist man gegen Betrug oder Irrtum vollständig sicher.

Für die siebente, die niedrigste Abteilung der Astralsphäre, bildet unsere physische Welt ebenfalls sozusagen den Hintergrund, obgleich das, was man sieht, nur ein verzerrtes und beschränktes Bild von ihr ist, denn alles Freundliche, Gute und Schöne scheint dem Blick entzogen. Schon vor viertausend Jahren hat der Schreiber Ani dies in einem ägyptischen Papyrus ebenso beschrieben: Was für eine Gegend ist dies, in die ich gelangt bin? Sie hat kein Wasser, sie hat keine Luft, sie ist tief, unergründlich, sie ist schwarz wie die schwärzeste Nacht und die Menschen irren hilflos in ihr umher; in ihr kann ein Mensch nicht mit Ruhe im Herzen leben." Für das unglückliche Menschenwesen auf dieser Stufe ist es tatsächlich wahr, daß „die ganze Erde voll Finsternis und ein grauenhafter Aufenthalt" ist; aber es ist eine Finsternis, die aus seinem Innern stammt und die die Ursache dafür ist, daß er sein Dasein in einer ewigen Nacht des Bösen und des Schrekkens zuzubringen hat – eine sehr reale Hölle, wenn auch, wie alle Höllen, vollständig des Menschen eigene Schöpfung.

Die meisten Forscher empfinden die Untersuchung dieser Abteilung als eine außerordentlich unerfreuliche Aufgabe, denn man empfindet dort die umgebende Materie als so dicht und grob und für den befreiten Astralkörper so entsetzlich, daß man meint, ihn durch eine Art schwarzer, zäher Flüssigkeit durchdrängen zu müssen, während die Bewohner und die Einflüsse, die einem dort entgegentreten, gewöhnlich ebenfalls höchst unerwünscht sind.

Die erste, zweite und dritte Abteilung machen, dawohl sie denselben Raum einnehmen, den Eindruck, als wären sie viel weiter von der physischen Welt entfernt, und dementsprechend weniger materiell. Die Wesen, die hier wohnen, verlieren die Erde, und was dazu gehört, aus den Augen, sie sind meistens ganz mit ihren eigenen Gedanken beschäftigt und schaffen sich größtenteils ihre Umgebung selbst, wenngleich diese objektiv genug ist, um von anderen Wesen, wie auch mit hellsehendem Blick, wahrgenommen werden zu können. Diese Region ist ohne Zweifel das „Sommerland", von dem wir in spiritistischen Sitzungen so viel hören, und jene, welche von dort kommen und die Zustände beschreiben, berichten ohne Zweifel die Wahrheit, soweit ihre Kenntnis reicht. Hier ist es, wo die „Geister" ihre Häuser, Schulen und Städte in ein vorübergehendes Dasein rufen und diese Dinge sind zur Zeit oft real genug, wenn sie auch für den klareren Blick manchmal bedauernswürdig wenig dem gleichen, wofür die entzückten Schöpfer sie halten. Aber trotzdem, – viele Phantasiebilder, die dort Gestalt annehmen, sind von wahrhafter, wenn auch nur zeitweiser Schönheit, und ein Besucher, der nichts Höheres kennt, mag befriedigt genug zwischen ihren Wäldern und Bergen, zwischen lieblichen Seen und wundervollen Blumengärten einherwandeln, die jedenfalls alles Derartige auf der physischen Welt weit übertreffen; auch kann er sich solche Umgebung selbst schaffen, die dann seiner eigenen Phantasie entsprechen.

Die speziellen Verschiedenheiten auf diesen drei Unterebenen werden sich wohl besser klar machen lassen, wenn wir zu der Beschreibung ihrer menschlichen Bewohner kommen.

Eine Beschreibung der Szenerie der Astral-Ebene würde ohne Erwähnung dessen, was oft, wenn auch unrichtigerweise, die Chronik des Astrallichtes genannt wird, unvollständig sein. Diese Chronik, (die in Wirklichkeit eine Art Materialisation des göttlichen Gedächtnisses ist – eine lebende photographische Darstellung von allem, was jemals geschehen ist –) ist wirklich und dauernd einer viel höheren Sphäre eingeprägt und wird nur in einer mehr oder weniger unregelmäßigen Weise auf die Astral-Ebene zurückgespiegelt; reicht nun bei jemandem die Fähigkeit des Schauens nicht über diese Ebene hinaus, dann wird er, statt eines zusammenhängenden Berichtes der Vergangenheit, nur gelegentliche und unzusammenhängende Bilder erhaschen. Aber trotzdem werden Bilder aller Art früherer Vorgänge fortwährend in die Astralwelt reflektiert, und diese bilden einen wichtigen Teil der Umgebung für den Forscher. Der Raum erlaubt mir nicht mehr, als sie hier nur kurz zu erwähnen; ein vollständiger Bericht über sie ist im siebten Kapitel meiner kleinen Schrift „ Hellsehen" (4. Teil) zu finden.

Die Bewohner

Nachdem wir, wenn auch nur flüchtig, den Hintergrund unseres Bildes skizziert haben, müssen wir nun versuchen, die Figuren hineinzuzeichnen – die Bewohner der Astralsphäre. Die ungeheure Vielfältigkeit dieser Wesen macht es außerordentlich schwierig, sie zu ordnen und in ein System zu bringen. Vielleicht wird es am geeignetsten sein, sie in drei große Klassen zu teilen – in die der menschlichen, der nicht-menschlichen und der künstlichen Wesen.

I. Die menschlichen Wesen

Die menschlichen Bürger der Astralwelt zerfallen naturgemäß in zwei Abteilungen, in die lebenden und die toten, oder um richtiger zu sprechen; in die, welche noch einen physischen Körper haben, und die, welche keinen haben.

1. Die Lebenden

Die Menschen, die während ihres physischen Lebens auf der Astral-Ebene wirken, können weiter in vier Gruppen geteilt werden.

1) *Die Adepten und ihre Schüler.* Die zu dieser Gruppe Gehörigen benutzen gewöhnlich gar nicht den Astralkörper als Ihr Werkzeug, sondern den Mentalkörper, der aus der Materie der vier unteren oder der Rupa-Stufen der nächst höheren Ebene besteht. Der Vorteil dieses Körpers besteht darin, daß er den sofortigen Übergang von der Mental-Ebene zur astralen und wieder zurück gestattet und jederzeit die höhere Fähigkeit und die schärferen Sinne seiner eigenen Ebene zur Verfügung stellt.

Der Mentalkörper ist von Natur aus dem astralen Blick überhaupt nicht sichtbar, und infolgedessen hat der Schüler, der in ihm wirkt, zu lernen, einen zeitweiligen Schleier aus dieser Materie um sich zu ziehen, wenn er im Lauf seiner Arbeit wünscht, sich den Bewohnern dieser niedrigeren Ebene zu dem Zweck bemerkbar zu machen, um ihnen wirkungsvoller zu helfen. Beim ersten Mal wird dieser zeitweilige Körper dem Schüler gewöhnlich von Meister bereitet, und dieser belehrt ihn und hilft ihm, bis er sich selbst die Hülle leicht und schnell herstellen kann. Obgleich solch eine Hülle eine genaue Reproduktion des Menschen, seinem Äußeren nach, ist, enthält es doch nichts von der Materie seines eigenen Astralkörpers, sondern entspricht ihm in derselben Weise, wie eine Materialisation einem physischen Körper.

Auf einer früheren Stufe seiner Entwicklung befindet sich der Schüler bei seinem Wirken in seinem Astralkörper, geradeso wie jeder andere; aber welchen Körper er auch benutzt, wenn ein Mensch unter der Leitung eines dazu befähigten Lehrers in die Astralsphäre eingeführt wird, dann besitzt er dort stets das vollste Bewußtsein und ist imstande, leicht auf allen ihren Unterebenen sich zu betätigen. Er ist tatsächlich er selbst, wie ihn seine Freunde auf Erden kennen, minus vier niederen Prinzipien in dem einen Fall und der drei niederen im anderen und plus den diesen höheren Zuständen entsprechenden Kräften und Fähigkeiten, die es ihm während des Schlafes ermöglichen, viel leichter und weit wirkungsvoller auf dieser Ebene die theosophischen Aufgabe auszuführen, mit denen er sich in den Stunden des Wachens so viel in Gedanken beschäftigt. Ob er sich vollständig und genau auf der physischen Ebene dessen erinnert, was er auf der anderen getan oder gelehrnt hat, hängt hauptsächlich davon ab, ob er imstande ist, sein Bewußtsein ohne Unterbrechung von dem einen Zustand in den anderen zu übertragen.

2) Psychisch-Entwickelte, die nicht unter der Leitung eines Meisters stehen. Solche können spirituell entwickelt sein oder auch nicht, denn die zwei Arten des Fortschritts fallen nicht immer zusammen. Wenn ein Mensch mit psychischen Kräften geboren wird, so ist dies einfach das Ergebnis von Anstrengungen, die er während einer früheren Verkörperung gemacht hat; Anstrengungen, die vielleicht einen edlen und sehr selbstlosen Charakter hatten, oder möglicherweise aber töricht und irregeleitet, ja selbst vollständig unwürdig waren.

Ein solcher Mensch ist außerhalb des Körpers meisten vollkommen bewußt, aber sehr der Täuschung über das, was er sieht, unterworfen, da er keine entsprechende Schulung durchgemacht hat; er kann oft fast genau so leicht, wie die aus der ersten Gruppe durch alle Unterebenen streifen, aber häufig zieht es ihn zu einer besonderen hin und er kommt dann selten aus dem Bereich der Einflüsse dieser einen heraus. Die Art seiner Erinnerung an das, was er gesagt hat, variiert dann dem Grade der erreichten Entwicklung entsprechend, – von äußerster Verzerrung oder vollständigem Vergessen bis zur vollkommenen Klarheit. Er erscheint übrigens stets in seinem Astralkörper, da er es nicht versteht, im mentalen Träger zu funktionieren.

3) Die gewöhnlichen Menschen, d.h. die Menschen ohne irgendwelche psychische Entwicklung. Diese treiben während des Schlafes in ihrem Astralkörper in mehr oder weniger unbewußtem Zustand umher. Im tiefen Schlaf treten fast ohne Ausnahme die höheren Prinzipien in ihrer astralen Hülle aus dem physischen Körper aus und bleiben in seiner unmittelbaren Nähe schweben; sie sind bei vollständig Unentwickelten fast ebenso im Schlaf versunken wie der physische Körper selbst.

In manchen Fällen ist jedoch der astrale Körper weniger schläfrig und wird dann durch die verschiedenen Astral-Ströme dahingetrieben; er tifft dann andere Leute in ähnlichem Zustand und macht alle Art Erfahrungen, erfreuliche und unerfreuliche; die Erinnerung an diese verwirrt sich leicht hoffnungslos; oft verzerrt sie sich zu einer grotesken Karikatur der Wirklichkeit, und der Mensch glaubt dann am nächsten Morgen, er habe einen wunderbar bedeutenden Traum gehabt.

Alle gebildeten Menschen, die zu den höheren Rassen der Welt gehören, haben ihre Astralsinne schon recht weit entwickelt; wenn sie genügend aufgeweckt wären, um die Wirklichkeit, die sie während des Schlafes umgibt, zu untersuchen, dann würden sie fähig sein, sie gut zu beobachten und viel von ihr zu lernen. Aber in den meisten Fällen sind sie nicht so wach, und sie verbringen deshalb ihre Nächte meistens in Gedanken versunken und brüten über Vorstellungen, die sie beim Einschlafen zufällig zuletzt beschäftigt haben. Sie haben die astralen Fähigkeiten, aber sie benutzen sie kaum; sie sind auf der Astralebene sicherlich wach, aber sie sind nicht *für* diese Ebene wach, und sie sind sich ihrer Umgebung daher, wenn überhaupt, nur sehr undeutlich bewußt.

Wenn solch ein Mensch Schüler eines Meisters der Wahrheit wird, dann wird er gewöhnlich sofort aus seinem Schlafzustand gerüttelt, so daß er den wirklichen Dingen, die ihn auf dieser Ebene umgeben, wach gegenübersteht; er wird veranlaßt, von ihnen zu lernen und unter ihnen zu wirken, so daß seine Stunden des Schlafes nun nicht länger mehr nutzlos verbracht werden, sondern mit tätiger und nützlicher Beschäftigung ausgefüllt sind, ohne irgendwie die nötige Ruhe des ermüdeten physischen Körpers zu beeinträchtigen.

Diese ausgetretenen Astralkörper sind bei den tieferstehenden Rassen und Individuen beinahe formlos und sehr unbestimmt in ihren Umrissen; wenn aber der Mensch sich intellektuell und spirituell entwickelt, dann wird sein schwebender Astralleib schärfer umrissen und bestimmter und ähnelt mehr seiner physischen Hülle.

Häufig hört man fragen: wenn der unentwickelte Astralkörper so unbestimmt umrissen ist und die meisten Menschen noch zu den Unentwickelten gehören, – wie ist es dann möglich, den gewöhnlichen Menschen überhaupt in seinem Astralkörper zu erkennen? Wenn wir uns diese Fragen beantworten wollen, dann müssen wir versuchen, uns klar zu machen, daß für das Auge des Hellsehenden der physische Körper des Menschen von der sogenannten Aura umgeben ist, einem leuchtenden Nebel, der der Form nach oval ist und etwa einen halben Meter über den Körper nach allen Richtungen hinausragt. Alle Forscher stimmen darin überein, daß diese Aura ein außerordentlich zusammengesetztes Gebilde ist und Materie aus all den verschiedenen Ebenen enthält, auf denen der Mensch auf seiner jetzigen Stufe Bewußtseinsträger besitzt; für den Augenblick jedoch wollen wir sie uns vorstellen, wie sie jemandem erscheint, der kein höheres Schauen hat als das astrale.

Für solch einen Betrachter würde die Aura natürlich nur Astralmaterie enthalten und daher einen verhältnismäßig einfacheren Gegenstand des Studiums bilden. Er würde jedoch bemerken, daß diese Astralmaterie den physischen Körper nicht nur umgibt, sondern ihn auch durchdringt, und daß sie innerhalb der Umrisse des Körpers viel dichter gruppiert ist als außerhalb. Möglicherweise ist dies auf die Anziehungskraft der großen Menge dichter Astralmaterie zurückzuführen, die dort angesammelt ist und das Gegenstück zu den Zellen des physischen Körpers bildet; aber wie dem auch sei, Tatsache ist, daß die Materie des Astralkörpers, die sich innerhalb der Grenzen des physischen Körpers befindet, vielemale dichter ist als außerhalb.

Wenn der Astralkörper sich während des Schlafes vom physischen zurückzieht, bleibt diese Anordnung bestehen und jeder Hellsehende, der solch einen Astralkörper erblickt, sieht gerade wie vorher eine dem physischen Körper ähnliche Form, die von einer Aura umgeben ist. Diese Form besteht jetzt nur aus Astralmaterie; aber die Verschiedenheit ihrer Dichtigkeit von der des umgebenden Nebel ist vollständig genügend, um sie deutlich zu erkennen, obgleich sie selbst nur aus dichterem Nebel besteht.

Nun zum Unterschied in der Erscheinung eines entwickelten und eines unentwickelten Menschen! Selbst beim letzteren sind die Züge und die Gestalt der inneren Form, wenn sie auch verwischt und unbestimmt sind, immer noch zu erkennen; aber die umgebende Eiform kann noch kaum als bestimmte Form bezeichnet werden, denn es ist tatsächlich nur eine gestaltlose Nebel-Wolke, mit weder regelmäßigen, noch bleibenden Umrissen.

Beim entwickelten Menschen tritt sowohl in der Aura als auch in dem inneren Kern eine bemerkenswerte Änderung ein. Letzterer ist viel bestimmter umrissen und ein genaueres Abbild der physischen Erscheinung des Menschen, während wir statt des wogenden Nebelgebildes eine scharf umrissene eiförmige Form sehen, die ihre Gestalt unbeeinflußt inmitten der verschiedenartigen Strömungen beibehält, die sie auf der Astral-Ebene fortwährend umwirbeln.

Da die psychischen Fähigkeiten der Menschheit sich im Zuge der Entwicklung befinden und Individuen aller Grade des Fortschritts existieren, so geht diese Klasse in unmerklichen Abstufungen in die vorher beschriebene über.

4) *Die schwarzen Magier und ihre Schüler.* Diese Gruppe entspricht in gewisser Weise der ersten, nur daß die Entwicklung zum Bösen anstatt zum Guten stattgefunden hat und die erworbenen Kräfte zu rein selbstischen Zwecken benutzt werden anstatt zum Wohle der Menschen. Unter den Magiern niederen Ranges gibt es Neger, die den schrecklichen Ritus der Obeah- oder Voodoo-Schule ausüben, und die Medizin-Männer vieler wilder Stämme; intellektuell höher, und deshalb um so mehr zu tadeln, sind die tibetischen schwarzen Magier, die oft, aber nicht ganz zutreffend, von den Europäern Dûgpas genannt werden, eine Bezeichnung, die eigentlich nur der bhutanesischen Abteilung der großen Kargyu-Sekte zukommt,, die einen Teil der, wie wir sie nennen können, halbreformierten Schule des tibetischen Buddhismus bildet. Die Dûgpas geben sich ohne Zweifel recht viel mehr mit der tantrischen Magie ab, aber die wirklich rotmützige, ganz unreformierte Sekte ist die Nin-mâ-pa, wenngleich noch viel tiefer als diese die Bön-pa stehen – die Anhänger der Religion der Urbewohner, die überhaupt nie irgendeine Form des Buddhismus angenommen haben. Man darf jedoch nicht glauben, daß alle tibetischen Sekten außer den Gelûgpa notwendigerweise ganz und gar schlecht sind; die richtige Auffassung ist vielmehr die, daß, da die Regeln der anderen Sekten sehr viel schlaffer in betreff der Lebensführung sind, das Verhältnis der Selbstsüchtigen unter ihnen naturgemäß größer sein wird als unter den strengeren Reformern.

2. Die Toten

Um dies gleich vorauszuschicken, das gewöhnlich gebrauchte Wort „Tote" ist eine sinnlose, unrichtige Bezeichnung, da die meisten Wesen, die unter diese Überschrift fallen, ebenso volles Leben besitzen wie wir selbst – oft entschieden ein noch volleres; wir verstehen unter diesem Ausdruck einfach die, welche nicht an einen physischen Körper gebunden sind.

Sie können in neun Haupt-Klassen geteilt werden:

1) *Die Nirmanakayas.* Diese Klasse erwähne ich nur der Vollständigkeit wegen, denn ein so hoch erhabenes Wesen betätigt sich sehr, sehr selten auf einer so niedrigen Ebene wie dieser. Wenn er in Verfolgung seines erhabenen Wirkens dies für wünschenswert hält, schafft der Nirmanakaya sich hierzu wahrscheinlich einen zeitweiligen Astralkörper aus der Atom-Materie dieser Ebene, gerade wie der Adept im Mentalkörper es tut, einfach

weil seine feinere, zartere Hülle dem astralen Blick unsichtbar sein würde. Um, ohne einen Augenblick zu verlieren, auf jeder Ebene funktionieren zu können, behält er stets einige Atome von jeder Ebene in sich, die er dann als Kern benutzt, um den herum er sofort weitere Materie der betreffenden Art zusammenziehen und sich so jedes Werkzeug, das er wünscht, herstellen kann. Weitere Auskunft über die Stellung und die Aufgaben des Nirmankayas findet sich in Frau Blavatskys „Stimme der Stille".

2) *Die Schüler, die auf die Wiederverkörperung warten.* Es ist oft in der theosophischen Literatur darauf hingewiesen worden, daß der Schüler eines Meisters, der eine gewisse Stufe erreicht hat, mit dessen Hilfe imstande ist, sich dem Gesetz zu entziehen, das für gewöhnlich den Menschen nach dem Tode zur Himmelswelt führt, um dort das volle Auswirken aller spirituellen Kräfte zu ernten, welche sein hohes Streben auf Erden ins Leben gerufen hat.

Da ein solcher Schüler ein sehr reines Leben voll hoher Gedanken geführt haben muß, so werden seine spirituellen Kräfte wahrscheinlich von ungewöhnlicher Stärke sein, und wenn er „sein Devachan nimmt", um diesen technischen Ausdruck zu gebrauchen, so würde dieses wohl von außerordentlich langer Dauer sein; wenn er aber anstatt dessen den Pfad der Verzichtsleistung wählt (und so, wenn auch auf seiner niedrigen Stufe und auf seine bescheidene Weise, den Fußstapfen des großen Meisters der Verzichtsleistung, Gautama Buddha selbst, folgt), dann ist er imstande, diese kraftreserve in ganz anderer Richtung zu verwenden, – sie zum Wohl der Menschheit zu benutzen und so, wie unendlich klein auch sein Opfer sein mag, in geringem Maße an dem großen Werk der Nirmanakayas teilzunehmen. Wenn er diesen Weg einschlägt, dann opfert er zweifellos Jahrhunderte höchster Seligkeit; aber anderseits hat er den außerordentliche Vorteil, daß er sein Leben der Arbeit und des Aufstiegs ohne Unterbrechung fortsetzen kann.

Wenn ein Schüler, der sich hierzu entschlossen hat, stirbt, dann verläßt er einfach seinen Körper, wie er es vorher schon oft getan hat, und wartet auf der Astral-Ebene, bis sein Meister eine passende Wiederverkörperung für ihn vorbereiten kann. Da dies eine ganz besondere Abweichung von dem gewöhnlichen Lauf der Dinge einschließt, ist die Zustimmung einer sehr hohen Autorität nötig, bevor der Versuch gemacht werden kann; aber selbst wenn diese Zustimmung erteilt wurde, ist die Kraft des natürlichen Gesetzes so stark, daß, wie es heißt, der Jünger sorgfältig darauf achten muß, sich während dieser Vorbereitung streng auf der Astralsphäre zu halten; denn wenn er auch nur für einen Augenblick die Devachan-Sphäre berührt, kann er durch einen unwiderstehlichen Strom wieder in den gewöhnlichen Lauf der Entwicklung hineingerissen werden.

In manchen, allerdings seltenen Fällen, wird es ihm ermöglicht, die Mühe einer neuen Geburt zu sparen und sofort den Körper eines Erwachsenen einzunehmen, dessen früherer Besitzer ihn nicht mehr braucht; aber es ist natürlich nicht oft der Fall, daß ein passender Körper bereit ist. Viel häufiger ist es, daß er, wie erwähnt, auf der Astral-Ebene zu warten hat, bis die Gelegenheit einer passenden Geburt sich darbietet. Währenddessen verliert er jedoch keine Zeit, denn er ist ebenso vollständig er selbst, wie immer, und er ist imstande, seine vom Meister gegebene Aufgabe weiter auszuführen, ja noch leichter und wirkungsvoller als im physischen Körper, denn das Hindernis der Ermüdung ist hier nicht mehr möglich. Sein Bewußtsein ist selbstverständlich vollständig und klar und er kann sich auf allen Abteilungen der Astralsphäre mit gleicher Leichtigkeit bewegen. Ein Jünger, der seine Wiederverkörperung abwartet, ist keineswegs eine gewöhnliche Erscheinung auf der Astral-Ebene; immerhin sind solche dort anzutreffen, und sie bilden daher eine unserer Klassen. Wenn die Entwicklung der Menschheit weiter vorrückt, und ein immer wachsender Teil den Pfad der Heiligkeit einschlägt, wird diese Klasse zweifellos immer zahlreicher werden.

3) *Die gewöhnlichen Menschen nach dem Tode.* Es ist unnötig zu bemerken, daß diese Klasse millionenmal größer ist, als die bisher besprochenen, und daß der Charakter und die Zustände der Mitglieder dieser Gruppe außerordentlich weit voneinander abweichen. Ebenso verschieden ist die Länge ihres Aufenthalts in der Astralsphäre; denn während einige nur wenige Tage oder Stunden dort verweilen, bleiben andere viele Jahre, ja selbst Jahrhunderte auf dieser Stufe.

Ein Mensch, der ein gutes und reines Leben geführt hat, dessen stärkstes Streben und Sinnen selbstlos und spirituell war, wird von dieser Ebene angezogen und wird, wenn es ganz auf ihn selbst ankommt, wenig dort finden, was ihn festhält, oder was ihn auch nur für die verhältnismäßig kurze Zeit seines Aufenthaltes dort, zur Tätigkeit erwecken würde. Denn man muß sich klar machen, daß der eigentliche Mensch sich nach dem Tode in sich selbst zurückzieht, und gerade so, wie er beim ersten Akt dieses Vorganges seinen physischen Körper abwirft und fast sofort darauf seinen ätherischen, so sollte er so bald wie möglich den Astral- oder Begierden-Körper ablegen und in die Himmelswelt übergehen, wo allein sein spirituelles Leben seine vollkommene Befriedung und seinen Lohn findet. Wer edel und reinen Herzens ist, der kann dies vollführen, denn er hat alle irdischen Leidenschaften schon währen seines Lebens überwunden und die Energie seines Willens in höhere Kanäle geleitet; es ist daher nur wenig Energie niedrigeren Begehrens geblieben, die sich noch auf der Astral-Ebene auswirken müßte. Infolgedessen wird sein Aufenthalt dort sehr kurz sein und wahrscheinlich hat er nur ein träumerisches Halb-Bewußtsein von seinem Dortsein, bis er in den Schlaf versinkt, in welchem seine höheren Grundteile sich endgültig von der astralen Hülle befreien und zum seligen Leben der Himmelswelt erwachen.

Für diejenigen, die noch nicht den Pfad der okkulten Entwicklung betreten haben, ist der eben beschriebene Vorgang der idealste Fall, aber er trifft natürlich nicht bei der Mehrzahl zu. Der Durchschnittsmensch hat sich keineswegs vor dem Tode von allen niedrigen Begierden befreit, und es bedarf eines langen Lebens bei mehr oder weniger vollem Bewußtsein auf den verschiedenen Abteilungen der Astral-Ebene, damit die Kräfte, die er erzeugt hat, sich auswirken und das höhere Ego dann frei wird. Jeder muß nach dem Tode alle Abteilungen der Astral-Ebene auf seinem Weg zur Himmelswelt durchlaufen, womit aber nicht gesagt sein soll, daß er auf allen bei Bewußtsein ist. Wie der physische Körper aus fester, flüssiger, gasförmiger und ätherischer Materie besteht, so muß auch der astrale Körper Partikel aller Unterabteilungen astraler Materie enthalten, wenn auch in verschiedenen Fällen in sehr verschiedenem Verhältnis.

Ferner ist in Betracht zu ziehen, daß der Mensch zugleich mit der Materie seines Astralkörpers auch die entsprechende Elementessenz aufnimmt, die von der großen Masse ähnlicher Materie während seines Lebens abgesondert zu etwas wird, das eine Art künstliches Elemental genannt werden kann. Dieses hat zeitweilig eine eigene gesonderte Existenz und folgt, ohne die Bedürfnisse oder Interessen des Egos, in welchem er lebt, zu berücksichtigen oder auch nur zu kennen, seiner eigenen, abwärts zur Materie gehenden Entwicklung und verursacht dadurch jenen fortwährenden, in religiösen Schriften so oft beschriebenen Kampf zwischen dem Willen des Fleisches und des Geistes. Obwohl hier aber „Gesetz der Glieder im Kampfe liegt wider das Gesetz des Geistes", und obwohl der, welcher dem ersteren gehorcht, anstatt es zu beherrschen, seine Entwicklung ernstlich verzögert, so darf man dieses Gesetz doch nicht an und für sich für böse halten, denn es ist und bleibt ein Gesetz, – eine ihren normalen Verlauf nehmende Ausströmmung der göttlichen Macht, wenn sie auch, statt nach aufwärts wie die unsrige, hinab in die Materie führt.

Wenn der Mensch nach dem Tode die physische Ebene verläßt, dann beginnen die Naturkräfte an seinem Astralkörper ihr Zersetzungswerk, und dieses Elemental sieht dadurch sein Sonderdasein bedroht; es setzt sich daher zur Wehr und sucht den Astralkörper so lange wie möglich zusammenzuhalten: sein Verfahren besteht darin, die Materie, aus der der Körper besteht, in schichtenartig ihn umschließenden Hüllen anzuordnen, von denen die der niedersten, gröbsten Unterebene angehörige nach außen liegt, da der Auflösung auf diese Weise der größte Widerstand entgegengesetzt wird.

Nun hat der Mensch auf der niedrigsten Unterebene so lange zu verweilen, bis er so viel seines Selbsts wie möglich von der Materie dieser Unterebene befreit hat, worauf sein Bewußtsein in der nächsten, aus der Materie der sechsten Unterebene bestehenden, konzentrischen Hülle gesammelt ist oder, mit anderen Worten, er auf die nächste Unterebene übergeht. Man kann sagen, daß der Astralkörper, sobald sich seine Anziehung zu einem Niveau erschöpft hat, die meisten seiner gröberen Teilchen abwirft und sich dann zu einem etwas höheren Daseinszustand hingezogen fühlt. Sein spezifisches Gewicht nimmt sozusagen beständig ab, er erhebt sich daher stetig aus den dichteren zu den feineren Schichten und hält damit nur inne, wenn und so lange vorübergehend ein genaues Gleichgewicht vorhanden ist. Hierin haben wir offenbar auch die Erklärung für eine von Abgeschiedenen in spiritistischen Sitzungen häufig gemachte Bemerkung, daß sie im Begriff sind, sich zu einer höheren Sphäre zu erheben, von wo aus sie unmöglich oder nur schwer durch ein Medium sich mitteilen können, und es ist tatsächlich richtig, daß jemand es auf der höchsten astralen Unterebene fast unmöglich finden würde, sich eines gewöhnlichen Mediums zu bedienen.

So zeigt sich denn, daß unser Aufenthalt auf irgendeinem Niveau der Astral-Ebene genau der Menge der Materie dieses Niveaus, die sich in unserm Astralkörper befindet, entspricht, und diese Menge hängt wiederum von dem Leben ab, das wir gelebt haben, von den Begierden, denen wir nachgeben; dadurch wird die Art der Materie bestimmt, die wir heranziehen und in uns hineinbauen. Es ist daher in unsere Hand gegeben, durch ein reines Leben und hohes Denken die Menge des den niederen astralen Bereichen angehörigen Materials, das wir an uns ziehen, zu vermindern und diese in einen Zustand zu bringen, wo schon der erste Angriff der auflösenden Kraft seinen Zusammenhalt erschüttert, es in seinen ursprünglichen Zustand zurückführt und uns so zur nächsten Unterebene die Bahn frei macht.

Bei einem Menschen von durch und durch spirituellem Charakter ist dieser Zustand hinsichtlich aller Abteilungen der Astralmaterie bereits erreicht und er wird infolgedessen tatsächlich diese ganze Ebene in einem Augenblick durchlaufen, so daß sich das Bewußtsein erst in der Himmelswelt wieder einstellt. Natürlich darf man sich die Unterebenen, wie schon bemerkt, niemals als räumlich getrennt vorstellen, sondern als einander durchdringend, so daß wir mit den Worten, jemand gehe von einer Unterebene zur anderen, höheren über, nicht meinen, er bewege sich überhaupt räumlich fort, sondern nur, daß das Bewußtsein seinen Brennpunkt von der äußeren Hülle nach der nächst inneren verschiebt.

Ein Erwachen auf dem niedersten Niveau der Astral-Ebene findet in der

Regel nur bei denen statt, deren Begierden grob und brutal waren, wie bei Trunkenbolden, Lüstlingen usw. Die Zeit ihres Verweilens dort richtet sich nach der Stärke ihrer Begierden, und sie leiden dort oft schrecklich dadurch, daß einerseits diese Begierden noch immer so stark sind wie je, und sie andererseits nun kein Mittel mehr finden, sie zu befriedigen, außer gelegentlich in stellvertretender Weise, wenn es ihnen gelingt, sich eines gleichgesinnten Menschen zu bemächtigen, so daß sich bei diesem dann eine Art Besessenheit einstellt.

Den gewöhnlichen, redlichen Menschen wird voraussichtlich wenig auf jener siebenten Unterebene fesseln; wenn seine Wünsche und Gedanken aber hauptsächlich auf weltliche Dinge gerichtet waren, so wird er sich auf der sechsten Unterebene an den Orten und bei den Leuten aufhalten, mit denen er auf Erden am engsten verbunden war. Die fünfte und vierte Unterebene ist von ähnlicher Art, nur daß hier die irdischen Beziehungen immer mehr an Bedeutung verlieren und der Abgeschiedene danach trachtet, seine Umgebung möglichst seinen bleibenderen Gedanken gemäß zugestalten.

Kommen wir dann in die dritte Unterebene, so zeigt sich, daß die eben erwähnte Eigentümlichkeit die Bewohner vollständig hindert, die Wirklichkeit der Ebene noch zu sehen, denn hier leben sie in Städten ihrer eigenen Phantasie – natürlich nicht so, als hätte jeder seine Umgebung, wie in der Himmelswelt, ganz durch seine eigenen Gedanken gebildet, sondern er hat die von seinen Vorgängern in Gedanken errichteten Gebäude übernommen und weiter ausgestaltet. Hier befinden sich die in spiritistischen Sitzungen so oft beschriebenen Kirchen und Schulen und »Wohnungen im Sommerland«. Dem vorurteilslosen lebenden Beobachter erscheinen diese freilich oft viel weniger real und herrlich als den entzückten Schöpfern selbst.

Die zweite Unterebene scheint speziell der Wohnort selbstsüchtiger und unspiritueller religiöser Menschen zu sein. Hier trägt ein jeder seine goldene Krone und betet das selbstgeschaffene, grob materielle Abbild der besonderen Gottheit seines Landes und seiner Zeit an.

Die höchste Unterebene scheint sich in erster Linie für die zu eignen, die sich während ihres Lebens materialistischen, jedoch intellektuellen Forschungen hingegeben haben und zwar nicht um den Mitmenschen zu dienen, sondern aus Ehrgeiz oder der Übung des Intellekts wegen. Solche verbleiben dort oft lange Jahre hindurch und sind sehr zufrieden, ihre Probleme weiter verfolgen zu können, nützen aber damit niemandem, und ihr Aufstieg zur Himmelswelt geht nur langsam vonstatten.

Es sei hier neuerlich betont, daß diese Unterebenen mit einer Raumvorstellung nichts zu tun haben. Ein Abgeschiedener kann auf seiner Unterebene mit gleicher Leichtigkeit nach Australien schweben oder wohin sonst ihn seine Gedanken ziehen mögen; aber es ist ihm nicht möglich, sein Bewußtsein auf die nächst höhere Unterebene zu übertragen, ehe nicht der beschriebene Vorgang der Loslösung vollzogen ist. Und diese Regel erleidet unseres Wissens keine Ausnahme, wenn auch natürlich das auf irgendeiner Unterebene bewußt ausgeübte Handeln eines Menschen seine Verbindung mit ihr innerhalb gewisser Grenzen sowohl verkürzen wie auch verlängern kann.

Der Grad des Bewußtseins aber auf einer beliebigen Unterebene unterliegt nicht immer demselben Gesetz. Um dessen Walten in verschiedenen Fällen zu verstehen, wollen wir ein extremes Beispiel betrachten. Gesetzt, jemand habe von seiner vorhergehenden Verkörperung her Neigungen mit herüber gebracht, die zu ihrer Manifestation sehr viel Materie der siebenten, der niedersten Unterebene benötigen; er wäre aber in seinem jetzigen Leben in seiner frühesten Jugend glücklicherweise belehrt worden, daß diese Neigungen beherrscht werden können und müssen. Seine dahingehenden Anstrengungen werden schwerlich von einem vollständigen Erfolg gekrönt worden sein; aber wenn auch, die Verdrängung der gröberen Teilchen in seinem Astralkörper durch feinere kann wohl stetig aber nur langsam fortschreiten.

Dieser Vorgang wird günstigenfalls ein sehr allmählicher sein, und sehr leicht möglich ist es, daß er beim Tode des Betreffenden erst zur Hälfte verlaufen ist. In einem solchen Falle wäre in seinem Astralkörper noch genügend Materie der niedersten Unterebene vorhanden, um ihn zu einem nicht gerade kurzen Aufenthalt daselbst zu nötigen. Doch sein Bewußtsein hatte in dieser Materie während der jetzigen Verkörperung niemals funktioniert, und da es diese Gewohnheit nun nicht plötzlich erwerben kann, so würde der Betreffende auf dieser Unterebene zwar zu verweilen haben, bis sich sein Anteil an ihrer Materie aufgelöst hat, jedoch in bewußtlosem Zustand; d.h. er würde während seines ganzen Aufenthalts dort im Schlummer liegen und daher von den vielen Unannehmlichkeiten daselbst gänzlich unberührt bleiben.

Nebenbei bemerkt, hängt die Verständigungsmöglichkeit auf der Astral-Ebene, gerade so wie hier, von dem Wissen einer Wesenheit ab. Während ein Schüler, der seinen Mentalkörper zu benutzen versteht, seine Gedanken durch mentale Übertragung den dort weilenden menschlichen Wesen leichter und schneller auf Erden mitteilen kann, sind die Bewohner dieser Ebene meistens nicht imstande, diese Fähigkeit auszuüben, scheinen vielmehr ähnlichen Beschränkungen wie auf Erden unterworfen zu sein, wenn diese auch weniger starr sein mögen. Daher kommt es, daß sie sich dort wie hier je nach gemeinsamen Neigungen, Ansichten und Sprachen in Gruppen zusammenfinden.

Die poetische Idee, daß der Tod alles gleich macht, ist ein reiner Unsinn, der aus Unkenntnis der Tatsachen entstanden ist; denn in Wirklichkeit ändert in der bei weitem größten Mehrzahl der Fälle das Ablegen des physischen Körpers nicht im geringsten den Charakter oder die Intelligenz des Menschen, und es gibt daher bei denen, die wir gewöhnlich die Toten nennen, ebenso viele Unterschiede in der Intelligenz wie bei den Lebenden.

Die allgemeinen religiösen Lehren im Westen über die Zustände und Erlebnisse des Menschen nach dem Tode sind so haarsträubend unzutreffend, daß selbst intelligente Menschen oft außerordentlich verwirrt sind, wenn sie nach dem Tode in der Astral-Welt das Bewußtsein wiedererlangen. Der Zustand, in dem der neue Ankömmling sich befindet, unterscheidet sich so von Grund aus von dem, welchen er nach der Lehre erwarten mußte, daß er sich nicht selten weigert zu glauben, er habe überhaupt schon die Pforten des Todes durchschritten; ja, von so geringem praktischen Wert ist unser viel gerühmter Glaube an die Unsterblichkeit der Seele, daß die meisten Menschen gerade die Tatsache, daß sie ihrer selbst bewußt sind, als absoluten Beweis dafür betrachten, daß sie nicht gestorben sind.

Die schreckliche Lehre von einer ewigen Bestrafung ist ebenfalls ihrerseits dafür verantwortlich, daß viele neue Ankömmlinge in dieser höheren Welt eine große, sehr bedauerliche und gänzlich grundlose Furcht empfinden. In vielen Fällen verbringen sie lange Zeit in heftigem mentalem Leiden, ehe sie sich von der verhängnisvollen Nachwirkung dieser abscheulichen gotteslästerlichen Lehre befreien können und zur Erkenntnis gelangen, daß die Welt nicht nach der Laune irgendeines Dämons regiert wird, der mitleidslos auf die Seelenangst der Menschen blickt, sondern nach einem wohlwollenden und wunderbar langmütigen Gesetz der Entwicklung. Viele Angehörige dieser jetzt behandelten Klasse kommen allerdings nicht wirklich zu einer verständigen Würdigung dieser Tatsache der Entwicklung, sondern treiben auf dieser astralen Zwischenstufe ebenso ohne Ziel und Zweck umher, wie sie es während des physischen Teils ihres Lebens getan haben. So sind es nach dem Tode, genauso wie vorher, nur die Wenigen, die etwas von ihrer Lage begreifen und das Beste daraus zu machen wissen, während die Menge dieses Wissen noch nicht erlangt hat; und, gerade wie hier, sind diese Unwissenden selten bereit, den Rat oder das Beispiel der Wissenden sich zunutze zu machen.

Welchen Grad aber auch der Intellekt eines Wesens erreicht haben mag, er schwankt fortwährend nach oben und nach unten, und gleichzeitig vermindert er sich allmählich immer mehr, denn der niedere Verstand des Menschen wird nach entgegengesetzten Richtungen gezogen, von der höheren, spirituellen Natur, die von oberhalb seines Niveaus aus auf ihn wirkt und von den starken Begierdekräften, die von unten arbeiten, und daher schwingt er zwischen den zwei Anziehungskräften hin und her, mit immer zunehmender Tendenz zur ersteren, denn die Kräfte der niederen Begierden erschöpfen sich.

Hierin ist einer der Einwände gegen spiritistische Sitzungen begründet. Ein außerordentlich unwissender oder herabgekommener Mensch kann ohne Zweifel viel dadurch lernen, daß er nach seinem Tode mit einem Kreis ernster Séance-Teilnehmer unter der Leitung einer verläßlichen Person in Verbindung kommt, und ihm kann so tatsächlich geholfen und er kann gehoben werden, aber beim Durchschnittsmenschen hebt sich das Bewußtsein aus den niederen Teilen seiner Natur stetig hinauf zu den höheren, und es kann augenscheinlich seiner Entwicklung nicht nützen, wenn seine niedrigen Teile aus der natürlichen und wünschenswerten Bewußtlosigkeit, in die sie versinken, wieder erweckt und in die Berührung mit der Erde zurückgezogen werden, um sich durch ein gewöhnliches Medium zu betätigen. Die besondere Gefahr wird man erkennen, wenn man bedenkt, daß der wirkliche Mensch, da er sich stetig mehr und mehr in sich selbst zurückzieht, mit der Zeit weniger und weniger fähig ist, seine niederen Teile zu beeinflussen oder zu leiten, wenngleich diese trotzdem, bis die Trennung vollständig ist, Karma zu erzeugen vermögen; und dieses dürfte unter diesen Umständen weit wahrscheinlicher ein schlimmes als ein gutes sein.

Ganz abgesehen von dieser Frage der Entwicklung durch ein Medium gibt es noch einen anderen und viel öfter ausgeübten Einfluß, der ein entkörpertes Wesen auf seinem Weg zur Himmelswelt ernstlich zurückhalten kann, und das ist der heftige und oft zügellose Gram der überlebenden Freunde oder Verwandten. Das ist eine der vielen traurigen Folgen der schrecklichen und unrichtigen, ja irreligiösen Ansicht, welche wir uns hier im Westen seit Jahrhunderten über den Tod gebildet haben; wir bereiten uns hierdurch nicht nur selbst eine Menge unnötiger Schmerzen über diese zeitweilige Trennung von unseren Lieben, sondern verursachen auch ihnen, für die wir doch eine so tiefe Liebe empfinden, oft gerade durch diesen bitteren Gram, dem wir uns hingeben, ernstlichen Schaden.

Wenn unser Bruder im Naturverlauf friedlich in die Bewußtlosigkeit versinkt, die seinem Erwachen inmitten der Herrlichkeit der Himmelswelt vorangeht, dann wird er zu häufig aus seinen glücklichen Träumen zu lebhafter Erinnerung an das Erdenleben erweckt, das er soeben hinter sich gelassen hat, und zwar nur durch die Einwirkung der leidenschaftlichen Schmerzen und Wünsche seiner Freunde auf Erden, die entsprechende Schwingungen in seinem eigenen Begierdenkörper erwecken und ihm so in empfindlicher Weise den Frieden rauben.

Es wäre sehr wünschenswert, wenn die, denen liebe Freunde ins Jenseits vorausgegangen sind, aus diesen unzweifelhaften Tatsachen die Pflicht erkennen wollten, eben um dieser lieben Verstorbenen willen ihren Schmerz einzuschränken, der ja sehr natürlich, aber doch seinem eigentlichen Wesen nach selbstsüchtig ist. Die okkulte Lehre empfiehlt durchaus nicht, die Toten zu vergessen, nicht im mindesten; aber sie weist darauf hin, daß die liebevolle Erinnerung an einen dahingegangenen Freund eine Kraft ist, die, falls man sie auf ernstliche gute Wünsche für sein ruhiges Durchschreiten des Zwischenreichs und seinen baldigen Aufstieg zur Himmelswelt anwendet, für ihn von wirklichem Wert sein würde, während sie, wenn man sie im Grämen um ihn und im Verlangen, ihn zurückzuerhalten, vergeudet, ihm nicht nur nichts nützt, sondern ihm sogar schadet. Sehr mit Recht schreibt daher die Hindu-Religion ihre Shrâddha-Zeremonien vor und die katholische Kirche ihre Gebete für die Toten.

Manchmal jedoch kommt es vor, daß auf der andern Seite der Wunsch vorhanden ist, eine Verbindung herzustellen, und daß der Tote etwas Besonderes auf dem Herzen hat, was er denen mitzuteilen wünscht, die er zurückgelassen hat. In einzelnen Fällen ist es eine wichtige Angelegenheit, z.B. die Angabe des Ortes, wo ein gesuchtes Testament liegt; aber meistens scheint es uns recht unerheblich. Was es nun aber auch sein mag, wenn es die Psyche des Dahingegangenen stark bedrückt, dann ist es zweifellos wünschenswert, daß es ihm ermöglicht wird, diese Angelegenheit zu erledigen, weil sonst die Sorge um diese Sache seine Gedanken fortwährend wieder zu dem Erdenleben zurückzieht und ihn davon abhält, in höhere Sphären überzugehen. In einem solchen Fall ist ein Sensitiver, der ihn verstehen, oder ein Medium, durch das er schreiben oder sprechen kann, von wirklichem Nutzen für ihn.

Weshalb kann er denn nicht ohne ein Medium sprechen oder schreiben? wird wohl mancher fragen. Der Grund hierfür ist der, daß ein Grad von Materie für gewöhnlich nur auf den nächst niederen Grad einwirken kann, und da er jetzt in seinem Organismus keine dichtere Materie besitzt, als die, aus der sein Astralkörper besteht, so ist es ihm unmöglich, Schwingungen in dem physischen Stoff der Luft hervorzubringen, oder einen physischen Bleistift zu bewegen, ohne lebende Materie des dazwischen liegenden Grades, die in einem Ätherkörper enthalten ist, zu entlehnen, durch die ein Impuls leicht von einer Ebene auf die andere übertragen werden kann. Er kann dies Material nicht von einem gewöhnlichen Menschen borgen, weil dessen Grundteile zu eng miteinander verbunden sind, um durch solche Mittel getrennt werden zu können, die ihm wohl wahrscheinlich nur zu Gebot stehen; das Wesentliche der Mediumschaft ist aber gerade die leichte Trennbarkeit der Grundteile, und deshalb kann er von einem Medium ohne große Schwierigkeit die Materie beziehen, die er braucht, um sich zu manifestieren.

Wenn er kein Medium findet oder nicht weiß, wie er es anzufangen hat, sich seiner zu bedienen, dann macht er wohl manchmal plumpe und ungeschickte Versuche, sich direkt mitzuteilen, und durch die Stärke seines Willens setzt er Elemental-Kräfte in Tätigkeit, die blind wirken und vielleicht solche anscheinend zwecklose Manifestationen bewerkstelligen, wie Steinwerfen, Glockenläuten und dergl. Es kommt dann häufig vor, daß ein psychisch Veranlagter oder ein Medium, das sich in das Haus begibt, wo solche Kundgebungen stattfinden, imstande ist, zu entdecken, was das Wesen, das diese hervorruft, sagen oder tun will, und es mag so diese Störungen zum Abschluß bringen. Immer wird dies jedoch nicht der Fall sein, da diese Elementalkräfte gelegentlich durch ganz andere Ursachen in Bewegung gesetzt werden.

4) Die Schatten. Wenn die Trennung der Grundteile vollständig vor sich gegangen ist, dann hört für den Menschen das astrale Leben auf und er geht, wie schon erwähnt, in den Zustand von Devachan über. Aber gerade wie er beim physischen Tode seinen physischen Körper zurückläßt, so hinterläßt er bei seinem astralen Tode einen sich in Auflösung befindlichen Astralkörper. Wenn er sich während des Lebens auf Erden von allen irdischen Wünschen befreit und all seine Energie auf selbstloses spirituelles Streben gerichtet hat, dann ist sein höheres Ego imstande, seinen ganzen niederen Verstand, den es in die Verkörperung hinabgesandt hatte, in sich selbst zurückzuziehen; in diesem Fall stellt der Körper, den er auf der Astral-Ebene zurückläßt, einen Leichnam dar, gerade wie der zurückgelassene physische Körper, und er gehört dann nicht in diese Klasse, sondern in die nächste.

Selbst im Fall eines etwas weniger vollkommenen Lebens wird fast das selbe eintreten, wenn man die Kräfte der niedrigen Wünsche sich ungestört auf der Astral-Ebene erschöpfen läßt. Aber die große Mehrzahl der Menschen macht nur sehr nichtssagende und oberflächliche Anstrengungen auf der Erde, die weniger hohen Triebe ihrer Natur loszuwerden; sie verurteilen sich dadurch nicht nur zu einem sehr verlängerten Aufenthalt in dem Zwischenreich, sondern auch zu etwas, was man nicht anders als den Verlust eines Teils ihres niederen Verstandes bezeichnen kann.

Das ist zwar eine etwas materialistische Art, um die Spiegelung des höheren Verstandes in den niederen darzustellen, aber man gewinnt doch ein ziemlich genaue Vorstellung von dem, was tatsächlich stattfindet, wenn man die Hypothese annimmt, daß das Manas-Prinzip bei jeder Wiederverkörperung einen Teil seiner selbst in die niedere Welt des physischen Lebens hinabsendet, mit der Absicht, diesen Teil am Ende des Lebens, bereichert mit allen seinen verschiedenen Erfahrungen, wieder an sich zu ziehen. Der gewöhnliche Mensch aber macht sich bedauerlicherweise so sehr zum Sklaven aller Arten niedrigen Verlangens, daß ein gewisser Teil dieses niederen Verstandes sehr eng mit dem Begierdenkörper verwächst, und wenn die Scheidung am Abschluß seines astralen Lebens stattfindet, muß der mentale Grundteil sozusagen auseinandergerissen werden, und der erniedrigte Teil bleibt in dem sich zersetzenden Astralkörper hängen.

Dieser Körper besteht daher aus Partikel astraler Materie, von den der niedere Verstand sich nicht hat befreien können und welche ihn daher gefangen halten; denn wenn der Mensch in die Himmelswelt übergeht, hängen sich diese astralen Partikel an einen Teil seines Verstandes und reißen ihn sozusagen ab. Wieviel von der Materie einer jeden Stufe in dem zerfallenen Astralkörper noch vorhanden ist, hängt daher von dem Maße ab, in welchem sich der Verstand unlösbar in die niederen Leidenschaften verstrickt hat. Da der Verstand beim Aufstieg von Stufe zu Stufe unfähig ist, sich vollständig von der Materie jeder dieser Stufen zu befreien, so ist es leicht einzusehen, daß der zurückgebliebene astrale Rest alle die groben Bestandteile aufweisen wird, denen es gelungen war, mit ihm in Verbindung zu bleiben.

So entsteht die Art Wesen, die man die „Schatten" genannt hat, – Wesen wohlbemerkt, die keineswegs das wirkliche Individuum darstellen, denn dieses ist in die Himmelswelt übergegangen; aber trotzdem besitzt dieses Wesen genau seine persönliche Erscheinung und ebenso sein Gedächnis und alle seinen kleinen Eigenheiten; es kann daher leicht irrtümlich für den wirklichen Menschen gehalten werden, wie dies in spiritistischen Sitzungen häufig geschieht. Solch ein Schattenwesen ist sich natürlich keinerlei Schauspielerei bewußt, denn so weit es überhaupt denken kann, hält es sich natürlich noch für die Persönlichkeit; aber man kann sich den Schrecken und den Abscheu der Freunde des Dahingegangenen vorstellen, wenn sie sich darüber klar werden würden, anstatt ihren geliebten Freund eine bloße seelenlose Sammlung aller seiner niedrigsten Eigenschaften begrüßt zu haben.

Die Lebensdauer eines solchen Schattens richtet sich nach der Menge niederen Verstandes, die ihn beseelt; da jedoch dieser forwährend im Auflösungsprozeß begriffen ist, so nimmt seine Denkfähigkeit stetig ab, obgleich er einen guten Teil einer Art tierischer Schlauheit besitzen mag und selbst gegen Ende seines Lebenslaufes ist er noch imstande, sich durch erborgte Intelligenz eines Mediums mitzuteilen. Aus seiner Natur ergibt sich, daß er üblen Einflüssen aller Art außerordentlich leicht zugänglich ist, und da er sich von seinem höheren Ego getrennt hat, so ist nichts in ihm, was auf gute Einwirkungen reagieren könnte. Er ist daher leicht bereit, sich für verschiedene unbedeutende Vorhaben einer niedrigeren Art schwarzer

Magier herzugeben. Was von mentaler Materie in ihm ist, vergeht allmählich und kehrt in seine eigene Welt, wenn auch nicht zu einem individuellen Verstand, zurück, und so geht der Schatten fast unmerklich in ein Wesen der nächsten Klasse über.

5) *Die Schalen.* Dies sind nur noch die reinen Astral-Leichname in den späteren Stadien der Zersetzung; alle mentalen Teilchen sind verschwunden. Sie sind vollständig ohne irgend eine Art von Bewußtsein oder Intelligenz und treiben passiv in den astralen Strömungen umher, gerade wie eine Wolke in beliebiger Richtung vom Winde dahingetrieben wird; aber auch jetzt noch können sie für kurze Zeit zu einer grausigen Lebensposse galvanisiert werden, wenn sie mit der Aura eines Mediums in Berührung kommen. Unter solchen Umständen gleicht eine solche, der äußeren Erscheinung nach, noch genau der abgeschiedenen Persönlichkeit, und mag selbst bis zu gewissem Grade deren gewöhnliche Ausdrucksweise und deren Handschrift zeigen; aber dies geschieht nur ganz automatisch, da die Zellen, aus denen die Schale besteht, die Neigung haben, bei äußerem Anreiz die Art der Tätigkeit zu wiederholen, an die sie am meisten gewöhnt waren; und was immer sich bei solchen Manifestationen an Intelligenz zeigen mag, stammt jedenfalls nicht von dem eigentlichen Menschen, sondern stammt von dem Medium oder seinen „Kontrollgeistern".

Häufiger jedoch wird sie in ganz anderer Weise wieder belebt, doch soll dies im nächsten Abschnitt beschrieben werden.

Die Schale hat auch die Eigentümlichkeit, daß sie unwillkürlich auf Schwingungen – und zwar gewöhnlich solche niedrigster Art – reagiert, die während ihres letzten Stadiums als „Schatten" häufig in ihr vibriert haben; infolgedessen empfinden Personen von starken, bösen Neigungen und Leidenschaften häufig, wenn sie physischen Manifestationen in spiritistischen Sitzungen beiwohnen, daß sich diese Neigungen in ihnen verstärken, als würden sie von den unbewußten Schalen auf sie zurückgeworfen.

Es gibt noch eine andere Art von Leichnamen, die wir in dieser Abteilung erwähnen müssen, obwohl sie zu einem viel früheren Stadium der Geschichte des Menschen nach dem Tode gehört. Es wurde oben schon erwähnt, daß nach dem Tode des physischen Körpers die astrale Hülle verhältnismaßig sich bald umgestaltet und der ätherische Körper abgeworfen wird; – dieser letztere nun verfällt dem Schicksal langsamer Auflösung, gerade so wie später die astrale Schale.

Diese *ätherischen* Schalen sieht man jedoch nicht ziellos umhertreiben wie die Art, welche wir bisher besprachen; im Gegenteil, sie verbleiben innerhalb weniger Meter von dem verfallenen physischen Körper, und da sie für jeden nur etwas Sensitiven leicht sichtbar sind, so geben sie die Veranlassung zu den so vielfach umlaufenden Kirchhofs-Gespenstergeschichten.

Geht jemand, der psychisch entwickelt ist, über einen unserer großen Kirchhöfe, so sieht er Hunderte dieser bläulichweißen Nebelgestalten, wie sie über den Gräbern hocken, über den Lagerstätten der physischen Hüllen, die sie erst kürzlich verlassen haben, und da sie sich, wie ihre dichteren Gegenstände, in den verschiedensten Graden der Auflösung befinden, so ist ihr Anblick keineswegs ein erfreulicher. Wie die andere Art Schalen ist auch diese vollständig ohne Bewußtsein und Intelligenz, und obgleich sie unter gewissen Bedingungen zu einem zeitweiligen Leben in grauenhafter Form galvanisiert werden kann, so ist das doch nur durch Anwendung einiger der widerlichsten Riten einer der schlimmsten Arten der schwarzen Magie möglich; je weniger wir davon reden, desto besser.

Wir sehen also, daß in den aufeinanderfolgenden Stadien des Aufstiegs vom Erdenleben zur Himmelswelt der Mensch nicht weniger als drei Leichname zurückläßt und der langsamen Auflösung überantwortet, – den dichtphysischen Körper, das ätherische Gegenstück und die astrale Hülle – die alle sich in ihre einzelnen Bestandteile auflösen und deren Stoff auf den betreffenden Ebenen von der wunderbaren Chemie der Natur wieder aufs neue verwendet wird.

6) *Die künstlich belebten Schalen.* Diese Art Wesen sollte genau genommen eigentlich nicht unter die Klasse der menschlichen eingereiht werden, da sie nur die äußere Hülle, die passive, gefühllose Schale ist, die einst zur Ausrüstung des Menschen gehörte; das Leben, *die* Intelligenz und *die*Triebe, die eine solche Wesenheit besitzen mag, sind jene des künstlichen Elementals, das sie belebt, das aber, obgleich es schrecklicherweise in Wahrheit ein Geschöpf der bösen Gedanken von Menschen ist, selbst nicht von menschlicher Natur ist. Es wird deshalb besser sein, sie eingehender bei den künstlichen Wesenheiten zu besprechen, da ihre Natur und Entstehungsweise leichter verständlich sein werden, wenn wir bei diesem Teil unseres Gegenstandes angelangt sind.

Es möge daher genügen zu erwähnen, daß diese Art Schale stets ein übelwollendes Wesen ist – ein wahrer Dämon der Versuchung, dessen schlimmer Einfluß nur durch den Umfang seiner Kraft begrenzt wird. Gleich dem Schatten wird sie häufig benutzt, um Zwecken der Voodoo- und Obeah-Formen der Magie zu dienen. Manche Schriftsteller haben sie unter dem Namen „Elementarwesen" beschrieben; da aber diese Bezeichnung in verschiedenen Zeiten auf fast jede Art von Wesenheiten, die nach dem Tode auftreten, angewandt worden ist, so ist sie so vage und bedeutungslos geworden, daß es wohl besser ist, diese Bezeichnung zu vermeiden.

7) *Die Selbstmörder und die Opfer eines plötzlichen Todes.* Es ist leicht einzusehen, daß ein Mensch, der bei voller Kraft und Gesundheit plötzlich aus dem physischen Leben gerissen wird, ob nun durch einen Unfall oder

durch Selbstmord, sich auf der Astral-Ebene in beträchtlich anderen Umständen befinden wird, als der, welcher aus Altersschwäche oder aus Krankheit gestorben ist. Bei letzteren hat sich das Band der irdischen Wünsche sicherlich mehr oder weniger gelockert, und wahrscheinlich ist er die allergröbsten Bestandteile seines Astralkörpers schon losgeworden; er wird sich daher wohl auf der sechsten oder fünften Abteilung der Astralwelt, oder vielleicht sogar höher befinden. Die Grundteile haben sich auf die Trennung allmählich vorbereitet, und die Erschütterung beim Übergang ist deshalb nicht so groß.

Im Falle des Todes durch Unfall oder Selbstmord haben all diese Vorbereitungen nicht stattgefunden, und das Herausziehen der höheren Grundteile aus ihrer physischen Behausung ist deshalb sehr passend mit Herausreißen des Kernes aus einer unreifen Frucht verglichen worden; ein großer Teil der gröbsten Astral-Materie haftet noch an der Persönlichkeit, und diese wird deshalb auf der siebenten, der niedrigsten Abteilung der Ebene festgehalten. Diese ist, wie schon beschrieben, alles eher als ein angenehmer Aufenthalt; jedoch ist sie es nicht im gleichen Maße für alle, die gezwungen sind, dort eine Zeitlang zu verweilen. Solche Opfer eines plötzlichen Todes, deren Erdenleben rein und edel gewesen ist, haben keine Verwandtschaft zu diesem Niveau, und sie verbringen die Zeit ihres Aufenthaltes dort, um eine ältere Belehrung über dieses Thema zu zitieren, entweder in „glücklicher Unwissenheit und völligem Vergessen, oder in dem Zustand eines ruhigen Schlummers voll rosiger Träume“.

Andernfalls jedoch, wenn der Menschen Erdenleben niedrig und brutal war, selbstsüchtig und sinnlich, dann werden diese, gleich den Selbstmördern, in dieser wenig wünschenswerten Region im vollsten Maße ihr Bewußtsein besitzen und sich möglicherweise zu schrecklich bösen Wesen entwickeln. Brennend vor Begierden aller Art, die sie nicht mehr direkt befriedigen können, da sie nun keinen physischen Körper mehr besitzen, suchen sie ihren scheußlichen Leidenschaften durch die Stellvertretung eines Mediums oder eines Sensitiven zu fröhnen, den sie heimsuchen können; es macht ihnen dann teuflische Freude, alle Art Täuschungen anzuwenden, die ihnen die Astral-Ebene an die Hand gibt, um andere zu denselben Exzessen zu verleiten, die sich bei ihnen so verhängnisvoll erwiesen haben.

Um nochmals aus derselben Belehrung zu zitieren: „Dies sind die Pisächas, die Incubi und Succubae der mittelalterlichen Schriftsteller, Dämonen des Durstes und der Gefräßigkeit, der Wollust und des Geizes – Dämonen von unglaublicher List, Ruchlosigkeit und Grausamkeit, die ihre Opfer zu schrecklichen Verbrechen anstiften und in solchem Tun schwelgen.“ – Von dieser und der folgenden letzten Klasse stammen die Versucher – die Teufel der theologischen Literatur; ihre Macht versagt aber vollständig, wenn das Gemüt und das Streben rein sind; sie können einem Menschen nichts anhaben, wenn er nicht zunächst selbst schon den Lastern nachgegeben hat, zu denen sie ihn zu verführen suchen.

Wer mit psychischem Schauen begabt ist, kann oft beobachten, wie Haufen dieser unglücklichen Geschöpfe sich um Schlächterladen, Schankstätten und andere noch unwürdigere Orte drängen, wo die groben Erregungen zu finden sind, an denen sie ihre Freude haben, und wo sie noch lebende Menschen antreffen, die gleichen Sinnes sind wie sie. Für solch ein Wesen ist es wirklich ein schreckliches Unglück, ein Medium zu finden, mit dem es gleich gestimmt ist; nicht nur wird es ihm dadurch möglich, sein schreckliches astrales Leben enorm zu verlängern, sondern es wird dadurch auch für unbestimmbar lange Zeit seine Fähigkeit erneuert, böses Karma zu schaffen; hierdurch bereitet es für sich selbst eine zukünftige Wiederverkörperung niedrigster Art vor und riskiert daneben noch, einen großen Teil der intellektuellen Kraft, die es etwa besitzen mag, zu verlieren. Ist es so glücklich, *keinen* Sensitiven zu finden, durch dessen Stellvertretung es seine Leidenschaft befriedigen kann, dann verlöschen allmählich die unerfüllten Wünsche und Begierden, und durch die Leiden, die dieser Prozeß hervorruft, wird wahrscheinlich ein guter Teil des bösen Karmas des vergangenen Lebens abbezahlt.

Die Lage des Selbstmörders wird dadurch noch schwieriger, daß seine übereilte Tat die Fähigkeit des höheren Egos, seinen niederen Teil in sich zurückzuziehen, beträchtlich verringert und er dadurch mannigfaltigen und zusätzlichen großen Gefahren ausgesetzt ist; im Auge behalten muß man jedoch, daß die Schwere der Schuld des Selbstmörders je nach den Umständen sehr verschieden ist, von der moralisch untadelhaften Tat Seneca's oder Socrates' durch alle Grade hindurch bis zu dem abscheulichen Verbrechen des Nichtswürdigen, der sich sein Leben nimmt, um sich den bösen Folgen seiner Untaten zu entziehen; und selbstverständlich ändert sich auch ihre Lage dementsprechend.

Zu erwähnen wäre, daß diese Klasse, sowie die Schatten und die wiederbelebten Schalen, alle als Vampire, wenn auch schwächerer Art, bezeichnet werden können; das will sagen, sobald sie die Gelegenheit haben, verlängern sie dadurch ihr Dasein, daß sie menschlichen Wesen, auf die sie Einfluß zu gewinnen imstande sind, ihre Lebenskraft entziehen. Das ist der Grund, weshalb sowohl das Medium wie die Beisitzer nach einer Sitzung mit physischen Erscheinungen oft so schwach und erschöpft sind. Ein Schüler des Okkultismus lernt, wie er sich gegen die Einflüsse dieser Wesen zu wehren hat; aber ohne diese Kenntnis ist es für den, der ihnen in den Weg tritt, schwer zu vermeiden, daß eine mehr oder minder große Kontribution von ihm eingehoben wird.

8) Vampire und Werwölfe. Es bleiben jetzt nur zwei noch schrecklichere, aber glücklicherweise sehr seltene Möglichkeiten zu erwähnen, bevor dieser Teil unseres Gegenstandes erledigt ist; und obgleich sie sich in verschiedener Hinsicht sehr weit voneinander unterscheiden, so können wir sie doch zusammenfassen, da sie die Eigentümlichkeit teilen, furchtbare Schreckensgestalten und zugleich von außerordentlicher Seltenheit zu sein; letzteres rührt daher, daß sie Erbstücke früherer Rassen sind, – gräßliche Anachronismen, greuliche Überbleibsel einer Zeit, in der die Menschen und ihre Umgebung sich von den jetzigen in vielfacher Weise unterschieden.

Wir von der fünften Wurzelrasse sollten uns über die Möglichkeit hinaus entwickelt haben, ein so grauenhaftes Schicksal zu erleiden, wie die beiden Überschriften dieser Unterabteilung es andeuten, und es ist dies auch beinah so vollständig erreicht, daß diese Geschöpfe gewöhnlich nur als mittelalterliche Fabelwesen angesehen werden; jedoch treten tatsächlich selbst jetzt noch gelegentlich solche Geschöpfe auf, wenn auch hauptsächlich in Ländern wie Rußland oder Ungarn, wo sich noch ein beträchtlicher Teil Blut der vierten Hauptrasse befindet. Darauf bezügliche Erzählungen im Mund des Volkes sind wahrscheinlich oft sehr übertrieben, aber immerhin liegt den unheimlichen Geschichten, die unter dem Landvolk Mitteleuropas von Mund zu Mund gehen, ein Kern schrecklicher Wahrheit zugrunde. Der allgemeine Grundzug solcher Erzählungen ist zu bekannt, um mehr als einer flüchtigen Erwähnung zu bedürfen; eine recht typische Vampir Geschichte, wenn auch nach eigenem Bekenntnis nichts anders als eine rein erfundene, ist Sheridan le Fanu's »Carmilla«, während ein sehr bemerkenswerter Bericht über eine ungewöhnliche Form dieser Wesen sich in »Isis entschleiert« I.S.454 findet. Wer mit der theosophischen Literatur vertraut ist, weiß, daß ein Mensch ein so absolut unwürdiges und selbstsüchtiges, so äußerst ruchloses und brutales Leben führen kann, daß sein gesamter niederer Verstand vollständig mit seinen Begierden verstrickt ist und sich schließlich von seiner spirituellen Urquelle im höheren Ego trennt. Manche Forscher scheinen sogar angenommen zu haben, daß solches Vorkommen ein ganz gewöhnliches ist, und daß wir Scharen solcher »seelenloser Menschen«, wie sie genannt worden sind, jeden Tag in den Straßen begegnen könnten; aber dies ist glücklicherweise nicht richtig. Um jene grauenhafte Stufe des Bösen zu erreichen, die so den vollständigen Verlust der Persönlichkeit und die Schwächung der sich entwickelnden Individualität in sich schließt, muß der Mensch schon jeden Funken von Selbstlosigkeit oder Spiritualität erstickt haben und keiner wie immer gearteten rettenden Regung mehr fähig sein; und wenn wir daran denken, wie oft selbst bei den schlechtesten Schurken sich wenigstens ein etwas besserer Charakterzug findet, dann werden wir einsehen, daß solche verlorene Persönlichkeiten stets nur eine sehr kleine Minorität bilden können. Aber so verhältnismäßig wenig ihrer sein mögen, es gibt solche, und aus ihrer Reihe stammen die noch selteneren Vampire.

Das verlorene Wesen würde es sehr bald nach dem Tode unmöglich finden, sich in der Astral-Welt zu halten, und es würde unwiderstehlich bei vollem Bewußtsein dahin gezogen werden, »wo es hingehört«, in die mysteriöse achte Sphäre, um dort nach Erlebnissen, die besser ungeschildert bleiben, langsam zu zerfallen. Wenn es jedoch durch Selbstmord oder durch sonstigen plötzlichen Tod umkommt, dann kann es unter gewissen Umständen, besonders wenn es einige Kenntnisse in der schwarzen Magie besitzt, dieses schreckliche Schicksal hinausschieben, und zwar durch lebendigen Tod, der kaum weniger schrecklich ist – durch die grauenhafte Existenz als Vampir. Da die achte Sphäre erst nach dem Tode seines Körpers Anspruch auf ihn erheben kann, so erhält er ihn in einer Art kataleptischen Trancezustand durch das grauenhafte Mittel, ihm durch Transfusion Blut zuzuführen, das er anderen menschlichen Wesen in seinem halbmaterialisierten Astralkörper entzieht, und er schiebt so durch Massenmord sein schließliches Schicksal hinaus. Wie der volkstümliche »Aberglaube« einmal wieder richtig annimmt, ist es die leichteste und wirkungsvollste Gegenmaßregel in solchem Falle, den Körper auszugraben und zu verbrennen und diesem Geschöpf so seinen Anhaltspunkt zu entziehen. Wenn das Grab geöffnet wird, dann erscheint der Körper gewöhnlich ganz frisch und gesund und der Sarg ist nicht selten mit Blut gefüllt. – In den Ländern, wo die Sitte der Leichenverbrennung herrscht, ist diese Art Vampirismus natürlich unmöglich.

Der Werwolf, ein ebenso schreckliches Geschöpf, ist das Ergebnis eines etwas anderen Karmas, und er hätte eigentlich in der ersten, anstatt in der zweiten Abteilung menschlicher Bewohner dieser Ebene seinen Platz finden sollen, da ein Mensch stets schon während seines Lebens anfängt, in dieser Form sein Wesen zu treiben. Hierzu sind unweigerlich einige Kenntnisse in magischen Künsten nötig – jedenfalls soviel, um seinen Astralkörper austreten lassen zu können.

Wenn ein vollkommen grausamer, brutaler Mensch dies tut, dann sind manchmal Umstände vorhanden, unter denen ein anderes Astralwesen Besitz von dem Astralkörper nehmen und ihn materialisieren kann, aber nicht in eine menschliche Form, sondern in die irgendeines wilden Tieres – gewöhnlich eines Wolfes; und in diesem Zustand durchjagt dieser dann die Umgegend, tötet andere Tiere und selbst Menschen, und befriedigt dadurch nicht nur seine eigene Blutgier, sondern auch die des teuflischen Wesens, das ihn dazu antreibt.

In diesem Falle, wie bei den gewöhnlichen Materialisationen, überträgt sich jede Wunde, die etwa dieser tierischen Form beigebracht wird, auf den menschlichen, physischen Körper durch den seltsamen Vorgang der Reperkussion, obgleich nach dem Tode dieses physischen Körpers der astrale (der wahrscheinlich fortfahren wird in derselben Form zu erscheinen) weniger verwundbar sein wird. Das Wesen wird dann aber auch weniger gefährlich sein, da es sich nicht vollkommen materialisieren kann, falls es nicht ein passendes Medium findet. Bei solchen Manifestationen beteiligt sich wahrscheinlich ein großer Teil der Materie des Ätherkörpers, und vielleicht wird sogar auch von den gasförmigen und flüssigen Bestandteilen des physischen Körpers ein Teil zur Kontribution herangezogen, wie in manchen spiritistischen Materialisationen. In beiden Fällen scheint dieser fluidische Körper sich viel weiter von dem physischen entfernen zu können, als es sonst, soweit bis jetzt bekannt, einem Körper möglich ist, der zumindest eine gewisse Menge Äthermaterie enthält.

Es ist in unserer Zeit Mode geworden, über das zu spotten, was man einen törichten Aberglauben des unwissenden Landvolkes nennt; aber wie in den obigen Fällen, so in vielen anderen, findet der Okkultist bei sorgfältiger Prüfung, daß hinter dem, was auf den ersten Blick der reine Unsinn zu sein scheint, sich tiefe und in Vergessenheit geratene Naturwahrheiten verbergen, und er lernt, sowohl im Ablehnen wie im Annehmen vorsichtig zu sein.

Wer die Astral-Ebene zu erforschen unternimmt, braucht wenig zu fürchten, diesen sehr unangenehmen Geschöpfen zu begegnen, denn wie schon bemerkt, kommen sie selbst jetzt schon außerordentlich selten vor, und im Laufe der Zeit wird ihre Zahl glücklicherweise immer mehr abnehmen. Jedenfalls ist ihre Tätigkeit gewöhnlich auf den Bereich in der unmittelbaren Nähe ihres physischen Körpers beschränkt, wie es ja auch bei ihrer außerordentlich materiellen Natur anzunehmen ist.

9) Schwarze Magier und ihre Schüler. Diese Personen entsprechen auf der entgegengesetzten Seite der Stufenleiter unserer zweiten Klasse abgeschiedener Wesen, den Schülern, die auf ihre Wiederverkörperung warten, nur daß diese Klasse, anstatt die Erlaubnis zu haben, eine ungewöhnliche Methode des Fortschritts sich zunutzen zu machen, sich bemüht, den natürlichen Fortgang der Entwicklung aufzuhalten und sich durch magische Künste, manchmal der schrecklichsten Art, auf der Astral-Ebene zu behaupten.

Man könnte leicht verschiedene Unterabteilungen dieser Klasse aufstellen, je nach ihren Zielen, ihren Methoden, der möglichen Dauer ihres Lebens auf dieser Ebene usw.; aber da sie keineswegs faszinierende Studienobjekte sind und alles, was ein Schüler des Okkultismus von ihnen zu wissen begehrt, die Art und Weise ist, wie er ihnen aus dem Wege gehen kann, so wird es wohl interessanter sein, zu der Untersuchung eines anderen Teils unseres Gegenstandes überzugehen. Es mag jedoch noch erwähnt werden, daß jedes solches menschliche Wesen, das sein Leben auf der Astral-Ebene so über seine natürlichen Grenzen hinaus verlängert, dieses stets auf Kosten des Lebens anderer tut, denen es in der einen oder anderen Form Leben entzieht.

II. Die nicht-menschlichen Wesen

Obgleich uns ein auch nur oberflächlicher Blick belehren könnte, daß viele von den irdischen Naturgebilden, mit denen wir in nahe Berührung kommen, nicht ausschließlich zu unserm Wohlbehagen oder auch nur zu unserem Vorteil geschaffen wurden, so war es doch wohl unvermeidlich, daß die menschliche Rasse, wenigstens in ihrer Kindheit, sich einbildete, diese Welt und alles, was drinnen ist, existiere allein zu ihrem Nutzen und Gewinn; aber wir sollten mittlerweile entschieden dieser kindlichen Täuschung entwachsen sein und uns unsere eigentliche Stellung und die Pflichten, welche aus dieser erwachsen, klar gemacht haben.

Daß viele das noch nicht getan haben, zeigt sich in der verschiedensten Weise in unserem täglichen Leben – besonders in den abscheulichen Grausamkeiten, die unter dem Namen Sport ganz gewohnheitsgemäß gegen die Tiere ausgeübt werden, und zwar von Menschen, die sich selbst wahrscheinlich für hoch zivilisiert halten. Schon der erste Anfänger in der heiligen Wissenschaft des Okkultismus weiß natürlich, daß alles Leben heilig ist, und daß es ohne universelles Mitgefühl keinen Fortschritt gibt; aber erst auf einer späteren Stufe seiner Studien entdeckt er, wie vielseitig das Bild der Entwicklung ist und wie verhältnismäßig klein der Raum, den die Menschheit in der Ökonomie der Natur einnimmt.

Es wird ihm klar, daß geradeso wie die Erde, die Luft und das Wasser Myriaden von Lebensformen bergen, die für das gewöhnliche Auge unsichtbar sind, uns aber vom Mikroskop enthüllt werden, auch die höheren Ebenen, die mit unserer Erde in Verbindung stehen, eine ebenso dichte Bevölkerung besitzen, deren Existenz wir uns gewöhnlich in keiner Weise bewußt werden. Wenn seine Kenntnisse zunehmen, dann wird es ihm immer mehr zur Gewißheit, daß in der einen oder anderen Weise jede Möglichkeit der Entwicklung ausgenutzt wird, und wenn scheinbar in der Natur Kräfte vergeudet oder Gelegenheiten ungenutzt gelassen werden, daß der Fehler dann nicht der des Weltenplanes ist, sondern unser Mangel an Kenntnis seiner Methode und Absicht.

Für den Zweck unserer gegenwärtigen Betrachtung der nichtmenschlichen Bewohner der Astral-Ebene wird es am besten sein, jene frühen Formen universellen Lebens ganz aus dem Spiele zu lassen, die sich in einer Weise, von der wir uns nur eine schwache Vorstellung machen können, durch aufeinanderfolgende Einhüllung in Atome, Moleküle und Zellen entwickeln; denn schon wenn wir als das Niedrigste, mit dem wir anfangen, die sogenannten Elemental-Reiche nehmen, so werden wir unter dieser Gesamtbezeichnung eine enorme Anzahl Astral-Bewohner zusammenzufassen haben, die wir nur sehr flüchtig behandeln können; denn wollten wir sie irgendwie eingehend beschreiben, so würde dieses kleine Handbuch zu dem Umfang einer Enzyklopädie anwachsen.

Die geeignetste Methode nun, die nicht-menschlichen Wesen zu gruppieren, wird wohl sein, sie in vier Klassen zu teilen. Es muß dabei aber bemerkt werden, daß diesmal eine Klasse nicht, wie im vorigen Abschnitt, eine verhältnismäßig kleine Gruppe darstellt, sondern ein großes Reich der Natur, wenigstens so umfangreich und verschiedenartig, wie etwa das Tier- oder das Pflanzenreich. Diese Klassen rangieren teils tiefer als die Menschheit, teils sind sie ihnen gleich, und teils sind sie uns an Güte und Macht weit überlegen. Einige gehören zu unserm Entwicklungsschema, – das will sagen, sie sind entweder einmal Menschen wie wir gewesen oder werden es einst werden; andere entwickeln sich auf ganz anderen Linien als wir.

Bevor wir dazu übergehen, sie näher zu betrachten, muß, um dem Vorwurf der Unvollständigkeit zu entgehen, bemerkt werden, daß bei diesem Teil des Gegenstandes zwei Vorbehalte zu machen sind. Erstens wird nichts über die gelegentliche Erscheinung sehr hoher Adepten von anderen Planeten unseres Sonnensystems, oder selbst noch erhabenerer Besucher aus noch größerer Entfernung gesagt, da solche Vorkommnisse nicht gut in einem Essay für einen allgemeinen Leserkreis behandelt werden können; und außerdem ist es praktisch unvorstellbar, wenn auch natürlich theoretisch möglich, daß solch erhabene Wesen es jemals nötig haben sollten, sich auf einer so niedrigen Ebene, wie der astralen, zu manifestieren. Wenn sie aus irgendeinem Grunde jedoch solche Absicht hätten, so würden sie zeitweilig einen zu dem Zweck passenden Körper aus der Astralmaterie unseres Planeten schaffen, gerade wie es der oben erwähnte Nirmânakâya tut.

Zweitens gibt es, ganz außerhalb der vier Klassen, in die wir diesen Abschnitt geteilt haben, und ganz ohne Zusammenhang mit ihnen, noch zwei andere große Entwicklungsreihen, welche zurzeit unsern Planeten zugleich mit der Menschheit benutzen; aber etwas Näheres über sie mitzuteilen, ist im gegenwärtigen Zeitpunkt untersagt, da es, wie es scheint, nicht beabsichtigt ist, daß sie unter gewöhnlichen Umständen sich des Daseins der

Menschen bewußt werden, noch die Menschen des Ihrigen. Wenn wir je mit ihnen in Berührung kommen sollten, dann würde es wahrscheinlich auf der rein physischen Ebene sein, denn jedenfalls ist ihre Beziehung zu unserer Astral-Ebene nur ganz gering, da die einzige Möglichkeit für sie, dort zu erscheinen, von einem außerordentlich unwahrscheinlichen Zwischenfall bei einem Akt zeremonieller Magie, die auszuführen glücklicherweise nur einige wenige der fortgeschrittenen Schwarzmagier verstehen, abhängt. Immerhin hat wenigstens einmal sich dieser Fall ereignet, so daß wir sie mit in unsere Liste aufnehmen müßten, wäre es nicht, wie erwähnt, verboten.

1. Die Elemental-Essenz, die zu unserer eigenen Entwicklung gehört

Gerade wie der Name Elementarwesen von verschiedenen Schriftstellern ohne Unterschied auf all und jeden möglichen Zustand des Menschen nach dem Tode angewandt worden ist, so hat man auch mit dem Wort Elemental zu verschiedenen Zeiten alle nicht menschlichen Geister bezeichnet, von den göttlichsten Devas herunter durch die Reihe der verschiedensten Arten von Natur-Geistern hindurch, bis zu der formlosen Essenz, die die Reiche hinter dem Mineralreich durchdringt, so daß der Schüler, wenn er verschiedene Bücher darüber gelesen hat, durch die sich widersprechenden Angaben und Bezeichnungen vollständig verwirrt wird. Man möge sich deshalb merken, daß in dieser Abhandlung der Name Elemental-Essenz nur auf die monadische Essenz während gewisser Stufen ihrer Entwicklung angewandt wird, und diese monadische Essenz ihrerseits kann als die Ausströmung von Geist oder göttlicher Kraft in die Materie definiert werden.

Wir sind alle mit der Auffassung vertraut, daß dieser Kraftstrom, bevor er die Stufe der Individualisation erreicht und den Menschen beseelt, sechs niedrigere Phasen der Entwicklung durchschritten und jede ihrerseits beseelt hat – das Tier-, das Pflanzen-, das Mineral-Reich und drei Elemental-Reiche. Während der Zeit, da er diese betreffenden Stufen mit Kraft erfüllt, hat man ihn manchmal die Tier-, Pflanzen- oder Mineral-Monade genannt; aber diese Bezeichnung ist entschieden irreführend, denn lange bevor der Strom bei einem dieser Reiche anlangte, ist er nicht mehr *eine Monade*, sondern er ist zu *vielen* Monaden geworden. Die Bezeichnung war nur gewählt, um darauf hinzudeuten, daß die Differenzierung der monadischen Essenz, obwohl sie schon lange ihren Anfang genommen hatte, doch noch nicht zur völligen Individualisierung gelangt war.

Wenn diese monadische Essenz in den drei großen Elementalreichen, die dem Mineralreich vorausgehen, ihre Kraft ausströmt, wird sie mit dem Namen »Elemental-Essenz« bezeichnet. Bevor wir jedoch ihre Natur und die Methode, wie sie sich betätigt, verstehen können, müssen wir uns erst über die Art und Weise klar werden, in welcher der Geist sich bei seinem Abstieg in die Materie entfaltet.

Wenn der Geist, der sich auf irgendeiner Ebene, einerlei welcher (nennen wir sie Ebene Nr.1) befindet, den Entschluß faßt, auf die nächstniedrige (nennen wir sie Ebene Nr.2) herabzusteigen, so muß er sich in der Materie dieser Ebene einhüllen, – das will sagen, er muß einen Schleier aus dem Stoff dieser Ebene Nr. 2 um sich ziehen. In ähnlicher Weise muß er, wenn er weiter zur Ebene Nr. 3 herabsteigt, sich in Materie dieser Ebene Nr. 3 hüllen; wir würden dann, sagen wir, ein Atom haben, dessen Körper oder äußere Verkleidung aus Materie der Ebene Nr. 3 besteht; die Kraft, die es mit Energie versieht – seine Seele sozusagen, – wird dann aber nicht Geist in dem Zustand sein, wie er auf der Ebene Nr. 1 war, sondern er wird diese göttliche Kraft *plus* dem Schleier aus dem Stoff der Ebene Nr. 2 sein. Bei einem weiteren Abstieg zur Ebene Nr. 4 wird das Atom noch komplizierter, denn es besitzt dann einen Körper aus Materie Nr. 4 und wird durch Geist beseelt, der schon in zwei Schleier aus Stoff der Ebene Nr. 2 und 3 gehüllt ist . Da sich dieser Prozeß auf jeder Unterebene jeder Ebene des Sonnensystems wiederholt, so ist klar, daß die ursprüngliche Energie, wenn sie unsere physische Region erreicht, so gründlich verschleiert ist, daß es uns nicht wundernehmen kann, wenn die Menschen sie oft überhaupt nicht mehr als Geist erkennen können.

Nun wollen wir annehmen, daß die monadische Essenz diesen Vorgang der Einhüllung bis auf das Atom-Niveau der Mental-Ebene durchgeführt hat und daß sie, anstatt durch die verschiedenen Abteilungen dieser Ebene herabzusteigen, direkt zur Astral-Ebene herabtaucht und einen Körper aus Astralatomen um sich zieht und diesen beseelt; ein solches Gebilde würde die Elemental-Essenz der Astral-Ebene sein und gehört dann zu dem dritten der großen Elementalreiche, zu dem, das dem Mineralreich unmittelbar vorausgeht. Im Zuge ihrer zweitausendvierhundert Differenzierungen auf der Astralebene zieht die Elementar-Essenz viele verschiedenartige Kombinationen der Materie ihrer verschiedenen Unterebenen an sich; doch sind diese nur von zeitweiliger Dauer; dem Wesen nach bilden sie ein Reich, dessen wesentlicher Charakter darin besteht, daß es monadische Essenz ist, die sich nur bis zur Atomstufe herab involviert hat, sich aber vermittelst atomarer Materie der Astral-Ebene manifestiert.

Die beiden höheren Elementalreiche leben und wirken je auf dem höheren und dem niederen Teil der Mental-Ebene; aber wir haben es hier mit diesen nicht zu tun.

Wenn man, wie es oft geschieht, im Zusammenhang mit der Gruppe, die wir jetzt betrachten, von *einem* Elemental spricht, so ist das etwas irreführend, denn genau genommen gibt es dergleichen gar nicht. Das, was wir vorfinden, ist eine unermeßliche Menge Elemental-Essenz, die wunderbar empfänglich für den leisesten Gedanken der Menschen ist und mit unvorstellbarer Empfindlichkeit in dem winzigsten Bruchteil einer Sekunde auf jede Schwingung reagiert, die selbst durch eine ganz unbewußte Regung des Willens oder des Wunsches eines Menschen in ihr erzeugt wird.

Aber in dem Augenblick, da sie durch den Einfluß eines solchen Gedankens oder einer solchen Regung des Willens zu einem lebenden Kraftwesen gestaltet wird, zu etwas, das wirklich als *ein* Elemental bezeichnet werden kann – hört es auf, zu der Kategorie zu gehören, die wir jetzt betrachten, und es reiht sich in die Klasse der künstlichen Wesen ein. Jedoch ist auch in diesem Falle sein Sonderdasein gewöhnlich nur von schnell vorübergehender Dauer, und sobald der Antrieb zu Dasein sich ausgewirkt hat, sinkt es in die undifferenzierte Masse der besonderen Art Elemental-Essenz zurück, aus der es heraustrat.

Es würde ermüdend sein, alle diese Arten der Reihe nach aufzuzählen, und selbst wenn wir eine solche Liste aufstellen, würde sie unverständlich sein; sie hätte nur Wert für den praktischen Forscher, der die Arten einzeln aufrufen und sie vergleichen kann. Einige Grundgedanken der Klasseneinteilung sind jedoch ohne große Schwierigkeiten verständlich zu machen und auch wohl ganz interessant.

Zunächst kommt die allgemeine Einteilung, die den Elementalen ihre Namen gegeben hat, die Gruppierung nach der Gattung der Materie, die sie bewohnen. Auch hier wieder zeigt sich der bekannte siebenfältige Charakter unserer Entwicklung, denn es gibt sieben solcher Gruppen, die zu den sieben Zuständen der physischen Materie in Beziehung stehen – zu »Erde, Wasser, Luft und Feuer«, oder um die mittelalterliche Symbolik in moderne, schärfere Ausdrucksweise zu übersetzen, zum festen, flüssigen, gasförmigen Aggregatzustand und den vier ätherischen Zuständen.

Lange Zeit war es üblich, die Ignoranz der mittelalterlichen Alchemisten zu bemitleiden und zu bespötteln, weil sie Substanzen als »Elemente« bezeichneten, die nach den Entdeckungen der neueren Chemie zusammengesetzte Körper sind; aber wenn wir so leichthin über sie absprachen, so taten wir ihnen großes Unrecht, denn ihre Kenntnisse über diese Dinge waren in Wirklichkeit nicht beschränkter als unsere. Ob sie nun alle die 60 oder 70 Substanzen, die wir jetzt Elemente nennen, kannten oder nicht, jedenfalls bezeichneten sie sie nicht so, denn ihre okkulten Studien hatten sie belehrt, daß es in diesem Sinne des Wortes nur ein Element gibt, aus dem diese und alle anderen Gestaltungen der Materie sich ableiten, eine Wahrheit, die einige der größten Chemiker unserer Zeit gerade jetzt zu vermuten beginnen.

Tatsache ist, daß die Analyse unserer bespöttelten Vorväter in diesem besonderen Fall mehrere Grade tiefer ging als unsere. Sie erkannten den Äther und konnten ihn beobachten, während die moderne Wissenschaft ihn nur als notwendige Hypothese für ihre Theorien voraussetzt; es war ihnen bekannt, daß er aus physischer Materie in vier deutlich verschiedenen Aggregatzuständen jenseits des gasförmigen besteht – eine Tatsache, die noch nicht wieder entdeckt worden ist. Sie wußten, daß alle physischen Dinge aus Materie des einen oder des anderen der sieben Aggregatzustände bestehen und daß in jedem organischen Körper alle sieben mehr oder weniger vertreten sind; daher sprachen sie immer von feurigen und wäßrigen Körpersäften oder »Elementen«, was uns so grotesk klingt. Es ist wahrscheinlich, daß sie dies letztere Wort einfach als gleichbedeutend mit »Bestandteil« gebrauchten, ohne im mindesten damit die Idee einer Substanz verbinden zu wollen, die sich nicht weiter teilen lasse. Sie wußten auch, daß jede dieser Stoffkategorien je einer großen Klasse sich entwickelnder monadischer Essenz als Grundlage der Manifestation dient, und so nannten sie die Essenz »Elemental-Essenz«.

Was wir uns also klar zu machen suchen müssen, ist, daß in jedem Partikelchen fester Materie, so lange es in diesem Zustand verharrt, ein »Erd-Elemental« sich aufhält, um die pittoreske Ausdrucksweise der mittelalterlichen Gelehrten zu gebrauchen, das will sagen, eine gewisse Menge ihm entsprechender lebender Elemental-Essenz, während ebenso in jedem kleinen Teilchen flüssiger, gasförmiger oder ätherischer Materie ein Wasser-, Luft- oder Feuer- »Elemental« wohnt.

Man wird bemerken, daß diese erste grobe Einteilung des dritten der Elementalreiche sozusagen eine horizontale ist – das will sagen, die Klassen bilden Stufen, von denen jede etwas weniger grob-materiell ist als die nächst niedrigere, die in fast unmerkbaren Graden in sie übergeht, und man kann sich deshalb leicht vorstellen, wie jede dieser Klassen wieder in sieben Grade eingeteilt werden kann, da es bei den festen, flüssigen und gasförmigen Körpern offensichtlich viele Grade der Dichtigkeit gibt.

Nun gibt es aber ferner noch eine Einteilung, die wir uns durch senkrechte Linien markiert denken können, und diese ist etwas schwieriger zu verstehen, besonders da bei eingehenderer Darstellung einige Tatsachen berührt werden würden, über die die Okkultisten stets große Zurückhaltung bewahren. Vielleicht wird das, was über diesen Gegenstand bekannt ist, am klarsten, wenn wir sagen, daß in jeder der horizontal abgeteilten Klassen und Unterklassen sieben vollkommen verschiedene Arten von Elementalen zu finden sind, deren Verschiedenheit aber nicht in der Dichtigkeit der Materie, sondern vielmehr in ihrem Charakter und in ihren Affinitäten liegt.

Jeder dieser Typen wirkt in der Weise auf die anderen ein, daß, wenn es ihnen auch unmöglich ist, ihre Essenz gegeneinander auszutauschen, sich doch in jedem dieser Typen sieben Unter-Typen nachweisen lassen, die sich durch die Färbung unterscheiden, welche ihre ursprüngliche Eigenart durch die Beeinflussung der anderen erfahren hat. Es ist sofort erkenntlich, daß diese senkrechten Teilungen und Unterteilungen dadurch sich vollständig von den horizentalen unterscheiden, daß sie viel dauernder und grundlegender sind; denn während die Entwicklung des Elementalreiches darin besteht, daß es mit fast unendlicher Langsamkeit alle seine horizontalen Klassen und Unterklassen nacheinander durchschreitet, so daß es der Reihe nach zu jeder derselben gehört, so ist dies hinsichtlich der Typen und Untertypen nicht so, diese bleiben auf dem ganzen langen Wege stets dieselben.

Ein Punkt, den man nicht aus den Augen lassen darf, wenn man die Entwicklung der Elementale verstehen lernen will, ist, daß sie in der Richtung des herabsteigenden Teiles stattfindet, wie man sich manchmal ausdrückt; das will sagen, sie schreitet in Richtung auf die vollkommene Verstrickung in die Materie fort, wie wir sie im Mineralreich vollendet sehen, während sich sonst die Entwicklung, wo wir sie beobachten können, meistens aus dieser Verstrickung herausarbeitet. Also Fortschritt heißt hier Abstieg in die Materie, anstatt Aufstieg zu höheren Ebenen, und diese Tatsache gibt ihm in unseren Augen ein sonderbar »verkehrtes« Ansehen, bis wir Ziel und Zweck vollständig durchschaut haben. Wenn der Studierende sich dies nicht fortwährend klar vor Augen hält, wird er immer wieder durch unverständliche Anomalien verwirrt werden.

Trotz dieser mannigfaltigen Klassen und Abteilungen sind doch gewisse Eigenschaften allen verschiedenen Arten dieser seltsamen lebenden Essenz gemeinsam; aber selbst diese Eigenschaften sind so verschieden von allem, womit wir auf der physischen Ebene vertraut sind, daß es sehr schwierig ist, sie jemandem zu erklären, der sie nicht selbst in Tätigkeit sehen kann.

Vorausgeschickt sei, daß, wenn ein Teil dieser Essenz für wenige Augenblicke von äußeren Antrieben ganz unbeeinflußt bleibt (ein Zustand übrigens, der wohl kaum je eintritt), er absolut keine eigene Gestalt zeigt, wenngleich er sich dennoch in fortwährender, schnellster Bewegung befindet; bei der leisesten Störung jedoch, vielleicht infolge eines vorüberziehenden Gedankenstromes, nimmt er plötzlich in verwirrender Überstürzung hastig sich bewegende, stets wechselnde Gestaltungen an, die sich bilden, umherfahren und verschwinden, mit einer Rastlosigkeit wie die Blasen auf der Oberfläche des Wassers, wenn es kocht.

Obgleich diese auftauchenden und rasch wieder verschwindenden Gestalten gewöhnlich mit menschlichen oder anderen lebenden Wesen Ähnlichkeit haben, weisen sie doch ebensowenig auf das Vorhandensein von getrennten Wesenheiten in der Essenz hin, wie die ebenso wechselnden und vielgestaltigen Wellen, die ein plötzlicher Windstoß in wenigen Augenblicken auf einem bisher ruhigen Spiegel eines Sees hervorruft. Sie scheinen bloße Spiegelungen aus dem großen Vorratshause des Astrallichts zu sein, aber sie entsprechen gewöhnlich in gewissem Maß dem Charakter des Gedankenstroms, der sie ins Dasein ruft, wenn auch fast immer mit irgendeiner grotesken Verzerrung, etwas Abstoßendem oder Unerfreulichem.

Es entsteht hier naturgemäß die Frage, was für eine Intelligenz sich hier bei der Auswahl entsprechender Formen oder bei deren Verzerrung betätigt. Wir haben es hier nicht mit den machtvolleren und länger lebenden künstlichen Elementalen zu tun, die von starken, bestimmten Gedanken erschaffen werden, sondern einfach mit dem Ergebnis, das der Strom halbbewußter, unwillkürlicher Gedanken hervorruft, den die Mehrzahl der Menschheit müßig durch ihr Gehirn fluten läßt. Die Intelligenz stammt daher augenscheinlich nicht aus dem Geist des Denkers, und wir können andererseits jedenfalls nicht der Elemental-Essenz irgendeine Art aufdämmernder mentaler Fähigkeit zutrauen, da ihr Reich noch weiter von der Individualisation entfernt ist, als das Mineralreich.

Und doch besitzt sie eine wunderbare Anpassungsfähigkeit, die der Intelligenz sehr nahe zu kommen scheint, und zweifellos ist diese Eigenschaft die Ursache, daß in einem unserer älteren Bücher diese Elementale als »die halb-intelligenten Wesen des Astrallichtes« bezeichnet werden. Wir werden weitere Beweise für diese Fähigkeiten finden, wenn wir zu der Betrachtung der künstlichen Klasse kommen. Wenn wir von einem guten oder einem bösen Elemental lesen, dann muß immer entweder eine künstliche Wesenheit oder eine der vielen Arten von Natur-Geistern gemeint sein, denn das Elemental-Reich als solches kennt den Begriff gut oder böse nicht.

Unzweifelhaft ist es jedoch, daß eine Art Stimmung oder Neigung beinahe alle Abteilungen durchdringt, die es bewirkt, daß sie sich gegen die Menschen eher feindlich als freundlich stellen. Jeder Neophyt weiß dies, denn in den meisten Fällen ist es seine erste Erfahrung auf der Astral-Ebene, daß er sich von einer großen Schar proteusartiger Gestalten umgeben findet, die in drohender Gebärde auf ihn eindringen zu wollen scheinen, die sich aber stets zurückziehen oder harmlos zerstreuen, wenn er ihnen energisch entgegentritt. Dieser merkwürdigen Stimmung muß ihr oben erwähntes verzerrtes, unerfreuliches Äußeres zugeschrieben werden, und Schriftsteller des Mittelalters berichten uns, daß die Menschen sich selbst dies zuzuschreiben hätten. In dem goldenen Zeitalter vor dieser unerquicklichen Gegenwart waren die Menschen im allgemeinen geistiger, weniger selbstsüchtig veranlagt, und damals waren diese »Elementale« freundlich; jetzt sind sie es nicht mehr, weil die Menschen wenig Sympathie für andere lebende Wesen haben und gleichgültig gegen sie geworden sind.

Bei der wunderbaren Empfänglichkeit und Reaktionsfähigkeit der Essenz für die leisesten Gedanken, Wünsche und Begierden ist es klar, daß dieses Elementalreich als Ganzes das ist, was das kollektive Denken der Menschen aus ihm macht. Jeder, der einen Augenblick darüber nachdenkt, wie wenig erhebend dieses kollektive Denken in der gegenwärtigen Zeit ist, wird wenig Grund zur Verwunderung darüber finden, daß wir ernten, was wir säen, und daß diese Essenz, die sich keine eigene Vorstellung machen kann, sondern nur blindlings empfängt und zurückstrahlt, was auf sie ausgestrahlt wird, im allgemeinen unfreundliche Eigenschaften zeigt.

Ganz zweifellos werden in späteren Rassen oder Runden, wenn die Menschheit als Ganzes eine höhere Stufe erklommen hat, auch die Elementalreiche durch die veränderte Denkweise, die stetig auf sie einwirkt, sich mit ändern, und wir werden sie nicht mehr länger feindlich finden, sondern gelehrig und hilfreich; dasselbe wird, wie uns gesagt wird, dann auch mit dem Tierreich der Fall sein. Wie immer es auch in der Vergangenheit gewesen sein mag, es ist einleuchtend, daß wir in Zukunft einem sehr erträglichen »goldenen Zeitalter« entgegensehen können, wenn wir eine Zeit herbeiführen können, in der die Mehrzahl der Menschen edel und selbstlos sein wird und die Kräfte der Natur bereitwillig mit ihnen zusammenwirken werden.

Die Tatsache, daß wir imstande sind, die Elementalreiche so leicht zu beeinflussen, zeigt uns zugleich, daß wir ihnen gegenüber eine Verantwortung für die Art und Weise haben, wie wir diesen Einfluß betätigen. Wenn wir die Bedingungen bedenken, unter denen sie existieren, ist es augenscheinlich, daß die Wirkung, die die Gedanken und die Wünsche und Begierden aller intelligenten Geschöpfe, die mit ihnen dieselbe Welt bewohnen, auf sie ausüben, in dem Plan unseres Systems als ein Faktor in ihrer Entwicklung mit in Anschlag gebracht worden sein muß.

Trotz der übereinstimmenden Belehrung durch alle großen Religionen ist die Masse der Menschen noch äußerst unbedachtsam in betreff ihrer Verantwortlichkeit in der Sphäre des Denkens; wenn ein Mensch sich schmeicheln kann, daß seine Worte und Taten für andere harmlos gewesen sind, dann glaubt er, alles getan zu haben, was man von ihm verlangen kann, und er ist sich der Tatsache garnicht bewußt, daß er vielleicht jahrelang einen beengenden und erniedrigenden Einfluß auf die Psyche der Menschen in seiner Umgebung ausgeübt, daß er den Raum um ihn her mit unerfreulichen Geschöpfen seines unsauberen Denkens angefüllt hat. Eine noch ernstere Seite dieser Frage wird sich uns zeigen, wenn wir die künstlichen Elementale besprechen; aber in Beziehung auf die Essenz wird es genügen festzustellen, daß wir unzweifelhaft die Macht haben, ihre Entwicklung zu beschleunigen oder zu verzögern, je nach dem Gebrauch, den wir bewußt oder unbewußt fortwährend von ihr machen.

Es würde ein hoffnungsloser Versuch sein, in den Grenzen einer solchen Abhandlung wie dieser zu erklären, welchen verschiedenen Gebrauch jemand, der in deren Anwendung geschult ist, von den Kräften, die diesen mannigfaltigen Arten elementaler Essenz innewohnen, machen kann. Die große Mehrzahl magischer Zeremonien besteht fast nur in deren Handhabung, entweder direkt durch Anwendung des Willens des Magiers, oder durch bestimmte Astral-Wesen, die er für diesen Zweck beschworen hat.

Vermittelst dieser Elementalessenz werden fast alle physikalischen Phänomene in den Sitzungszimmern hervorgerufen, und sie ist es ebenfalls, die in den meisten Fällen das Steinwerfen und Glockenläuten in Spukhäusern bewirkt; solche Erscheinungen werden entweder durch die unsicheren, plumpen Anstrengungen einer erdgebundenen menschlichen Wesenheit hervorgerufen, um die Aufmerksamkeit auf sich zu ziehen, oder durch die rein schadenfrohen Streiche niedriger Naturgeister, die zu unserer dritten Klasse gehören. Aber nie darf man die Elemental-Essenz selbst als den Urheber ansehen; sie ist einfach eine schlummernde, latente Kraft, die einer äußeren Einwirkung bedarf, um in Tätigkeit zu treten.

Wenngleich alle Klassen der Essenz die Fähigkeit haben, Bilder des Astrallichts zurückzustrahlen, so ist es doch erwähnenswert, daß es einige Arten gibt, die gewisse Eindrücke sehr viel leichter aufnehmen als andere, – die gleichsam besondere Lieblingsformen haben, in welche sie nach einer Störung von selbst wieder zurückfallen, wenn sie nicht energisch gezwungen werden, eine andere anzunehmen, und solche Formen sind um ein geringes weniger vergänglich als die übrigen.

Bevor wir diesen Teil unseres Gegenstandes verlassen, ist es zweckmäßig, den Leser vor einer Gedanken-Verwirrung zu warnen, in die einige geraten sind, weil sie diese Elemental-Essenz, die wir hier betrachten, nicht von der monadischen Essenz unterschieden haben, die sich durch das Mineralreich betätigt. Man muß festhalten, daß die monadische Essenz auf einer Stufe ihrer Entwicklung bis zur Menschheit sich durch das Elementalreich, auf einer späteren Stufe durch das Mineralreich manifestiert; aber die Tatsache, daß zwei Teile monadischer Essenz auf verschiedenen Entwicklungsstufen zu gleicher Zeit in Tätigkeit sind, und daß die eine dieser Manifestationen (das Erdelemental) denselben Raum einnimmt wie die andere und diesen bewohnt (sagen wir einen Felsen), stört in keiner Weise die Entwicklung des einen wie des anderen, noch bedeutet es irgendeine Beziehung zwischen den Körpern der in beiden enthaltenen monadischen Essenz. Der Felsen wird außerdem noch durchdrungen von der ihm eigenen Abart des allgegenwärtigen Lebensprinzips, aber diese ist wieder vollständig verschieden von beiden obenerwähnten Essenzen.

2. Die Astral-Körper von Tieren

Diese bilden eine sehr umfangreiche Klasse, doch nimmt sie keine besonders wichtige Stellung auf der Astral-Ebene ein, da ihre Mitglieder gewöhnlich nur sehr kurze Zeit dort verbleiben. Die große Mehrzahl der Tiere hat bis jetzt noch keine dauernde Individualisation erlangt, und wenn eines von ihnen stirbt, fließt die monadische Essenz, die sich in ihm manifestiert hat, wieder zu der besonderen Schicht derselben zurück, von der sie sich zeitweilig abgesondert hatte, und bringt dabei den Fortschritt oder die Erfahrung mit, die sie während dieses Lebens erworben hat. Sie ist jedoch nicht imstande, dies sofort zu tun; der Astralkörper des Tieres gestaltet sich um, gerade wie der des Menschen, und das Tier hat ein wirkliches astrales Dasein, dessen Länge, die nie sehr groß ist, sich nach dem Entwicklungsgrad seiner Intelligenz richtet. In den meisten Fällen scheint es nur ein traumartiges Bewußtsein zu haben, aber vollkommen glücklich zu sein.

Die verhältnismäßig wenigen Haustiere, die schon Individualität erlangt haben und deshalb nicht mehr als Tiere auf diese Welt zurückkehren, haben ein viel längeres und viel intensiveres Leben auf der Astral-Ebene, als ihre weniger fortgeschrittenen Genossen, und sinken, wenn dies zu Ende, allmählich in einen subjektiven Zustand, der wohl eine sehr beträchtliche Zeit andauern wird. Eine interessante Unterabteilung dieser Klasse besteht aus den Astralkörpern der in der *Geheimlehre* (1. 206/7) erwähnten Anthropoiden, die schon individualisiert und weit genug sind, in der nächsten Runde, oder in einzelnen Fällen sogar vielleicht schon früher, sich als Menschen zu verkörpern.

3. Natur-Geister aller Arten

Es gibt so viele Abteilungen dieser Klasse und so verschieden sind sie, daß man eine eigene Abhandlung über diesen Gegenstand allein schreiben müßte, wenn man ihm nur einigermaßen gerecht werden wollte. Aber einige Eigentümlichkeiten haben sie alle gemein, und es wird genügen, wenn wir versuchen, von diesen wenigstens eine Vorstellung zu vermitteln.

Zunächst haben wir uns klar zu machen, daß wir es hier mit Wesenheiten zu tun haben, die sich von Grund aus von allen bisher betrachteten unterscheiden. Wenn wir auch mit Recht die Elementalessenz und die Astralkörper der Tiere nicht in die Klasse der menschlichen Astralwesen rechnen, so wird sich doch die monadische Essenz, die in diesen wirkt, seinerzeit einmal so weit entwickeln, daß sie sich durch eine zukünftige Menschheit manifestiert, die mit der unseren vergleichbar ist; und wenn wir imstande wären, unsere Entwicklung im Laufe zahlloser Zeitepochen in vergangenen Weltzyklen zu überblicken, dann würden wir sehen, daß das, was wir jetzt selbst sind, auf seinem Aufstieg ähnliche Stufen durchschritten hat.

Dies trifft aber nicht zu bei dem umfassenden Reich der Natur-Geister; sie sind nie Mitglieder des Menschengeschlechts wie das unsere gewesen, noch werden sie es je werden; ihre Linie der Entwicklung verläuft ganz getrennt von der unseren, und ihre einzige Gemeinschaft mit uns besteht darin, daß sie auf demselben Planeten wie wir wohnen. Da wir zeitweilig Nachbarn sind, so schulden wir uns gegenseitig natürlich nachbarliche freundliche Gefühle, wenn wir zufällig zusammentreffen; unsere Linien der Entwicklung unterscheiden sich jedoch so sehr voneinander, daß wir nur wenig für einander tun können.

Manche Schriftsteller haben diese Geister den Elementalen zugerechnet, und in der Tat sind sie die Elementale (oder wohl genauer, die Tiere) einer höheren Entwicklung. Wenn Sie auch viel höher entwickelt sind als unsere Elemental-Essenz, so haben sie doch mit dieser manche Eigentümlichkeiten gemein; z.B. sind sie auch in sieben große Klassen geteilt, die gleicherweise die sieben Zustände der Materie bewohnen, von denen wir schon erwähnt haben, daß sie von den entsprechenden Arten der Essenz durchdrungen sind. So gibt es, um die zu nennen, die uns am leichtesten verständlich sind, Erd-, Wasser-, Luft- und Feuer- (oder Äther-) Geister – bestimmte intelligente Astralwesen, die in je einem dieser Grade der Materie sich aufhalten und funktionieren.

Man wird vielleicht fragen, wie es möglich ist, daß irgend eine Art Geschöpf die feste Substanz eines Felsens oder eines anderen Teiles der Erdrinde bewohnt. Die Antwort darauf ist: da die Natur-Geister aus Astralmaterie bestehen, so ist die Substanz des Felsens kein Hindernis für ihre Bewegung oder für ihren Ausblick; die physische Materie in ihrem festen Zustand ist ihr natürliches Element, das einzige, an das sie gewöhnt sind und in dem sie sich zu Hause fühlen. Dasselbe gilt natürlich für die, welche im Wasser, in der Luft oder im Äther leben.

In der Literatur des Mittelalters werden diese Erdgeister oft Gnomen genannt, die Wassergeister Undinen, die Luftgeister Sylphen und die Äthergeister Salamander. Im Volksmunde gibt es viele Namen für sie: Feen,

Nixen, Elfen, Heinzelmännchen, Peris, Trolle, Satyrn, Faune, Kobolde, Nymphen usw.; mit einigen dieser Namen bezeichnet man je eine besondere Art, andere wendet man auf alle ohne Unterschied an.

Sie sind von mannigfacher, verschiedenartiger Gestalt, doch ähneln sie meistens der menschlichen Form, nur sind sie kleiner als diese. Wie fast alle Bewohner der Astral-Ebene können sie nach Willkür jede äußere Erscheinung annehmen, aber unzweifelhaft hat jeder seine eigene Gestalt, oder wir wollen lieber sagen, seine Lieblingsgestalt, wenn er nicht einen speziellen Grund hat, eine andere anzunehmen. Unter gewöhnlichen Umständen sind sie für das physische Auge nicht sichtbar, aber sie haben die Fähigkeit, sich bis zur Sichtbarkeit zu materialisieren, wenn sie gesehen werden wollen.

Es gibt unter diesen Natur-Geistern eine sehr große Anzahl von Unterabteilungen oder Rassen, und die Individuen dieser Rassen sind ebenso verschieden an Intelligenz und Charakteranlagen wie die Menschen. Die große Mehrzahl von ihnen scheint es vorzuziehen, die Menschen ganz und gar zu meiden; die Gewohnheiten und Ausstrahlungen derselben sind ihnen zuwider, das fortwährende Ungestüm der Astral-Ströme, die von den rastlosen, schlecht beherrschten Wünschen und Begierden der Menschen in Gang gesetzt werden, stört und belästigt sie. Auf der anderen Seite fehlt es nicht an Beispielen, daß sich Naturgeister mit Menschen sozusagen angefreundet haben und ihnen Dienste leisten, soweit es in ihrer Macht stand, wie in den bekannten Geschichten von Heinzelmännchen und Feen.

Diese Hilfsbereitschaft ist jedoch verhältnismäßig selten; in den meisten Fällen, wenn sie mit Menschen in Berührung kommen, zeigen sie Gleichgültigkeit oder gar Abneigung, oder macht es ihnen boshafte Freude, sie zu täuschen und ihnen kindische Possen zu spielen. In fast allen einsamen Berggegenden gibt es im Volksmunde eine Menge Erzählungen, die diese merkwürdige Eigentümlichkeit gut illustrieren, und jeder, der oft spiritistische Sitzungen für physische Phänomene besucht hat, wird sich solcher Beispiele spaßhafter oder einfältiger, wenn auch meistens gutartiger grober Scherze erinnern, die fast immer die Anwesenheit von irgendwelchen Natur-Geistern niederen Ranges kennzeichnen.

Sie werden in ihren Streichen sehr durch die wunderbare Fähigkeit unterstützt, jene die sich ihrem Einfluß aussetzen, in Bann zu schlagen, so daß solche Opfer während dieser Zeit nur das sehen und hören, was diese Naturgeister ihnen einprägen, so wie ein Hypnotisierter das hört, sieht, fühlt und glaubt, was der Hypnotiseur wünscht. Die Natur-Geister haben jedoch nicht die Macht des Hypnotiseurs über den menschlichen Willen, ausgenommen bei außergewöhnlich charakterschwachen Menschen oder bei solchen, die sich einem Zustand hilflosen Schreckens so vollständig hingeben, daß sie ihren Willen zeitweilig ganz verlieren. Sie können nichts weiter tun, als die Sinne täuschen; aber in dieser Kunst sind sie wahrhaft Meister, und es gibt Fälle, wo sie eine beträchtliche Menge Menschen auf einmal verblendet haben. Durch Beschwörung solcher Natur-Geister, ihnen durch diese spezielle Macht zu helfen, bringen die indischen Gaukler einige ihrer wunderbarsten Kunststücke fertig – tatsächlich erliegt dabei die ganze Zuhörerschaft einer Halluzination und wird zu der Einbildung verführt, sie sähen und hörten eine ganze Reihe von Vorgängen, die in Wirklichkeit gar nicht stattgefunden haben.

Wir könnten die Natur-Geister fast wie eine Art astraler Menschen ansehen, bis auf den Umstand, daß keiner von ihnen – auch nicht die höchsten – eine dauernde, sich wiederverkörpernde Individualität besitzt. Augenscheinlich ist ein Punkt, in dem ihre Linie der Entwicklung sich von der unseren unterscheidet, der, daß viel größere Intelligenz sich entwickelt, bevor eine dauernde Individualisation stattfindet; aber über die Stufen, die sie schon überschritten haben und die noch vor ihnen liegen, können wir nur wenig wissen.

Die Lebenszeit in den verschiedenen Abteilungen variiert sehr; bei einigen ist sie sehr kurz, bei anderen wieder viel länger als die menschliche. Wir stehen einem Leben wie dem ihren so ganz fremd gegenüber, daß es uns unmöglich ist, viel von seinen Verhältnissen zu verstehen; aber im großen Ganzen scheint es ein einfaches, vergnügtes, unverantwortliches Dasein zu sein, vielleicht ähnlich dem Leben einer Schar glücklicher Kinder unter ausnahmsweise günstigen physischen Bedingungen.

Wenn auch aufgelegt zu Possen und Streichen, sind sie doch selten boshaft, wenn sie nicht durch ungerechtfertigte Aufdringlichkeit oder Belästigung herausgefordert werden; aber als Gesamtheit nehmen sie bis zu einem gewissen Grade teil an dem allgemeinen Gefühl des Mißtrauens gegen die Menschheit, und in der Regel scheinen sie geneigt, das erste Erscheinen eines Neophyten auf der Astral-Ebene unangenehm zu empfinden, so daß er sie gewöhnlich zuerst unter irgendeiner unerfreulichen oder erschreckenden Gestalt kennen lernt. Wenn er sich jedoch nicht durch ihre Einfälle schrecken läßt, dann akzeptieren sie ihn bald als ein notwendiges Übel und nehmen keine weitere Notiz von ihm, während einige unter ihnen vielleicht im Laufe der Zeit sich ihm freundlich erweisen und Freude zeigen, mit ihm zusammenzutreffen.

Einige Arten dieser Klasse sind sehr viel weniger kindlich, sind würdevoller, als die bisher beschriebenen; und zu diesen gehören die Wesen, die manchmal unter dem Namen von Waldgöttern oder lokalen Dorfgöttern verehrt wurden. Solche Wesen scheinen der Schmeichelei, die in der ihnen erwiesenen Verehrung liegt, sehr zugänglich zu sein und sich darüber zu freuen, und auch gern bereit zu sein, soweit sie vermögen, sich mit kleinen Diensten dankbar zu erweisen. (Der Dorfgott ist auch oft ein künstliches Wesen; aber diese Abart wird an geeigneter Stelle zur Besprechung kommen.)

Der Adept weiß, wie er die Dienste der Natur-Geister sich zunutze machen kann, wenn er ihrer bedarf; aber der gewöhnliche Magier kann ihren Beistand nur durch Zeremonien der Anrufung (Invokation) oder der Beschwörung (Evokation) erlangen – das will sagen, entweder dadurch, daß er als Bittsteller ihre Aufmerksamkeit auf sich zieht und irgendeine Art Handel mit ihnen abschließt, oder daß er versucht, Einflüsse in Bewegung zu setzen, die ihren Gehorsam erzwingen. Beide Methoden sind äußerst unratsam, und die letztere ist sogar sehr gefährlich, da der Beschwörer eine entschiedene Feindschaft entfacht, die ihm verhängnisvoll werden kann. Es ist wohl kaum nötig zu erwähnen, daß keinem von einem wirklichen Meister in den Okkultismus eingeführten Schüler es jemals gestattet sein würde, irgendetwas dergleichen zu unternehmen.

4. Die Devas

Das höchste System der Entwicklung, das mit dieser Erde in Verbindung steht, ist, soweit wir wissen, das jener Art von Wesen, die von den Hindus Devas genannt werden, anderwärts Engel, Söhne Gottes usw. Sie können in Wirklichkeit als ein Reich betrachtet werden, das unmittelbar über dem der Menschheit liegt, in derselben Weise etwa, wie die Menschheit ihrerseits über dem Tierreich rangiert, nur mit dem wichtigen Unterschied, daß, während für das Tier, soweit wir wissen, keine Möglichkeit der Entwicklung durch ein anderes Reich hindurch als durch das der Menschheit existiert, dem Menschen auf einer gewissen hohen Stufe verschiedene Pfade des Fortschritts offen stehen, von welchen diese große Deva-Entwicklung nur einer ist.

Im Vergleich zu der erhabenen Verzichtsleistung des Nirmanakayas wird in manchen Büchern von der „Versuchung, ein Gott zu werden", gesprochen, der die unterlegen sind, die den soeben erwähnten Pfad der Entwicklung einschlagen; aber man darf aus dieser Ausdrucksweise nicht folgern, daß auch nur der Schatten eines Tadels auf den fällt, der diese Wahl trifft. Der Pfad, den er wählt, ist nicht der kürzeste, aber trotzdem ist er ein sehr edler und hoher, und wenn seine entfaltete Intuition ihn dazu treibt, dann ist es jedenfalls der beste, der sich für seine Fähigkeiten eignet. Wir dürfen nie vergessen, daß wie im physischen, so auch im geistigen Klimmen nicht jeder die Schwierigkeiten des steilsten Weges auf sich nehmen kann; es gibt gewiß viele, für die der scheinbar langsame Weg der einzig mögliche ist, und wir würden unwürdige Nachfolger unserer großen Lehrer sein, wenn wir uns in unserer Unwissenheit zu dem leisesten verächtlichen Gedanken gegen die verführen ließen, deren Wahl eine andere ist als die unsere.

Welchen Grad der Zuversicht auch unsere Unkenntnis der Schwierigkeiten der kommenden Zeiten gestatten mag, so ist es uns doch unmöglich, auf unserer jetzigen Stufe zu sagen, wessen wir uns fähig fühlen werden, wenn wir nach vielen Leben geduldigen Ringens und Kämpfens das Recht erlangt haben werden, unsere eigene Zukunft zu wählen; und wahrlich, auch die, welche „der Versuchung nachgeben, Götter zu werden", haben eine Laufbahn vor sich, die glänzend genug ist, wie sich bald zeigen wird.

Um möglichen Mißverständnissen zu begegnen, mag nebenbei bemerkt werden, daß in den Büchern diesem Ausdruck „ein Gott werden" manchmal eine ganz andere und zwar böse Bedeutung beigelegt wird, aber in diesem Sinne könnte dies sicherlich nie irgendeine Versuchung für einen entwickelten Menschen sein, und jedenfalls hat diese Bedeutung mit unserem jetzigen Gegenstand nichts zu tun.

In der Literatur des Ostens wird das Wort „Deva" häufig ganz allgemein auf alle Arten nicht-menschlicher Wesen angewandt, so daß es einerseits große Gottheiten und andererseits Natur-Geister, wie auch künstliche Elementale einschließt. Hier soll nur die großartige Stufe der Entwicklung darunter verstanden werden, die wir jetzt betrachten.

Obgleich die Devas mit unserer Erde in Verbindung stehen, so sind sie doch keineswegs an diese gefesselt; denn unsere gegenwärtige Kette von sieben Welten als Ganzes ist für sie *eine* Welt, und ihre Entwicklung geht innerhalb eines großartigen Systems von sieben Ketten vor sich. Ihre Scharen haben sich bis jetzt hauptsächlich aus anderen Menschheiten im Sonnensystem, teils höheren, teils niedereren als die unsere, rekrutiert, da erst ein sehr kleiner Bruchteil unserer eigenen bis jetzt die Stufe erreicht hat, auf der es möglich ist, sich ihnen einzureihen; aber es scheint sicher, daß der Aufstieg einiger ihrer sehr zahlreichen Klassen nie durch irgendeine Menschheit hindurchgeführt hat, die mit der unseren irgendwie vergleichbar ist.

Es ist gegenwärtig nicht möglich, uns von ihnen ein klares Bild zu machen; aber soviel ist sicher, daß das, was als das Ziel ihrer Entwicklung bezeichnet werden kann, beträchtlich höher ist, als unser Ziel, das will sagen: während es der Zweck unserer menschlichen Evolution ist, den erfolgreichen Teil der Menschheit gegen Ende der siebenten Runde auf eine gewisse Stufe der okkulten Entwicklung zu heben, ist es das Ziel der Deva-Evolution, ihre vordersten Reihen in derselben Periode auf eine viel höhere Ebene steigen zu lassen. Für sie sowohl wie für uns steht dem ernstlichen Bemühen ein steilerer, aber kürzerer Weg zu noch erhabeneren Höhen offen; aber was diese Höhen für sie bedeuten, können wir nur mutmaßen.

Es sind nur die niedrigeren Reihen dieser erhabenen Körperschaft, die wir hier in Verbindung mit unserem Gegenstand, der Astral-Ebene, zu erwähnen haben. Ihre drei niedrigsten Abteilungen werden (von unten angefangen) gewöhnlich die Kamadevas, Rupadevas und Arupadevas genannt. Geradeso wie unser gewöhnlicher Körper hier – der niedrigste für uns mögliche – der physische ist, so ist der gewöhnliche Körper eines Kamadeva der astrale; der Deva befindet also sich in derselben Lage wie die Menschheit, wenn sie den Planet F erreicht haben wird, und während er gewöhnlich in einem Astralkörper lebt, würde er, um aus ihm heraus in höhere Sphären zu gehen, seinen Mentalkörper benutzen, gerade wie wir es in unserem Astralkörper tun; es würde für ihn, wenn er genügend weit entwickelt ist, keine größere Anstrengung kosten, seinen Kausalkörper zu benutzen wie für uns den Mentalkörper.

In derselben Weise ist der gewöhnliche Körper des Rupadevas der mentale, da er seinen Aufenthalt auf den vier niederen oder Rupa-Stufen dieser Ebene hat, während der Arupadeva zu den drei höheren gehört und keine andere körperliche Behausung besitzt als den Kausalkörper. Aber für den Rupa- wie für den Arupadeva ist es ein wenigstens ebenso seltenes Ereignis, sich auf der Astral-Ebene zu manifestieren, wie es für Astralwesen ist, sich auf dieser physischen Ebene zu materialisieren; deshalb brauchen wir sie hier nur nebenbei zu erwähnen.

Was die niederste Klasse betrifft – die Kamadevas –, so würde es ein vollständiger Irrtum sein anzunehmen, daß sie alle unermeßlich höher ständen als wir, da einige aus einer in mancher Hinsicht weniger fortgeschrittenen Menschheit als die unsere in deren Reihen eingetreten sind. Der allgemeine Durchschnitt jedoch ist bei ihnen viel höher als bei uns, denn alles aktiv und absichtlich Böse haben sie längst ausgemerzt; aber sie sind ihren Anlagen nach sehr verschieden, und ein wirklich edler, selbstloser, spirituell gesinnter Mensch kann sehr wohl auf der Stufenleiter der Entwicklung höher stehen, als mancher der ihren.

Ihre Aufmerksamkeit kann durch bestimmte magische Beschwörungen herbeigezogen werden; aber unter den Menschen ist nur eine gewisse hohe Klasse von Adepten imstande, durch ihren Willen den ihrigen zu beherrschen. Der Regel nach scheinen sie sich unser auf der physischen Ebene gar nicht bewußt zu sein; aber es kommt hier wieder vor, daß der eine oder andere irgendwelche Schwierigkeiten eines Menschen gewahr wird, die dann sein Mitleid wachrufen, und er leistet dann irgendwelche Hilfe, gerade wie einer von uns etwa einem Tier zu helfen sucht, das er in Not sieht. Aber sie sind sich darüber klar, daß irgendeine Einmischung in menschliche Angelegenheiten auf unserer jetzigen Stufe mehr Schaden als Nutzen bringen würde.

Über den Arupadevas gibt es dann noch vier andere große Abteilungen, und über dem ganzen Devareich überhaupt befindet sich die große Schar der Planeten-Geister; aber die Betrachtung solch herrlicher, erhabener Wesen würde in einem Essay über die Astral-Ebene nicht am Platze sein.

Obgleich wir sie nicht als zu einer unserer Klassen gehörig ansprechen können, so ist doch hier vielleicht der beste Platz, um die wundervollen, wichtigen Wesen zu erwähnen, die vier Devarâjas. In diesem Namen darf das Wort „Deva" jedoch nicht in dem Sinne aufgefaßt werden, in welchem wir es bisher gebraucht haben, denn es ist nicht das Devareich, sondern es sind die vier „Elemente", Erde, Wasser, Luft und Feuer mit ihren in ihnen wohnenden Natur-Geistern und Essenzen, über die diese vier Könige regieren. Welche Art von Entwicklung sie durchgemacht haben, um ihre gegenwärtige Höhe der Macht zu erreichen, können wir nicht sagen; nur das ist sicher, daß sie niemals auf irgendeiner Stufe waren, die unserer Menschheit entspräche.

Sie werden oft die Regenten der Erde genannt oder die Engel der vier Kardinal-Punkte; die Hindus bezeichnen sie zusammen als die Chatur-Mahârâjas und geben ihnen die speziellen Namen: Dhritarâshtra, Virudhaka, Virupâksha und Vaishravâna. In denselben Büchern nennen sie ihre Scharen von Elementalen Gandharvas, Kumbhandas, Nâgas und Yakshas, die vier Weltrichtungen, die ihnen zugesprochen werden, der Reihenfolge Osten, Süden, Westen und Norden, und ihre symbolischen Farben weiß, blau, rot und gold. Sie werden in der *Geheimlehre* von H. P. Blavatsky als „beschwingte Weltkugeln und feurige Räder" bezeichnet, und in der christlichen Bibel macht Hesekiel einen sehr bemerkenswerten Versuch, eine Beschreibung von ihnen zu geben, in der sehr ähnliche Bezeichnungen gebraucht werden. Hindeutungen auf sie finden wir in der Symbologie jeder Religion, und immer hat man ihnen die höchste Verehrung als den Beschützern der Menschheit entgegengebracht.

Sie sind es, die als Verwalter des Karmas der Menschen während ihres Lebens auf Erden wirken; sie spielen also eine außerordentlich wichtige Rolle in dem menschlichen Schicksal. Die großen karmischen Gottheiten des Kosmos (in der *Geheimlehre* die Lipika genannt) wägen die Taten jeder Persönlichkeit, wenn die endgültige Trennung ihrer Grundteile am Ende des Astrallebens stattfindet, und gestalten sozusagen das Modell eines ätherischen Körpers, der genau den Anforderungen seines Karmas bei der nächsten Geburt des Menschen entspricht: Da die Devarâjas aber die Herrschaft über die „Elemente" besitzen, aus welchen dieser Ätherkörper zusammengesetzt werden muß, sind sie es, die deren richtiges Verhältnis zueinander bewirken, damit die Absichten der Lipika genau erfüllt werden.

Ebenso wachen diese Devarâjas über das Leben aller, bringen die Abweichungen ins gleiche, die fortwährend in dem Zustand des Menschen durch seinen eigenen freien Willen und den seiner Umgebung hervorgerufen werden, so daß keine Ungerechtigkeit geschieht und sich Karma, wenn nicht auf einem Wege, dann auf einem anderen genau auswirkt. Eine gelehrte Abhandlung über diese bewundernswürdigen Wesen findet sich in der *Geheimlehre* Band 1, Seite 147-153. Sie können, falls sie wollen, menschliche materielle Gestalt annehmen, und es werden auch verschiedene Fälle berichtet, wo sie es getan haben.

Alle höheren Natur-Geister und Scharen von künstlichen Elementalen wirken als ihre Werkzeuge bei dem überwältigend großen Werk, daß sie vollführen; doch liegen alle Fäden in ihren Händen und die ganze Verantwortung lastet auf ihnen allein. Sie manifestieren sich nicht häufig auf der Astral-Ebene; wenn es jedoch vorkommt, so sind sie jedenfalls die Bemerkenswertesten unter den nicht-menschlichen Bewohnern. Einem Schüler des Okkultismus braucht es nicht erst gesagt zu werden, daß es in Wirklichkeit sieben und nicht vier Devarâjas geben muß, da es sieben große Klassen sowohl von Natur-Geistern wie von Elemental-Essenz gibt; aber außerhalb des Kreises der Initiierten ist von den drei höheren wenig bekannt, und noch weniger kann über sie berichtet werden.

III. Die künstlichen Wesenheiten

Diese bilden die umfangreichste Klasse der astralen Wesenheiten und sind zugleich die wichtigsten für den Menschen. Ganz und gar seine eigenen Geschöpfe, sind sie mit ihm durch die engsten karmischen Bande verknüpft, und wirken auf ihn direkt und unaufhörlich ein. Sie bilden eine fortwährend neu entstehende, ungeheure Menge halbintelligenter Wesenheiten, die so verschieden sind wie die menschlichen Gedanken, und die sich praktisch kaum in Klassen ordnen lassen. Die einzige Einteilung, die mit Nutzen gemacht werden könnte, ist die Unterscheidung jener künstlichen Elementale, welche der größte Teil der Menschen unbewußt hervorruft, von jenen, die von Magiern mit bestimmter Absicht gebildet werden, während wir in eine dritte Klasse die sehr kleine Zahl künstlich gestalteter Wesenheiten verweisen, die überhaupt keine Elementale sind.

1. Unbewußt geschaffene Elementale

Es ist schon erwähnt worden, daß die Elementalessenz, die uns auf allen Seiten umgibt, in allen ihren zahllosen Arten auf einzigartige Weise für den Einfluß menschlicher Gedanken empfänglich ist. Daß selbst ein gelegentlicher, flüchtiger Gedanke sie veranlaßt, eine Wolke von sich äußerst schnell bewegenden und schnell verschwindenden Formen zu bilden, ist schon beschrieben worden; wir haben nun zu zeigen, wie die Wirkung sich gestaltet, wenn die menschliche Psyche einen bestimmten, überlegten Gedanken oder Wunsch faßt.

Die erzielte Wirkung ist sehr auffallend. Der Gedanke bemächtigt sich der bildsamen Essenz und gestaltet sie augenblicklich zu einem lebenden Wesen von entsprechender Form, einem Wesen, das, einmal geschaffen, in keiner Weise mehr der Herrschaft seines Schöpfers unterworfen ist, sondern ein Leben für sich führt, dessen Länge im Verhältnis zur Intensivität des Gedankens oder des Wunsches steht, der ihn ins Dasein gerufen. Es dauert tatsächlich genau so lange an, wie die Gedankenkraft es zusammenhält. Die Gedanken der meisten Menschen sind so flüchtig und unbestimmt, daß die dadurch erschaffenen Elementale nur die Lebenszeit einiger Minuten oder weniger Stunden haben; ein oft wiederholter Gedanke dagegen oder ein ernster Wunsch gestaltet ein Elemental, dessen Dasein viele Tage dauern kann.

Da die Gedanken der gewöhnlichen Menschen sich meistenteils auf letztere selbst beziehen, so schweben die Formen, die sie hervorrufen, dauernd um sie her und haben fortwährend die Neigung, sie zu einer Wiederholung des Gedankens, den sie in sich tragen, zu reizen, da solche Wiederholungen, anstatt neue Formen zu bilden, die alten kräftigen und ihnen eine weitere Daseinsfrist gewähren. Ein Mensch, der wiederholt intensiv einem Wunsche nachhängt, gestaltet sich daher einen astralen Begleiter, der, fortwährend durch neue Gedanken genährt, ihn jahrelang heimsuchen und immer mehr und mehr Kraft und Einfluß über ihn gewinnen kann; es ist leicht einzusehen, daß, wenn der Wunsch kein guter ist, die Wirkung auf seine Moral und seinen Charakter äußerst schädlich sein kann.

Von noch schwerwiegender Wirkung, im Guten wie im Bösen, sind unsere Gedanken über andere Menschen, denn in diesem Falle schweben die Formen nicht um den, der denkt, sondern um den Gegenstand der Gedanken. Ein freundliches Gedenken an einen anderen oder ein ernster Wunsch zu seinem Besten gestaltet ein freundliches Elemental, das sofort zu ihm eilt. Wenn der Wunsch ein ganz bestimmter ist, z.B. die Wiederherstellung von einer Krankheit, dann ist das Elemental eine Kraft, die stets um ihn ist, um seine Genesung zu fördern, oder um alle Einflüße abzuwehren.die sie hindern könnten. Es scheint dann so, als brächte es eine große Intelligenz und Anpassungsfähigkeit in Anwendung, während es in Wirklichkeit nur eine Kraft ist, die auf der Linie des geringsten Widerstandes wirkt – denn es drängt in der ganzen Zeit stetig in einer Richtung und macht sich jeden Kanal zunutze, den es finden kann; gerade wie Wasser in einem Bassin sofort unter zwölf geschlossenen Röhren die eine offene findet und sich durch diese entleert.

Wenn der Wunsch sich nur unbestimmt auf das allgemeine Beste des andern bezieht, wird die Elemental-Essenz, ihrer wunderbaren plastischen Natur nach, auch diesem weniger bestimmten Gedanken entsprechen und das geschaffene Wesen wird seine Kraft auf jeglichen Vorgang richten, der zum Besten des Menschen sich gerade am nächsten bietet. In allen Fällen hängt der Betrag solcher Kraft, den es auszugeben vermag, und die Länge der Lebenszeit, in der es sie ausgeben kann, allein von der Stärke des ursprünglichen Wunsches oder Gedanken ab, der es entstehen ließ; nur muß man festhalten, daß es sozusagen genährt und gekräftigt und seine Lebenszeit verlängert werden kann, wenn ähnliche gute Wünsche oder freundliche Gedanken in derselben Richtung versandt werden.

Dazu kommt, daß die Elementale, gerade wie die meisten anderen Wesen, von einem instinktiven Wunsch beseelt zu sein scheinen, ihr Leben zu verlängern, und so wirken sie auf ihren Schöpfer als Kräfte zurück, die ihn fortwährend zur Erneuerung der Gefühle reizen, die sie ins Dasein gerufen haben. Sie beeinflussen in ähnlicher Weise auch andere, mit denen sie in Berührung kommen, doch ist ihre Verbindung mit diesen natürlich nicht so vollkommen.

Alles, was über die Wirkung guter Wünsche und freundlicher Gedanken gesagt worden ist, trifft auch in entgegengesetzter Richtung auf böse Wünsche und zornige Gedanken zu, und bedenkt man, wieviel Neid, Haß, Bosheit und Lieblosigkeit in der Welt existiert, so wird man leicht verstehen, daß unter den künstlichen Elementalen viele schreckliche Geschöpfe zu sehen sind. Ein Mensch, dessen Gedanken oder Begierden boshaft, brutal, sinnlich oder geizig sind, führt allerwärts, wohin er geht, eine pestartige Atmosphäre mit sich, bevölkert mit widerlichen Wesen, die er selbst zu seinen Begleitern erschaffen hat. So ist er nicht nur in eigener, traurig übler Lage, sondern auch eine Gefahr der Verunreinigung für seine Mitmenschen; er unterwirft alle, die das Unglück haben, mit ihm in Berührung zu kommen, dem Risiko, durch den Einfluß seiner Abscheulichkeiten, mit denen er sich zu umgeben liebt, moralisch angesteckt zu werden.

Ein Gefühl des Neides oder des eifersüchtigen Hasses gegen jemand anderen sendet ein böses Elemental aus, um über diesem zu schweben und nach einem schwachen Punkt zu suchen, von dem aus es auf ihn einwirken kann; und wenn dieses Gefühl ein andauerndes ist, wird ein solches Geschöpf fortwährend genährt und dadurch befähigt, seine unerwünschte Tätigkeit sehr lange Zeit fortzusetzen. Es kann jedoch auf die Person, gegen die es gerichtet ist, keine Wirkung ausüben, wenn diese nicht selbst irgendeine Schwäche besitzt, die es stärken kann, die ihm sozusagen einen Stützpunkt für seinen Hebel bietet. Von der Aura eines Menschen von reinen Gedanken und edlem Leben prallen alle solche Einflüsse sofort ab, da sie nichts finden, an dem sie haften können, und in diesem Fall wirken sie, einem merkwürdigen Gesetze gemäß, in aller ihrer Kraft auf ihren ursprünglichen Schöpfer zurück; in ihm, kann man annehmen, finden sie einen sehr geeigneten Wirkungskreis, und so wirkt sich das Karma seines bösen Wunsches sofort gerade durch das Wesen aus, das er selbst ins Dasein gerufen hat.

Gelegentlich jedoch kommt es vor, daß ein Elemental dieser Art aus verschiedenen Gründen seine Kraft weder an dem beabsichtigten Ziel noch an dem Schöpfer ausüben kann, und in solchen Fällen wird es zu einer Art wanderndem Dämon, der sehr leicht von einem Menschen angezogen wird, der sich ähnlichen Gefühlen hingibt wie die, welche den Dämon entstehen ließen, und dieser facht dann diese Gefühle noch mehr an, um neue Kraft aus ihnen zu ziehen, oder er strömt seinen gesammelten üblen Einfluß durch jede schwache Stelle auf den Menschen aus, die er aufweisen mag. Wenn das Elemental kräftig genug ist, von einer vorüberschwebenden Schale Besitz zu ergreifen und in ihr zu hausen, so tut es dies nicht selten, da der Besitz eines solch zeitweiligen Heims es befähigt, seine schrecklichen Hilfsmittel sorgfältiger zu hüten und zu pflegen. In dieser Form manifestiert es sich manchmal durch ein Medium, und indem es die Rolle irgendeines wohlbekannten Freundes spielt, erhält es zuweilen Einfluß auf Menschen, über die es sonst wenig Gewalt haben würde-

Das Vorgesagte zeigt aufs Neue, wie wichtig es ist, daß wir unsere Gedanken unter strenger Kontrolle halten. Mancher wohlmeinende Mensch, der ängstlich darauf bedacht ist, seine Pflichten gegen seinen Nächsten in Wort und Tat zu erfüllen, ist geneigt zu glauben, daß seine Gedanken wenigstens niemand etwas angehen, als ihn selbst, und er läßt sie deshalb nach allen Richtungen umherschweifen und hat keine Ahnung davon, welche Schwärme verderblicher Geschöpfe er in die Welt sendet.

Auf einen solchen Menschen würde ein genaues Verständnis der Wirkung von Gedanken und Wünschen durch das Erzeugen künstlicher Elementale wie eine erschütternde Offenbarung wirken; andererseits würde ein solches Verstehen der größte Trost sein für viele hingebende dankbare Seelen, die von dem Gefühl bedrückt werden, daß sie unfähig sind, irgendwie die Freundlichkeiten zu vergelten, die ihre Wohltäter ihnen erwiesen haben. Denn freundliche Gedanken fassen, ernstliche gute Wünsche aussenden, können Arme ebenso leicht und wirkungsvoll wie Reiche, und fast jeder ist imstande, wenn er sich nur die Mühe nehmen will, seinen Bruder oder seiner Schwester, seinen Freund oder seinem Kinde, dem, den er am meisten liebt, gleichviel wo in der Welt dieser sich befindet, stets einen guten Engel (wie wir ihn seiner Wirkung nach nennen können) zur Seite zu stellen und zu erhalten.

So manches Mal haben sich einer Mutter liebende Gedanken und Gebete zu einem Schutzengel für das Kind gestaltet und haben ihm unzweifelhaft Beistand und Schutz gewährt, ausgenommen den fast unmöglichen Fall, daß das Kind keinen Zug in seinem Charakter besaß, der dem guten Einfluß entgegenkam. Solche schützende Elementale können oft mittels hellsichtiger Schau gesehen werden, und es hat sogar Fälle gegeben, in denen eines genügend Kraft hatte, sich zu materialisieren und vorübergehend auch physisch sichtbar zu werden.

Eine merkwürdige Tatsache verdient hier Erwähnung: selbst nachdem die Mutter in die Himmelswelt eingegangen ist, wirkt die Liebe, die sie auf ihre Kinder ausströmt, in deren Kreis sie sich zu befinden glaubt, auf diese Kinder ein, obgleich sie noch auf dieser Welt leben, und kräftigt oft das schützende Elemental, das sie noch auf Erden geschaffen hatte, bis ihre Lieblinge ihrerseits selbst dahingehen. Wie Frau Blavatsky bemerkt: „Ihre Liebe wird immer von den Kindern auf der Erde empfunden werden; sie wird sich in ihren Träumen offenbaren, sowie bei verschiedenen Gelegenheiten in fürsorglicher Beschützung und im Entgehen von Gefahren; denn Liebe ist ein starker Schild und ist nicht begrenzt durch Raum und Zeit." *(Der Schlüssel zur Theosophie, Seite 115)*

Jedoch darf nicht alles, was an Hilfe durch Schutzengel berichtet wird, dem Eingreifen von künstlichen Elementalen zugeschrieben werden, denn in vielen Fällen sind diese „Engel" Seelen lebender oder kürzlich abgeschiedener menschlicher Wesen, auch gelegentlich, wenn auch selten, Devas.

Diese Kraft, die ein ernster Wunsch besitzt, besonders wenn er häufig wiederholt wird, ein tätiges Elemental zu erschaffen, das energisch in der Richtung seiner eigenen Erfüllung drängt, ist die wissenschaftliche Erklärung für das, was fromme, aber unphilosophische Menschen als Erfüllung des Gebets bezeichnen. Es gibt Fälle, wenn sie auch in jetziger Zeit selten sind, daß das Karma der so betenden Person die direkte Hilfe eines Adepten oder seiner Schüler gestattet; es gibt auch die noch seltenere Möglichkeit des Eingreifens eines Devas oder irgendeines freundlich gesinnten Natur-Geistes; aber in allen diesen Fällen würde der leichteste und nächstliegende Weg für solche Hilfe sein, das Elemental, das schon durch den

Wunsch geschaffen ist, zu kräftigen und geschickt zu leiten.

Kürzlich wurde einem unserer Forscher ein sehr merkwürdiges und lehrreiches Beispiel für die unter günstigen Umständen außerordentlich lange Lebensdauer eines solchen Elementals bekannt. Alle, die die Literatur über solche Gegenstände gelesen haben, wissen, daß von vielen alten englischen Familien erzählt wird, es träte bei ihnen seit alten Zeiten eine Art Todeswarnung auf – ein Phänomen dieser oder jener Art, das gewöhnlich einige Tage vorher das herannahende Hinscheiden des Hauptes der Familie voraus verkünde. – Ein anschauliches Beispiel hierfür ist die bekannte Sage vom weißen Vogel in der Familie Oxenham, dessen Erscheinen von jeher, schon seit der Zeit der Königin Elisabeth, als eine sichere Voraussage des Todes eines Familien-Mitglieds angesehen wird. Ein anderes Beispiel ist die Geister-Kutsche, die vor das Tor eines gewissen Schlosses im Norden vorfahren soll, wenn ein ähnlicher Trauerfall bevorsteht.

Ein Phänomen dieser Art tritt auch in der Familie eines unserer Mitglieder auf, doch ist es seinem Charakter nach viel gewöhnlicher und weniger auffallend, als eines der oben erwähnten; es besteht nur in einer feierlichen und eindrucksvollen Musik, gleichsam wie eine Strophe aus einem Grabgesang, die scheinbar in der Luft ertönt, und zwar drei Tage, bevor der Tod eintritt. Unser Mitglied hat zweimal diese mystischen Töne gehört und fand in beiden Fällen die Warnung genau zutreffend; es wußte, daß gemäß der Familien-Überlieferung sich dieser Vorgang schon seit mehreren Jahrhunderten so abgespielt hat, und es machte sich nun daran, auf okkultem Wege dieser befremdenden Erscheinung auf den Grund zu kommen.

Das Ergebnis war unerwartet, aber interessant. Es zeigte sich, daß einmal im zwölften Jahrhundert das Haupt der Familie, gerade wie viele andere tapfere Männer, sich den Kreuzfahrern angeschlossen hatte, und seinen jüngsten Sohn, seinen Liebling, mitnahm, damit sich dieser in dem heiligen Kampf seine Sporen verdienen könne – einen vielversprechenden Jüngling, dessen Erfolg im Leben für das Vaterherz der höchste Wunsch war. Unglücklicherweise jedoch wurde der junge Mann im Kampf getötet, und der Vater wurde in tiefste Verzweiflung gestürzt; er beklagte nicht nur den Verlust des Sohnes, sondern noch mehr, daß dieser im vollen Treiben der sorglosen und nicht ganz tadellosen Jugend so plötzlich dahingerafft wurde.

So tief ergriff den alten Mann dies Gefühl, daß er seine Ritterrüstung ablegte, einem der großen Mönchsorden beitrat und das Gelübde tat, seine ihm noch gegönnte Lebenszeit dem Gebet zu widmen und zwar in erster Linie für die Seele seines Sohnes, sodann dafür, daß von nun an keinen seiner Nachkommen der Tod unvorbereitet treffe, für seinen einfachen und frommen Sinn ein schrecklicher Gedanke. Tag ein, Tag aus strömte er manches Jahr hindurch die ganze Energie seiner Seele in diesen intensiven Wunsch aus und hielt sicher an dem Glauben fest, daß auf irgendeine Weise das, was er so sehnlich wünschte, in Erfüllung gehen würde.

Wer einige okkultistische Studien gemacht hat, wird leicht erwägen können, welche Wirkung solch ein entschiedener und lange Zeit aufrecht erhaltener Gedankenstrom haben mußte; unser ritterlicher Mönch schuf ein künstliches Elemental von ungeheurer Kraft und Leistungsfähigkeit für diesen besonderen Zweck und speicherte in diesem einen Kraftvorrat auf, der es ihm möglich machte, eine unbegrenzte Zeit hindurch seine Wünsche auszuführen. Ein Elemental ist ein vollkommener Akkumulator, eine Batterie in der Praxis ohne Stromverlust; und wenn wir bedenken, welche Kraft sie ursprünglich besessen haben muß, und wie verhältnismäßig selten sie aufgerufen war, Kraft abzugeben, dann werden wir uns kaum wundern, daß sie selbst jetzt noch unverminderte Lebenskraft zeigt und noch immer den direkten Nachkommen des alten Kreuzfahrers ihr bevorstehendes Ende ankündigt und zu diesem Zweck in ihren Ohren die fremdartige klagende Musik ertönen läßt, die vor siebenhundert Jahren in Palästina am Grabe eines jungen tapferen Kriegers als Grabgesang erklang.

2. Bewußt geschaffene Elementale

Wenn solche Erfolge, wie soeben beschrieben, durch die Gedankenkraft von Menschen erreicht werden konnten, die über das, was sie taten, vollständig in Unkenntnis waren, dann wird man leicht begreifen, daß ein Magier, der die Sache kennt und genau übersehen kann, welche Wirkung er hervorbringt, auf diesem Wege eine ungeheure Kraft ausüben kann. Tatsächlich benutzen Okkultisten beider Richtungen, von der weißen wie von der schwarzen Schule, häufig künstliche Elementale zu ihrem Werk, und wenig Aufgaben gibt es, die diese nicht auszuführen imstande wären, wenn sie wissenschaftlich hergestellt und mit Kenntnis und Geschicklichkeit gelenkt werden; denn jemand, der weiß, wie es gemacht wird, kann mit seinem Elemental in Verbindung bleiben und es leiten, einerlei, wie weit entfernt es zu wirken hat, so daß es in Wirklichkeit vorgeht, als ob es die volle Intelligenz ihres Meisters besäße.

Sehr bestimmte und sehr wirkungsvolle »Schutz-Engel« sind manchmal auf diese Weise ausgesandt worden, obgleich es wahrscheinlich sehr selten ist, daß Karma ein so entscheidendes Eingreifen in das Leben eines Menschen gestattet, wie es eine solche Aussendung sein würde. Aber einem Schüler der Adepten zum Beispiel, der bei der Ausführung einer von ihnen gestellten Aufgabe Gefahr läuft, von Kräften angegriffen zu werden, denen die Spitze zu bieten seine Kraft ohne Unterstützung entschieden nicht ausreichen würde, sind wohl »Schutz-Engel« dieser Art beigegeben worden und haben ihre niemals ruhende Wachsamkeit und ihre ungeheure Kraft voll bewiesen.

Bei einigen Operationen höherer schwarzer Magie können auch Elementale von großer Macht ins Leben gerufen werden, und auf verschiedene Weise ist viel Schlimmes von solchen Wesenheiten ausgeübt worden. Aber es gilt von diesen dasselbe wie von der vorigen Klasse, daß sie, wenn sie gegen einen Menschen losgelassen werden, auf den sie infolge der Reinheit seines Charakters keine Wirkung ausüben können, mit schrecklicher Gewalt auf ihren Schöpfer zurückwirken; es ist also die mittelalterliche Sage von dem Magier, der durch den bösen Feind, den er selbst gerufen, in Stücke zerrissen wurde, keine bloße Fabel; ihr mag wohl eine grausige Tatsache zugrunde liegen.

Solche Geschöpfe entwischen manchmal aus verschiedenen Gründen der Herrschaft derer, die von ihnen Gebrauch zu machen versuchen, und werden zu ziellos umherschweifenden Dämonen, ebenso wie einige von jenen, die im vorigen Abschnitt erwähnt wurden; da aber die hier besprochenen viel mehr Intelligenz und Kraft und auch eine viel längere Lebensdauer besitzen, so sind sie verhältnismäßig viel gefährlicher. Sie suchen unaufhörlich nach Mitteln, ihr Leben zu verlängern, entweder dadurch, daß sie gleich Vampiren Lebenskraft aus menschlichen Wesen saugen, oder daß sie sie dazu beeinflussen, ihnen Opfergaben darzubringen; bei einfachen halbwilden Stämmen haben sie durch geschicktes Vorgehen oft den Erfolg gehabt, als Dorf- oder Familien-Götter anerkannt zu werden.

Von allen Gottheiten, die blutige Opfer verlangen, kann man stets annehmen, daß sie zu der niedrigsten und widerlichsten Klasse dieser Gattung gehören; andere weniger abschreckende Arten sind manchmal mit Opfern von Reis und gekochten Nahrungsmitteln aller Art zufrieden. Es gibt in Indien Gegenden, wo man beide finden kann; sie stehen noch bis auf den heutigen Tag in Ansehen; in Afrika sind sie wahrscheinlich verhältnismäßig noch zahlreicher.

Durch die Nahrung, die sie aus diesen Opfern ziehen, und noch mehr durch die Lebenskraft, die sie ihren Anbetern aussaugen, können sie ihr Dasein um manches Jahr, ja selbst um Jahrhunderte verlängern, und sie behalten dabei genügend Kraft, um gelegentliche Phänomene harmloser Art hervorzurufen und dadurch den Glauben und den Eifer ihrer Anhänger anzuspornen; und regelmäßig machen sie sich auf die eine oder die andere Art unangenehm bemerkbar, wenn die übliche Opferung vernachlässigt wird.

So bemerkten zum Beispiel, einem kürzlich bekannt gewordenen Bericht zufolge, die Einwohner eines indischen Dorfes, daß, sobald aus irgendeinem Grunde die lokale Gottheit nicht das regelmäßige Mahl bekommen hatte, an allen Seiten von selbst Feuer in den Hütten ausbrach, manchmal in dreien oder vieren zu gleicher Zeit und zwar, wo ihrer Überzeugung nach der Verdacht gänzlich ausgeschlossen war, daß Menschen dabei tätig gewesen sein konnten; an mehr oder weniger ähnliche Berichte wird sich jeder Leser erinnern, der etwas von den mehr abgelegenen Winkeln dieses wunderbarsten aller Länder kennen gelernt hat.

Die Kunst, Elementale von äußerster Bösartigkeit und Macht herzustellen, scheint eine Spezialität der Magier von Atlantis gewesen zu sein, der »Herren des dunklen Angesichts«. Was diese in der Richtung zu leisten imstande waren, davon gibt die »*Geheimlehre*« (II. 446) ein Beispiel, wo wir von wunderbaren sprechenden Tieren lesen, die durch Blutopfer dazu veranlaßt werden mußten, ruhig zu bleiben und ihre Herren nicht zu wecken und sie vor dem hereinbrechenden Untergang nicht zu warnen. Aber auch abgesehen von diesen befremdlichen Geschöpfen schufen sie noch andere künstliche Wesen von so furchtbarer Macht und Energie, daß, dunklen Andeutungen nach, einige von ihnen bis auf den heutigen Tag ihr Dasein aufrecht erhalten haben, obgleich mehr als elftausend Jahre verflossen sind, seit die Katastrophe über ihre ursprünglichen Herren hereinbrach.

Die fürchterliche indische Göttin, deren Anhänger gezwungen werden, in ihrem Namen die entsetzlichen, Thuggee genannten Verbrechen zu begehen – die schreckliche Kâlî, die noch heute mit Zeremonien verehrt wird, die zu abscheulich sind, um sie zu beschreiben, – ist vielleicht noch das Überbleibsel eines Systems, das vernichtet werden mußte, selbst auf Kosten des Untergangs eines Kontinents und der Vernichtung von fünfundsechzig Millionen menschlicher Wesen.

3. Künstliche Menschenwesen

Wir haben nun eine Klasse von Wesen zu betrachten, deren Zahl zwar nur sehr gering ist, die aber wegen ihres engen Zusammenhanges mit einer der großen Bewegungen der neuesten Zeit eine Wichtigkeit erlangt haben, die mit ihrer Anzahl ganz außer Verhältnis steht. Man kann im Zweifel sein, ob diese Klasse unter der ersten oder der dritten Hauptabteilung einzureihen ist; aber obwohl die Wesen sicherlich zu den menschlichen gerechnet werden müssen, stehen sie doch so weit außerhalb des gewöhnlichen Laufes der Entwicklung, sind so vollständig das Produkt eines äußeren Willens, daß sie doch wohl am naturgemäßesten unter die künstlichen Wesen fallen.

Am leichtesten werden wir ein Bild von dieser Klasse erlangen, wenn wir mit ihrer Entstehungsgeschichte anfangen und zu diesem Zweck müssen wir noch einmal einen Blick auf die große atlantische Rasse werfen. Wenn wir an die Adepten und okkultistischen Schulen dieses bemerkenswerten Volkes denken, dann haben wir im Geist unwillkürlich die schlimmen Praktiken ihrer letzten Tage vor Augen, von denen wir soviel gehört haben; aber wir dürfen nicht vergessen, daß vor dieser Periode der Selbstsucht und Erniedrigung die mächtige Zivilisation von Atlantis auch viel Edles und Bewunderungswürdiges hervorgebracht hat, und daß unter ihren Führern einige waren, die heute auf der höchsten Zinne stehen, die der Mensch bis jetzt erreicht hat.

Von den Adepten des guten Gesetzes waren Logen für okkultes Studium zur Vorbereitung auf die Initiation errichtet worden; eine von diesen befand sich in einem bestimmten Teil Amerikas, der damals einem der großen atlantischen Monarchen – einem der »göttlichen Herrscher des goldenen Tores« tributpflichtig war. Sie hatte zwar manche merkwürdige Wechselfälle zu erleben und mußte ihren Sitz immer aufs Neue von Land zu Land verlegen, als die Länder der Reihe nach von den unharmonischen Elementen einer späteren Zivilisation überschwemmt wurden; aber trotzdem existiert diese Loge noch bis auf den heutigen Tag und bedient sich noch immer desselben Rituals der alten Welt, sie lehrt sogar noch als heilige geheime Sprache dieselbe atlantische Sprache, die vor so vielen tausend Jahren bei ihrer Gründung benützt wurde.

Sie ist noch jetzt, was sie von Anfang an war, – eine Loge von Okkultisten mit reinen, philanthropischen Zielen, die die Schüler, die sie dessen würdig findet, ein beträchtliches Stück auf dem Wege zur Erkenntnis führen kann, und die diesen die psychischen Kräfte, die sie vergibt, erst überträgt, nachdem der Bewerber die schärfsten Proben seiner Reife bestanden hat. Ihre Lehrer stehen nicht auf der Stufe der Adepten, aber Hunderte haben in ihr gelernt, ihre Füße auf den Pfad zu setzen, der sie im späteren Leben zur Adeptschaft geführt hat; und wenn diese Loge auch nicht eigentlich einen Teil der Brüderschaft vom Himalaya bildet, so sind doch einige Mitglieder dieser Brüderschaft in ihren früheren Verkörperungen mit ihr in Verbindung gestanden und nehmen deshalb ein mehr als gewöhnliches freundliches Interesse an ihren Arbeiten.

Obgleich die Leiter dieser Loge sich und ihre Gesellschaft immer streng im Hintergrund gehalten haben, so taten sie doch von Zeit zu Zeit, was sie konnten, um zur Ausbreitung der Wahrheit in der Welt beizutragen. In Verzweiflung über den alles überwuchernden Materialismus, der um die

Mitte des 19. Jahrhunderts alle Spiritualität in Europa und Amerika zu ersticken drohte, entschlossen sie sich zu dem Versuch, ihn durch eine einigermaßen neue Methode zu bekämpfen, und zwar wollten sie es möglich machen, daß jeder vernünftige Mensch sich den absoluten Beweis für ein vom physischen Körper unabhängiges Leben verschaffen könne; es war ja das Streben der Wissenschaft gerade, ein solches Leben zu leugnen.

Die Phänomene zu diesem Zweck waren nicht an und für sich vollkommen neu, denn in der einen oder anderen Form berichtet die Geschichte aus alten Zeiten von solchen; aber sie bestimmt zu organisieren – sozusagen auf Bestellung zu erzeugen –, das ist für die Jetztzeit entschieden etwas Neues.

Die Bewegung, die sie so anregten, wuchs sich allmählich zu dem weit verbreiteten modernen Spiritismus aus, und es wäre wohl ungerecht, die Veranstalter dieser Bewegung direkt für viele Folgen, die daraus entstanden sind, verantwortlich zu machen; jedenfalls müssen wir zugestehen, daß sie ihren Zweck insoweit erreicht haben, daß sie unzählige Menschen von einem Glauben sozusagen an nichts zu der festen Überzeugung wenigstens einer gewissen Art zukünftigen Lebens bekehrt haben. Das ist zweifellos ein großartiger Erfolg, obgleich es auch manche gibt, die meinen, er sei mit zu großen Kosten errungen.

Die Methode nun, die sie anwandten, war die, einen gewöhnlichen gestorbenen Menschen auszuwählen, ihn auf der Astral-Ebene vollständig zum Bewußtsein zu bringen, ihn bis zu einem gewissen Grade in die astralen Kräfte und astralen Möglichkeiten einzuweihen und ihm dann einen spiritistischen Zirkel anzuvertrauen. Dieser „entwickelte“ nun seinerseits andere Abgeschiedene in derselben Richtung, und sie alle wirkten auf die Teilnehmer an den Sitzungen ein und „entwickelten“ diese zu Medien; und so erwuchs und erblühte der Spiritismus. Es ist sicher, daß sich lebende Mitglieder der ursprünglichen Loge gelegentlich in astraler Form in einigen Zirkeln manifestiert haben, – vielleicht tun sie es auch jetzt noch; aber in den meisten Fällen gaben sie bloß den Personen, die sie damit betraut hatten die nötigen Anweisungen und Direktiven. Unzweifelhaft wuchs die Bewegung viel schneller, als sie vermutet hatten, so daß sie ihnen sehr bald über den Kopf wuchs, und deshalb können sie, wie gesagt, für viele spätere Auswüchse nur indirekt verantwortlich gemacht werden.

Naturgemäß verzögerte die Intensivierung des Astrallebens dieser Personen, die sich mit den Zirkeln abgaben, ihren natürlichen Fortschritt und obgleich man gedacht hatte, daß alles, was auf diese Weise verloren würde, durch das gute Karma, andere auf den Weg zur Wahrheit haben leiten zu können, wieder vollauf eingebracht würde, so stellte es sich doch bald als unmöglich heraus, einen „Kontrollgeist“ durch längere Zeit zu benutzen, ohne ihm ernsten und dauernden Schaden zuzufügen. In manchen Fällen wurden deshalb solche „Geister" zurückgezogen und andere an ihre Stelle gesetzt; in anderen Fällen hielt man es aus verschiedenen Gründen nicht für wünschenswert, solch einen Wechsel vorzunehmen, und dann wurde ein sehr merkwürdiger Ausweg gewählt, der Veranlassung zur Entstehung jener eigentümlichen Klasse von Geschöpfen gab, die wir „künstliche Wesen" genannt haben.

Den höheren Prinzipien des ursprünglichen „Geistes" gestattete man, auf ihrem lang verzögerten Aufstieg zur Himmelswelt weiter zu schreiten; aber den „Schatten", den er zurückließ, nahm man in Besitz, erhielt ihn am Leben und wirkte so auf ihn ein, daß er dem bewundernden Zirkel praktisch genau derselbe zu sein schien wie vorher. Anfangs scheint dies von den Mitgliedern der Loge selbst vorgenommen worden zu sein; aber allem Anschein nach fand man dieses Vorgehen bald beschwerlich oder ungeeignet, oder man hielt es für eine Kraftvergeudung und auch die Verwendung eines künstlichen Elementals stieß auf denselben Einwand; so entschied man sich schließlich dazu, daß die abgeschiedene Persönlichkeit, die dazu bestimmt worden wäre, den früheren „Kontrollgeist" zu ersetzen, dies auch jetzt noch zu tun habe, aber sie sollten seinen Schatten oder seine Schale in Besitz nehmen und einfach seine äußere Erscheinung annehmen.

Es wird gesagt, daß einige Mitglieder der Loge hiergegen den Einwand erhoben hätten, der Zweck sei wohl ein vollständig guter, doch läge hierin eine gewisse Täuschung; aber die allgemeine Meinung scheint gewesen zu sein, daß man nicht von Täuschung reden könne, da der Schatten tatsächlich derselbe war und jedenfalls noch etwas vom ursprünglich niederen Verstand enthielt.

Dies ist also die Entstehungsgeschichte der künstlichen menschlichen Wesen, und es wird berichtet, daß in einigen Fällen mehr als ein solcher Wechsel vorgenommen worden sei, ohne daß sich ein Verdacht regte, obgleich andererseits einige spiritistische Forscher bemerkt haben, daß nach dem Verlauf längerer Zeit sich plötzlich gewisse Unterschiede in dem Charakter oder der Stimmung des „Geistes" kundtaten.

Es ist wohl nicht nötig, hervorzuheben, daß kein Mitglied der Adeptenbruderschaft jemals die Gestaltung eines künstlichen Wesens dieser Art unternommen hat, obgleich sie nicht dazwischentreten konnten, wenn irgend jemand es für recht hielt, einen solchen Weg einzuschlagen. Ein schwacher Punkt bei der Methode ist, daß manche andere, außerhalb der eigentlichen Loge, denselben Plan aufnehmen könnten, und es gibt kein Mittel, schwarze Magier zu verhindern, manifestierte „Geister" zu schaffen, wie denn auch bekannt ist, daß sie es schon getan haben.

Mit dieser Klasse schließen wir unseren Überblick über die Bewohner der Astral-Ebene. Mit der einige Seiten vorher gemachten Einschränkung kann das Verzeichnis als ziemlich vollständig angesehen werden; es sei aber nochmals betont, daß diese Abhandlung keinen anderen Anspruch erhebt, als nur die groben Umrisse eines weiten, umfangreichen Gegenstandes zu skizzieren, deren Ausführung im einzelnen ein ganzes Leben voll Studien harter Arbeit erfordern würde.

Phänomene

Obgleich in den vorigen Kapiteln schon verschiedene überphysische Phänomene erwähnt und bis zu einem bestimmten Grade erklärt wurden, so ist es vielleicht doch wünschenswert, bevor wir schließen, noch einmal darauf zurückzukommen und eine Liste der Erscheinungen zu geben, auf die derjenige, der diese Dinge studiert, am häufigsten stößt, und zu zeigen, durch welche der von uns beschriebenen treibenden Kräfte sie hervorgerufen werden. Die Hilfsquellen der Astralwelt sind jedoch so mannigfaltig, daß fast alle uns bekannten Phänomene in verschiedener Weise hervorgebracht werden können; es ist deshalb nur möglich, allgemeine Regeln in diesen Dingen anzugeben.

Erscheinungen oder Geister sind ein gutes Beispiel für das eben Gesagte; denn dem sehr unbestimmten Sprachgebrauch nach fallen unter diese Bezeichnung fast alle Bewohner der Astral-Ebene. Psychisch Entwickelte sehen natürlich jederzeit solche Dinge; aber damit ein gewöhnlicher Mensch „einen Geist sehen" kann, wie der übliche Ausdruck lautet, muß dieser Geist sich materialisieren, oder bei diesem Menschen muß psychische Sehfähigkeit für einen Augenblick aufblitzen. Nur deshalb, weil keines von beiden häufig vorkommt, werden in den Straßen die „Geister" nicht ebenso häufig angetroffen wie lebende Menschen.

Kirchhof-Gespenster. Wenn der „Geist" über einem Grabe schwebend gesehen wird, so ist es wahrscheinlich die ätherische Schale eines kürzlich begrabenen Menschen, obgleich es auch der Astralkörper eines lebenden sein *kann*, der im Schlaf das Grab eines Freundes besucht; oder aber es kann eine materialisierte Gedankenform sein, d. h. ein künstliches Elemental, das durch die Energie entstanden ist, mit welcher ein Mensch sich als an dem betreffenden Orte anwesend denkt. Diese verschiedenen Möglichkeiten kann derjenige leicht voneinander unterscheiden, der im astralen Schauen geübt ist; aber jemand, der darin ungeübt ist, wird sie alle mit dem unbestimmten Namen „Geist" bezeichnen.

Erscheinungen Sterbender. Erscheinungen zur Zeit des Todes sind keineswegs selten und sind sehr oft wirkliche Besuche, die der Astralkörper des Sterbenden macht, knapp vor dem Augenblick, den wir den der Auflösung nennen, obgleich es auch hier wiederum leicht Gedankenformen sein können, die der Sterbende durch seinen heftigen Wunsch ins Dasein gerufen hat, irgendeinen Freund noch einmal zu sehen, bevor er in einen ihm unbekannten Zustand übergeht.

Spukhäuser oder -Orte. Erscheinungen an den Orten, wo irgendein Verbrechen begangen worden ist, sind gewöhnlich Gedankenformen des Verbrechers, der lebend oder tot, meistens aber tot, immer wieder die Umstände seiner Tat überdenkt, und da am Jahrestage seines ursprünglichen Verbrechens diese Gedanken naturgemäß in seinem Geist besonders lebhaft sind, so ist es oft nur bei diesen Gelegenheiten, daß die künstlichen Elementale, die er schafft, stark genug sind, sich für das gewöhnliche Auge sichtbar zu materialisieren, eine Tatsache, welche das periodische Auftreten mancher Kundgebungen dieser Art erklärt.

Hierzu kommt noch ein anderer Punkt: wo immer eine erschütternde, mentale Aufregung, wo immer ein überwältigender Schrecken, oder Schmerz, Sorge, Haß oder irgendeine starke Leidenschaft empfunden wurde, da wird auch auf das Astrallicht ein Eindruck so markanter Art hervorgerufen, daß jemand, der auch nur einen schwachen Schimmer psychischer Fähigkeiten hat, dadurch tief beeindruckt werden muß, und es bedarf dann nur einer vorübergehenden kleinen Erhöhung seiner Sensibilität, um ihm das Schauen des ganzen Vorganges zu ermöglichen, die ganze Szene in all ihren Einzelheiten anscheinend vor seinen Augen sich abspielen zu sehen; in einem solchen Falle würde dieser natürlich behaupten, an dem Orte spuke es und er habe einen Geist gesehen.

Tatsächlich werden ja Menschen, die bis jetzt noch nicht fähig sind, irgendwie psychisch zu schauen, häufig sehr unerfreulich gestimmt, wenn sie solche eben besprochenen Orte besuchen; es gibt z. B. viele, die sich in der Gegend des Tyburn Tree sehr ungemütlich fühlen, oder es in der Schreckenskammer bei Mme. Tussaud nicht aushalten, obwohl sie absolut nicht ahnen, daß ihr Unbehagen von den schrecklichen Eindrücken herkommt, die im Astrallicht Orte und Gegenstände des Schreckens und des Verbrechens umgeben, wie auch von der Gegenwart abscheulicher astraler Wesen, die stets um einen solchen Punkt herumschwärmen.

Familien-Geister. Der Familiengeist, auf den wir als ein ständiges Repertoire bei übersinnlichen Erzählungen stoßen und der zur Ausstattung eines jeden alten Adelsschlosses gehört, kann entweder eine Gedankenform, oder ein ungewöhnlich lebhafter Eindruck im Astrallicht sein, oder es mag wirklich ein erdgebundener Ahne sein, der noch die Orte heimsucht, an die sich seine Gedanken und Hoffnungen während des Lebens hefteten.

Glockenklingen, Steinewerfen usw. Eine andere Art Spuk, die sich in Läuten von Glocken, in Werfen von Steinen, in Zerbrechen von Töpfen und dergleichen äußert, ist auch schon erwähnt worden und ist fast immer das Werk von Elementalkräften, die entweder in blinder Weise durch die plumpen Anstrengungen einer mit diesen Kräften nicht vertrauten Person in Bewegung gesetzt werden, um die Aufmerksamkeit eines noch lebenden Freundes auf sich zu ziehen, oder die mit Absicht von einem kindlich übermütigen Naturgeist benutzt werden.

Elfen und dergleichen. Die Naturgeister sind auch verantwortlich für alles , was an den seltsamen Elfengeschichten wahr sein mag, die in ländlichen Gegenden so verbreitet sind. Manchmal befähigt eine zeitweilige Steigerung des Hellsehens, das unter den Bewohnern einsamer Berggegenden keineswegs selten ist, einen verspäteten Wanderer, ihre fröhlichen Sprünge zu beobachten; manchmal werden einem erschreckten Opfer seltsame Streiche gespielt, eine Sinnestäuschung wird ihm vorgespielt, die ihn glauben macht, er sähe z. B. Häuser und Menschen, wo, wie er weiß, keine vorhanden sind. Und das ist häufig nicht nur eine momentane Täuschung; denn es kommt vor, daß jemand eine ganze Reihe eingebildeter, aber deutlicher und eindrucksvoller Abenteuer durchmacht, bis dann plötzlich diese ganze glänzende Umgebung vor ihm verschwindet und er sich in einem einsamen Tal oder auf einem windgepeitschten Felde wiederfindet. Andererseits ist nicht zu raten, alle diese volkstümlichen Sagen als auf Tatsachen beruhend anzunehmen, denn der gröbste Aberglaube mischt sich oft mit den Ansichten der Landbewohner über diese Wesen, wie es sich vor kurzem bei einem schrecklichen Mordfall in Irland gezeigt hat.

Denselben Wesen muß auch ein großer Teil der sogenannten physikalischen Phänomene bei spiritistischen Sitzungen zugeschrieben werden; ja, bei manchen Sitzungen wird alles vollständig durch solche mutwillige Geister hervorgebracht. Eine solche Manifestation mag manche überraschenden Erscheinungen bringen, wie z. B. Beantwortung von Fragen, Überbringen von vorgeblichen Botschaften durch Klopfen oder Kippen, das Auftreten von Lichterscheinungen, das Herbeibringen von Gegenständen, oft aus großen Entfernungen, das Lesen von Gedanken Anwesender, die Präzipitation von Schriften oder Zeichnungen und selbst Materialisationen. Tatsächlich könnten die Naturgeister allein – falls irgendeiner von ihnen sich die Mühe nehmen wollte – eine Sitzung geben, die ebenso brillant verliefe, wie irgendeine, von der wir vielleicht gelesen haben; denn obgleich es einige Phänomene gibt, die sie nicht leicht nachzumachen imstande wären, so würde doch ihre erstaunliche Geschicklichkeit in Blendwerk sie ohne Schwierigkeit befähigen, den ganzen Zirkel zu überzeugen, daß auch diese Phänomene sich wirklich zugetragen hätten, es sei denn, daß ein geschulter Beobachter anwesend ist, der ihre Künste versteht und weiß, wie sie zu durchkreuzen sind. Wir können ganz allgemein annehmen, daß, wenn törichte Streiche oder handgreifliche Possen in einer Sitzung vorkommen, entweder niedrige Naturgeister oder menschliche

Wesen von so herabgekommener Art anwesend sind, daß sie während ihres Erdenlebens an törichten Dingen Gefallen fanden.

Wesen, die Botschaften vermitteln. Was solche Wesen betrifft, die bei einer Sitzung Mitteilungen machen oder die ein im Trance befindliches Medium in Beschlag nehmen und durch dieses sprechen, so sind ihrer eine Legion: es gibt kaum eine einzige Art unter den vielen Bewohnern der Astral-Ebene, welche nicht vertreten wäre, jedoch nach den gegebenen Erklärungen verstehen wir, daß sie selten von sehr hoher Stufe kommen. Ein sich kundgebender „Geist" *kann* genau das sein, wofür er sich ausgibt, aber sehr oft ist dies nicht der Fall; der gewöhnliche Teilnehmer solcher Sitzungen hat absolut kein Mittel, das Wahre vom Falschen zu unterscheiden, denn ein solches Wesen hat die Hilfsmittel der Astral-Ebene, um einen Menschen auf der physischen zu täuschen, in solchem Umfang zur Verfügung, daß dieser sich auf kein scheinbar noch so überzeugendes Beweißmittel verlassen kann. Wenn sich einem Teilnehmer etwas kundgibt, was sich als sein verstorbener Bruder ausgibt, so hat er keine Sicherheit, daß diese Behauptung richtig ist; wenn es ihm eine Tatsache mitteilt, die nur seinem Bruder und ihm selbst bekannt war, so überzeugt ihn dies nicht, da er weiß, daß diese Wesenheit diese Kenntnis leicht aus seinem eigenen Denkbewußtsein oder aus dem ihn umgebenden Astrallicht herausgelesen haben kann. Wenn die Wesenheit sogar noch weiter geht und ihm etwas von seinem Bruder mitteilt, was er selbst nicht wußte, aber was er nachher bestätigt findet, so ist auch dies kein Beweis, denn es kann aus den astralen Aufzeichnungen gelesen sein, oder das, was er da vor sich sieht, mag nur der „Schatten" seines Bruders sein und so dessen Gedächtnis besitzen, ohne daß es dieser in Wirklichkeit selbst ist.

Es soll absolut nicht geleugnet werden, daß manchmal bei solchen Sitzungen wichtige Mitteilungen von Wesen überbracht worden sind, die in diesen Fällen wirklich die waren, für die sie sich ausgegeben hatten; was hier nur behauptet wird, ist, daß es für durchschnittliche Menschen, die eine Sitzung mitmachen, unmöglich ist, jemals sicher zu sein, daß sie nicht auf die eine oder andere von einem halben Dutzend verschiedener Arten grausam betrogen werden.

Es gibt einige Fälle, wo Mitglieder der vorne erwähnten Okkultisten-Loge, welche die spiritistische Bewegung hervorgerufen hat, selbst durch ein Medium eine Reihe wertvoller Lehren über sehr interessante Gegenstände gegeben haben; aber dies ist ausnahmslos in Privatsitzungen im Familienkreise geschehen, nicht bei öffentlichen Vorstellungen, bei denen ein Eintrittsgeld erhoben wird.

Astrale Hilfsmittel. Um diese Art und Weise zu verstehen, wie ein großer Teil der physikalischen Phänomene hervorgebracht wird, ist es nötig, die mannigfaltigen oben erwähnten Hilfsmittel einigermaßen zu kennen, welche dem zur Verfügung stehen, der auf der Astral-Ebene wirkt, dies ist jedoch eine Seite unseres Gegenstandes, die keineswegs leicht verständlich ist, besonders da sie nur mit bestimmten, offensichtlich notwendigen Einschränkungen dargelegt werden kann.

Es mag uns das Verständnis vielleicht leichter werden, wenn wir die Astral-Ebene in vielen Beziehungen als eine bloße Fortsetzung der physischen ansehen, und das Beispiel, daß die dichte Materie den ätherischen Zustand annehmen kann (in welchem sie, wenn auch unfühlbar, doch noch rein physisch ist), zeigt uns, wie der eine Zustand der Materie in einen anderen übergeht. Tatsächlich fassen die Hindus unter der Bezeichnung Jagrat, dem „Wachzustand" die physische und die Astral-Ebene zusammen, wobei dessen sieben Unterabteilungen die vier physischen Aggregatzustände und die oben erwähnten drei Hauptabteilungen der Astral-Ebene entsprechen. Wenn wir diese Vorstellungen im Auge behalten, wird es leichter, einen Schritt weiter zu gehen und zu verstehen, daß das astrale Schauen, oder, besser gesagt, die astrale Wahrnehmung von einem gewissen Gesichtspunkt aus als die Fähigkeit definiert werden kann, eine ungeheuer vergrößerte Zahl von Schwingungsreihen zu empfangen.

In unserem physischen Körper ist eine kleine Gruppe von Schwingungen uns als Schall wahrnehmbar, eine andere kleine Gruppe von sehr viel schnelleren Schwingungen beeinflußt uns als Licht, und wieder eine andere als elektrische Wirkung. Aber es gibt eine außerordentlich große Zahl von Schwingungen dazwischen, die auf unsere physischen Sinne keine Wirkung hervorbringen. Nun wird man leicht einsehen, daß, wenn alle, oder selbst nur einige dieser Zwischenstufen mit allen ihren verschiedenen Wellenlängen und ihren möglichen Kombinationen auf der Astral-Ebene sichtbar sind, unsere Anschauung von der Welt auf dieser Ebene sehr viel umfassender werden kann, und daß wir imstande sind, Kenntnisse zu erlangen, die uns hier vorenthalten bleiben.

Hellsehen. Es ist anerkannt, daß einige Schwingungen ganz leicht durch feste Körper hindurchgehen, so daß wir uns auf Analogie mit wissenschaftlich bekannten Tatsachen stützen können, wenn wir einige Eigentümlichkeiten der ätherischen Schau betrachten; für die astrale Schau jedoch bietet die Theorie der vierten Dimension eine glattere und vollständigere Erklärung. Es ist klar, daß allein durch die Fähigkeit des astralen Schauens ein Wesen in den Stand gesetzt wird, viele Dinge zu vollbringen, die uns sehr wunderbar erscheinen – so z. B. das Lesen in einem verschlossenen Buche; und wenn wir uns erinnern, daß diese Fähigkeit in vollem Maß die Kraft des Gedankenlesens einschließt, und daß ferner, wenn die weitere Fähigkeit hinzukommt, astrale Strömungen hervorzurufen, die Möglichkeit hinzutritt, einen Gegenstand in fast allen Teilen der Welt nach Wunsch sehen zu können, so merken wir, daß eine Menge Phänomene des Hellsehens erklärlich werden, ohne daß ein Erheben auf noch höhere Ebenen nötig wird. Näheres hierüber findet man im Abschnitt »Hellsehen« dieses Bandes. Echtes, geschultes und absolut zuverlässiges Hellsehen bringt allerdings eine ganz andere Reihe von Fähigkeiten in Tätigkeit. Aber da diese zu einer höheren als der Astral-Ebene gehören, so bilden sie keinen Teil unseres vorliegenden Gegenstandes.

Voraussehen und zweites Gesicht. Die Fähigkeit, genau die Zukunft voraus zu sehen, gehört ebenfalls ganz und gar zu den höheren Ebenen, wenn auch Lichtblitze oder Spiegelbilder sich oft dem rein astralen Blick bieten, besonders bei einfachen Menschen, die in entsprechender Umgebung leben, was man dann zweites Gesicht nennt, eine bei den Schotten nicht unbekannte Erscheinung.

Eine andere Tatsache darf man ebenfalls nicht vergessen: jeder intelligente Bewohner der Astral-Ebene ist nicht nur fähig, diese ätherischen Schwingungen zu beobachten, sondern kann sie auch, wenn er gelernt hat, wie es gemacht wird, zu seinen eigenen Zwecken benutzen oder sie selbst in Bewegung setzen.

Astrale Kräfte. Man wird leicht verstehen können, daß man von überphysischen Kräften und den Methoden, sie anzuwenden, zur jetzigen Zeit nicht viel öffentlich schreiben kann, obgleich Gründe zu der Annahme vorliegen, daß es nicht mehr lange dauern wird, bis jedenfalls die Anwendung der einen oder der anderen von ihnen der Welt allgemein bekannt werden wird; aber es ist vielleicht möglich, ohne die Grenzen des Erlaubten zu überschreiten, wenigstens so weit eine Vorstellung von diesen Kräften zu geben, daß die allgemeinen Umrisse zeigen, wie gewisse Phänomene hervorgebracht werden.

Alle, die häufiger spiritistische Sitzungen mitgemacht haben, bei denen physikalische Phänomene auftreten, müssen gelegentlich Beweise für die Anwendung faktisch unwiderstehlicher Kräfte erlebt haben, z.B. die plötzliche Bewegung enorm schwerer Gegenstände usw.; und wenn sie wissenschaftlich veranlagt sind, mögen sie sich verwundert gefragt haben, woher diese Kraft kam und was für eine Hebelwirkung in Anwendung gebracht wurde. Wie gewöhnlich bei den astralen Phänomenen, gibt es verschiedene Wege, auf welchen solche Dinge vollbracht werden können, aber es wird für den Augenblick genug sein, vier solcher anzudeuten.

Ätherische Strömungen. Erstens gibt es ätherische Strömungen, die fortwährend mit einer solchen Macht über die Oberfläche der Erde von Pol zu Pol fluten, daß deren Kraft unwiderstehlich ist, wie die Ebbe und Flut; und es gibt Methoden, nach welchen man sich diese gewaltigen Kräfte zunutze machen kann, wenn auch ungeschickte Versuche, sie zu beherrschen, furchtbare Gefahren heraufbeschwören.

Ätherdruck. Zweitens existiert etwas, was am besten als Ätherdruck bezeichnet werden kann, etwas Ähnliches, wie der atmosphärische Luftdruck, wenn auch unermeßlich viel größer. Im gewöhnlichen Leben sind wir uns keiner dieser Druckerscheinungen bewußt, aber trotzdem sind sie beide vorhanden, und wenn die Wissenschaft imstande wäre, den Äther ebenso aus einem Raum auszupumpen, wie es ihr mit der Luft gelingt, so würde der Ätherdruck ebenso gut nachgewiesen werden können wie der Luftdruck. Die Schwierigkeit, dies fertigzubringen, liegt darin, daß die Materie im Ätherzustand die Materie in allen niedrigeren Aggregatzuständen vollkommen durchdringt, so daß unseren Physikern bisher kein Mittel bekannt ist, durch das irgendeine bestimmte Menge Äther vom übrigen Äther isoliert werden kann. Der praktische Okkultismus jedoch lehrt, wie dies zu erzielen ist, und so kann dann die ungeheure Kraft des Ätherdrucks zur Wirkung gebracht werden.

Latente Energie. Drittens ist ein großer Vorrat an potentieller Energie vorhanden, der im Laufe der Involution aus dem feineren in den gröberen Zustand latent geworden ist, und der zum Teil bei einer Änderung dieses Zustandes freigesetzt werden und benutzt werden kann, wie auch die Wärme frei wird, wenn die sichtbare Materie ihren Zustand ändert.

Sympathieschwingungen. Viertens können überraschende Resultate, sowohl geringfügige wie großartige, durch die erweiterte Anwendung eines Prinzips hervorgebracht werden, das als das Prinzip der Sympathieschwingungen bezeichnet werden kann. Analogien aus der physischen Ebene scheinen häufig eher ein falsches Bild astraler Phänomene zu geben, als sie klar zu machen, da die Übereinstimmung immer nur teilweise zutrifft; aber die Anführung zweier bekannter Tatsachen aus dem gewöhnlichen Leben kann vielleicht dazu helfen, diesen wichtigen Teil unseres Gegenstandes klarer zu machen, wenn wir Sorge tragen, die Analogie nicht weiter zu treiben, als sie wirklich geht.

Es ist ja bekannt, daß, wenn die Saiten einer Harfe stark in Schwingung versetzt werden, ihre Bewegungen bei jeder beliebigen Zahl von Harfen, die in der Nähe aufgestellt sind, Sympathieschwingungen in der entsprechenden Saite hervorrufen, wenn sie genau auf denselben Ton gestimmt sind. Bekannt ist auch, daß, wenn eine große Abteilung Soldaten eine Hängebrücke überschreitet, sie nicht in Schritt gehen dürfen, da die vollkommene Regelmäßigkeit ihres ordnungsgemäßen Marsches in der Brücke Schwingungen hervorrufen würde, die mit jedem Schritt intensiver werden, bis die Widerstandskraft des Materials überschritten ist und der ganze Bau in Stücke geht.

Mit diesen beiden Analogien vor Augen (die aber stets nur als teilweise Analogien betrachtet werden dürfen) wird es uns begreiflicher erscheinen, daß jemand, der genau weiß, in welcher Höhe er die Schwingungen zu erregen hat, – der sozusagen den Grundton der Gattung der Materie kennt, die er zu beeinflussen wünscht, – fähig ist, durch Anstimmen dieses Grundtones eine ungeheure Zahl von Sympathieschwingungen hervorzurufen. Wenn dies auf der physischen Ebene geschieht, dann wird keine zusätzliche Kraft entwickelt; auf der Astral-Ebene besteht jedoch dieser Unterschied, daß die Materie, mit der wir es dort zu tun haben, weit weniger träge ist und daher, wenn sie durch diese Sympathieschwingungen in Tätigkeit versetzt wird, ihre eigene lebendige Kraft dem ursprünglichen Impuls hinzufügt, der dadurch vervielfacht werden kann; bei weiterer rhythmischer Wiederholung des ursprünglichen Antriebes, wie bei dem Marschieren der Soldaten auf der Brücke, können dann die Schwingungen so mächtig werden, daß die Wirkung gar nicht mehr im Verhältnis zur Ursache zu stehen scheint. Ja man kann geradezu sagen, daß es kaum eine Grenze für die denkbaren Wirkungen dieser Kraft gibt, falls ein großer Adept sie benutzt, der ihre Anwendbarkeit voll begreift, denn die ganze Entstehung des Weltalls selbst war nur die Folge der Schwingungen, die von dem ausgesprochenen »Wort« in Bewegung gesetzt wurden.

Mantras. Die Klasse der Mantras oder Zaubersprüche, die ihre Wirkung nicht durch die Beherrschung von Elementalen erzielen, sondern nur durch die Wiederholung gewisser Klänge, sind in ihrer Wirksamkeit ebenfalls von der Kraft dieser Sympathieschwingungen abhängig.

Dematerialisation. Das Phänomen der Dematerialisation kann ebenfalls durch die Wirkung äußerst schneller Schwingungen erzeugt werden, welche die Kohäsion der einzelnen Moleküle des betreffenden Gegenstandes überwindet. Eine noch höhere Stufe von Schwingungen einer etwas anderen Art spaltet diese Moleküle in die einzelnen Atome auf, aus denen sie zusammengesetzt sind. Ein Körper, der auf solche Weise in den ätherischen Zustand übergeführt ist, kann durch einen astralen Strom mit großer Geschwindigkeit von einem Ort zu einem anderen gebracht werden; und in demselben Augenblick, wenn die Kraft, die angewandt worden ist, um ihn in diesen Zustand zu versetzen, zurückgezogen wird, zwingt ihn der ätherische Druck, seine ursprüngliche Form wieder anzunehmen. Vielen wird es anfangs schwer zu begreifen, wie bei einer solchen Prozedur die Form des betreffenden Körpers erhalten bleiben kann.

Es wird folgender Einwand erhoben: wenn irgendein Metallgegenstand – sagen wir ein Schlüssel – geschmolzen und durch Erhitzung in den gasförmigen Zustand übergeführt und ihm dann die Wärme wieder entzogen wird, dann kehrt er sicherlich wieder in den festen Zustand zurück, aber er ist dann nicht mehr ein Schlüssel, sondern ein Klumpen Eisen. Das Beispiel ist gut gewählt, obgleich tatsächlich die Analogie hier nicht zutrifft. Die Elementalessenz, die den Schlüssel belebt, würde durch die Änderung seines Zustandes ausgetrieben werden – nicht, daß die Essenz selbst durch die Wirkung der Hitze berührt würde, sondern, wenn ihr zeitweiliger Körper (als ein fester) zerstört wird, strömt sie zurück in den großen Vorrat solcher Essenz, gerade wie die höheren Prinzipien des Menschen, obwohl sie absolut nicht durch die Hitze oder Kälte beeinflußt werden können, doch aus einem physischen Körper ausgetrieben werden, wenn er durch Feuer zerstört wird.

Folglich ist die Elementalessenz (die »feste« Gattung, die der »Erde«), die dann, wenn die Materie, die der Schlüssel gewesen war, sich wieder bis zum festen Zustand abgekühlt hat, in diese einströmt, keineswegs dieselbe, wie die, welche sie vorher enthielt, und es ist daher kein Grund vorhanden, weshalb sie wieder dieselbe Gestalt annehmen sollte. Aber jemand, der einen Schlüssel zu dem Zweck dematerialisiert, ihn durch Astralströme von einem Platz nach einem anderen zu schaffen, wird sehr sorgfältig dieselbe Elementalessenz in genau derselben Gestalt erhalten, bis der Transport bewerkstelligt ist; sobald dann die Willenskraft zurückgezogen wird, dient die Essenz als Form, in welche die festwerdenden Teilchen strömen, oder besser, um welche sie sich wieder gruppieren. So wird, falls die Kraft der Gedankenkonzentration des Ausführenden nicht versagt, die Gestalt ganz genau erhalten.

Auf diese Weise werden häufig bei spiritistischen Sitzungen in einem Augenblick Gegenstände aus großer Entfernung herbeigebracht, und es ist klar, daß diese, wenn sie entmaterialisiert sind, mit großer Leichtigkeit durch jeden festen Körper hindurchgehen können, z.B. durch die Mauer eines Hauses oder den Deckel einer verschlossenen Dose; das, was man gewöhnlich »die Durchdringung eines festen Körpers durch einen anderen« nennt, erscheint demnach, richtig verstanden, ebenso einfach, wie das »Durchdringen« des Wassers durch ein Sieb, oder eines Gases durch eine Flüssigkeit bei manchen chemischen Experimenten.

Materialisation. Da es möglich ist, durch eine Änderung in der Schwingungsweise die Materie vom festen Zustand in den ätherischen zu versetzen, so ist es begreiflich, daß es ebenfalls möglich ist, den Vorgang umzudrehen und Äthermaterie in den festen Aggregatzustand überzuführen. Wie der eine Prozeß das Phänomen der Dematerialisation erklärt, so der andere den der Materialisation; und gerade, wie im ersten Fall eine dauernde Anstrengung des Willens nötig ist, um zu verhindern, daß der Gegenstand seine frühere Form wieder annimmt, so ist eine solche Anstrengung genau ebenso nötig, um zu verhindern, daß die materialisierte Form wieder in den ätherischen Zustand zurückfällt.

Bei den Materialisationen, die man bei den gewöhnlichen Séancen sieht, wird die Materie, die hierzu nötig ist, so viel wie möglich vom Ätherkörper des Mediums entliehen – ein Vorgang, der für die Gesundheit desselben nachteilig und auch aus verschiedenen anderen Gründen sehr wenig wünschenswert ist. Das erklärt die Tatsache, daß die materialisierte Form gewöhnlich unweigerlich an die unmittelbare Nähe des Mediums gebannt ist, und daß sie einer Anziehungskraft unterworfen ist, die sie fortwährend zu dem Körper zurückzieht, aus welchem sie hervorgegangen ist; wird sie daher vom Medium zu lange fern gehalten, dann fällt die Form in sich zusammen, und die Materie, aus der sie bestand, nimmt wieder den ätherischen Zustand an und strömt augenblicklich zu ihrem Ausgangspunkt zurück.

Es unterliegt keinem Zweifel, daß manchmal aus dem Körper des Mediums auch dichte, sichtbare physische Materie zeitweilig entnommen wird, so schwierig es auch für uns sein mag, uns die Möglichkeit einer solchen Übertragung vorzustellen. Ich selbst habe Fälle beobachtet, in denen ein solches Vorkommnis stattfand und sich durch einen beträchtlichen Gewichtsverlust des physischen Körpers des Mediums dokumentierte.

Weshalb Dunkelheit nötig ist. Der Grund, weshalb die Wesen, die eine Sitzung beeinflussen, leichter in der Dunkelheit operieren, oder wenigstens bei nur schwachem Licht, wird nun klar sein, da ihre Kraft gewöhnlich unzureichend, inmitten der intensiven Schwingungen hellen Lichts eine verdichtete Form oder selbst eine »Geisterhand« länger als für wenige Sekunden zusammenzuhalten, ist.

Diejenigen, die viele Sitzungen mitgemacht haben, werden ohne Zweifel bemerkt haben, daß es drei Arten von Materialisationen gibt: erstens solche, die fühlbar sind, aber nicht sichtbar, zweitens solche, die sichtbar sind, aber nicht fühlbar, und drittens sowohl fühlbare als auch sichtbare. Zu der ersten Art, der bei weitem gewöhnlichsten, gehören die unsichtbaren Geisterhände, welche so häufig den Beisitzenden das Gesicht streicheln oder kleine Gegenstände im Zimmer umhertragen; ebenso die Stimmorgane, von denen die »direkten Stimmen« ausgehen. In diesem Fall wird eine Art Materie angewandt, die das Licht weder zurückwerfen noch ihm den Durchgang wehren kann, die aber unter bestimmten Umständen imstande ist, in der Atmosphäre Schwingungen entstehen zu lassen, die auf uns als Ton wirken.

Geister-Photographien. Eine Abart dieser Klasse ist jene Art teilweiser Materialisation, die zwar nicht fähig ist, Licht zu reflektieren, das wir sehen können, aber doch imstande ist, einige der ultravioletten Strahlen zu beeinflussen, so daß sie einen mehr oder weniger bestimmten Eindruck auf die empfindliche Platte machen kann und uns so verschafft, was wir als

»Geister-Photographie« kennen.
Wenn nicht genügend Kraft zur Verfügung steht, um eine vollkommene, dichte Materialisation herzustellen, erhalten wir manchmal die nebelartige Gestalt, die in unsere zweite Klasse gehört, und in einem solchen Falle warnen meistens die »Geister« die Beisitzenden, die Formen, die erscheinen, zu berühren.
In selteneren Fällen einer vollständigen Materialisation ist genügend Kraft vorhanden, wenigstens für kurze Zeit eine Form zusammenzuhalten, die man sowohl berühren wie sehen kann.

Wenn ein Adept oder sein Schüler es für nötig findet, für irgendeinen Zweck seinen mentalen oder astralen Körper zu materialisieren, so benutzt er weder seinen eigenen ätherischen Körper noch den eines anderen Menschens, denn er weiß, wie er die nötige Materie unmittelbar aus dem umgebenden Äther entnehmen kann.

Verdoppelung. Ein anderes Phänomen, das eng mit diesem Teil unseres Gegenstandes verknüpft ist, besteht in der Verdoppelung und wird dadurch fertiggebracht, daß man einfach eine vollkommene Gedankenform von dem zu kopierenden Gegenstand bildet und dann um diese Form die nötige astrale und physische Materie sammelt. Natürlich muß man hierbei gleichzeitig jedes kleinste Teilchen des zu vervielfältigenden Gegenstandes im Innern und außen genau im Auge behalten; es bedarf daher, um dieses Phänomen hervorzubringen, beträchtlicher Konzentrationskraft des Denkens. Wenn diejenigen, die solches vollbringen, nicht fähig sind, das nötige Material direkt aus dem umgebenden Äther herauszuziehen, dann entnehmen sie es manchmal dem Original, das dadurch natürlich leichter an Gewicht wird.

Präzipitation. Wir lesen in der theosophischen Literatur häufig über Präzipitationen von Briefen oder Bildern. Dieses Ergebnis kann, wie alles andere, auf verschiedene Weise herbeigeführt werden. Ein Adept, der jemandem eine Mitteilung zugehen zu lassen wünscht, kann ein Stück Papier vor sich hinlegen, ein Gedankenbild von der Schrift gestalten, die auf dem Papier erscheinen soll, und aus dem Äther die Materie ziehen, mit welcher er dieses Bild objektiviert; oder er zieht es vor, dieselbe Wirkung auf einem Papier hervorzubringen, das vor seinem Korrespondenten liegt, was ihm ebenso leicht fällt, gleichgültig, wie groß die Entfernung sein mag.

Eine dritte Methode, die viel häufiger angewandt wird, da sie Zeit spart, ist die, den ganzen Inhalt des Briefes dem Denkvermögen irgendeines Schülers einzuprägen und es ihm zu überlassen, die mechanische Arbeit der Präzipitation auszuführen. Dieser Schüler nimmt dann ein Blatt Papier, macht sich eine Vorstellung von dem geschriebenen Brief in der Handschrift des Meisters und objektiviert hierauf diese Schrift wie soeben beschrieben. Wenn er es zu schwierig findet, gleichzeitig die beiden Operationen auszuführen, die Materie aus dem umgebenden Äther heranzuziehen und die Schrift auf dem Papier zu präzipitieren, so kann er auch gewöhnliche Tinte oder eine Kleinigkeit Farbpulver neben sich auf den Tisch stellen, die leichter herangezogen werden können, da sie schon physische Materie sind.

Es ist klar, daß der Besitz eines solchen Könnens eine sehr gefährliche Waffe in den Händen eines gewissenlosen Menschen sein würde, da es gerade so leicht ist, die eine Handschrift nachzuahmen wie jede andere, und es unmöglich wäre, auf gewöhnliche Weise einen Betrug zu entdecken, der in solcher Art ausgeübt wäre. Ein Schüler, der in direkter Verbindung mit irgendeinem Meister steht, hat stets untrügliche Beweismittel dafür, ob eine Botschaft wirklich von diesem Meister ausgegangen ist oder nicht; für andere aber kann der Beweis der Echtheit allein im Inhalt des Briefes liegen und in dem Geist, der aus ihm atmet, da die Handschrift, die höchst geschickt nachgeahmt werden kann, als Beweis absolut keinen Wert hat. –

Was die Geschwindigkeit des Vorgangs anbelangt, so wird ein Schüler, dem die Arbeit der Präzipitation neu ist, sich wahrscheinlich nur wenige Worte auf einmal bildhaft vorstellen können und er wird deshalb kaum schneller vorankommen, als wenn er seinen Brief auf gewöhnliche Weise schreibt; ein Erfahrener, der eine ganze Seite oder vielleicht gar den ganzen Brief sich auf einmal im Geist vor Augen halten kann, würde aber seine Arbeit mit weit größerer Leichtigkeit auf diese Weise vollbringen. Nach solcher Methode werden manchmal ziemlich lange Briefe in wenigen Sekunden bei einer Séance hervorgebracht.

Wenn ein Bild präzipitiert werden soll, ist die Methode genau dieselbe, ausgenommen, daß es hier absolut notwendig ist, daß man sich die ganze Szene auf einmal vorstellt, und wenn viele Farben auf dem Bild sich finden, entsteht die zusätzliche Komplikation, sie herzustellen, auseinanderzuhalten und genau dieselben Mischungstöne wie die des Originalbildes zu reproduzieren. Augenscheinlich ist hier viel Spielraum für die Ausübung künstlerischer Fähigkeiten, und man darf nicht denken, daß jeder Bewohner der Astral-Ebene auf diese Weise ein gleich gutes Bild hervorrufen kann; jemandem, der im Leben ein großer Künstler gewesen ist, und der deshalb zu sehen gelernt hat und weiß, worauf es zu achten gilt, wird es jedenfalls weit besser gelingen als einem gewöhnlichen Menschen, wenn er nach dem Tode auf der Astral-Ebene dieses Präzipitieren versucht.

Tafelschrift. Die Tafelschrift, in deren Ausführung unter genauer Kontrolle der Bedingungen einige der größten Medien sich so berühmt gemacht haben, wird manchmal durch Projizierung bewerkstelligt, obgleich häufiger das Stückchen Griffel, das zwischen die Tafeln gelegt wird, von einer »Geister«hand geführt wird, von der gerade nur die äußersten Fingerspitzen materialisiert werden, die nötig sind, das Stückchen zu erfassen.

Levitation. Eine Erscheinung, die gelegentlich bei Sitzungen vorkommt, doch öfter bei östlichen Yogis, ist die sogenannte Levitation – das will sagen, das Schweben eines menschlichen Körpers in der Luft. Wenn dies bei einem Medium vorkommt, wird dieses zweifellos oft einfach von »Geisterhänden« emporgehoben, aber es gibt noch eine andere, wissenschaftlichere Methode, dieses Kunststück auszuführen, die im Osten stets und gelegentlich auch hier angewandt wird. Der okkulten Wissenschaft ist ein Mittel bekannt, die Schwerkraft zu neutralisieren oder selbst ins Gegenteil zu kehren, und es ist klar, daß bei richtiger Anwendung dieses Mittels alle Erscheinungen der Levitation leicht bewerkstelligt werden können. Ohne Zweifel war es die Kenntnis dieses Geheimnisses, die es ermöglichte, daß einige der Luftschiffe im alten Indien und auf der Atlantis leicht genug gemacht werden konnten, um sich von der Erde zu erheben und ohne Schwierigkeiten bewegt und gesteuert zu werden, und es ist nicht unwahrscheinlich, daß die gleiche Bekanntschaft mit den höheren Naturkräften die Arbeit erleichterte, die enormen Steinblöcke zu heben, die manchmal in der zyklopischen Architektur sowie bei der Erbauung der Pyramiden und jener von Stonehenge Verwendung fanden.

Geisterhafte Lichterscheinungen. Mit der Kenntnis der Naturkräfte, welche die Astral-Ebene ihren Bewohnern zur Verfügung stellt, ist die Erzeugung von Lichterscheinungen eine leichte Sache, ob sie nun eine sanfte Phosphoreszenz darstellen, oder eine blendende elektrische Erscheinung, oder die merkwürdigen tanzenden Lichtkügelchen, in welche eine gewisse Klasse von Feuer-Elementalen sich so geschwind zu verwandeln vermag. Da alle Lichterscheinungen nur in Ätherschwingungen bestehen, so ist es klar, daß jeder, der weiß, wie solche Schwingungen erregt werden können, ganz nach Wunsch jede Art von Licht hervorrufen kann.

Das Anfassen glühender Gegenstände. Mit Hilfe der ätherischen Elemental-Essenz wird auch gewöhnlich das Kunststück fertig gebracht, ohne Schaden glühende Gegenstände anzufassen, obgleich es auch hier wieder verschiedene Wege gibt, um zum Ziel zu gelangen. Die dünnste Schicht ätherischer Substanz kann so präpariert werden, daß sie absolut undurchdringbar für die Hitze wird; und wenn die Hand eines Mediums oder Beisitzers mit diesem Äther bedeckt ist, kann er mit vollkommener Sicherheit brennende Kohle oder glühendes Eisen in der Hand halten.

Transmutation. (Verwandlung einer Substanz in die andere). Die meisten Vorkommnisse bei Séancen sind jetzt besprochen worden; aber es gibt noch ein oder zwei seltene Phänomene, die in unserer Liste nicht ganz außer acht gelassen werden dürfen. Die Transmutation von Metallen wird meistens nur für einen Traum mittelalterlicher Alchimisten gehalten, und unzweifelhaft war in den meisten Fällen die Beschreibung des Vorgangs auch nur ein Symbol für die Reinigung der Seele; jedoch scheinen Beweise dafür vorhanden zu sein, daß sie die Transmutation verschiedentlich wirklich fertiggebracht haben, und es gibt kleine Magier im Osten, die behaupten, daß sie dies auch jetzt noch unter wissenschaftlicher Überwachung vollführen können. Mag dem sein, wie es will, aber da das Uratom in allen Substanzen ein und dasselbe ist, und die Substanzen sich nur durch die verschiedene Art unterscheiden, wie die Atome zusammengefügt sind, so ist es klar, daß für jeden, der die Macht besitzt, ein Stück Metall in Atome aufzulösen und sie in einer anderen Form wieder zusammenzustellen, keine Schwierigkeit vorhanden ist, die Transmutation in jedem gewünschten Maßstab auszuführen.

Reperkussion. Das Prinzip der oben erwähnten Sympathieschwingungen erklärt auch das sonderbare und wenig bekannte Phänomen der sogenannten Reperkussion, vermöge welcher irgendein Schaden, der dem materialisierten Körper während seiner Wanderung angetan, oder irgendein Zeichen, das auf ihm angebracht wird, auch auf seinem physischen Körper sich wiederfindet. Wir erkennen Spuren dieses Phänomens in Tatsachen, die im Mittelalter zuweilen bei Hexenprozessen als Beweise vorgebracht wurden, nämlich, daß eine Wunde, die der Hexe während sie die Gestalt eines Hundes oder eines Wolfes angenommen hatte, zugefügt war, an dem betreffenden Teil ihres menschlichen Körpers vorgefunden wurde. Dasselbe seltsame Gesetz hat manchmal dahin geführt, gegen ein Medium eine vollständig ungerechte Beschuldigung des Betruges zu erheben, weil z.B. die auf die Hand des materialisierten »Geistes« gestrichene Farbe sich nachher auf der Hand des Mediums fand. Die Erklärung dafür ist, daß in diesem Falle, wie dies oft geschieht, der »Geist« bloß der ätherische Körper des Mediums war, der durch den ihn beherrschenden Einfluß veranlaßt worden war, eine andere Form als die seinige anzunehmen. Tatsächlich stehen diese beiden Teile des physischen Körpers in so inniger Verbindung miteinander, daß es unmöglich ist, den Grundton des einen anzuschlagen, ohne sofort genau entsprechende Schwingungen im anderen hervorzurufen.

Schluß

Es ist zu hoffen, daß jeder Leser, den der Gegenstand genügend interessierte, um dieser Abhandlung bis hierher zu folgen, jetzt eine allgemeine Vorstellung von der Astral-Ebene und ihren Möglichkeiten hat, so daß er alle auf diese Sphäre bezüglichen Tatsachen, auf die er vielleicht in anderen Büchern stößt, verstehen und an die richtige Stelle des ganzen Systems einreihen kann. Obwohl es nur eine sehr flüchtige Skizze ist, die hier von diesem sehr umfassenden Gegenstand gegeben werden konnte, so genügt sie doch vielleicht, um zu zeigen, wie außerordentlich wichtig das astrale Schauen sowohl für die Biologie wie für die Physik, die Chemie wie für die Astronomie, die Medizin und die Geschichte wäre und welchen großen Antrieb alle diese Wissenschaften durch die Entwicklung dieser Fähigkeit erhalten würden.

Und doch darf dessen Erwerb nie als Selbstzweck betrachtet werden, denn alle Mittel, die man mit diesem Ziel im Auge anwendet, würden unvermeidlich auf einen Weg der Entwicklung führen, der im Osten die Laukika-Methode genannt wird, ein System, bei welchem wohl gewisse psychische Kräfte erlangt werden, aber nur für die augenblickliche Persönlichkeit; und da ihr Erwerb nicht mit Schutzmaßregeln umgeben ist, so ist es nur zu leicht möglich, daß diese Kräfte mißbraucht werden. Zu dieser Klasse gehören alle Systeme, die Drogen anwenden oder Elementale beschwören, sowie die Ausübung von Hatha-Yoga.

Die andere Methode, die die Lokottara genannt wird, ist der Raj-Yoga oder der spirituelle Fortschritt, und wenn es auch mit dieser etwas langsamer vorangehen mag als mit der anderen: das auf diesem Weg Erworbene ist der bleibenden Individualität erworben und geht nie wieder verloren, wobei die führende Sorge eines Meisters vollkommene Sicherheit gegen den Mißbrauch der Kräfte gewährt, so lange seine Anordnungen genau befolgt werden. Die Eröffnung des astralen Blicks darf also nur als eine Stufe der Entwicklung zu etwas unendlich Edlerem, Höherem betrachtet werden – nur als ein Schritt, ein sehr kleiner Schritt auf dem großen Weg aufwärts, der die Menschen zu den erhabenen Höhen der Adeptschaft führt, und selbst über diese hinaus zu so hohen Bereichen der Weisheit und der Macht, daß unser beschränkter Verstand sich jetzt von ihnen noch keine Vorstellung machen kann.

Doch sollte niemand es als einen ungemischten Vorteil betrachten, den weiteren Blick der Astral-Ebene zu besitzen, denn auf den, welchem so das Auge geöffnet ist, drücken die Sorgen und das Elend, das Böse und die Begierde der Welt wie eine fortwährend niederbeugende Last, so daß er sich oft gedrängt fühlen wird mit Schiller auszurufen:

Dein Orakel zu verkünden,
Warum warfest Du mich hin
In die Stadt der ewig Blinden,
Mit dem aufgeschloss'nen Sinn?
Nimm, o nimm die traur'ge Klarheit,
Mir vom Aug' den blut'gen Schein!
Meine Blindheit gib mir wieder
Und den fröhlich dunkeln Sinn! –
Nimm dein falsch Geschenk zurück!

(Kassandra)

Dieses Gefühl ist auf den ersten Stufen dieses Pfades wohl erklärlich, aber die höhere Einsicht und tiefere Erkenntnis bringen dem Schüler bald die vollkommene Gewißheit, daß alle Dinge schließlich allen zum besten dienen müssen,

Daß Stunde nach Stunde, gleich knospenden Blumen,
Sich Wahrheit nach Wahrheit erschließt!
Die Sonn' mag erbleichen, die Sterne vergeh'n,
Das Gute Gesetz bleibt sicher und stark;
Sein Glanz erglüht, sein Einfluß wächst
Im langsamen Gang der Natur,
Vom kleinsten Bazillus zu Göttern im All
Durch Kalpas und Jahres-Millionen.

DIE LEHRE DES WACHSTUMS (BAND I)

ZWEITES BUCH

C.W. Leadbeater

Die Mentalebene

Ihre Charakteristik, ihre Bewohner, die Himmelswelt

F. HIRTHAMMER VERLAG MÜNCHEN

EINLEITUNG

Im vorhergehenden Teil wurde der Versuch gemacht, einigermaßen die Astral-Ebene zu beschreiben – den niederen Teil der weiten unsichtbaren Welt, in deren Mitte wir leben und uns bewegen, ohne dessen zu achten. Diese Abhandlung hat die noch schwierigere Aufgabe, zu versuchen, eine gewisse Vorstellung von der nächsthöheren Stufe zu geben – der Mental-Ebene oder Himmelswelt, die in der theosophischen Literatur oft Devachan oder Sukhavati genannt wird.

Obgleich wir damit, daß wir diese Ebene als Himmelswelt bezeichnen, im besonderen ausdrücken wollen, daß sie die Wirklichkeit in sich schließt, die den besten und spirituellsten Vorstellungen vom Himmel zugrundeliegt, die in verschiedenen Religionen verkündet wurden, so darf man sie doch nicht allein von diesem Gesichtspunkt aus betrachten. Sie ist ein Bereich der Natur, der von außerordentlicher Wichtigkeit für uns ist – eine weite, herrliche Welt von regem Leben, in der wir uns jetzt ebenso befinden wie in den Zeiten zwischen unseren physischen Inkarnationen. Es ist nur der Mangel an Entwicklung, nur die uns von diesem Kleid aus Fleisch auferlegte Beschränkung, die uns daran hindert zu erkennen, daß alle Herrlichkeit des höchsten Himmels uns hier und jetzt umgibt, und daß die Einflüsse, die aus dieser Welt kommen, ständig auf uns einwirken, wenn wir sie nur verstehen und aufnehmen würden. So unmöglich dies einem weltlichen Menschen erscheinen mag, für Okkultisten ist es die klarste Wirklichkeit, und für jene, die diese grundlegende Wahrheit noch nicht erfaßt haben, können wir nur den Rat wiederholen, der von einem buddhistischen Lehrer gegeben wurde: „Klage, jammere und bitte nicht, sondern öffne deine Augen und schau! Das Licht umgibt dich von allen Seiten, wenn du nur die Binde von deinen Augen streifen und um dich blicken würdest. Es ist wundervoll, so schön, so weit erhaben über alles, was ein Mensch je erträumt oder erfleht hat, und es ist für alle Zeit."

Es ist absolut notwendig, daß jeder, der Theosophie studiert, die große Wahrheit erfaßt, daß es in der Natur verschiedene Ebenen oder Abteilungen gibt, jede mit ihrer eigenen Materie von entsprechendem Dichtigkeitsgrad, die in jedem Fall die Materie der nächstniedrigeren Ebene durchdringt. Man muß sich auch darüber klar sein, daß die Ausdrücke „niedriger" und „höher" im Zusammenhang mit diesen Ebenen sich in keiner Weise auf ihre örtliche Lage beziehen (denn sie nehmen alle denselben Raum ein), sondern nur auf den Grad der Feinheit der Materie, aus der sie bestehen, oder (mit anderen Worten) auf das Ausmaß, in dem ihre Materie unterteilt ist – denn alle Materie, die wir kennen, ist ihrem Wesen nach dieselbe und ist nur hinsichtlich des Ausmaßes ihrer Unterteilung und der Geschwindigkeit ihrer Schwingungen verschieden.

Daraus folgt daher, daß, wenn man sagt, daß ein Mensch von einer dieser Ebenen zu einer anderen übergeht, damit in keiner Weise irgendeine Bewegung im Raum gemeint ist, sondern einfach eine Veränderung im Bewußtsein. Denn jeder Mensch hat Bewußtsein. Denn jeder Mensch hat Materie in sich, die zu jeder dieser Ebenen gehört, und er besitzt in jeder dieser Ebenen entsprechende körperliche Träger, durch die er in ihnen wirken kann, sobald er gelernt hat, wie dies getan werden kann. Von einer Ebene in eine andere überzugehen bedeutet also nur, den Brennpunkt seines Bewußtseins aus einem dieser Körper in einen anderen zu verlegen und zeitweilig den astralen oder mentalen Körper statt des physischen zu gebrauchen. Denn jeder dieser Körper reagiert natürlich nur auf die Schwingungen seiner eigenen Ebene, und während das Bewußtsein eines Menschen in seinem Astralkörper konzentriert ist, wird er nur die Astralwelt wahrnehmen,ebenso wie wir, wenn unser Bewußtsein nur die physischen Sinne benützt, nichts anderes als die physische Welt wahrnehmen – obwohl diese beiden Welten (und noch manche andere) die ganze Zeit gleichzeitig vorhanden sind und uns in voller Tätigkeit umgeben. Ja, alle diese Ebenen bilden in Wirklichkeit ein mächtiges, lebendiges Ganzes, wenn auch unsere schwachen Kräfte vorläufig nur fähig sind,jeweils gleichzeitig nur einen sehr kleinen Teil davon zu sehen.

Wenn wir diese Frage der Ortsbestimmung und wechselseitigen Durchdringung betrachten, müssen wir uns vor möglichen Fehlauffassungen hüten. Wir müssen verstehen, daß keine der drei niederen Ebenen die gleiche Ausdehnung wie das Sonnensystem hat, ausgenommen ein besonderer Zustand der höchsten, atomischen Unterabteilung derselben. Jeder physische Globus hat seine eigene physische Ebene (einschließlich ihrer Atmosphäre) und seine eigene Astral- und Mentalebene, die einander alle durchdringen und daher dieselbe Lage im Raum einnehmen, alle aber sind völlig gesondert und ohne Verbindung mit den entsprechenden Ebenen eines anderen Weltkörpers.

Nichtsdestoweniger gibt es, wie gesagt, einen Zustand der atomischen Materie einer jeden von diesen Ebenen, der kosmische Ausdehnung aufweist, so daß man von den sieben atomischen Unterebenen unseres Systems, gesondert von den übrigen betrachtet, sagen kann, daß sie zusammen eine kosmische Ebene bilden – die niederste, die manchmal die kosmischprakritische genannt wird. Der interplanetarische Äther zum Beispiel, der sie durch den ganzen Raum zu erstrecken scheint – ja erstrekken muß, zumindest bis zu den entferntesten sichtbaren Sternen, denn sonst würden unsere physischen Augen sie nicht wahrnehmen können – ist aus physischen Uratomen in ihrem normalen, nicht zusammengepreßten Zustand zusammengesetzt. Alle niedrigeren und komplexeren Formen des Äthers gibt es aber (soweit uns bis jetzt bekannt ist) nur in Verbindung mit den verschiedenen Himmelskörpern, ebenso um sie angesammelt wie ihre Atmosphäre, nur erstrecken sie sich wahrscheinlich weiter in den Raum hinaus als die letztere.

Genau dasselbe gilt von der Astral- und Mentalebene. Die Astralebene, unserer eigenen Erde durchdringt diese, und ihre Atmosphäre erstreckt sich aber noch beträchtlich über die Atmosphäre hinaus. Es mag daran erinnert werden, daß diese Ebene von den Griechen die sublunare Welt genannt wurde. Die Mentalebene durchdringt ihrerseits die astrale, erstreckt sich aber wiederum noch weiter in den Raum hinaus als diese.

Nur die atomische Materie einer jeden dieser Ebenen hat gleich Ausdehnung wie der interplanetarische Äther- und selbst diese nur in vollkommen freiem Zustand - und daher kann keine Wesenheit in ihrem Astral- oder Mentalkörper sich von einem Planeten zu einem anderen bewegen, ebensowenig wie es dies in ihrem physischen Körper vermag. Im Kausalkörper ist dieses Unternehmen möglich, wenn er sehr hoch entwickelt ist, aber auch in diesem keineswegs mit jener Leichtigkeit und Schnelligkeit, mit denen dies von jenen, denen es gelungen ist, ihr Bewußtsein zu dieser Ebene zu erheben, auf der buddhischen Ebene vollbracht werden kann.

Die Mentalebene, auf der das Himmelsleben zugebracht wird, ist die dritte der fünf großen Ebenen, die für die Menschheit gegenwärtig Bedeutung haben; unter ihr befinden sich die astrale und die physische Ebene, über ihr die buddhische und die nirwanische. Die Mentalebene ist jene, auf welcher der Mensch, wenn er nicht noch in den ersten Stadien seiner Entwicklung steht, den größten Teil der Zeit während der Dauer seiner Evolution verweilt. Denn außer in dem Falle eines völlig Unentwickelten ist das Zeitverhältnis zwischen dem physischen und dem himmlischen Leben selten größer als eins zu zwanzig; ist jedoch der Mensch ziemlich gut entwickelt, so ist das Verhältnis manchmal wie eins zu dreißig. Die Mentalebene ist tatsächlich die wahre und bleibende Heimat des reinkarnierenden Egos des Menschen und jeder Abstieg in die Inkarnation ist nur eine kurze, wenn auch wichtige Episode in seiner Laufbahn. Deshalb ist es für uns sehr wohl der Mühe wert, schon während wir im physischen Körper verweilen, möglichst viel Zeit und Aufmerksamkeit dem Studium dieser Ebene zu widmen, um ein gründliches Verständnis von derselben zu erlangen.

Unglücklicherweise haben wir bei unserem Bemühen, diese dritte Ebene mit den uns zu Gebote stehenden Worten zu beschreiben, mit unüberwindlichen Schwierigkeiten zu kämpfen. Das ist ganz natürlich; denn wir finden in unserer Sprache sogar oft kaum genügende Worte, um irdische Empfindungen und Ideen zum Ausdruck zu bringen. Der Leser der „Astralebene" wird sich erinnern, daß wir bezüglich derselben schon erwähnten, wie unmöglich es sei, jemandem einen vollen Begriff von den Wundern dieser Ebene beizubringen, dessen Erfahrungen noch nicht über die physische Welt hinausragen; wir können jetzt nur hinzufügen, daß alle dort in dieser Richtung gemachten Bemerkungen mit zehnmal größerer Stärke für die Bemühungen gelten, die wir in der vorliegenden Fortsetzung zu dieser Abhandlung zu machen haben. Nicht nur ist die Materie, die wir beschreiben wollen, viel verschiedener von der, an welche wir hier gewöhnt sind, als die Astralmaterie, sondern es ist auch das Bewußtsein dieser Ebene unendlich viel ausgedehnter, als wir es uns hier auf Erden vorstellen können;ihre Zustände sind so ganz verschieden von den unsrigen, daß der sie Erforschende, wenn er aufgefordert wird, dieselben mit gwöhnlichen Worten zu beschreiben, sich in der allergrößten Verlegenheit befindet und nur hoffen kann, daß seine Leser die unvermeindlichen Mängel und Unvollkommenheiten seiner Beshreibung durch ihre eigne Intuition ersetzen werden.

Um nur eines von den vielen Beispielen besagter Schwierigkeit anzuführen: es scheint uns, als existierten Raum und Zeit auf dieser mentalen Ebene nicht; denn Ereignisse, die sich hier nacheinander und an weit auseinander liegenden Orten abspielen, scheinen sich dort zu gleicher Zeit und an derselben Stelle zu ereignen. Dies ist wenigstens der Eindruck, den das Bewußtsein des Egos empfängt, wenn auch Umstände vorhanden sind, die vermuten lassen, daß absolute Gleichzeitigkeit das Attribut einer noch höheren Ebene ist, und daß diese Empfindung in der Himmelswelt nur das Resultat einer so raschen Aufeinanderfolge der Bilder ist, daß man sie nicht von einander zu unterscheiden vermag. Wir können uns dies an einem optischen Experiment klar machen. Wenn wir einen Stab mit glühender Spitze im Kreis herumschwingen, so empfängt das Auge den Eindruck eines ununterbrochenen Feuerkreises, sobald der Stab mehr als zehmal in einer Sekunde rotiert; wir sehen das aber nicht so, weil ein ununterbrochener Kreis wirklich vorhanden ist, sondern nur, weil das gewöhnliche Auge nicht imstande ist, Eindrücke zu unterscheiden, die schneller als eine Zehntelsekunde aufeinanderfolgen.

Wie immer dies auch sei, der Leser wird leicht verstehen, daß, wenn wir einen Zustand, der so ganz verschieden ist von allem, was im physischen Leben vorkommt, zu beschreiben versuchen, wir nicht umhin können, manches zu sagen, was zum Teil unverständlich ist und für jene, die dieses höhere Leben noch nicht selbst erfahren haben, sogar ganz und gar unglaubhaft erscheinen mag. Dies ist aber, wie ich schon früher sagte, ganz unvermeidlich, und daher müssen Leser, die den Bericht unserer Forscher nicht annehmen können, auf eine zufriedenstellendere Beschreibung warten, bis sie imstande sein werden, selbst solche Beobachtungen zu machen. Ich kann nur die schon im Abschnitt über die Astralebene gegebene Versicherung wiederholen, daß die größtmögliche Vorsorge getroffen ist, um die Genauigkeit der Angaben zu sichern.

Hier wie dort können wir sagen, daß „Keine Tatsache, sei sie alt oder neu, in diese Abhandlung aufgenommen wurde, wenn sie nicht durch das Zeugnis von mindestens zwei voneinander unabhängigen geschulten Forschern bestätigt und darüber hinaus noch von älteren Forschern als richtig erkannt wurde, deren Wissen über diese Gebiete notwendigerweise viel größer ist als das unsere. Es ist daher zu hoffen, daß dieser Bericht, wenn er auch nicht als vollständig betrachtet werden kann, doch als verläßlich befunden werden wird, soweit er reicht."

Die allgemeine Einteilung des Abschnittes über die Astralebene wird, soweit es geht, auch in diesem beibehalten, damit diejenigen, welche die besprochenen Zustände beider Ebenen miteinander vergleichen wollen, es nach der Reihenfolge der einzelnen Punkte tun können. Der Titel des ersten Kapitels „Die Szenerie" würde jedoch für die Mentalebene nicht passen, wir wollen ihn deshalb durch den folgenden ersetzen.

ALLGEMEINE CHARAKTERISTIK

Um diesem äußerst schwierigen Thema nahezutreten, wird es vielleicht die beste Methode sein, sich sofort mitten hinein zu versetzen; wir wollen deshalb versuchen (wenn auch mangelhaft), das zu beschreiben, was der Schüler oder geschulte Forscher sieht, wenn die Himmelswelt sich das erste Mal vor ihm öffnet. Ich brauche das Wort „Schüler“ absichtlich; denn wenn ein Mensch nicht in diesem Verhältnis zu einem Meister der Weisheit steht, ist wenig Wahrscheinlichkeit vorhanden, daß er mit vollem Bewußtsein in jenes herrliche Land der Seligkeit Eintritt erlangt, und zur Erde mit klarer Erinnerung an das, was er gesehen hat, zurückkehrt. Von dort kommt kein gefälliger „Geist“ um wohlfeile Flachheiten durch den Mund eines berufsmäßigen Mediums zu äußern; bis dahin gelangt kein gewöhnlicher Hellsehender, obgleich einige der Besten und Reinsten Zutritt dorthin erlangten, wenn sie in tiefster Trance der Kontrolle des Hypnotiseurs entschlüpften; doch auch sie brachten nur selten mehr als eine vage Erinnerung einer intensiven, unbeschreiblichen Glückseligkeit zurück, welche meistens stark von ihren eigenen religiösen Überzeugungen gefärbt war.

Wenn einmal die Seele nach dem Geschehnis, das wir Tod nennen, sich in sich selbst zurückgezogen und diese Ebene erreicht hat, dann können sie weder sehnsüchtige Gedanken ihrer trauernden Freunde, noch die Lokkungen eines spiritistischen Zirkels mehr in eine Verbindung mit der physischen Erde zurückziehen, um Mitteilungen auf derselben zu machen, ehe alle geistigen Kräfte, welche sie im Leben in Bewegung setzte, sich in vollem Maße ausgewirkt haben, und sie bereit steht, eine neue fleischliche Hülle anzulegen. Wenn sie aber auch vorher zur Erde zurückkehren könnte, würde der Bericht ihrer Erfahrungen keine richtige Vorstellung von jener Ebene geben; denn wie man bald sehen wird, sind nur solche, die bei vollständig wachem Bewußtsein dort eintreten, imstande, sich dort frei zu bewegen und die wunderbare Herrlichkeit der Himmelswelt einzuatmen. Dies wird später weiter erklärt werden, wenn wir die Bewohner dieses himmlischen Reiches näher zu beschreiben haben werden.

Eine schöne Beschreibung

In einem Briefe aus früherer Zeit wird von einem hervorragenden Okkultisten die folgende schöne Stelle zitiert; ich bin nie imstande gewesen zu entdecken, woher dieses Zitat stammt; aber wir finden eine andere Version desselben, doch bedeutend ausgedehnter, in Beals „Catena buddhistischer Schriften", Seite 378.

„Unser Herr, der Buddha spricht:

Viele tausend Myriaden Weltsysteme jenseits dieser Welt liegt ein Reich der Seligkeit namens Sukhavati. Dieses Reich ist durch sieben Zaunreihen begrenzt, durch sieben Reihen großer Vorhänge und sieben Reihen hoher, wogender Bäume. Dieser heilige Aufenthalt der Arhats wird durch die Tathagatas regiert und gehört den Bodhisattwas. Dieses Reich hat sieben kostbare Seen, in deren Mitte kristallene Wasser fließen, welche sieben Eigenschaften und dennoch eine Eigenschaft und Eigentümlichkeit besitzen. Dies, o Sariputra, ist Dewachan. Seine heilige Udambara – Blume schlägt in dem Schatten jeder Erde Wurzel und blüht für jeden, der sie erreichen kann. denen, die in dieser gesegneten Region geboren werden, die die goldene Brücke überschritten und die sieben goldenen Berge erreicht haben, wird wahre Glückseligkeit zuteil. In diesem Zyklus gibt es für sie keine Trauer mehr und kein Leid."

Obgleich diese Beschreibung durch üppige orientalische Phantasie ausgeschmückt ist, können wir darin doch einige der Hauptmerkmale finden, die auch in den Beschreibungen unserer modernen Forscher hervortreten. Die „sieben goldenen Berge" können nur die sieben Unterabteilungen der Mentalebene sein, die von einander durch unfühlbare aber doch tatsächlich vorhandene Grenzen getrennt sind, die sich auch wie „sieben Zaunreihen", wie „sieben Reihen großer Vorhänge" oder wie „sieben Reihen hoher, wogender Bäume" es hier auf Erden würden, geltend machen. Die „sieben Arten kristallklarer Gewässer", von denen jedes seine besonderen Eigenschaften hat, vertreten die verschiedenen Geisteszustände mit den ihnen entsprechenden Kräften und Beschaffenheiten, während die eine allen gemeinsame Eigenschaft die ist, daß sie allen dort Lebenden die intensivste Seligkeit sichert, die zu erleben sie fähig sind. Die „Udambara – Blume" schlägt tatsächlich Wurzeln im Schatten jeder Erde; denn von jeder Welt tritt der Mensch in das ihm entsprechende Dewachan ein, und eine Glückseligkeit, die zu beschreiben unsere Sprache unfähig ist, ist die Blume, die jedem blüht, der so lebt,daß er sich fähig macht, sie zu erlangen. Dann hat er „die goldene Brücke überschritten", die über den Strom führt, der dieses

Reich von der Welt des Begehrens trennt; für ihn ist der Kampf zwischen der höheren und der niederen Natur vorüber, für ihn ist daher „keine" Trauer und kein Leid mehr in diesem Zyklus", bis der Mensch aufs Neue zur Wiederverkörperung herabsteigt und die himmlische Welt wieder eine Zeitlang verläßt.

Die Glückseligkeit der Himmelswelt

Diese Intensität der Glückseligkeit ist die Hauptvorstellung, die den Hintergrund für alle unsere weiteren Begriffe von der Himmelswelt bilden muß. Wir haben es jetzt nicht nur mit einer Welt zu tun, deren Beschaffenheit an sich das Böse und den Jammer absolut ausschließt; auch ist sie nicht nur eine Welt, in welcher jedes Geschöpf glücklich ist, die Tatsachen gehen weit darüber hinaus. Sie ist eine Welt, in welcher jedes Wesen allein durch seine Gegenwart daselbst, die höchste geistige Seligkeit genießt, die es zu genießen fähig ist – eine Welt, deren Fähigkeit, allen unseren höchsten Aspirationen zu genügen, nur begrenzt wird durch die eigene Kraft unseres Sehnens und Strebens.

Hier beginnen wir zum ersten Mal etwas von der wahren Natur der großen Quelle des Lebens zu erfassen; hier erlangen wir zum ersten Mal einen fernen Blick auf das, was der LOGOS sein muß, und was ER wünscht, daß wir sein sollen. Und wenn die ungeheure Wirklichkeit von all dem auf unsere staunende Schau hereinbricht, dann können wir nur empfinden, daß mit dieser Kenntnis der Wahrheit das Leben für uns nie mehr wieder so aussehen kann wie zuvor. Wir können uns nur über die hoffnunglose Unangemessenheit aller Vorstellungen des weltlichen Menschen vom Glück wundern, ja, wir können nicht umhin zu sehen, daß die meisten davon in absurder Weise verkehrt und unverwirklichbar sind, und daß er dem eigentlichen Ziel, das er sucht, größtenteils praktisch den Rücken zugekehrt hat. Aber hier endlich ist eine Schönheit und Wahrheit, die alles weit übersteigt, was je ein Dichter erträumte; und im Lichte ihrer alles übersteigenden Herrlichkeit erscheint jede andere Freude als blaß und schwach, als unwirklich und unbefriedigend.

Wie sich dies im einzelnen verhält, müssen wir später zu erklären versuchen. Der Punkt, den wir jetzt betonen wollen, ist der, daß dieses strahlende Gefühl nicht nur der Abwesenheit aller Schlechtigkeit und Disharmonie, sondern der überwältigenden Gegenwart allgemeiner Freude der erste und auffallendste Eindruck ist, der jeden beim Eintritt in die Himmelswelt erfüllt. Diese Empfindung verläßt ihn nie, so lange er dort weilt, und begleitet ihn bei jeder Arbeit, die er dort verrichtet. Sollten sich ihm auch Möglichkeiten noch höherer geistiger Erhebung zeigen, wenn er die Zustände der neuen Welt, in welcher er sich befindet, mehr und mehr erfaßt, das seltsam unbeschreibliche Gefühl unsagbarer Freude im Bewußtsein des bloßen Daseins in einem solchen Reich liegt allem zugrunde und auch die Freude über die Glückseligkeit der ihn Umgebenden ist ihm immer bewußt. Nichts auf dieser Erde ist damit zu vergleichen; es ist unmöglich, sich eine Vorstellung davon zu machen. Könnten wir uns die übersprudelnde Lebenslust der Kinderjahre mit unseren geistigen Erfahrungen verbunden denken, und dies zehntausendfach vergrößern, so würden wir vielleicht den schwachen Schatten einer Vorstellung von dieser Empfindung erlangen; doch bleibt auch ein solcher Vergleich kläglich zurück hinter dem, was alle Worte übersteigt, der ungeheuren spirituellen Vitalität dieser himmlischen Welt.

Eine Art, in welcher diese Vitalität sich manifestiert, ist die extreme Geschwindigkeit der Schwingungen aller Teilchen und Atome dieser mentalen Materie. Uns ist in der Theorie bekannt, daß sogar hier auf der physischen Erde jedes Partikelchen der Materie, auch wenn es ein Teil des dichtesten und festesten Körpers ist, sich nicht für einen Augenblick im Zustand der Ruhe befindet. Wenn sich uns nun aber die astrale Sehkraft erschließt, bleibt diese Behauptung für uns nicht mehr eine bloße Theorie der Gelehrten, sondern sie wird ein wirkliches, immer gegenwärtiges Faktum, und wir können die Allgemeinheit des Lebens so vollkommen wahrnehmen, wie uns dies bisher unmöglich war. Unser Horizont erweitert sich, und es ist uns schon vergönnt, einzelne Blicke in die Möglichkeiten der Natur zu tun, die jenen, welche die astrale Sehkraft noch nicht besitzen, wie wilde Träume erscheinen müssen.

Wenn dies die Wirkung ist, die wir durch die Erlangung der astralen Sehkraft erzielen, indem wir sie zur Beobachtung unserer dichten physischen Natur verwenden, so kann man sich vorstellen, welches wohl die Eindrücke auf den Beobachter sein mögen, wenn er, nachdem er unsere niedere Erde verlassen und sich dem gründlichen Studium des weit intensiveren Lebens und der viel schnelleren Schwingungen der astralen Welt gewidmet hat, fühlt, daß sich ein anderer neuer Sinn in ihm entfaltet, der seinem entzückten Blick eine neue Welt offenbart, deren Schwingungen um so viel schneller sind als die unserer physischen Ebene, wie diejenigen des Lichtes als die des Schalles, eine Welt, worin das allgegenwärtige Leben, das unaufhörlich in ihm und um ihn pulsiert, von gänzlich anderer Art und, sozusagen, zu enorm höherer Kraft emporgehoben ist.

Eine neue Methode der Wahrnehmung

Schon der Sinn selbst, mit welchem der Forscher all dies wahrzunehmen imstande ist, ist nicht das geringste Wunder dieser himmlischen Welt. Er sieht, hört und fühlt nicht mehr durch verschiedene und beschränkte Organe, wie hier auf Erden; auch hat er nicht bloß die enorm entwickelte Seh- und Hörkraft, die ihm auf der Astralebene eigen war, sondern er fühlt statt dieser in sich eine neue Kraft, die gar keiner dieser Sinne ist, jedoch alle diese und andere in sich schließt – eine Kraft, die ihn in den Stand setzt, in dem Augenblick, in dem er eine Person oder einen Gegenstand vor sich hat, diese nicht nur zu sehen, zu fühlen und zu hören, sondern auch alles sofort zu wissen, was diese Person oder diesen Gegenstand innerlich und äußerlich betrifft, – die hierauf bezüglichen Ursachen, deren Wirkungen, sowie auch alle daraus entstehenden Möglichkeiten, wenigstens insoweit, als sie sich auf diese Ebene und auf alle darunterliegenden beziehen. Er findet, daß sein Denken nicht bloß Denken, sondern Verstehen ist; es herrscht bei dieser Tätigkeit des höheren Sinnes kein Zweifel, kein Zögern oder Aufschub. Wenn er an irgendeinen Ort denkt, so ist er schon dort; denkt er an einen Freund, so hat er diesen Freund vor sich. Irgendein Mißverständnis kann dabei nicht mehr obwalten; auch ist es nicht möglich, daß er durch äußere Erscheinungen getäuscht oder irregeführt werden könnte; denn jeder Gedanke des Freundes liegt auf dieser Ebene offen wie ein Buch vor seinem geistigen Blick. Und ist er glücklich genug, unter seinen Freunden einen zu haben, dessen höherer Sinn entwickelt ist, so ist ihr geistiger Umgang so vollkommen, daß es alle irdischen Begriffe weit übersteigt. Für solche Freunde ist weder Entfernung noch Trennung vorhanden; ihre Empfindungen bleiben einander nicht mehr verborgen und werden nicht mehr durch schwerfällige Worte nur halb ausgedrückt. Fragen und Antworten sind unnötig; denn die Gedankenbilder werden, sowie sie gebildet sind, sofort gelesen, und der Ideenaustausch ist ebenso schnell, wie die blitzartige Bildung der Gedanken.

Alles Wissen ist dort für die danach Suchenden vorhanden, – d.h. alles Wissen, welches nicht selbst diese hohe Ebene überschreitet; die Vergangenheit dieser Welt ist ihnen ebenso offen wie die Gegenwart; die unzerstörbaren Aufzeichnungen des Gedächtnisses der Natur stehen ihnen jederzeit zur Verfügung und die Geschichte, die der alten Zeiten sowie die der Gegenwart, entfaltet sich nach Wunsch vor ihren Blicken. Sie sind nicht mehr der Gnade des Geschichteschreibers ausgeliefert, der falsch unterrichtet sein kann und mehr oder minder parteiisch sein muß. Sie können jede Begebenheit, für die sie sich interessieren, selbst studieren und haben die absolute Gewißheit, „die Wahrheit, die ganze Wahrheit, und nichts als die Wahrheit zu sehen". Wenn sie auf höheren Schichten dieser Ebene zu stehen vermögen, entrollt sich vor ihnen der lange Faden ihrer vergangenen Leben, sie sehen die karmischen Ursachen, die sie zu dem gemacht haben, was sie sind, sehen das künftige Karma, das noch durchgearbeitet werden muß, ehe „die lange traurige Rechnung geschlossen ist", und sie können so mit einer Gewißheit, die keinem Irrtum unterworfen ist, den genauen Punkt erkennen, den sie in der eigenen Entwicklung einnehmen.

Auf die Frage, ob man in die Zukunft ebenso klar wie in die Vergangenheit blicken kann, muß die Antwort eine verneinende sein, denn diese Fähigkeit gehört zu einer noch höheren Ebene, und obwohl auf dieser mentalen Ebene Vorausschau in hohem Ausmaß möglich ist, ist sie doch nicht vollkommen, denn da, wo das Wollen des entwickelten Menschen in dem Gewebe des Schicksals eine Rolle spielt, kann sein mächtiger Wille neue Fäden hineinflechten und das Muster der kommenden Leben verändern. Die künftige Bahn des unterentwickelten gewöhnlichen Menschen, der keinen eigenen Willen, welcher der Rede wert ist, hat, kann oft mit Klarheit vorausgesehen werden; wenn aber das Ego entschlossen seine Zukunft in die Hand nimmt, wird ein genaues Vorhersehen unmöglich.

Die Umgebung

Die ersten Eindrücke des Schülers, der in diese mentale Ebene mit vollem Bewußtsein eintritt, werden die unsäglicher Glückseligkeit, unbeschreiblicher Lebendigkeit und ungemein vermehrter Kraft sein und jener vollkommenen Zuversicht, die deren Folge ist. Wenn er aber seinen neuen Sinn gebraucht, um seine Umgebung zu untersuchen, was sieht er dann? Er befindet sich, wie es ihm scheint, inmitten einer ganzen Welt von stets wechselndem Lichte, wechselnder Farbe und wechselnden Tönen, desgleichen er weder je geahnt, noch in seinen beseligensten Träumen gesehen. In der Tat, es ist wahr, daß hier unten „kein Auge es gesehen, kein Ohr gehört, kein Herz es vernommen hat", welche Herrlichkeiten die Himmelswelt birgt. Derjenige, der sie einmal mit vollem Bewußtsein wahrgenommen hat, wird wohl nachher die Welt mit ganz anderen Augen betrachten. Diese Erfahrung ist aber so ganz und gar verschieden von allem, was wir auf der physischen Ebene kennen, daß man sich des Gefühls der Hilflosigkeit und der absoluten Unfähigkeit bewußt wird, wenn man nur daran denkt, das Erlebte in Worte kleiden zu wollen. Von vornherein muß man die Hoffnung aufgeben, so Wunderbarem gerecht zu werden; ja, es ist sogar unmöglich, denen, die es nicht selbst gesehen haben, auch nur annähernd einen Begriff des Gesehenen und Empfundenen zu geben.

Der Mensch stelle sich vor, er sei von dem schon beschriebenen höchsten Gefühl der Glückseligkeit sowie von unendlich gesteigerter Kraft durchdrungen, schwimmend in einem Ozean von lebendigem Licht, umgeben von aller erdenklichen wechselnden Herrlichkeit in Farbe und Form – alles sich ändernd mit jeder Gedankenwelle, die er aussendet, und, wie er sich bald bewußt wird, nur der Ausdruck seines Denkens in der Materie der Ebene und in ihrer Elementalessenz; denn diese Materie besteht genau aus derselben Art wie jene, aus der sein Verstandeskörper zusammengesetzt ist. Wenn daher die Schwingungen der Teilchen des Verstandeskörpers, die wir Gedanken nennen, in Bewegung kommen, so teilen sie sich sofort der umgebenden Mentalmaterie mit und verursachen dadurch in derselben entsprechende Vibrationen, während die Gedanken sich in der Elementalessenz mit absoluter Genauigkeit widerspiegeln. Konkrete Gedanken nehmen natürlich die Form der gedachten Gegenstände an, während abstrakte Vorstellungen sich gewöhnlich in vollkommenen und wunderschönen geometrischen Formen zeigen; doch darf man dabei nicht vergessen, daß viele Gedanken, die für uns hier auf Erden wenig mehr als reine Abstraktionen sind, dort auf jener höheren Ebene zu konkreten Tatsachen werden.

Wir ersehen hieraus, daß, wenn irgend jemand sich zeitweise ruhigen Gedanken hingeben und sich von seiner Umgebung absondern will, er in der Tat in einer ihm eigenen Welt leben kann, ohne daß die Möglichkeit vorhanden wäre, daß er gestört wird. Hierzu kommt der Vorteil, daß er alle seine Vorstellungen (und voll ausgearbeitet die sich aus ihnen ergebenden Folgerungen) vollständig übersehen kann, da sie sich wie eine Art Panorama vor seinem Auge entfalten. Sollte er jedoch den Wunsch haben, die Ebene, auf der er sich befindet, zu beobachten, so ist es nötig, daß er sein Denken so lange vollständig unterbricht, damit seine eigenen Gedankenbilder die beeindruckbare Materie, die ihn umgibt, nicht beeinflussen und so die Verhältnisse, soweit sie ihn betreffen, gänzlich verändern.

Diese Unterbrechung des Denkens darf nicht mit einer unbedingten Gedankenleere verwechselt werden, worauf die vielen Hatha-Yoga-Übungen hinzielen. Im letzteren Falle wird der Verstand zu absoluter Passivität herabgedrückt, damit er nicht durch eigenes Denken dem Eintritt irgendwelcher außerhalb liegender Einflüsse, die sich nähern könnten, einen Widerstand entgegensetzt – ein Zustand, der annähernd ein mediumistischer ist, während der Verstand im ersteren Fall voll wach und so positiv wie nur möglich ist. Er hält nur sein Denken vorübergehend in Schwebe, um das Eindringen eines persönlichen Momentes in die Beobachtungen, die man zu machen wünscht, zu verhindern.

Wenn es dem Besucher der Mentalebene gelingt, sich in diesen Zustand zu versetzen, so findet er, obgleich er nicht mehr selbst ein Zentrum der Ausstrahlung all des wunderbaren Reichtums an Licht, Farbe, Form und Ton ist, welche ich vergeblich bemüht war zu schildern, daß dieser doch nicht aufgehört hat zu existieren, sondern daß im Gegenteil die Harmonien und das Funkeln jetzt sogar noch großartiger und voller erscheinen. In dem Versuche, sich dieses Phänomen zu erklären, wird es ihm nach und nach klar, daß diese ganze Pracht kein müßiges oder zufälliges Wahngebilde ist – etwa eine Art dewachanischen Nordlichtes; er findet, daß alles eine Bedeutung hat, und zwar eine, die er selbst verstehen kann; und plötzlich erfaßt er die Tatsache, daß das, was er mit so großem Entzücken betrachtet, nichts anderes als die wunderbare Farbenpracht der Dewas ist, der Ausdruck der Gedanken oder der wechselseitigen Mitteilungen von Wesen, die auf der Leiter der Evolution weit über ihm stehen. Durch Versuche und Übung entdeckt er, daß er sich auch derselben wunderbaren Art des Ausdrucks bedienen kann, und durch diese Entdeckung nimmt er Besitz von einem weiteren großen Teil seiner Erbschaft in dieser himmlischen Welt– nämlich der Kraft, sich den höheren, nicht menschlichen Einwohnern mitzuteilen und von ihnen zu lernen. Über diese werden wir später berichten.

Es wird nun den Lesern klar geworden sein, warum es nicht möglich war, einen Teil dieser Schrift der landschaftlichen Szenerie der Mentalebene zu widmen, wie wir es bei der Astralebene taten; denn tatsächlich hat die mentale Welt keine landschaftliche Szenerie außer jener, welche jeder einzelne sich selbst durch seine Gedanken schafft, es sei denn, wir ziehen die Tatsache in Betracht, daß die große Zahl der Wesen, die fortwährend vorüberschweben, selbst in den meisten Fällen einen Anblick von überirdischer Schönheit gewähren.

Und doch, so schwierig ist es, die Zustände dieses höheren Lebens in Worten auszudrücken, daß es eine noch richtigere Darlegung der Tatsachen wäre, wenn man sagen würde, daß dort jede mögliche landschaftliche Szenerie existiert – daß nichts, was man sich auf Erden an Lieblichkeit des Himmels oder des Meeres oder der Erde vorstellen kann, nicht auch dort wäre in einer Fülle und Intensität, die alle Vorstellungskraft übersteigt, daß aber von all diesem Glanze lebendiger Wirklichkeit jeder Mensch nur das sieht, wofür er die Kraft, es zu sehen, in sich trägt – das, worauf seine Entwicklung während des irdischen und astralen Lebens ihn zu reagieren fähig gemacht hat.

Die großen Wellen

Wenn der Besucher dieser Ebene eine genauere Untersuchung derselben anzustellen wünscht, um zu sehen, wie sie wäre, wenn sie durch die Gedanken oder die Unterhaltung irgendwelcher ihrer Bewohner ungestört bliebe, so kann er dieses ermöglichen, indem er um sich herum eine große Schale bildet, durch welche keiner dieser Einflüsse dringen kann. Natürlich muß er dann seine eigenen Gedanken ebenso ruhig, wie vorher erwähnt, halten, dann kann er die Zustände, welche innerhalb seiner Schale walten, untersuchen.

Wenn dieses Experiment mit gehöriger Vorsicht gemacht wird, findet er, daß das Lichtmeer zwar nicht ruhig (denn seine Partikelchen setzen ihre intensive und rapide Bewegung fort), aber doch sozusagen homogen geworden ist. Das wunderbare Funkeln der Farben und ständige Wechseln der Formen hat aufgehört; aber jetzt sieht er eine ganz andere Reihe regelmäßiger Pulsationen, die das vorhergehende Phänomen vollständig verborgen hatte. Diese sind augenscheinlich allgemein, und keine Schale, die menschliche Kraft erzeugen kann, ist imstande, ihnen Einhalt zu tun oder sie abzuwenden. Sie verursachen keine Farbenveränderungen und keine Gestaltung von Formen, sondern fließen mit unwiderstehlicher Regelmäßigkeit durch die ganze Materie der Ebene auswärts und wieder einwärts, wie das Aus- und Einatmen eines gewaltigen unbekannten Atems, der außerhalb unseres Wahrnehmungssinnes liegt. Es gibt verschiedene Reihen von Wellen, die sich durch die Größe und Periode ihrer Schwingungen klar von einander unterscheiden lassen. Doch großartiger als diese alle entfaltet sich eine gewaltige Welle, welche der eigentliche Herzschlag des Systems zu sein scheint, – eine Welle, die aus unbekannten Zentren in weit höheren Ebenen aufwallt und ihr Leben durch unsere ganze Welt ergießt, um sich dann mit ihrer gewaltigen Flut in jenes ES zurückzuziehen, woher sie kam. Sie kommt in einer langen, wellenförmigen Kurve; sie rauscht wie das wogende Meer, und doch hört man in ihr und durch sie fort und fort einen mächtigen Gesang des Triumphes – die wahre Musik der Sphären. Der Mensch, der nur einmal diesen glorreichen Gesang der Natur vernommen hat, vergißt ihn nie mehr – sogar hier, auf dieser trüben, physischen Ebene der Illusionen vernimmt er ihn stets als eine Art Unterton, der ihn beständig an das Licht und die Herrlichkeit des wahren Lebens dort oben erinnert.

Ist der Besucher von Herzen und im Geiste rein, und hat er einen gewissen Grad der eistigen Entwicklung erreicht, so ist es ihm auch möglich, sein Bewußtsein mit den Schwingungen dieser wunderbaren Welle zu vereinen und seinen Geist sozusagen in derselben aufgehen zu lassen, auf daß sie ihn emporhebe zu ihrer Quelle. Es ist ihm dieses möglich, sage ich; aber ratsam ist es nicht, wenn nicht sein Lehrer neben ihm steht, um ihn aus ihrer gewaltigen Umarmung zur rechten Zeit zurückzuziehen; sonst würde ihre unwiderstehliche Kraft ihn vorwärts und aufwärts zu noch höheren Ebenen forttragen, deren Pracht sein Ego noch nicht zu ertragen vermöchte. Er würde das Bewußtsein verlieren, ohne jede Gewißheit, wo und wie er es wieder erlangen könnte. Es ist wahr, daß das Endziel der menschlichen Entwicklung das Erreichen der Einheit ist; aber er muß dieses Endziel mit vollem ungetrübtem Bewußtsein erreichen, als siegreicher König, der triumphierend sein Erbe antritt; er darf sich nicht absorbieren lassen in einem Zustand der Bewußtlosigkeit, welcher wenig besser ist als gänzliche Vernichtung.

Die niedere und die höhere Himmelswelt

Alles, was wir bisher in unserer Beschreibung anzudeuten versucht haben, bezieht sich auf die niedrigste Unterabteilung der Mentalebene; denn auch dieser Bereich der Natur hat genau so wie die astrale und die physische Ebene seine sieben Unterabteilungen. Die vier niedereren von diesen werden in den einschlägigen Büchern die Rupa- oder Formebenen genannt; sie bilden die Welt des niederen Himmels, in der der Durchschnittsmensch sein langes Leben der Seligkeit zwischen einer Inkarnation und der nächsten verbringt. Die anderen drei werden die Arupa- oder die formlosen Ebenen genannt; sie bilden die Welt des höheren Himmels, in der das reinkarnierende Ego liegt, – die wahre Heimat der menschlichen Seele. Der Grund dieser Benennungen im Sanskrit ist, daß auf den Rupa – Ebenen jeder Gedanke sich in eine bestimmte Gestalt kleidet, während er sich auf den Arupa – Ebenen in ganz anderer Art ausdrückt, wie später erläutert werden wird. Der Unterschied zwischen diesen zwei großen Abteilungen, den Rupa- und der Arupa – Ebenen, ist sehr merklich, ja er ist so groß, daß man zu jeder ganz verschiedene Träger des Bewußtseins braucht.

Der Träger in der Welt des niederen Himmels ist der Verstandeskörper, während derjenige in der höheren Himmelswelt der Kausalkörper ist, der Träger des reinkarnierenden Egos, in welchem es während der ganzen Entwicklungsperiode von Leben zu Leben schreitet. Ein anderer ganz bedeutender Unterschied ist der, daß auf den vier niederen Abteilungen die Täuschung noch möglich ist – zwar nicht für die Wesenheit, die während des

Lebens sich im vollen Bewußtsein auf ihnen befindet, aber doch für die unentwickelten Personen, die nach dem Übergang, den wir Menschen Tod nennen, dahin gelangen. Die höheren Gedanken und Bestrebungen, die sie während ihres irdischen Lebens gehegt haben, formen eine Art Schale um sie herum und bilden sozusagen eine für sie ganz subjektive Welt. In dieser Welt verbringen sie ihr Himmelsleben, in dem sie nur schwach oder gar nicht die Herrlichkeiten dieser Ebene bemerken, welche außerhalb ihrer Schale liegen, und sie glauben, daß das, was die sehen, alles ist, was es dort zu sehen gibt.

Es wäre jedoch unrichtig, sich diese Gedankenwolke als eine Einschränkung vorzustellen. Ihre Aufgabe ist es, den Menschen zu befähigen, auf bestimmte Schwingungen zu antworten – nicht, ihn von anderen abzuschliessen. In Wahrheit sind diese Gedanken, die den Menschen umgeben, die Kräfte, durch die er den Reichtum der Himmelswelt benützt. Die Mentalebene ist selbst eine Spiegelung des göttlichen Denkens – ein Vorratshaus von unbegrenztem Ausmaß, aus dem der Mensch, der sich des Himmels erfreut, entsprechend der Kraft der Gedanken und Bestrebungen, die er im physischen und astralen Leben hegte, Schätze zu entnehmen vermag. In der höheren Himmelswelt besteht diese Beschränkung jedoch nicht mehr. Es ist wahr, daß auch dort viele Egos nur ein schwaches, traumhaftes Bewußtsein von allem, was sie umgibt, besitzen; doch was sie sehen, erkennen sie richtig; denn der Gedanke nimmt nicht mehr die beschränkten Formen an, die er sich in den unteren Ebenen bildete.

Die Wirkung des Denkens

Der Geisteszustand der menschlichen Bewohner dieser verschiedenen Unterebenen wird im einzelnen in dem betreffenden Abschnitt genauer erörtert werden; doch ist es für ein richtiges Verständnis dieser großen Abteilungen so notwendig zu begreifen, wie das Denken einerseits auf den niederen und anderseits auf den höheren Ebenen wirkt, daß es vielleicht der Mühe wert ist, einige Experimente genauer mitzuteilen, die von unseren Forschern in jenen Ebenen angestellt wurden, um diese Sachlage aufzuklären. Schon in der ersten Periode der Forschungen wurde es klar, daß auf der Mentalebene, ebenso wie auf der Astralebene, eine Elementalessenz vorhanden ist, die sich ganz entschieden von der eigentlichen Materie dieser Ebenen unterscheidet, und daß diese Essenz auf der Mentalebene auf die Kraft des Gedankens womöglich noch empfindlicher reagiert, als es auf der Astralebene der Fall ist. Aber hier in der Himmelswelt war alles Gedankensubstanz, und deshalb wurde nicht nur die Elementalessenz, sondern auch die eigentliche Materie der Ebene selbst durch die Tätigkeit des Verstandes direkt beeinflußt. Aus diesem Grunde schien es nötig, den Versuch zu machen, den Unterschied zwischen beiden Sonderwirkungen zu erkennen. Nach verschiedenen, weniger schlüssigen Experimenten wurde eine Methode angewandt, die einen ziemlich klaren Begriff von den verschiedenen Resultaten ergab. Ein Forscher blieb auf der niedrigsten Unterabteilung und sandte von dort seine Gedankenformen aus, während andere zu der nächst höheren Ebene hinaufstiegen, um von oben zu beobachten, was sich ereigne, und dadurch leicht mögliche Verwechslungen zu vermeiden.

Unter diesen Umständen wurde der Versuch gemacht, einem abwesenden Freunde in einem weit entfernten Land einen liebenden hilfreichen Gedanken zu senden. Das Ergebnis war sehr bezeichnend. Es bildete sich eine Art von vibrierender Sphäre in der Materie der Ebene und verbreitete sich nach allen Richtungen um den Denkenden herum, ganz ähnlich den Kreisen, die sich auf einer glatten Wasserfläche von dem Punkte aus, wo ein Stein hineingeworfen worden ist, bilden, nur mit dem Unterschied, daß sich diese Kreise nach vielen Dimensionen verbreiten, anstatt wie im Wasser nur auf der Oberfläche desselben. Diese Vibrationen verloren (gerade wie diejenigen auf der physischen Ebene, nur viel langsamer) ihre Intensität in dem Maße, wie sie sich von ihrem Ursprung entfernten, bis sie sich endlich in enormer Entfernung erschöpft zu haben schienen oder doch so schwach geworden waren, daß man sie nicht mehr wahrnahm. Auf der Mentalebene ist somit ein jeder ein Zentrum ausstrahlender Gedanken, und demnach kreuzen sich alle diese Ausstrahlungen nach allen Richtungen, ohne aufeinander im geringsten hemmend einzuwirken, ebenso wie die Lichtstrahlen hier unten. Diese sich ausdehnende Sphäre der Vibration war von verschiedenen Farben und opalisierend; diese Farben wurden aber immer schwächer mit ihrer weiteren Ausbreitung.

Die Wirkung auf die Mentalessenz der Ebene war nun aber eine ganz andere. In dieser verursachte der ausgesandte Gedanke sofort das Entstehen einer ganz bestimmten Form, der menschlichen Gestalt ähnlich, doch nur in einer Farbe, wenn auch in verschiedenen Schattierungen dieser Farbe spielend. Diese Form bewegte sich blitzartig über den Ozean hinüber, dem Freunde zu, an den der freundliche Wunsch gerichtet war, nahm dort Elementalessenz der Astralebene an sich und wurde so zu einem gewöhnlichen künstlichen Elemental dieser Ebene, auf eine Gelegenheit wartend (wie man es in dem Abschnitt über die Astralebene erklärt findet), seinen hilfreichen Einfluß über den Freund auszugießen. Dadurch, daß es die Astralform annahm, verlor das mentale Elemental viel von seiner Leuchtkraft, obgleich seine glühende Rosenfärbung innerhalb der Schale der niederen Materie, mit der es sich umhüllt hatte, noch deutlich sichtbar war. Dies zeigt, daß ebenso wie der ursprüngliche Gedanke die Elementalessenz seiner eigenen Ebene beseelte, dieser selbe Gedanke, verbunden mit seiner Form als mentales Element, als Seele für das astrale Element wirkte; er befolgte somit dieselbe Methode, deren sich der höchste Geist selbst bedient, der Hülle auf Hülle annimmt, wenn er durch die verschiedenen Ebenen und Unterebenen der Materie hinabsteigt.

Weitere Experimente dieser Art ergaben, daß die Farbe des Elementals sich je nach dem Charakter des Gedankens ändert. Wie oben bemerkt brachte der Gedanke starker Liebe ein Wesen von glühender Rosenfarbe hervor; ein intensiver Wunsch zu heilen, der einem kranken Freund zugesandt wurde, rief ein sehr liebliches silberweißes Elemental hervor, während eine ernste geistige Anstrengung, die Gedanken eines bedrückten und verzweifelten Menschen zu kräftigen und zu beruhigen, einen schönen funkelnden, goldgelben Boten aussandte.

Hieraus ist zu ersehen, daß außer dem Auftreten strahlender Farben und Schwingungen der Materie der Ebene auch eine bestimmte Kraft in der Gestalt eines Elementals der Person zugesandt wurde, auf welche der Gedanke gerichtet war. Dies geschah stets so, jedoch mit einer bemerkenswerten Ausnahme. Einer der Forscher sandte, während er sich auf einer der niederen Unterebenen befand, einen Gedanken der Liebe und Ergebung dem Adepten zu, der sein geistiger Lehrer war, und die Beobachter bemerkten sofort, daß das Ergebnis in gewissem Sinn das Gegenteil von dem Vorhergehenden war.

Wir müssen voraus bemerken, daß ein Schüler irgendeines der großen Adepten immer mit seinem Lehrer durch einen dauernden Strom von Gedanken und Beeinflussung verbunden ist, der sich auf der Mentalebene als ein großer Strahl oder Strom blendensten Lichtes, das in allen Farben spielt, kundgibt (violett, gold, blau usw.), und man hätte vielleicht erwarten dürfen, daß der ernste, liebende Gedanke des Schülers eine besondere Schwingung entlang dieser Linie ausgesandt hätte; statt dessen war das Resultat daß die Farben des Strahles plötzlich intensiver wurden und daß sich ein deutlicher Strom von spirituellem Einfluß auf den Schüler ergoß. Wir sehen hieraus, daß, wenn ein Schüler seine Gedanken auf seinen Lehrer richtet, er dadurch einen Weg für ein zusätzliches Ausströmen von Kraft und Hilfe aus den höheren Ebenen für sich selbst eröffnet. Es scheint, daß der Adept sozusagen von schützenden und kräftigenden Einflüssen so gesättigt ist, daß jeder Gedanke, der einen Verbindungskanal zu ihm in größere Tätigkeit versetzt, ihm keinen neuen Strom zusendet, wie es sonst der Fall sein würde, sondern nur eine größere Öffnung schafft, durch die das große Meer seiner Liebe sich ergießen kann.

Auf den Arupa-Ebenen ist der Unterschied der Gedankenwirkung, besonders soweit sie die Elementalessenz betrifft, ganz auffallend. Die Bewegung, die in der Materie dieser Ebene hervorgerufen wird, ist ähnlich, wenn auch in dieser feineren Art der Materie viel stärker; aber in der Essenz wird überhaupt keine Form erschaffen und die Art der Wirkung ist eine ganz andere.

Bei allen Experimenten auf den niederen Ebenen fanden wir, daß das hervorgerufene Elemental um die Person, an die man dachte, herumschwebte und eine günstige Gelegenheit abwartete, um seine Energie auf deren Denk-, Astral- oder physischen Körper zu übertragen. Hier ist das Ergebnis eine Art Blitzstrahl der Essenz aus dem Kausalkörper des Denkenden direkt auf den Kausalkörper des Empfängers, so daß der Gedanke, der auf jenen niederen Abteilungen immer nur auf die Persönlichkeit gerichtet ist, hier das reinkarnierende Ego beeinflußt, den wirklichen Menschen selbst. Wenn unsere Botschaft sich irgendwie auf die Persönlichkeit bezieht, wird sie derselben nur von oben zugehen, und zwar durch die Vermittlung des Kausalkörpers.

Gedankenformen

Natürlich sind die Gedanken, die man auf dieser Ebene erblickt, nicht alle auf irgendeine Person gerichtet; viele werden nur sozusagen aufgeworfen, um vage umherzuirren, und die Verschiedenheit ihrer Form und Farbe ist unendlich, so daß ihr Studium ein interessante Wissenschaft für sich bildet. Eine genaue Beschreibung auch nur ihrer hauptsächlichsten Arten würde viel mehr Raum beanspruchen, als wir ihnen hier opfern können; doch kann wenigstens eine Vorstellung von den Grundprinzipien, auf die eine solche Klassifikation aufgebaut werden könnte, durch folgende Auszüge gegeben werden. In dem Artikel über diesen Gegenstand von Anni Besant in der Zeitschrift „Luzifer" vom September 1896 erklärt sie die drei großen Prinzipien, welche der Erzeugung der durch die Betätigung des Verstandes ausgestoßenen Gedankenformen zugrunde liegen, so, daß

a) die Qualität des Gedankens seine Farbe bestimmt,
b) der Inhalt des Gedankens seine Form bedingt,
c) die Bestimmtheit des Gedankens die Deutlichkeit seiner Umrisse beeinflußt.

Indem sie dann Beispiele angibt, wie die Farbe bedingt wird, fährt sie fort: „Wenn der astrale und mentale Körper unter dem Einfluß geistiger Hingebung vibrieren, ist die Aura mit mehr oder weniger intensivem Blau gefärbt und schön und rein, ja nach der Tiefe, Reinheit und Erhabenheit des

Gefühls. In einer Kirche kann man solche Gedankenformen, mit zumeist nicht sehr bestimmten Umrissen, wie eine wogende Masse blauer Wolken sich erheben sehen. Sehr oft wird die Farbe durch Beimischung eigennütziger Gefühle getrübt, es wird dann das Blau mit Braun untermischt, und es verliert dadurch seine Reinheit. Doch der hingebende Gedanke eines selbstlosen Herzens ist wunderschön in seiner Farbe, ähnlich dem tiefen Blau eines Sommerhimmels. Durch solche blaue Wolken scheinen oft goldene Sterne von großer Leuchtkraft, die wie ein Funkenregen aufwärts sprühen. Zorn verursacht rot in allen Schattierungen, von ziegelrot bis zum leuchtendsten scharlachrot. Brutaler Zorn zeigt sich wie ein Aufflammen von schmutzigem Rot aus dunkelbraunen Wolken, während „edle Ehtrüstung" lebhaftes Scharlach zeigt, durchaus nicht unschön in der Farbe, obgleich es den Beschauer unangenehm berührt. Zuneigung und Liebe verursachen Wolken rosiger Farbe, aber von trübem Karmin, wenn die Liebe von sinnlicher Natur ist, mit Braunrot vermengt, wenn egoistisch, oder mit trübem Grün, wenn eifersüchtig. Endlich zeigt sich die schönste rosenrote Farbe, wie das frühe Morgenrot, wenn die Liebe von egoistischen Elementen gereinigt ist und sich in weiteren und immer weiteren Kreisen von hochherziger, unpersönlicher Güte und Mitgefühl für alle, die dessen bedürfen ausbreitet. Intellektuelle Vorstellungen rufen gelbe Gedankenformen hervor, und die reine Vernunft, auf das Spirituelle gerichtet, bewirkt ein sehr schönes, zartes Gelb; ist sie aber auf egoistische Zwecke gerichtet und mit Ehrgeiz gepaart, so ruft sie tiefere Töne von klarem und intensivem Orange hervor." (Lucifer, Bd. XIX S. 71).

Es darf jedoch nicht vergessen werden, daß im Vorstehenden sowohl astrale wie mentale Gedankenformen beschrieben sind, und einige der erwähnten Empfindungen brauchen eben sowohl Materie der niederen Ebene wie Materie der höheren Ebene, um zum Ausdruck kommen zu können. Es werden dann einige Beispiele von blumen- und muschelähnlichen Formen gegeben, die unsere edlen höheren Gedanken zuweilen annehmen; auch wird besonders auf den nicht seltenen Fall aufmerksam gemacht, daß der Gedanke menschliche Gestalt annimmt, was leicht mit Spukerscheinungen verwechselt werden kann.

„Eine Gedankenform kann die Gestalt ihres Erzeugers annehmen, wenn er energisch wünscht, sich an einem bestimmten Ort zu zeigen, und gesehen werden. Ein Hellseher, der am Orte anwesend wäre, würde das, was er sieht, wohl irrtümlicherweise für seinen Freund im Astralkörper halten. Solche Gedankenformen können Mitteilungen übertragen, wenn dies beabsichtigt wird, indem sie in dem Astralkörper des Empfängers Vibrationen hervorrufen, welche ihren eigenen ähnlich sind. Wenn nun diese von dem Astralkörper auf das Gehirn übertragen werden, werden sie dort in die entsprechenden Gedanken umgesetzt. Auch kann eine solche Gedankenform dem Aussender derselben durch die magnetische Verwandtschaft zwischen beiden Schwingungen übermitteln, die ihr aufgeprägt werden" (S. 73).

Die Unterebenen

Wenn die Frage gestellt wird, was nun eigentlich der Unterschied zwischen der Materie der verschiedenen Unterebenen der Mentalebene ist, so ist es nicht leicht, hierauf Antwort zu geben, außer in sehr allgemeiner Form; denn der unglückliche Schriftsteller verausgabt schon seinen ganzen Vorrat an Eigenschaftsworten bei dem fruchtlosen Bemühen, auch nur die unterste Ebene einigermaßen zu schildern; woher soll er dann die Worte zur Beschreibung der höheren Ebenen nehmen? Was kann man in der Tat darüber sagen, als daß, je mehr wir aufwärts steigen, die Materie um so feiner, die Harmonie voller und das Licht lebendiger und durchsichtiger werden. Die Klänge enthalten mehr Obertöne, die Farben mehr Übergangsnuancen; je weiter wir aufwärts steigen, zeigen sich uns mehr und mehr neue Farben und Abstufungen, die unserem physischen Auge ganz unbekannt sind. Man hat poetisch gesagt und mit Recht, daß das Licht der niedereren Ebene auf der nächsthöheren Finsternis sei. Vielleicht können wir uns hiervon einen besseren Begriff machen, wenn wir von oben anstatt von unten anfangen und uns klar zu machen trachten, daß auf der höchsten der Unterebenen die dazu gehörige Materie von einer Energie beseelt und belebt wird, die auch dort noch wie ein Licht von oben herabströmt, von einer Ebene, die gänzlich weit jenseits der mentalen Ebene liegt. Treten wir dann hinunter in die zweite Unterabteilung, so finden wir, daß die Materie der ersten Unterabteilung die Energie dieser zweiten geworden ist; oder, um genauer zu sprechen, daß die urspüngliche Energie zusammen mit der Hülle aus Materie der ersten Unterebene, mit welcher sie sich bekleidet hat, noch immer die Energie ist, welche die Materie dieser zweiten Unterebene belebt. So verhält es sich auch mit der dritten Unterabteilung; wir finden dort, daß die ursprüngliche Energie sich doppelt eingehüllt hat, so daß, wenn wir zur siebenten Unterabteilung gelangen, wir die ursprüngliche Energie sechsmal umhüllt und verschleiert und deshalb auch um eben so viel schwächer und weniger wirkungskräftig sehen. Dieser Vorgang ist analog der Verschleierung von Atma, dem Urgeist, wenn dieser als monadische Essenz herabsteigt, um die Materie der Ebenen des Kosmos zu beleben; und da dieser Prozeß oft in der Natur vorkommt, wird es dem Leser viel Mühe ersparen, wenn er sich mit diesem Gedanken vertraut zu machen sucht. (Vgl. Annie

Besant, „Die Uralte Weisheit", S. 40).

Die Aufzeichnungen der Vergangenheit

Wenn wir von der allgemeinen Charakteristik der Ebene reden, dürfen wir auch den immer gegenwärtigen Hintergrund nicht unerwähnt lassen, der durch die Aufzeichnungen der Vergangenheit gebildet wird – das Gedächtnis der Natur, die einzig zuverlässige Geschichte der Welt. Wenn auch das, was wir auf dieser Ebene sehen, noch nicht die absolute Aufzeichnung selbst, sondern nur die Spiegelung von etwas Höherem ist, ist sie jedenfalls klar, genau und lückenlos. Sie unterscheidet sich dadurch von den unzusammenhängenden und unregelmäßigen Manifestationen, welche die Astralwelt davon aufzuweisen hat. Nur wenn ein Hellsehender auch die Gabe hat, in die Mentalebene zu schauen, sind seine Bilder von der Vergangenheit zuverlässig; und selbst dann müssen wir, wenn er nicht die Kraft besitzt, mit klarem und vollem Bewußtsein von jener Ebene in die physische zurückzukehren, stets mit Irrtümern in seiner Erinnerung dessen, was er gesehen, rechnen.

Der Schüler, dem es gelungen ist, die in ihm schlummernden Kräfte so weit zu entwickeln, daß er sich seines zu dieser mentalen Ebene gehörenden Sinnes bedienen kann, während er noch im physischen Körper weilt, sieht ein Feld geschichtlicher Forschung von hinreißendem Interesse vor sich. Er kann nicht nur nach Belieben die ganze Geschichte, mit welcher wir bekannt sind, überschauen und dabei viele Fehler und Mißverständnisse korrigieren, die sich in unsere Überlieferungen eingeschlichen haben, sondern er kann auch die ganze Weltentwicklung von deren Uranfängen durchlaufen und die langsame Ausbildung der menschlichen Intelligenz beobachten, das Niedersteigen der „Herren der Flamme", sowie das Wachsen der großartigen Zivilisationen, welche sie gründeten. Sein Studium ist aber nicht auf den Fortschritt des Menschengeschlechtes allein beschränkt; er hat auch wie in einem Museum die interessanten und sonderbaren Tier- und Pflanzenformen vor sich, die sich auf der Bühne der noch jungen Welt in vergangener Zeit bewegten; er kann all die wunderbaren geologischen Veränderungen, so wie sie stattgefunden haben, wahrnehmen und dem Verlauf der großen Kataklysmen folgen, welche die ganze Erdoberfläche wiederholt umgestaltet haben.

Zahlreich und mannigfach sind die Möglichkeiten, welche sich ihm durch diese Aufzeichnungen eröffnen; – ja in der Tat sind diese so zahlreich und so mannigfach, daß die Mentalebene, selbst wenn dies ihr einziger Vorzug wäre, an Interesse alle niederen Welten überragen würde. Wenn wir aber zu diesem allen noch die vermehrten Gelegenheiten hinzufügen, durch ihre neuen und weiteren Möglichkeiten Wissen zu erlangen – das Privileg ungehinderten direkten Verkehrs, nicht nur mit dem großen Dewa-Reich, sondern auch mit den Meistern der Weisheit selbst, – ferner auch die Ruhe und Erholung von den Sorgen und Mühen des physischen Lebens, welche dort durch den Genuß höchster unwandelbarer Glückseligkeit geboten werden, sowie endlich vor allem die enorm gesteigerte Fähigkeit des ausgebildeten Schülers, seinen Mitmenschen zu dienen – dann werden wir anfangen zu ahnen, was ein Schüler zu erreichen vermag, wenn ihm das Recht zuteil wird, nach Wunsch und mit vollem Bewußtsein in diesem lichten Bereich der Himmelswelt sein Erbe anzutreten.

DIE BEWOHNER

Wenn wir versuchen, die Bewohner der Mentalebene zu beschreiben, so wird es wohl am besten sein, sie in drei große Klassen – die menschlichen, die nichtmenschlichen und die künstlichen – einzuteilen, wie dies in dem Abschnitt über die Astralebene geschah, obgleich die Unterabteilungen hier natürlich weniger zahlreich sein werden als dort, da die Erzeugnisse der bösen Leidenschaften der Menschen, die sich dort so stark geltend machten, hier keinen Raum finden.

I. MENSCHLICHE BEWOHNER

Genau so, wie bei den menschlichen Bewohnern der Astralebene, ist es auch bei denen der Mentalebene ratsam, sie in zwei Klassen einzuteilen, nämlich in solche, die einen physischen Körper besitzen, und in solche, die denselben nicht haben, oder in Lebende und Tote, wie man gewöhnlich sehr irrtümlich letztere nennt. Selbst wenig Erfahrung auf den höheren Ebenen genügt schon, um die Vorstellung des Forschers von der mit dem Tode vorgehenden Veränderung von Grund aus umzugestalten. Es wird dem Forscher sofort klar, wenn sich sein Bewußtsein für die Astralebene öffnet und noch mehr auf dieser Mentalebene, daß die Fülle des wahren Lebens etwas ist, was hier unten gar nicht begriffen werden kann, und daß wir, wenn wir diese Erde verlassen, in das wahre Leben hineintreten und nicht aus demselben heraus. Wir haben in unserer Sprache kein passendes genau zutreffendes Wort, um die Zustände in den verschiedenen Welten zu unterscheiden; der verkörperte und der entkörperte Zustand wird vielleicht die am wenigsten irreführende unter den verschiedenen möglichen Bezeichnungen sein.

Die Verkörperten

Die menschlichen Wesen, die noch den physischen Körper tragen, aber schon mit vollem Bewußtsein und in voller Tätigkeit sich auf dieser Ebene bewegen, sind immer Adepten oder deren eingeweihte Schüler; denn bevor ein Schüler von seinem Meister nicht gelernt hat, wie er seinen Mentalkörper benützen kann, wird es ihm unmöglich sein, selbst in ihren niedrigeren Schichten sich frei zu bewegen. Mit Bewußtsein während des physischen Lebens sich auf den höheren Unterebenen zu bewegen, beweist einen noch größeren Fortschritt; denn es bedeutet die Vereinigung des niederen mit dem höheren Menschen, so daß er schon im Erdenleben nicht mehr nur eine Persönlichkeit ist, die von der höheren Individualität mehr oder weniger beeinflußt wird, sondern daß er selbst diese Individualität ist, zwar gebunden und eingeengt durch den Körper, doch mit dem inneren Besitz der Kraft und des Wissens eines hochentwickelten Egos.

Als außerordentlich schöne Gestalten erscheinen diese Adepten und Eingeweihten dem, dessen Auge sie zu sehen gelernt hat, als herrliche Kugelgestalten, strahlend von Licht und Farbe, die alle bösen Einflüsse vertreiben, wohin sie sich auch wenden, auf alle, die sich ihnen nähern, wie der Sonnenschein auf Blumen wirkend, um sich herum ein Gefühl der Ruhe und Zufriedenheit verbreitend, das auch solche, die sie nicht erblicken, oft empfinden. In dieser himmlischen Welt vollbringen sie viele von ihren wichtigsten Leistungen, besonders aber auf den höheren Ebenen, von wo aus sie unmittelbarer auf die Individualitäten wirken können. Von hier aus setzen sie mit ihren höchst entwickelten geistigen Fähigkeiten in der Gedankenwelt wohltuende Kräfte in Bewegung; von hier aus lassen sie erhabenste spirituelle Einflüsse auf die Welt des Denkens ausströmen und geben den Anstoß zu großen und wohltätigen Bewegungen aller Art. Von hier aus wird viel von der geistigen Kraft verteilt, die durch die glorreiche Selbstaufopferung der Nirmanakayas ausgegossen wird. Hier werden die Schüler unterrichtet, die genügend weit fortgeschritten sind, um auf diese Art Lehren empfangen zu können, da der Unterricht hier viel leichter und gründlicher erteilt werden kann als auf der Astralebene. Außer aller dieser Tätigkeit haben sie noch ein weites Feld der Arbeit unter jenen, die wir die Toten nennen; doch werden wir hierüber an einer anderen Stelle ausführlicher sprechen.

Wir finden mit Befriedigung, daß eine Klasse von Bewohnern, die auf der Astralebene sich unserer Aufmerksamkeit aufdrängten, auf dieser Ebene nicht zugegen sind; denn in einer Welt, die sich durch Uneigennützigkeit und Spiritualität auszeichnet, finden die schwarzen Magier und ihre Schüler keine Stätte, da der Grundcharakter dieser dunklen Schulen im Eigennutz besteht und ihr Studium der okkulten Kräfte gänzlich persönlichen Zwecken dient. Trotzdem kann in vielen solchen Magiern der Intellekt sehr hoch entwickelt sein, und deshalb ist in gewissen Richtungen die Materie ihres Verstandeskörpers sehr tätig und sensitiv; doch ist auf alle Fälle persönliches Begehren irgendwelcher Art damit verbunden und dieses kann daher nur durch jenen niederen Teil des Verstandskörpers Ausdruck finden, der beinahe unentwirrbar in Astralmaterie verstrickt ist. Als notwendige Folge dieser Beschränkung sind ihre Tätigkeiten auf die astrale und physische Ebene begrenzt. Ein Mensch, dessen ganze Lebensrichtung böse und selbstsüchtig ist, mag wohl Perioden rein abstrakten Denkens haben, während welcher er den Verstandeskörper benützen kann, wenn er gelernt hat, wie dies zu tun ist; aber in dem Augenblick, in dem sich ein persönliches Element hineinmischt und er sich bemüht, als Ergebnis etwa Böses zu erzielen, ist der Gedanke nicht mehr abstrakt, und der Mensch arbeitet wieder mit der ihm vertrauten astralen Materie. Man könnte sagen, daß ein Schwarzmagier auf der Mentalebene nur wirken kann, wenn er während dieser Zeit vergißt, daß er ein Schwarzmagier ist. Aber selbst während eines solchen Zeitraumes könnte er nur Menschen sichtbar werden, die bewußt auf dieser Ebene arbeiten – keinesfalls aber jenen, die sich nach ihrem Tode in dieser Region der himmlischen Ruhe erfreuen, da jeder von diesen so völlig innerhalb der Welt seiner eigenen Gedanken abgeschlossen ist, daß nichts von außerhalb auf ihn einwirken kann; er ist daher absolut sicher. Somit ist die großartige altüberkommene Beschreibung gerechtfertigt, daß „die Himmelswelt ein Ort ist, wo die Bösen aufhören, uns zu quälen, und die Müden Ruhe finden."

In Schlaf oder Trance

Wenn wir die verkörperten Bewohner der Mentalebene betrachten, erhebt sich naturgemäß die Frage, ob gewöhnliche Menschen während des Schlafes oder psychisch entwickelte Personen im Trancezustand je zu dieser Ebene durchdringen können. In beiden Fällen muß die Antwort sein, daß ein solches Geschehnis zwar möglich, aber äußerst selten ist. Reinheit des Lebens und der Bestrebungen würde eine absolute Voraussetzung sein, und selbst wenn solche Menschen auf diese Ebene gelangten, könnten sie dort nicht wirkliches Bewußtsein haben, sondern nur die Fähigkkeit, bestimmte Eindrücke zu erhalten.

Als Beispiel kann ein Geschehnis berichtet werden, das in Verbindung mit Experimenten eintrat, die in der Londoner Gruppe der Theosophischen Gesellschaft gemacht wurden. Den Versuchspersonen wurde dabei das Gedankenbild einer lieblichen tropischen Landschaft gezeigt, um das Ausmaß zu erproben, bis zu welchem sie sich nach dem Erwachen daran erinnern könnten. Eine dieser Personen hatte einen sehr reinen Charakter und eine beträchtliche, wenn auch ungeschulte psychische Veranlagung. Die Wirkung des dieser Person gezeigten Gedankenbildes war überraschend. Ihr Gefühl ehrfürchtiger Freude war so intensiv und die durch die Betrachtung der herrlichen Landschaft hervorgerufenen Gedanken waren so erhaben und spirituell, daß das Bewußtsein der Schlafenden gänzlich in den Mentalkörper überging, oder, um es anders auszudrücken, sich zur Mentalebene erhob. Man darf jedoch nicht annehmen, daß sie dadurch ihrer Umgebung und der Zustände auf dieser Ebene bewußt wurde; sie befand sich einfach in diesem Zustand des Durchschnittsmenschen, der nach dem Tode in diese Ebene gelangt; sie schwamm wohl in einem Meer von Farbe und Licht, war aber trotzdem völlig von ihren eigenen Gedanken absorbiert und keiner anderen Eindrücke bewußt – sie verweilte in der ekstatischen Betrachtung der Landschaft und alles dessen, was man zeigt hatte, aber, wohlverstanden, sie betrachtete sie mit dem schärferen Blick, der vollkommeneren Würdigung und verstärkten Denkfähigkeit, die der Mentalebene eigen ist, dabei die ganze Zeit jene Seligkeit genießend, von der schon so viel gesagt worden ist. Die Schlafende blieb mehrere Stunden in diesem Zustand, offensichtlich ohne jegliches Bewußtsein des Zeitverlaufs, und erwachte schließlich mit einem Gefühl tiefen Friedens und innerer Freude, für die sie keine Begründung wußte, da sie keine Erinnerung an das, was geschehen war, mitbrachte. Zweifellos aber wirkt eine solche Erfahrung, ob man sich nun im physischen Körper ihrer erinnert oder nicht, als ein entschiedener Impuls für die spirituelle Entwicklung des betreffenden Egos.

Wenn man auch mangels einer genügenden Anzahl solcher Versuche Behauptungen nur mit Vorsicht aufstellen darf, so scheint es doch als nahezu sicher, daß ein Ergebnis wie das eben beschriebene nur bei einem Menschen möglich ist, der schon ein gewisses Maß an psychischer Entwicklung aufweist, und die gleiche Voraussetzung ist mit noch größerer Bestimmtheit erforderlich, wenn eine hypnotisierte Person im Trancezustand diese Ebene erreichen soll. Das ist so sicher, daß warscheinlich nicht einer unter tausend Hellsehenden dies erreichen kann; in jenen seltenen Fällen, in denen dies geschieht, muß der Hellsehende, wie schon bemerkt, nicht nur eine außergewöhnliche Entwicklung, sondern auch vollkommene Reinheit des Lebens und der Zielsetzung aufweisen; und selbst wenn all diese ungewöhnlichen Voraussetzungen vorhanden sein sollten, bleibt immer noch die Schwierigkeit bestehen, der sich jeder ungeschulte psychisch Veranlagte stets gegenübergestellt findet - nämlich die, das Geschaute richtig und genau aus der höheren Ebene in die niedere zu übertragen. Alle diese Erwägungen bekräftigen nur die schon oft gegebene Erklärung, daß eine sorgfältige Schulung psychisch veranlagter Personen durch einen qualifizierten Lehrer notwendig ist, ehe man ihren Berichten über Geschautes viel Gewicht beilegen kann.

Die Entkörperten

Bevor wir den Zustand der verschiedenen entkörperten Wesenheiten auf den verschiedenen Unterabteilungen der Mentalebene betrachten können, müssen wir uns klar den schon erwähnten Unterschied zwischen den Rupa- und Arupa-Ebenen vor Augen halten. Auf den ersteren lebt der Mensch ganz in der Welt seiner eigenen Gedanken und identifiziert sich dabei noch völlig mit seiner Persönlichkeit in dem von ihm kürzlich verlassenen Leben; auf den letzteren ist er nur die reinkarnierende Seele, das Ego, das (soferne es auf dieser Ebene schon genügend Bewußtsein entwickelt hat, um überhaupt etwas zu erkennen) zumindest in gewissem Ausmaß die Entwicklung, in der es sich befindet, und die Arbeit, die es vollbringen soll, begreift.

Man muß dabei beachten, daß jeder Mensch zwischen Tod und Wiedergeburt diese beiden Stadien durchschreitet, obwohl die unentwickelte Mehrzahl vorläufig in beiden noch so wenig Bewußtsein besitzt, daß man richtiger sagen sollte, sie durchträumen sie. Nichtsdestoweniger muß jedes menschliche Wesen die höheren Schichten der Mentalebene berühren, ehe seine Wiederverkörperung erfolgen kann; und in dem Maß, in dem seine Entwicklung fortschreitet, desto bestimmter und wirklicher wird diese Berührung für ihn. Er wird im Verlaufe seines Fortschrittes dort nicht nur immer bewußter, sondern auch die Zeit, die er in dieser Welt der Wirklichkeit verbringt, wird länger; denn sein Bewußtsein erhebt sich langsam durch die verschiedenen Ebenen des Systems aufwärts.

Der primitive Mensch zum Beispiel hat verhältnismäßig wenig Bewußtsein auf irgendeiner anderen Ebene als auf der physischen während seines irdischen Lebens und auf der niederastralen nach dem Tode, und dasselbe kann tatsächlich auch noch von den ganz unentwickelten Menschen selbst in unserer Zeit gesagt werden. Eine ein wenig mehr fortgeschrittene Person beginnt, eine kurze Periode von Himmelsleben zu haben (natürlich auf dessen niedrigeren Ebenen), sie verbringt aber auch noch den bei weitem größeren Teil der Zeit zwischen ihren Inkarnationen auf der Astralebene. In dem Maße, in dem der Mensch fortschreitet, wird sein Astralleben kürzer und sein Himmelsleben länger, bis er schließlich, sobald er ein intellektueller spirituell gesinnter Mensch geworden ist, durch die Astralebene, fast ohne darin zu verweilen, hindurchschreitet und sich eines langen und glücklichen Aufenthaltes in den verfeinerteren Bereichen der niedermentalen Ebenen erfreut. Zu dieser Zeit ist jedoch auch das Bewußtsein des wahren Egos auf seiner höheren Ebene in beträchtlichem Maße erwacht, und daher besteht sein bewußtes Leben auf der Mentalebene aus zwei Teilen, wobei der spätere, kürzere Zeitabschnitt im Kausalkörper auf den höheren Unterebenen zugebracht wird.

Der oben beschriebene Vorgang wiederholt sich, das Leben auf den niedrigeren Ebenen wird allmählich kürzer, während das höhere Leben länger und erfüllter wird, bis schließlich die Zeit kommt, in der das Bewußtsein geeint ist - das höhere und das niedere Selbst sind unauflöslich verbunden, und der Mensch kann sich nicht mehr in seine eigene Gedankenwolke einhüllen und das Wenige, das er durch sie wahrnehmen kann, irrtümlich für die ganze große Himmelswelt halten. Er ist sich nun über die wahren Möglichkeiten seines Lebens klar und beginnt zum ersten Mal, wirklich zu leben. Aber in dem Zeitpunkt, in dem er diese Höhen erreicht, hat er schon den Pfad betreten und seinen künftigen Fortschritt endgültig selbst in die Hand genommen.

Die zum Himmelsleben nötigen Eigenschaften

Die größere Wirklichkeit des Himmelslebens im Verhältnis zu jenem auf der Erde wird sofort deutlich, wenn wir die Voraussetzungen betrachten, die für das Erreichen dieses höheren Bewußtseinszustandes notwendig sind. Denn die Eigenschaften, die ein Mensch während seines Erdlebens entwikkeln muß, wenn er nach dem Tode zu irgendeiner Existenz in der Himmelswelt gelangen soll, sind eben die, welche alle die Besten und Edelsten unserer Rasse übereinstimmend als jene betrachtet haben, die wirklich und dauernd erstrebenswert sind. Damit irgendeine Bestrebung oder gedankliche Kraft ein Dasein auf dieser Ebene zum Ergebnis haben kann, muß ihr vorherrschendes Kennzeichen Selbstlosigkeit sein.

Liebe zur Familie oder zu Freunden bringt viele Menschen in das Himmelsleben und ebenso auch religiöse Hingabe; aber es würde ein Irrtum sein anzunehmen, daß jede Liebe oder Hingabe darum notwendigerweise ihren nachtodlichen Ausdruck dort finden muß, denn von jeder dieser beiden Eigenschaften gibt es offensichtlich zwei verschiedene Arten, eine selbstsüchtige und eine selbstlose - wenngleich man wohl mit Recht sagen könnte, daß in jedem Falle nur die letztere ihren Namen wirklich verdient.

Es gibt jene Liebe, die sich auf ihren Gegenstand verströmt und nichts dafür verlangt - eine Liebe, die nie auch nur an sich selbst denkt, sondern nur daran,, was sie für den geliebten Menschen tun kann; eine solches Gefühl erzeugt eine spirituelle Kraft, die sich nur auf der Mentalebene auswirken kann. Aber es gibt auch eine andere Emotion, die manchmal auch Liebe genannt wird, eine verlangende, selbstische Leidenschaft, die hauptsächlich begehrt, geliebt zu werden, die ständig daran denkt, was sie empfängt, statt was sie gibt, und die sehr leicht beim geringsten Anlaß (oder auch ohne einen solchen) zu dem schrecklichen Laster der Eifersucht entartet. Eine solche Liebe trägt nicht den geringsten Samen zu einer mentalen Entwicklung in sich; die Kräfte, die sie in Bewegung setzt, werden sich nie über die Astralebene erheben.

Das gleiche gilt für die Gefühle einer bestimmten ziemlich großen Klasse religiöser Menschen, deren Hauptgedanke nicht die Verherrlichung ihrer Gottheit ist, sondern nur der, wie sie ihre eigenen armseligen Seelen retten können - eine Haltung, die eindringlich darauf hinweist, daß sie noch nichts entfaltet haben, was den Namen Seele überhaupt verdient.

Demgegenüber gibt es jene wahre religiöse Hingabe, die nie an sich selbst denkt, sondern nur an ihre Liebe und Dankbarkeit gegenüber ihrer Gottheit oder ihrem Lehrer, und die von dem brennenden Wunsche erfüllt ist, etwas für diese oder in ihrem Namen zu tun; ein solches Gefühl führt oft zu einem langen Himmelsleben verhältnismäßig hoher Art. Dies gilt natürlich für alle, wer immer auch ihre Gottheit oder ihr Lehrer sei, und die Anhänger von Buddha, Krischna, Ormuzd, Allah und Christus erlangen alle das ihnen gebührende Maß an himmlischer Seligkeit, dessen Dauer und Beschaffenheit ausschließlich von der Intensität und Reinheit ihrer Gefühle abhängt und in keiner Weise von dem Gegenstand derselben; letzterer wird allerdings zweifellos die Möglichkeit beeinflussen, wie weit sie während dieses höheren Lebens Belehrungen empfangen können.

In den meisten Fällen ist aber menschliche Verehrung ebenso wie menschliche Liebe weder ganz rein noch ganz selbstisch. Das müßte schon eine sehr niedrige Liebe sein, in die niemals auch nur ein selbstloser Gedanke oder Impuls eingetreten ist, und andererseits mag auch eine Zuneigung, die gewöhnlich und vorwiegend rein und edel ist, manchmal von einer Verkrampfung eifersüchtigen Fühlens oder einem vorübergehenden selbstsüchtigen Gedanken umwölkt werden. In beiden Fällen unterscheidet, wie immer, das Gesetz ewiger Gerechtigkeit in unfehlbarer Weise,und ebenso wie jedes in einem weniger entwickelten Herzen aufflammende edlere Gefühl in der Himmelswelt das ihm Gebührende erhalten wird, auch wenn es in seinem Leben sonst gar nichts gab, was die Seele über die Astralebene emporheben könnte, so wird auch jeder niedrigere Gedanke, der vorübergehend die heilige Ausstrahlung wahrer Liebe zeitweise verdunkelte, seine Kraft in der Astralwelt auswirken, ohne im geringsten das großartige Himmelsleben zu beeinträchtigen, das unfehlbar aus Jahren tiefer Liebe hier unten entspringt.

Wie ein Mensch zum ersten Mal das Himmelsleben erlangt

Daraus ist zu ersehen, daß viele zurückgebliebene Egos in den früheren Stadien ihrer Entwicklung überhaupt nie bewußt in die Himmelswelt gelangen, während eine noch größere Anzahl nur eine verhältnismäßig schwache Berührung mit einigen ihrer niedrigeren Bereiche erreicht. Jedes Ego muß sich natürlich in sein wahres Selbst in den höheren Bereichen zurückziehen, ehe es sich wieder verkörpert; doch daraus folgt keineswegs, daß es in diesem Zustand irgendetwas erfährt, was man Bewußtsein nennen könnte. Dieses Thema wird genauer behandelt werden, wenn wir uns mit den Arupa-Ebenen befassen; jetzt scheint es uns zweckmäßiger, mit der niedersten der Rupa-Ebenen zu beginnen und uns langsam emporzuarbeiten. Wir lassen daher jenen Teil der Menschheit, dessen bewußte Existenz nach dem Tode praktisch auf die Astralwelt beschränkt ist, einstweilen beiseite und gehen dazu über, den Fall eines Wesens zu betrachten, das sich eben aus dieser Lage herausgehoben hat und zum ersten Mal ein schwaches vorübergehendes Bewußtsein in der untersten Unterabteilung der Himmelswelt hat.

Offensichtlich gibt es verschiedene Wege, auf welchen dieser wichtige Schritt in der frühen Entwicklung der menschlichen Seele zustandegebracht werden kann, aber für unseren gegenwärtigen Zweck wird es genügen, als Beispiel eines derselben eine ein wenig rührende Geschichte aus dem wirklichen Leben heranzuziehen, die einem unserer Forscher bei der Untersuchung dieser Frage zur Kenntnis kam. In diesem Falle war das Werkzeug der großen Kräfte der Evolution eine arme Näherin, die in einem der trübseligsten Stadtviertel der schrecklichen Slums von London wohnte, in einem übelriechenden Hinterhof in East End, in den kaum Licht und Luft eindringen konnten. Sie hatte natürlich keine höhere Bildung genossen, denn ihr Leben war eine lange Kette härtester Arbeit unter den ungünstigsten Bedingungen gewesen: trotzdem war sie ein gutherziges, wohlwollendes Geschöpf, überströmend von Liebe und Güte gegen alle, mit denen sie in Berührung kam. Ihre Wohnung war ebenso ärmlich wie irgendeine andere in diesem Hofgebäude, aber sie war zumindest reiner und netter gehalten als die anderen. Sie hatte kein Geld, um es Nachbarn zu geben, wenn diese durch Krankheit in eine noch schlimmere Notlage gerieten als gewöhnlich, aber bei solchen Gelegenheiten war sie immer zur Stelle, sooft sie sich von ihrer Arbeit ein paar Augenblicke freimachen konnte, und leistete ihnen mit bereitem Mitgefühl solche Dienste, zu denen sie in der Lage war. Den derben, unwissenden Fabrikmädchen in ihrer Umgebung erschien sie in der Tat wie eine Hilfe der Vorsehung, und sie betrachteten sie mit der Zeit wie eine Art Engel der Hilfsbereitschaft und Barmherzigkeit, der in Zeiten von Not und Krankheit immer zur Hand war. Oft blieb sie, nachdem sie den ganzen Tag lang fast ohne Unterbrechung mühevolle Arbeit geleistet hatte, noch die halbe Nacht auf, um einige der vielen Leidenden zu pflegen, die es in einer solchen ungesunden, glücklosen Umgebung immer gibt, und in vielen Flällen waren die Dankbarkeit und die Liebe, die ihre selbstlose Güte in diesen Menschen erweckte, die einzigen höheren Gefühle, die diese während ihres rohen, unerquicklichen Lebens empfunden hatten.

Bei den in dieser Umgebung herrschenden Zuständen darf man sich nicht wundern, daß manche ihrer Pfleglinge starben, und nun wurde es offenbar, daß sie für diese weit mehr getan hatte, als sie wußte. Sie hatte ihnen nicht nur in ihren zeitlichen Nöten ein wenig freundliche Hilfe geleistet, sondern ihnen auch einen wichtigen Impuls in ihrer geistigen Entwicklung gegeben. Denn sie waren unentwickelte Seelen, Wesen einer sehr zurückgebliebenen Klasse, die noch in keinem ihrer bisherigen Leben jene geistigen Kräfte in Tätigkeit versetzt hatten, die ihnen allein eine bewußte Existenz auf der Mentalebene vermitteln konnten. Jetzt aber hatten sie zum ersten Mal nicht nur ein Ideal vor sich gehabt, dem sie nachstreben konnten, sondern es war in ihnen durch das fürsorgliche Handeln der Näherin auch eine wirklich selbstlose Liebe erweckt worden, und allein die Tatsache, ein so starkes Gefühl zu empfinden, hatte sie erhoben und ihnen stärkere Individualität verliehen, so daß sie nach der Beendigung ihres Aufenthaltes auf der Astralebene ihre ersten Erfahrungen in der untersten Unterabteilung der Himmelswelt machen konnten. Diese Erfahrung war wahrscheinlich kurz und nicht von fortgeschrittener Art, aber doch von weit gößerer Wichtigkeit, als es auf den ersten Blick erscheinen mag. Denn wenn einmal die große geistige Kraft der Selbstlosigkeit erweckt ist, dann bewirkt das Ausarbeiten ihrer Ergebnisse in der Himmelswelt die Ausbildung einer Tendenz zur Wiederholung, und so gering dieses erste Ausströmen der Menge nach auch sein mag, so baut es in die Seele doch die schwache Färbung einer Eigenschaft ein, die im nächsten Leben sicher wieder zum Ausdruck kommen wird.

Auf diese Weise vermittelte das gütige Wohlwollen einer armen Näherin mehreren weniger entwickelten Seelen den Eintritt in ein bewußtes geistiges Leben, das von Inkarnation zu Inkarnation stetig stärker werden wird und in der Zukunft mehr und mehr auf ihre irdischen Leben einwirken wird. Dieser kleine Vorfall gibt vielleicht eine Erklärung dafür, weshalb in verschiedenen Religionen so viel Gewicht auf das persönliche Element in der Wohltätigkeit gelegt wird – die direkte Beziehung zwischen dem Geber und dem Empfänger.

Die siebente Unterebene, der niederste Himmel

Die niederste Unterabteilung der Himmelswelt, zu der die Handlungsweise unserer armen Näherin die Empfänger ihrer gütigen Fürsorge erhoben hatte, hat als ihr Hauptkennzeichen Liebe zu Familie und Freunden – natürlich selbstlose, aber gewöhnlich etwas engherzige Liebe.

Hierin müssen wir uns aber vor einem Mißverständnis hüten. Wenn man sagt, daß Liebe zur Familie einen Menschen in die siebente Unterebene des Himmels führt, religiöse Hingabe aber in die sechste, so stellen sich viele erklärlicherweise vor, daß ein Mensch, in dem diese beiden Merkmale stark entwickelt sind, seine Zeit in der Himmelswelt zwischen diesen beiden Unterabteilungen teilen wird, indem er zuerst eine lange glückliche Zeit inmitten seiner Familie verbringt und dann in den nächsthöheren Bereich aufsteigt, um dort die geistigen Kräfte auszuschöpfen, die durch sein devotionelles Streben erzeugt wurden. Es verhält sich aber nicht so, denn in einem solchen Falle würde dieser Mensch in der sechsten Unterabteilung zum Bewußtsein erwachen, wo er sich gemeinsam mit denen, die er so sehr geliebt hatte, in die höchste Form religiöser Hingabe versenken würde, deren er fähig ist. Und wenn wir darüber nachdenken, so erscheint dies auch durchaus folgerichtig, denn ein Mensch, der sowohl zu religiöser Hingabe als auch zu bloß familiärer Liebe fähig ist, wird wahrscheinlich auch eine höhere und weitherzigere Entwicklung der letztgenannten Tugend aufweisen als jemand, dessen Psyche nur für den Einfluß in einer Richtung zugänglich ist.

Diese Regel gilt auch in der ganzen weiteren Entwicklung. Die höheren Bereiche können immer auch die Eigenschaften der niedrigeren ebenso einschließen wie die ihnen besonders eigentümlichen, und wenn sie dies tun, dann besitzen ihre Bewohner diese Eigenschaften unweigerlich in vollerem Maße als die Seelen auf der niederen Ebene.

Wenn gesagt wird, daß Liebe zur Familie die siebente Unterebene charakterisiert, so darf man nicht einen Augenblick annehmen, daß die Liebe auf diese Stufe beschränkt ist: der Mensch, der sich nach dem Tode hier einfindet, ist vielmehr ein solcher, in dessen Charakter diese Liebe die höchste Eigenschaft war – in der Tat die einizige, die ihn überhaupt zu einem Himmelsleben berechtigte. Aber auf den höheren Unterebenen kann natürlich Liebe von einer weit edleren und erhabeneren Art erblickt werden, als sie je auf dieser Ebene zu finden ist.

Eine der ersten Wesenheiten, die auf dieser Unterebene den Forschern begegnete, bildet recht gut ein typisches Beispiel ihrer Bewohner. Der betreffende Mann war während seines Lebens ein kleiner Lebensmittelhändler gewesen – er war weder intellektuell entwicklet noch hatte er besondere religiöse Gefühle, er war einfach ein gewöhnlicher rechtschaffener, ehrenwerter Geschäftsmann gewesen. Zweifellos war er jeden Sonntag regelmäßig zur Kirche gegangen, weil es eben der Brauch war und sich so schickte: doch war ihm Religion nur ein unbestimmtes Etwas gewesen, das er nicht wirklich verstand, das aber in keinem Zusammenhang mit den Geschäften des täglichen Lebens stand und das er bei der Entscheidung von Problemen dieses Lebens nicht mit in Betracht zog. Es besaß daher nichts von der Tiefe jener Frömmigkeit, die ihn in die nächste Unterebene hätte emporheben können: aber er hatte eine warme Zuneigung für seine Frau und seine Familie, die ein beträchtliches Element von Selbstlosigkeit aufwies. Er dachte ständig an sie, und wenn er in seinem kleinen Laden von früh bis spät arbeitete, so geschah dies weit mehr für sie als für sich selbst.

Als er nach einer Zeit der Existenz auf der Astralebene seinen zerfallenen Begierdenkörper schließlich abgeschüttelt hatte, fand er sich daher in der niedrigsten Unterabteilung der Himmelswelt mit allen seinen Lieben um sich versammelt.

Er war hier weder intellektueller noch vergeistigter, als er es auf Erden gewesen war, denn der Tod bringt keine plötzliche Entwicklung solcher Art mit sich. Die Umgebung, in der er sich mit seiner Familie sah, war nicht von besonders verfeinerter Art, denn sie gab nur seine eigenen höchsten Ideale nichtphysischer Freuden während seines vergangenen Lebens wieder. Trotzdem war er so intensiv glücklich, als er es vermochte, und da er ständig mehr an seine Familie dachte als an sich selbst, entfaltete er zweifellos selbstlose Eigenschaften, die seiner Seele als bleibende Merkmale eingefügt wurden und daher in allen seinen künftigen Leben auf Erden erscheinen werden.

Ein zweiter typischer Fall war der eines Mannes, der gestorben war, als seine einzige Tochter noch sehr jung war. Hier in der Himmelswelt hatte er sie immer bei sich, und immer mit ihren besten Eigenschaften, und er beschäftigte sich ständig damit, sich alle möglichen schönen Bilder für die Zukunft auszumalen.

Wieder ein anderer Fall war der eines jungen Mädchens, das ständig in die Betrachtung der vielen Vorzüge ihres Vaters versunken und damit beschäftigt war, kleine Überraschungen und neue Freuden für ihn zu planen.

Ein weiterer Fall war der einer Frau aus Griechenland, die eine wunderbar glückliche Zeit mit ihren drei Kindern verlebte. Eines derselben war ein hübscher Knabe, und ihr großes Entzücken war, sich ihn als Sieger in den Olympischen Spielen vorzustellen.

Ein auffallendes Merkmal dieser Unterebene war während der letzten Jahrhunderte die große Zahl von Römern, Karthagern und Engländern, die dort zu finden war. Der Grund dafür ist der, daß unter den Angehörigen dieser Nationen Selbstlosigkeit sich hauptsächlich in der Liebe zur Familie betätigte. Hindus und Buddhisten hingegen waren verhältnismäßig wenige dort anwesend, weil bei ihnen echte religiöse Gefühle gewöhnlich unmittelbarer im Alltagsgeschehen zur Geltung kommen und diese sie daher in einen höheren Bereich erheben.

Natürlich gab es unter den beobachteten Fällen eine fast unbegrenzte Vielfältigkeit, und die verschiedenen Grade ihres Fortschrittes waren durch das verschiedene Maß ihres Leuchtens zu erkennen, während die Unterschiede der Farben die verschiedenen Eigenschaften anzeigten, welche die betreffenden Personen entwickelt hatten.

Manche von ihnen waren Liebende, die in der vollen Kraft ihrer Zuneigung gestorben waren und die darum ständig mit der einen Person beschäftigt waren, die sie liebten, unter Ausschluß aller anderen. Andere wiederum waren dort, die fast Wilde geblieben waren; ein Beispiel war ein Malaye, ein sehr unentwickelter Mann (auf einer Stufe, die wir mit einem Fachausdruck als die eines niederen Drittklass-Pitri bezeichnen würden), der eine schwache Erfahrung des Himmelslebens in Verbindung mit einer Tochter erlangte, die er geliebt hatte.

In allen diesen Fällen war es ein Hauch selbstloser Liebe, der ihnen den Himmel schenkte; denn außer dieser war nichts in ihren persönlichen Leben vorhanden gewesen, was auf dieser Ebene hätte zum Ausdruck kommen können. In den meisten auf dieser Ebene beobachteten Fällen sind die Bilder der gelieben Personen weit entfernt davon, vollkommen zu sein, und die wahren Egos oder Seelen der geliebten Menschen können sich daher nur mangelhaft durch sie ausdrücken, wenn dieser Ausdruck allerdings auch selbst im ungünstigsten Falle ein vollerer und befriedigenderer ist, als er es je im physischen Leben war. Im Erdenleben sehen wir unsere Freunde so bruchstückhaft: wir kennen nur jene Seiten von ihnen, die uns verwandt sind, und die anderen Seiten ihres Charakters existieren praktisch nicht für uns. Unser Umgang mit ihnen und unser Wissen um sie bedeutet hier unten sehr viel für uns und gehört oft zu den größten Dingen in unserem Leben; beides muß aber in Wirklichkeit stets sehr mangelhaft sein, denn selbst in den sehr seltenen Fällen, in denen wir glauben können, einen Menschen durch und durch zu kennen, in Körper und Seele, ist das, was wir kennen können, doch nur jener Teil von ihm, der sich während seiner Verkörperung auf diesen niederen Ebenen manifestiert, und dahinter gibt es in seinem wahren Ego noch weit mehr, woran wir nicht herankommen können. Wenn es uns möglich wäre, mit der unmittelbaren vollkommenen Schau der Mentalebene zum ersten Mal das ganze Wesen unseres Freundes zu sehen, wenn wir ihm nach dem Tode begegnen, so ist sehr wahrscheinlich, daß er für uns ganz unerkennbar wäre; sicher würde er absolut nicht der „liebe Mensch" sein, den wir früher zu kennen glaubten.

Wir müssen uns klar machen, daß die innige Liebe, die allein einen Menschen in das Himmelsleben eines anderen bringt, auf diesen höheren Ebenen eine sehr mächtige Kraft ist – eine Kraft, die zur Seele des geliebten Menschen emporreicht und eine Antwort aus ihr erweckt. Natürlich hängt die Lebhaftigkeit dieser Antwort, das Ausmaß an Leben und Kraft in ihr, von der Entwicklungsstufe des geliebten Menschen ab, aber es gibt keinen Fall, in dem diese Antwort nicht vollkommen wirklich wäre, soweit sie eben reicht. Natürlich kann die Seele, das Ego, vollkommen nur auf ihrer eigenen Ebene erreicht werden – auf einer der Arupa-Unterabteilungen der Mentalebene – aber wenigstens sind wir dieser auf jeder Stufe der Himmelswelt näher als hier, und wir könnten daher unter günstigen Umständen dort viel mehr von unserem Freund erfahren, als es hier jemals möglich wäre, und selbst unter den ungünstigsten Bedingungen sind wir dort der Wirklichkeit weit näher, als wir es je vorher waren.

Zwei Faktoren müssen wir bei der Betrachtung dieses Gegenstandes berücksichtigen – nämlich den Entwicklungsgrad jeder der beiden in Betracht kommenden Personen. Wenn der in seinem Himmelsleben befindliche Mensch starke Zuneigung empfindet und einigermaßen spirituell entwickelt ist, wird er ein klares und ziemlich vollkommenes Gedankenbild von seinem Freund, wie er ihn kannte, schaffen, ein Bild, durch das sich die Seele des Freundes auf dieser Ebene in sehr beträchtlichem Maß zum Ausdruck bringen kann. Aber um aus dieser Gelegenheit vollen Nutzen zu ziehen, müßte auch diese Seele selbst in der Entwicklung schon einigermaßen fortgeschritten sein.

Wir sehen also, daß es aus zwei Gründen geschehen kann, daß die Manifestation unvollkommen ist. Das von dem Verstorbenen geschaffene Bild kann so unbestimmt und undeutlich sein, daß der Freund, auch wenn er gut entwickelt ist, es nur wenig benützen kann; andererseits kann, auch wenn ein gutes Bild geschaffen wurde, auf Seiten des Freundes keine hinreichende Entwicklung vorliegen, die ihn instandsetzen würde, es entsprechend auszunützen.

In jedem Falle aber wird die Seele des Freundes durch das Gefühl der Zuneigung erreicht, und auf was immer für einer Entwicklungsstufe sie sich befinden mag, so antwortet sie darauf sofort damit, daß sie sich selbst in dieses Bild ausströmen läßt. Das Maß, in welchem der wahre Mensch sich dadurch auszudrücken vermag, hängt von den vorerwähnten beiden Faktoren ab – erstens von der Art des geschaffenen Bildes, und zweitens davon, wieviel Seele vorhanden ist, um sich auszudrücken; aber selbst das schwächste Bild, das geschaffen wird, befindet sich jedenfalls auf der Mentalebene, und es kann daher vom Ego viel leichter erreicht werden als ein physischer Körper, der sich zwei Ebenen weiter unten befindet.

Wenn der geliebte Freund noch auf Erden lebt, wird er sich hier auf der physischen Ebene dessen natürlich gar nicht bewußt sein, daß sein wahres Selbst sich dieser zusätzlichen Manifestation erfreut, aber das beeinträchtigt in keiner Weise die Tatsache, daß diese Manifestation eine wirklichere ist und näher dem wahren Selbs als die niedrige hier unten, die alles ist, was die meisten von uns bis jetzt sehen können.

Eine interessante Tatsache ist es, daß ein Mensch, da er sehr wohl in das Himmelsleben mehrerer verstorbener Freunde Eingang finden kann, sich auf diese Weise gleichzeitig in allen diesen verschiedenen Gestalten manifestieren und einen physischen Körper hier unten lenken und benützen kann. Sich dies vorzustellen bietet jedoch keine Schwierigkeiten für den, der das Verhältnis der verschiedenen Ebenen zueinander kennt; es ist ebenso leicht für ihn, sich gleichzeitig in mehreren dieser himmlischen Gedankenbilder zu manifestieren, wie wir uns gleichzeitig des Druckes verschiedener Gegenstände auf verschiedene Teile unseres Körpers bewußt sein können. Die Beziehung einer Ebene zu einer anderen ist wie die einer Dimension zu einer anderen; keine Anzahl von Einheiten der niedrigeren Dimension kann jemals einer der höheren gleichkommen, und in genau derselben Weise kann keine Anzahl dieser Manifestationen die Fähigkeit zu antworten im Ego darüber erschöpfen, im Gegenteil, solche Manifestationen bieten ihm eine schätzenswerte zusätzliche Gelegenheit zur Entwicklung auf der Mentalebene, eine Gelegenheit, welche unter dem Walten des Gesetzes göttlicher Gerechtigkeit eine unmittelbare Folge und Belohnung für die Handlungen oder Eigenschaften darstellt, die ein solches Ausströmen von Liebe haben.

Aus all dem geht klar hervor, daß in dem Maß, in dem ein Mensch sich entwickelt, seine Gelegenheit nach allen Richtungen größer werden. Nicht nur wird er, wenn er fortschreitet, mit größerer Wahrscheinlichkeit die Liebe und Verehrung vieler auf sich ziehen und so viele starke Gedankenbilder auf der Mentalebene zur Verfügung haben, sondern auch seine Kraft, sich durch jedes derselben kundzutun, und sein Aufnahmefähigkeit in denselben wachsen schnell im Verlaufe seines Fortschrittes.

Ein sehr gutes Beispiel dafür war ein einfacher Fall, der unseren Forschern kürzlich zur Kenntnis kam. Es war der einer Mutter, die vor etwa zwanzig Jahren gestorben war und zwei Knaben hinterlassen hatte, denen sie sehr zugetan war. Natürlich waren sie die hervorragendsten Gestalten in ihrem Himmel, und ebenso selbstverständlich stellte sie sich dieselben so vor, wie sie sie verlassen hatte, als Knaben im Alter von fünfzehn oder sechzehn Jahren. Die Liebe, die sie so unaufhörlich auf diese Gedankenbilder ausströmte, wirkte als eine wohltätige Kraft, die sich auf die jetzt erwachsenen Männer in der physischen Welt ergoß, aber sie wirkte nicht auf beide im gleichen Maße ein - nicht etwa, weil ihre Liebe für den einen stärker was als für den anderen, sondern weil in der Lebendigkeit der beiden Bilder selbst ein großer Unterschied vorhanden war. Es war, wohl zu merken, kein Unterschied, den die Mutter wahrnehmen konnte; für sie schienen ihr beide in gleicher Weise nahe und enthielten alles, was sie nur wünschen konnte; aber für den Blick unserer Forscher was es doch klar, daß das eine weit stärker von lebendiger Kraft erfüllt war als das andere. Als man der Ursache dieser interessanten Erscheinung nachging, fand man, daß der eine Sohn zu einem gewönlichen Geschäftsmann herangewachsen war, nicht schlecht in irgendeinem Sinn, aber doch ohne jegliche spirituelle Neigung, während der andere ein Mann von hohem selbstlosen Streben geworden war, sehr feinfühlend und gebildet. Sein Leben war ein solches gewesen, daß er ein weit höheres Maß an Bewußtheit in seiner Seele zu entwickeln vermochte als sein Bruder, und daher war sein höheres Selbst imstande, das Bild aus seiner Jugendzeit, das seine Mutter in ihrem Himmelsleben gestaltet hatte, viel stärker zu beleben. Es war mehr Seele da, die hineingegeben werden konnte, und daher war das Bild lebhafter und lebendiger.

Weitere Forschungen zeigten eine ganze Anzahl ähnlicher Fälle, und man konnte deutlich sehen, daß sich eine Seele, je höher sie der Spiritualität nach entwickelt ist, sich umso voller in solchen Gestaltungen zum Ausdruck bringen kann, die die Liebe ihrer Freunde für sie bereitet. Und durch diesen volleren Ausdruck ist sie auch imstande, mehr Nutzen aus der lebendigen Kraft dieser Liebe zu ziehen, die sich durch diese Gedankenbilder auf sie ergießt. In dem Maß, in dem die Seele wächst, werden diese Bilder zu einem immer volleren Ausdruck von ihr, bis sie schließlich, wenn sie die Stufe eines Meisters erreicht hat, diese bewußt als Werkzeug zur Hilfe und Unterweisung der Schüler benützt.

Zwischen denen, die noch im physischen Körper eingeschlossen sind, und jenen, die schon in dieses himmlische Reich hinübergegangen sind, ist nur auf diesem Wege eine Verbindung möglich. Eine Seele mag, wie schon gesagt wurde, herrlich durch ihr Bild im Himmelsleben eines Freundes erstrahlen, und dennoch mag sie in ihrer Manifestation durch den physischen Körper auf der irdischen Ebene dessen völlig unbewußt sein und darum glauben, sie sei unfähig, mit ihrem verstorbenen Freund zu verkehren. Aber wenn diese Seele ihr Bewußtsein so weit entwickelt hat, daß es eine geworden ist, und wenn sie dadurch von ihren vollen Kräften Gebrauch machen kann, während sie sich noch im physischen Körper befindet, dann kann sie auch selbst in diesem trüben irdischen Leben dessen gewahr werden, daß sie noch wie eh und je ihrem Freunde von Angesicht zu Angesicht gegenübersteht, daß der Tod ihr den Menschen, den sie liebte, nicht entrissen, sondern nur dessen Augen dem größeren, weiteren Leben geöffnet hat, daß uns allezeit umgibt.

Der Erscheinung nach würde der Freund sehr ähnlich aussehen, wie er es auf Erden tat, aber doch irgendwie in eigenartiger Weise verklärt. Im Verstandeskörper befindet sich gleich wie im Astralkörper innerhalb der äußeren eiförmigen Hülle, deren Form durch die des Kausalkörpers bestimmt ist, eine Reproduktion der physischen Gestalt, so daß die Erscheinung in manchem einem dichteren Nebel gleicht, der von einem schwächeren Nebel umgeben ist. Aber die Persönlichkeit des letzten physischen Lebens wird das ganze Himmelsleben hindurch deutlich bewahrt, und erst wenn das Bewußtsein schließlich in den Kausalkörper zurückgezogen wird.

versinkt dieses Persönlichkeitsgefühl in der Individualität, und der Mensch nimmt sich zum ersten Mal seit seinem Abstieg in die Inkarnation als das wahre und verhältnismäßig dauernde Ego wahr.

Manchmal fragen die Menschen, ob es auf der Mentalebene irgendein Zeitbewußtsein gibt, ein Wechsel von Tag und Nacht, von Schlafen und Wachen. Das einzige Erwachen in der Himmelswelt ist das langsame Aufdämmern seiner wunderbaren Seligkeit im Verstandessinn, wenn der Mensch in das Leben auf dieser Ebene eintritt, und das einzige Einschlafen ist das ebenso allmähliche Versinken in glückliche Unbewußtheit, wenn der lange Abschnitt dieses Lebens schließlich zu Ende geht. Dieses Leben wurde uns anfänglich als eine Art Verlängerung aller glücklichsten Stunden eines Menschen im Erdenleben beschrieben, nur mit hundertfach intensivierter Seligkeit; und wenn diese Definition auch noch viel zu wünschen übrig läßt (wie es ja bei allen der physischen Ebene entnommenen Vergleichen nicht anders sein kann), so kommt sie doch der Wahrheit viel näher als die Vorstellung von Tag und Nacht. In Wirklichkeit existiert eine unendliche Vielfältigkeit in der Himmelswelt, aber den Wechsel von Schlafen und Wachen gibt es auf dieser Ebene nicht.

Nach der endgültigen Trennung des Verstandeskörpers vom Astralkörper tritt gewöhnlich eine Periode gänzlicher Bewußtlosigkeit ein - mit Unterschieden innerhalb sehr weiter Grenzen hinsichtlich ihrer Dauer analog jener, die gewöhnlich dem physischen Tode folgt. Das Erwachen daraus zu einem aktiven mentalen Bewußtsein ähnelt sehr dem, was oft beim Aufwachen aus dem nächtlichen Schlaf geschieht. So wie man beim ersten Erwachen am Morgen manchmal eine Zeitspanne intensiv angenehmer Ruhe empfindet, während welcher man sich nur eines Gefühles freudigen Genießens bewußt ist, indes der Verstand noch ganz inaktiv und der Körper kaum unter Kontrolle ist, so geht der Mensch, der in der Himmelswelt erwacht, zunächst durch eine mehr oder weniger lange Periode intensiver, immer zunehmender Glückseligkeit hindurch, ehe er die volle Aktivität seines Bewußtseins auf dieser Ebene erlangt. Wenn dieses Gefühl wunderbarer Freude in ihm zum ersten Mal aufzudämmern beginnt, erfüllt es den ganzen Bereich seines Bewußtseins, und allmählich erst findet er sich, wenn er erwacht, von einer Welt umgeben, die aus seinen eigenen Idealen gestaltet ist und ihm jene Merkmale zeigt, die der Unterebene,in die er gezogen wurde, entsprechen.

Die sechste Unterebene, der zweite Himmel

Das vorherrschende Merkmal dieserUnterabteilung kann anthropomorphe religiöse Hingabe genannt werden. Der Unterschied zwischen dieser Art der Hingabe und jenem religiösen Empfinden, das seinen Ausdruck auf der zweiten Unterebene der Astralwelt findet, liegt in der Tatsache, daß es sich hier um ein rein selbstloses Gefühl handelt (der Mensch, der es empfindet, denkt in keiner Weise daran, was für ein Ergebnis seine Hingabe für ihn selbst haben könnte), während es sich dort um ein Gefühl handelt, das stets durch die Hoffnung oder den Wunsch ausgelöst wird, selbst dadurch irgendeinen Vorteil zu erlangen. Auf der zweiten astralen Unterebene enthält das dort tätige religiöse Gefühl daher ausnahmslos ein Element selbstischer Berechnung, während jene Hingabe, die den Menschen in die zweite Unterebene der Himmelswelt erhebt, völlig frei von einem solchen Zug ist.

Andererseits muß diese Stufe der Frömmigkeit, die im wesentlichen aus der dauernden Anbetung einer persönlichen Gottheit besteht, sorgsam von jenen noch höheren Formen unterschieden werden, die ihren Ausdruck darin finden, eine bestimmte Arbeit um der Gottheit willen durchzuführen. Einige Beispiele der auf dieser Unterebene beobachteten Fälle werden vielleicht diese Unterschiede deutlicher zeigen, als es eine bloße Beschreibung zu tun vermag.

Eine große Zahl von Menschen, deren mentale Aktivitäten sich auf dieser Ebene auswirken, kommt aus den Religionen des Ostens; aber nur solche gehören dazu, die durch eine reine, aber mehr oder minder blinde, unintelligente Hingabe charakterisiert sind. Verehrer von Wischnu in seiner Verkörperung als Krischna und in anderer Form, und manche Anhänger Schiwas sind hier zu finden, alle eingeschlossen in den selbstgewebten Kokon ihrer eigenen Gedanken, allein mit ihrem besonderen Gott und die ganze übrige Menschheit vergessend, ausgenommen, daß ihre Zuneigungen bewirken, daß sie jene, die sie liebten, sich mit ihm in ihrer Anbetung vereinen sehen. Einen Anhänger des Waischnawa-Kultes bemerkte man zum Beispiel, wie er völlig in Anbetung versunken war, vor dem gleichen Bilde Wischnus, dem er während seines Lebens seine Opfer dargebracht hatte.

Einige besonders charakteristische Beispiele findet man unter Frauen, die tatsächlich einen großen Teil der Bewohner dieser Ebene bilden. Unter anderen war dort eine Hindufrau, die ihren Gatten zu einem Gott verherrlicht hatte und sich gleichzeitig vorstellte, daß das Kind Krischna mit ihren eigenen Kindern spielte. Aber während die letzteren durchaus menschlich und real erschienen, war das Kind Krischna offensichtlich nichts anderes als das Abbild einer blauen hölzernen Figur, die zum Leben galvanisiert war. Krischna erschien in ihrem Himmel auch noch in einer anderen Gestalt, nämlich der eines auf einer Flöte spielenden weibisch aussehenden Mannes; aber sie war durch diese doppelte Erscheinung nicht im geringsten verwirrt oder beunruhigt.

Eine andere Frau, eine Verehrerin Schiwas, hatte den Gott mit ihrem Gatten vermengt und betrachtete diesen als eine Manifestation des Gottes, so daß der eine fortwährend in den anderen überzugehen schien.

Auch einige Buddhistinnen waren in dieser Unterabteilung zu sehen, aber offensichtlich ausschließlich solche wenig gebildete, die Buddha mehr als einen Gegenstand der Verehrung denn als einen großen Lehrer betrachteten.

Die christliche Religion liefert auch viele Bewohner dieser Ebene. Die unintelligente Frömmigkeit, wie sie sich zum Beispiel einerseits bei ungebildeten römisch-katholischen Bauern und anderseits bei den ernsten und aufrichtigen «Soldaten» der Heilsarmee findet, scheint Ergebnisse zu zeitigen, die den eben beschriebenen sehr ähnlich sind, denn auch diese Menschen findet man ganz eingehüllt in ihre Vorstellungen von Christus oder seiner Mutter. So war zum Beispiel ein irischer Bauer zu sehen, der ganz in tiefste Verehrung der Jungfrau Maria versunken war, die er sich nach der Art von Tizians Gemälde «Himmelfahrt» auf der Mondsichel stehend vorstellte, jedoch die Hände ausstreckend und mit ihm sprechend. Einen mittelalterlichen Mönch fand man in ekstatischer Betrachtung des gekreuzigten Christus, und die Intensität seiner sehnenden Liebe und seines Mitgefühls war so groß, daß sich, während er betrachtete, wie das Blut aus den Wunden seines Christusbildes herabtropfte, die Stigmata auf seinem eigenen Verstandeskörper reproduzierten.

Ein anderer wiederum schien die traurige Geschichte von der Kreuzigung vergessen zu haben und dachte sich seinen Christus nur als verherrlicht auf einem Throne sitzend mit dem gläsernen kristallgleichen Meer vor sich, umgeben von einer zahllosen Menge von Anbetern, unter denen sich auch er mit seiner Frau und seiner Familie befand. Seine Zuneigung zu diesen Angehörigen war sehr groß, trotzdem waren seine Gedanken mehr mit der Anbetung Christi beschäftigt, wenn auch seine Vorstellung von seiner Gottheit so materiell war, daß er sich Christus kaleidoskopartig wechselnd bald in der Gestalt eines Mannes und bald in jener eines Lammes mit einer Fahne dachte, ein Bild, das oft an Kirchenfestern zu sehen ist.

Interessanter war der Fall einer spanischen Nonne, die im Alter von neunzehn oder zwanzig Jahren gestorben war. In ihrem Himmel versetzte sie sich in die Zeit zurück, als Christus auf Erden lebte, und stellte sich vor, daß sie ihn durch die ganze Reihe von Begebenheiten begleitete, die in den Evangelien erzählt werden, und daß sie danach für seine Mutter, die Jungfrau Maria, sorgte. Vielleicht nicht unerklärlicherweise waren ihre Bilder von der Landschaft in Palästina und der Kleidung der Bewohner absolut ungenau, denn der Erlöser und seine Jünger trugen die Tracht spanischer Bauern, während die Hügel um Jerusalem mächtige Berge waren, die Weingärten trugen, und die Olivenbäume mit grauem spanischem Moos bewachsen waren. Von sich selbst dachte sie, daß sie schließlich zu einer Märtyrerin ihres Glaubens wurde und zum Himmel auffuhr, aber nur, um all das, was sie so entzückte, immer wieder zu durchleben.

Ein seltsames, aber liebreizendes Beispiel vom Himmelsleben eines Kindes möge diese Liste abschließen. Der kleine Junge war im Alter von sieben Jahren gestorben und beschäftigte sich damit, in der Himmelswelt die religiösen Geschichten wieder darzustellen, die ihm sein irisches Kindermädchen hier unten auf Erden erzählt hatte. Am liebsten stellte er sich vor, daß er mit dem Jesukind spielte und ihm half, jene Sperlinge aus Ton zu formen, von denen die Legende erzählt, daß die Macht des Christuskindes ihnen Leben verlieh und sie fliegen ließ.

Man sieht also, daß die blindgläubige unvernünftige religiöse Hingabe, die wir besprochen haben, ihre Bekenner nie zu besonderer spiritueller Höhe zu erheben vermag; aber man muß bedenken, daß diese in allen Fällen vollkommen glücklich und befriedigt sind, denn was sie erhalten, ist immer das Höchste, das zu würdigen sie imstande sind. Auch bleibt dies auf ihre künftige Entwicklung nicht ohne günstigen Einfluß; denn wenn auch kein Maß von bloßer Hingabe wie dieser je den Intellekt zu entwickeln vermag, so verstärkt sie doch die Fähigkeit zu einer höheren Art der Hingabe, und in den meisten Fällen führt sie auch zu Reinheit des Lebens. Ein Mensch, der ein solches Leben führt und einen solchen Himmel genießt, wie wir es eben beschrieben haben, wird zwar wahrscheinlich keine sehr raschen Fortschritte auf dem Pfad zu spiritueller Entwicklung machen, aber er ist zumindest vor vielen Gefahren behütet, denn es ist sehr unwahrscheinlich, daß er in seinem nächsten Erdenleben in gröbere Sünden verfallen oder sich von seinem devotionellen Streben abbringen lassen wird, um sich einem weltlichen Leben voll Besitzstreben, Ehrgeiz und müßigen Zerstreuungen hinzugeben. Nichtsdestoweniger bringt uns ein Überblick über diese Unterebene deutlich zum Bewußtsein, wie wichtig es ist, dem folgenden Rat des heiligen Petrus zu folgen: «So fügt eurem Glauben Tugend hinzu, und der Tugend Erkenntnis».(2.Petr.1,5)

Wenn aus groben Formen des Glaubens so sonderbare Ergebnisse zustandekommen, sieht man sich mit Interesse um, um zu erkunden, was für Wirkungen der noch gröbere Materialismus hat, der vor nicht langer Zeit in

Europa so schmerzlich verbreitet war. Frau Blavatsky legte im «Schlüssel zur Theosophie» dar, daß ein Materialist in manchen Fällen überhaupt kein bewußtes Leben in der Himmelswelt habe, da er auf Erden nicht an einen solchen Zustand nach dem Tode glaubte. Es scheint jedoch wahrscheinlich, daß sie dabei das Wort «Materialist» in einem viel eingeschränkteren Sinn anwandte, als dies gewöhnlich geschieht; denn in demselben Werk erklärt sie auch, daß für dieselben überhaupt kein bewußtes Leben nach dem Tode möglich sei, obgleich es für diejenigen, deren nächtliches Arbeitsfeld auf der Astralebene liegt, allgemein bekannt ist, daß man dort vielen von denen begegnet, die wir gewöhnlich Materialisten nennen, und daß diese sicher nicht ohne Bewußtsein sind.

So wurde zum Beispiel vor langer Zeit ein bedeutender Materialist, der mit einem unserer Forscher gut bekannt war, auf der höchsten Unterebene der Astralwelt entdeckt, wo er sich mit seinen Büchern umgeben hatte und seine Studien so ziemlich in gleicher Weise fortsetzte, wie er es auf Erden getan haben würde. Auf Befragen seines Freundes gab er bereitwillig zu, daß die Theorien, die er während seines Lebens auf Erden aufgestellt hatte, durch die zwingende Logik der Tatsachen widerlegt sein; aber seine agnostische Gedankenrichtung war noch so stark, daß er sich nicht bereit finden konnte, das anzunehmen, was ihm sein Freund über das Vorhandensein der noch höheren Mentalebene mitteilte. Und doch gab es sicher vieles in dem Charakter dieses Mannes, was nur auf der Mentalebene seine vollen Früchte tragen konnte, und da sein völliger Unglaube an irgendein Leben nach dem Tode seine astralen Erfahrungen nicht verhindert hatte, besteht kein Grund für die Annahme, daß sein Unglaube das spätere Auswirken der höheren Kräfte in seinem Inneren in der Himmelswelt unmöglich machen könnte.

Sicher ist ihm durch seinen Unglauben vieles entgangen. Hätte er die Schönheit eines religiösen Ideals zu erfassen vermocht, dann würde dies zweifellos eine mächtige Kraft der Hingabe hervorgerufen haben, deren Wirkung er jetzt geerntet haben würde. Alles dies, was für ihn erlangbar gewesen wäre, fehlt jetzt. Aber seine tiefe, selbstlose Liebe zu seiner Familie und sein ernstes, unermüdliches philanthropisches Wirken - auch das waren große Kraftausströmungen, die ihre Wirkung erzeugen müssen, und sie können dies auf der Mentalebene. Das Fehlen einer Kraft kann das Wirken einer anderen nicht verhindern.

Ein anderes später beobachtetes Beispiel war das eines Materialisten, der beim Erwachen auf der Astralebene nach seinem Tode annahm, er sei noch am Leben und habe nur einen unerfreulichen Traum. Zum Glück für ihn befand sich unter der Gruppe von Helfern, die fähig waren, auf der Astralebene zu wirken, der Sohn eines seiner alten Freunde, der beauftragt war, nach ihm zu suchen und sich zu bemühen, ihm irgendwie zu helfen. Natürlich nahm der Verstorbene zuerst an, der junge Mann sei nur eine Gestalt in seinem Traum; aber nachdem er durch ihn eine Botschaft von seinem alten Freund erhalten hatte, die sich auf Ereignisse bezog, die vor der Geburt des Boten stattgefunden hatten, war er von der Realität der Ebene, auf der er sich befand, überzeugt, und er war nun außerordentlich begierig, alle mögliche Information über sie zu erhalten. Die Aufklärung, die ihm nun gegeben wird, wird unter diesen Umständen zweifellos eine sehr große Wirkung auf ihn haben und wird weitgehend nicht nur das Himmelsleben beeinflussen, das vor ihm liegt, sondern auch seine nächste Inkarnation auf Erden.

Was aus diesen beiden und noch vielen anderen Beispielen hervorgeht, braucht uns nach allem nicht zu überraschen, denn es ist nur das, was nach den Erfahrungen auf der physischen Ebene zu erwarten war. Wir finden hier unten ständig, daß die Natur eine Unkenntnis ihrer Gesetze nicht berücksichtigt; wenn ein Mensch in dem Glauben, Feuer brenne nicht,seine Hand in eine Flamme hält,wird er rasch von seinem Irrtum überzeugt. Ebenso beeinträchtigt der Umstand, daß ein Mensch nicht an ein Fortleben glaubt,keineswegs die Tatsachen der Natur, und zumindest in einigen Fällen erkennt der Mensch einfach, daß er sich geirrt hat.

Die Art des Materialismus, die Frau Blavatsky an den oben angeführten Stellen meint, war daher wahrscheinlich eine viel gröbere und militantere als der gewöhnliche Agnostizismus - etwas, was es sehr unwahrscheinlich machen würde, daß ein Mensch, der diese Ansicht hegt,irgendeine Eigenschaft besitzt, die ein Leben auf der Mentalebene fordern würde, um sich auszuwirken.

Die fünfte Unterebene, der dritte Himmel

Das Hauptmerkmal dieser Unterabteilung kann als Frömmigkeit definiert werden, die durch tätige Arbeit zum Ausdruck kommt. Ein Christ auf dieser Ebene würde zum Beispiel, statt seinen Erlöser bloß anzubeten, sich vorstellen, daß er in die Welt hinausgeht, um für ihn zu wirken. Es ist dies besonders die Ebene für das Ausarbeiten großer Pläne und Projekte, die auf Erden noch nicht verwirklicht sind – von großen Organisationen, die, von religiöser Hingabe inspiriert, meist irgendeinen philanthropischen Zweck zum Ziel haben. Wir dürfen dabei aber nicht vergessen, daß, je höher wir uns erheben, immer mehr Vielfältigkeit und Kompliziertheit auftritt, so daß wir wohl ein bestimmtes Hauptmerkmal anführen können, das auf der ganzen Ebene vorherrscht, daß wir aber auch mehr und mehr Abweichungen und Ausnahmen finden werden, die sich nicht so leicht unter das Hauptkennzeichen einordnen lassen.

Ein typischer Fall, der allerdings etwas über dem Durchschnitt stand, war der eines Mannes, den wir damit beschäftigt fanden, einen großen Plan für die Verbesserung der Lage der niedrigeren Klassen auszuarbeiten. Obwohl er selbst tief religiös war, hatte er doch empfunden, daß der erste Schritt bei der Behandlung der Armen darin bestehen müsse, ihre materielle Lage zu verbessern, und der Plan, den er nun in seinem Himmelsleben mit triumphierendem Erfolg und liebevoller Aufmerksamkeit für jede kleinste Einzelheit ausarbeitete, war etwas, was ihm schon auf der Erde oft in den Sinn gekommen war, wenn es ihm dort auch völlig unmöglich gewesen war, irgendwelche Schritte zu dessen Verwirklichung zu unternehmen.

Sein Plan war es gewesen, er könnte, wenn er im Besitz eines sehr großen Vermögens wäre, den ganzen Handel in einer der kleineren Branchen, in der gegenwärtig vielleicht nur drei oder vier große Firmen tätig waren, aufkaufen und in seine Hände bringen. Er glaubte, er würde dann dadurch große Ersparnisse machen können, daß er auf großangelegte Reklamen und andere in der Geschäftskonkurrenz übliche kostspielige Maßnahmen verzichten könnte. Er würde dadurch in der Lage sein, wenn er dem Publikum die Waren zum gleichen Preis wie bisher lieferte, seinen Arbeitern viel höhere Löhne zu zahlen. Es gehörte auch zu seinem Plan, daß er ein großes Stück Land kaufen wollte, um darauf Häuser für seine Arbeiter zu errichten, jedes von einem kleinen Garten umgeben. Nach einer bestimmten Anzahl von Dienstjahren sollte jeder Arbeiter einen Anteil am Gewinn des Geschäftes erhalten, der ausreichen würde, um seine Bedürfnisse im Alter zu sichern. Durch die Ausführung dieses Systems hatte unser Philanthrop gehofft, der Welt zu zeigen, daß das Christentum auch eine hervorragend praktische Seite habe, und außerdem die Seelen seiner Arbeiter für seinen religiösen Glauben zurückzugewinnen, aus Dankbarkeit für die empfangenen materiellen Wohltaten.

Ein anderer nicht unähnlicher Fall war der eines indischen Prinzen, dessen Idealgestalt auf Erden der göttliche Heldenkönig Rama gewesen war, nach dessen Beispiel er sein Leben und seine Regierungsmethode einzurichten versucht hatte. Natürlich gab es hier unten auf der Erden alle möglichen unvorhergesehenen Hindernisse, und viele seiner Pläne waren daher mißlungen, aber im Himmelsleben ging alles gut und die größtmöglichen Ergebnisse folgten jeder seiner wohlgemeinten Bemühungen, wobei Rama natürlich persönlich ihn in seiner Arbeit beriet und diese leitete, während ihm von seinen Untertanen ständige Verehrung entgegengebracht wurde.

Ein sonderbares, ja rührendes Beispiel persönlichen religiösen Wirkens war das einer Frau, die eine Nonne gewesen war, und zwar nicht in einem kontemplativen, sondern in einem der tätigen Orden. Sie hatte ihr Leben offenbar auf den Satz gegründet: „Was ihr einem der Geringsten unter diesen meinen Brüdern getan habt, das habt ihr mir getan!" Und hier in der Himmelswelt führte sie immer noch in vollstem Maße die Gebote ihres Herrn aus und war ständig beschäftigt, Kranke zu heilen, Hungrige zu nähren und Arme zu kleiden und ihnen zu helfen. Das Besondere ihres Falles war dabei, daß jeder von denen, denen sie auf solche Art diente, sofort die Gestalt Christi annahm, den sie dann mit inbrünstiger Hingabe anbetete.

Ein instruktiver Fall war der von zwei Schwestern, die beide sehr religiös gewesen waren. Eine von ihnen war verkrüppelt und gebrechlich gewesen, und die andere hatte sie ein langes Leben lang gepflegt. Auf Erden hatten sie oft miteinander darüber gesprochen und Pläne geschmiedet, was für religiöse und philanthropische Werke sie ausführen würden, wenn sie dazu fähig wären, und jetzt ist jede von ihnen die Hauptfigur im Himmelsleben der anderen, die Verkrüppelte ist dabei gesund und stark, und jede der beiden stellt sich vor, daß die andere vereint mit ihr die unverwirklichten Pläne ihres Erdenlebens ausführt. Dies war ein sehr schönes Beispiel für die ruhige Kontinuität des Lebens bei Menschen mit selbstlosen Zielen, denn der einzige Unterschied, den der Tod gebracht hatte, war der, daß er Krankheit und Leiden ausgeschaltet und die Arbeit leicht gemacht hatte, die für sie bisher undurchführbar gewesen war.

Auf dieser Ebene findet auch der höhere Typus aufrichtiger hingebungsvoller Missionsarbeit seinen Ausdruck. Ein gewöhnlicher unwissender Fanatiker erreicht natürlich niemals diese Ebene, aber einzelne der edelsten Fälle, wie zum Beispiel Livingstone, könnten hier gefunden werden, mit der ihnen zusagenden Arbeit befaßt, große Mengen von Menschen zu der besonderen Religion zu bekehren, die sie im vergangenen Leben vertraten. Eines der auffallendsten Beispiele, das uns zur Kenntnis kam, war das eines Mohammedaners, der sich vorstellte, die ganze Welt zu bekehren und nach den bewährtesten Grundsätzen des Islam zu regieren.

Es scheint, daß unter bestimmten Umständen künstlerische Fähigkeiten ihre Träger auch auf diese Unterebene bringen können, aber es muß hier sorgfältig unterschieden werden. Der Künstler oder Musiker, dessen einziges Ziel das egoistische Ziel persönlichen Ruhmes ist oder der sich gewohnheitsmäßig von Gefühlen beruflicher Eifersucht beeinflussen läßt, erzeugt natürlich keine Kräfte, die ihn überhaupt auf die Mentalebene bringen können. Jene hohe Kunst andererseits, deren Jünger sie als eine mächtige Kraft betrachten, die ihnen zur geistigen Erhebung ihrer Mitmenschen anvertraut ist, wird sich in noch höheren Regionen auswirken als in dieser. Aber zwischen diesen beiden Extremen können jene Jünger der Kunst, die sie um ihrer selbst willen betreiben oder sie als ein Opfer für ihre Gottheit betrachten, ohne je an die Wirkung zu denken, die sie auf ihre Mitmenschen ausüben, in einigen Fällen den ihnen angemessenen Himmel auf dieser Unterebene finden.

Als Beispiel kann ein Musiker von sehr religiösem Temperament erwähnt werden, der sein ganzes Liebesbemühen nur als ein Opfer an Christus betrachtete und keine Ahnung von dem großartigen Ineinanderwirken von Klang und Farbe hatte, das seine zur Seele dringenden Kompositionen in der Materie der Mentalebene verursachten. Sein Enthusiasmus war darum weder vergeudet noch fruchtlos, denn auch ohne dieses Wissen brachte er vielen Freude und Hilfe, und das Ergebnis wird sicher sein, daß ihm in seiner nächsten Inkarnation verstärkte Frömmigkeit und erhöhte musikalische Fähigkeit verliehen werden. Aber ohne ein noch weiter gehendes Bestreben, der Menschheit zu helfen, kann sich ein Himmelsleben dieser Art unabsehbar in gleicher Weise wiederholen.

Auf die drei Unterebenen, die wir bisher besprochen haben, zurückblikkend, können wir in der Tat feststellen, daß sie in allen Fällen mit der Auswirkung von Hingabe zu tun haben, die sich auf Persönlichkeiten richtete – entweder auf Familie und Freunde oder auf eine persönliche Gottheit, nicht aber mit der weiterreichenden Hingabe an die Menschheit um ihretwillen, die ihre Auswirkung auf der nächsthöheren Unterebene findet.

Die vierte Unterebene, der vierte Himmel

Die Betätigungen auf dieser höchsten der Rupa-Stufen sind so vielfältig, daß es schwierig ist, sie durch ein einziges charakteristisches Merkmal zu kennzeichnen. Es wird vielleicht besser sein, sie in vier Hauptgruppen einzuteilen, nämlich uneigennütziges Streben nach spiritueller Erkenntnis, hohes philosophisches oder wissenschaftliches Denken, uneigennützige ausgeübte literarische oder künstlerische Fähigkeit, sowie Dienst um des Dienstes willen. Die genaue Charakterisierung dieser Gruppen wird leichter verstanden werden, wenn Beispiele jeder einzelnen gegeben worden sind.

Der größte Teil der Bewohner dieser Unterebene kommt naturgemäß aus Religionen, in denen die Notwendigkeit, spirituelle Erkenntnisse zu erlangen, anerkannt wird. Man wird sich erinnern, daß wir auf der sechsten Unterebene viele Buddhisten antrafen, deren Religiosität vorwiegend die Form der Verehrung ihres großen Führers angenommen hatte. Hier hingegen finden wir jene Intelligenteren seiner Anhänger, deren Hauptverlangen es war, zu seinen Füßen zu sitzen und zu lernen, und die ihn mehr als Lehrer betrachtet hatten denn als eine anzubetende Wesenheit. In ihrem

Himmelsleben wird ihnen nun dieser höchste Wunsch erfüllt, sie finden sich tatsächlich als Lernende vor dem Buddha, und das Bild, welches sie sich von ihm gemacht haben, ist keine leere Form, sondern es strahlt durch dasselbe tatsächlich die wunderbare Weisheit, Kraft und Liebe dieses machtvollsten Lehrers der Erde. Sie erlangen daher neue Kenntnisse und erweiterte Ausblicke, und der Einfluß auf ihr nächstes Leben wird von sehr entschiedenem Charakter sein. Sie werden sich vielleicht an keine bestimmten Tatsachen erinnen, die sie erfahren haben mögen (wenn ihnen jedoch solche Tatsachen in einem folgenden Leben bekannt werden, werden sie dieselben begierig erfassen und intuitiv deren Wahrheit erkennen), aber die Belehrungen werden zum Ergebnis haben, daß sich im Ego eine starke Neigung zu einer weitblickenderen und philosophischeren Betrachtungsweise solcher Themen ausbildet. Es ist leicht ersichtlich, wie entschieden und unverkennbar ein derartiges Himmelsleben die Entwicklung des Egos beschleunigt, und dies lenkt unsere Aufmerksamkeit neuerlich auf den großen Vorteil, den jene haben, die sich der Führung durch einen echten, lebenden, kraftvollen Leherer anvertraut haben.

Einen weniger hoch entwickelten Typen der Belehrung findet man in Fällen, wo ein wirklich großer, spriritueller Schriftsteller für einen Studierenden zu einer lebendigen Persönlichkeit wird und zur Gestaltung eines Freundes geworden ist, der einen Teil des mentalen Lebens des Studierenden erfüllt, als eine Idealfigur in seinen grübelnden Träumereien. Ein solcher kann im Himmelsleben des Schülers erscheinen, durch die Kraft seiner eigenen hochentwickelten Seele das Gedankenbild,das der Schüler von ihm geschaffen hat, beleben und unter diesen günstigeren Umständen die in seinen Büchern enthaltenen Lehren weiter erhellen und verborgene Bedeutungen erläutern.

Viele Hindus, die den Pfad der Weisheit gehen, finden ihren Himmel auf dieser Ebene, das heißt, sofern ihre Lehrer Menschen waren, die wirkliches Wissen besaßen. Auch einige weiter Fortgeschrittene unter den Sufis und Parsen sind hier, und immer noch sind einige der alten Gnostiker hier zu finden, deren geistige Entwicklung von solcher Art war, daß sie ihnen einen verlängerten Aufenthalt in dieser himmlischen Region bescherte. Aber mit Ausnahme dieser kleinen Zahl von Sufis und Gnostikern scheinen weder der Islam noch das Christentum seine Anhänger zu dieser Höhe zu erheben, wenn auch einige, die dem Namen nach zu diesen Religionen gehören, durch das Vorhandensein von Eigenschaften in ihrem Charakter, die nicht auf die besonderen Lehren dieser Religionen zurückzuführen sind, zu dieser Unterebene emporgetragen werden können.

In dieser Region finden wir auch ernste und ergebene Schüler des Okkultismus, die noch nicht so weit fortgeschritten sind,daß sie das Recht und die

Macht erlangt haben, auf ihr Himmelsleben um des Wohles der Welt zu verzichten. Unter diesen befand sich ein buddhistischer Mönch, der in seinem Leben einigen unserer Forscher persönlich bekannt gewesen war – er hatte sich auch ernstlich mit dem Studium der Theosophie befaßt und lange Zeit die Hoffnung gehegt, eines Tages das Vorrecht zu erlangen, unmittelbare Unterweisung von den Adept-Lehrern zu erhalten. In seinem Himmelsleben war der Buddha die hervorragendste Gestalt, während jene beiden Meister, die sehr eng mit der Theosophischen Gesellschaft verbunden waren, als dessen Stellvertreter erschienen, die seine Lehren erklärten und erläuterten. Alle diese drei Gestalten waren voll der Kraft und Weisheit der großen Wesenheiten, die sie darstellten, und der Mönch erhielt daher entschieden echte Belehrung über okkulte Dinge, deren Wirkung ihn in seiner nächsten Geburt nahezu mit Sicherheit tatsächlich auf den Pfad der Einweihung führen wird.

Ein anderes Beispiel aus unseren Reihen, dem wir auf dieser Ebene begegneten, zeigt die furchtbare Wirkung, die es hat, wenn man unbegründeten, lieblosen Verdacht gegen andere hegt. Dieser Fall betraf eine aufopfernde und ergebene Studierende, die gegen Ende ihres Lebens unglücklicherweise in eine Haltung unwürdigen und grundlosen Mißtrauens in die Beweggründe ihrer alten Lehrerin und Freundin Frau Blavatsky verfallen war, und es war betrübend zu bemerken, wie dieses Gefühl in beträchtlichem Maß den höheren Einfluß und die Belehrungen, deren sie sich in ihrem Himmelsleben hätte erfreuen können, ausschloß. Es war nicht so, daß dieser Einfluß und diese Belehrungen ihr in irgendeiner Weise vorenthalten worden wären, denn das kann gar nicht geschehen; aber ihre eigene mentale Haltung machte sie in gewissem Maße unempfänglich für dieselben. Sie war sich dessen natürlich in keiner Weise bewußt, und es schien ihr, sie erfreue sich vollster Verbindung mit den Meistern, aber für die Forscher war es völlig klar, daß sie ohne diese unglückselige Selbstbeschränkung weit größeren Nutzen aus ihrem Aufenthalt auf dieser Ebene würde haben ziehen können. Ein fast unbegrenztes Maß an Liebe, Kraft und Wissen lag vor ihr, aber ihre Undankbarkeit hatte in betrüblicher Weise ihre Fähigkeit eingeschränkt, es in sich aufzunehmen.

Da es außer jenen, die mit unserer eigenen Bewegung verbunden sind, auch noch andere Meister der Weisheit und andere Schulen des Okkultismus gibt, die in derselben allgemeinen Richtung wirken, trifft man verständlicherweise auch manche von diesen oft auf dieser Unterebene.

Nun zur nächsten Klasse, jener hohen philosophischen und wissenschaftlichen Denkens übergehend, finden wir hier manche jener edleren und uneigennützigeren Denker, die nur zu dem Zweck Wissen und Erkenntnis suchen, um ihre Mitmenschen aufzuklären und ihnen zu helfen. Wir zählen dabei nicht solche Menschen zu den philosophischen Forschern und Gelehrten, die , sei es im Osten oder im Westen, ihre Zeit mit bloßen Wortklaubereien und Haarspaltereien vergeuden – denn das ist eine Form der Erörterung, die in Selbstsucht und Eigendünkel wurzelt und daher niemals zu einem wahren Verständnis der Tatsachen im Universum führen kann, und solche törichte Oberflächlichkeit erzeugt natürlich auch keine Ergebnisse, die sich auf der Mentalebene auszuwirken vermögen.

Als Beispiel eines ernsten Gelehrten, den wir auf dieser Ebene bemerkten, können wir aber einen der späteren Anhänger des neuplatonischen Systems erwähnen, dessen Name glücklicherweise in den erhalten gebliebenen Berichten aus jener Zeit bewahrt worden ist. Er hatte sich sein ganzes Erdenleben hindurch bemüht, die Lehren dieser Schule zu beherrschen, und er war nun während seines Himmelslebens damit beschäftigt, ihre Geheimnisse zu enthüllen und sich zu bemühen, ihre Bedeutung für Leben und Entwicklung der Menschen zu verstehen.

Ein anderer Fall war der eines Astronomen, der sein Leben als orthodoxer Christ begonnen zu haben schien, seine Ansichten aber unter dem Einfluß seiner Studien zum Pantheismus erweitert hatte. In seinem Himmelsleben betrieb er immer noch in einem Geiste voller Ehrfurcht diese Studien und empfing dabei ohne Zweifel wahres Wissen von den großen Ordnungen der Dewas, durch die sich die majestätische zyklische Bewegung der mächtigen Gestirnseinflüsse auf dieser Ebene in ewig wechselndem Aufblitzen allesdurchdringenden Lichtes auszudrücken scheint. Er war in die Betrachtung eines ungeheuren Panoramas wirbelnder Sternnebel und allmählich sich bildender Weltsysteme versunken, und es schien, als ob er danach suche, eine ungefähre Vorstellung von der Gestalt des Universums zu gewinnen, das er sich wie ein ungeheures Tier vorstellte. Seine Gedanken umgaben ihn als sternförmige Elementalgestalten, und eine besondere Freude fand er darin, dem erhabenen Rhytmus der Musik zu lauschen, die in mächtigen Choralen von den Bahnen der Gestirne tönte.

Der dritte Typus einer Betätigung auf dieser Ebene ist jene höchste Art künstlerischer und literarischer Bestrebungen, die vorwiegend von dem Wunsch inspiriert werden, das Menschengeschlecht zu heben und zu vergeistigen. Hier finden wir alle unsere größten Musiker; Mozart, Beethoven, Bach, Wagner und andere überfluten die Himmelswelt immer noch mit Harmonien, die weit großartiger sind als das Größte, was sie schaffen konnten, als sie noch auf Erden waren. Es scheint so, als ob ein großer Strom göttlicher Musik sich aus höheren Regionen auf sie ergießen würde, den sie sozusagen spezialisieren und sich zu eigen machen, um ihn dann als eine große Flut von Melodien in diese ganze Ebene hinauszusenden, welche die

Glückseligkeit aller noch erhöht. Wer mit vollem Bewußtsein auf der Mentalebene tätig ist , hört dieses großartige Ausströmen ganz klar und kann es vollauf würdigen, aber auch die entkörperten Wesenheiten auf dieser Ebene, von denen eine jede in ihre eigene Gedankenwolke eingehüllt ist, werden von dem erhebenden und veredelnden Einfluß des Widerhalles dieser Melodien tief berührt.

Auch Maler und Bildhauer sind hier, soferne sie mit ihrer Kunst immer ein großes, selbstloses Ziel verfolgen, ständig damit befaßt, anmutige Formen aller Art zu gestalten und diese zur Freude und Ermutigung ihrer Mitmenschen in den Raum zu senden; diese Formen sind einfach durch Gedankenkraft geschaffene künstliche Elementale. Und diese Schöpfungen ihrer Vorstellungskraft bringen nicht nur jenen tiefe Freude, die ganz auf der Mentalebene leben, sie können in vielen Fällen auch von Künstlern, die noch auf der Erde leben, wahrgenommen werden – sie können bei ihnen als Inspirationen wirken und so hier unten zur Erhebung und Veredelung jenes Teiles der Menschheit reproduziert werden, der sich inmitten des unruhigen Getriebes des physischen Lebens müht und kämpft.

Eine rührend schöne Gestalt, die wir auf dieser Ebene sahen, war die eines Knaben, der ein Chorsänger gewesen und im Alter von vierzehn Jahren gestorben war. Seine ganze Seele war voller Musik und kindlicher Hingabe an seine Kunst und dabei durchdrungen von dem Gedanken, daß er dadurch das religiöse Sehnen der großen in einer Kathedrale versammelten Menschenmenge zum Ausdruck bringe und gleichzeitig himmlische Ermutigung und Inspiration auf sie ausströme. Von dieser großen Gabe seines Gesanges abgesehen hatte er nur wenig Wissen gehabt, aber diese Gabe hatte er würdig verwertet, indem er versuchte, die Stimme der Menschen zum Himmel und die Stimme des Himmels zu den Menschen zu sein, und indem er sich bemühte, immer mehr Kenntnise von der Musik zu erlangen und sie um der Kirche willen immer würdiger wiederzugeben. Und so trug dieser Wunsch nun im Himmelsleben seine Früchte, über ihn neigte sich die seltsame engelartige Gestalt einer mittelalterlichen heiligen Cäcilia, von seinen liebenden Gedanken einem Bilde in einem bunten Kirchenglasfenster nachgeformt. Aber wenn auch das äußere Gewand auf diese Weise eine wenig künstlerische Darstellung einer zweifelhaften kirchlichen Legende war, so war die Wirklichkeit dahinter lebendig und wunderbar; denn die kindliche Gedankenform wurde von einem der mächtigen Erzengel der himmlischen Hierarchie des Gesanges belebt, der den kleinen Chorsänger durch sie eine weit erhabenere Art von Musik lehrte, als sie jemals auf Erden bekannt war.

Auch einer der Mißerfolge der Erde befand sich hier, denn die Tragödie des Erdenlebens hinterläßt selbst in himmlischen Bereichen manchmal sonderbare Zeichen. In dieser Welt, jedem Gedanken geliebter Menschen freundlich zulächelnd, dachte und schrieb er in völliger Einsamkeit. Auf Erden hatte er danach gestrebt, ein großes Buch zu schreiben, und um dieses Strebens willen hatte er sich geweigert, seine literarische Begabung dazu zu benützen, um aus bloß unbedeutender Tages-Journalistik seinen Lebensunterhalt zu verdienen; aber niemand wollte sein Buch ansehen, und er wanderte in Verzweiflung durch die Straßen, bis Leid und Hunger seine irdischen Augen schlossen. Er war sein ganzes Leben hindurch einsam gewesen – in seiner Jugend hatte er weder Freunde noch nähere Angehörige gehabt, und als Erwachsener hatte er nur auf seine eigene Art zu arbeiten vermocht und alle Helfer zurückgestoßen, die ihn zu einem weiteren Blick für die Möglichkeiten des Lebens hätten führen können, als es das irdische Paradies war, das er für alle zu schaffen wünschte.

Während er jetzt nachdachte und schrieb, war wohl niemand da, den er als persönlichen oder geistigen Freund geliebt hatte und der so zu einem Teil seines mentalen Lebens hätte werden können, aber er sah das utopische Land vor sich ausgebreitet, von dem er geträumt und für das er zu leben versucht hatte, und die zahllose sich drängende unpersönliche Menschenmenge, der er zu dienen gewünscht hatte, und die Freude über ihre Freude wogte zu ihm zurück und machte seine Einsamkeit zu einem Himmel. Wenn er auf Erden wiedergeboren wird, dann wird er sicherlich nicht nur mit der Kraft zu planen zurückkehren, sondern auch mit der Kraft, das Geplante durchzuführen, und seine himmlische Vision wird teilweise in glücklicheren Erdenleben Form annehmen.

Auf dieser Ebene wurden auch viele gefunden, die sich während ihres Erdenlebens der Hilfe für ihre Mitmenschen gewidmet hatten, weil sie die Bande der Bruderschaft fühlten, die mehr um des Dienens willen gedient hatten, als darum, weil sie einer bestimmten Gottheit wohlgefällig zu sein wünschten. Diese waren hier damit beschäftigt, mit vollem Wissen und ruhiger Weisheit umfassende Systeme der Wohltätigkeit und großartige Pläne zur Verbesserung der Welt auszuarbeiten, und zur gleichen Zeit ließen sie in sich die Kräfte reifen, sie später auf der niedrigeren Ebene des physischen Lebens auszuführen.

Die Wirklichkeit des Himmelslebens

Kritiker, welche die Lehren der Theosophie über das Leben nach dem Tode nur unvollkommen erfaßt haben, wenden manchmal ein, das Leben eines Durchschnittsmenschen in der Welt des niederen Himmels sei nichts als ein Traum und eine Illusion, und wenn er sich dort beglückt im Kreise seiner Familie und seiner Freunde fühle oder mit einer solchen Fülle von Freude und Erfolg seine Pläne ausführe, dann sei er in Wirklichkeit das Opfer einer grausamen Täuschung, und dies wird dann manchmal mißgünstig der „sicheren Objektivität" des vom orthodoxen Christentum versprochenen Himmels gegenübergestellt.

Die Antwort auf solche Einwendungen ist eine zweifache: Erstens kommt es, wenn wir die Probleme des zukünftigen Lebens studieren, nicht darauf an, welche von zwei Hypothesen, die uns geboten werden, die angenehmere wäre (denn das ist schließlich eine Frage der persönlichen Ansicht), sondern welche davon die richtige ist. Und zweitens werden wir, wenn wir die Tatsachen näher untersuchen, erkennen, daß die Vertreter der Illusionstheorie die Frage von einem ganz falschen Gesichtspunkt aus betrachten und die Tatsachen gänzlich mißverstanden haben.

Was nun den ersten Punkt betrifft, so ist der wirkliche Tatbestand durch Menschen, die die Fähigkeit erlangt haben, während ihres Erdenlebens bewußt in die Mentalebene einzutreten, leicht zu ermitteln, und ihre Forschungen stimmen vollauf mit den Lehren überein, die uns von den Meistern der Weisheit durch Vermittlung unserer großen Lehrerin Frau Blavatsky gegeben wurden. Dies räumt sofort die oben erwähnte Theorie „sicherer Objektivität" aus dem Wege und überwälzt die Beweislast auf die Schultern unserer orthodoxen Freunde.

Bezüglich des zweiten Punktes können wir, wenn der Einwand dahin geht, daß auf den niederen Ebenen der Himmelswelt dem Menschen die volle Wahrheit noch nicht erkenntlich ist und daß dort folglich noch Täuschungen bestehen, nur offen zugeben, daß dies so ist. Aber das ist nicht das, was jene, die diesen Einwand vorbringen, gewöhnlich meinen; sie fühlen sich meistens von dem Gefühl bedrückt, daß das Himmelsleben noch illusorischer und nutzloser sein werde als das physische – aber keine Vorstellung könnte den Tatsachen mehr widersprechen als diese.

Es wird behauptet, daß wir, da wir auf dieser Ebene uns unsere eigene Umgebung schaffen, nur einen sehr kleinen Teil der ganzen Ebene sehen. Aber auch hier unten ist die Welt, deren sich ein Mensch bewußt ist, nicht die ganze äußere Welt, sondern nur so viel davon, als seine Sinne, sein Intellekt und seine Bildung ihm zu erfassen erlauben. Es ist offensichtlich, daß die Vorstellung, die sich ein Durchschnittsmensch von all dem macht, was ihn umgibt, eine ganz falsche ist – sie ist leer, unvollkommen und in vielfältiger Weise ungenau; denn was weiß er von den großen ätherischen, astralen und mentalen Kräften, die hinter allem und jedem liegen, was er sieht, und die in Wirklichkeit den weitaus wichtigsten Teil dieser Dinge bilden? Was weiß er in der Regel selbst von den weniger bekannten physikalischen Fakten, die ihn umgeben und ihm bei jedem seiner Schritte begegnen? Die

Wahrheit ist, daß er sowohl hier als auch in seinem Himmelsleben in einer Welt lebt, die zum großen Teil seine eigene Schöpfung ist. Er ist sich dessen nicht bewußt, weder dort noch hier, aber das ist nur durch seine Unwissenheit bedingt – er weiß es nicht besser.

Es wird gesagt, daß der Mensch in der Himmelswelt seine Gedanken für wirkliche Dinge hält. Aber damit hat er ganz recht, sie sind wirkliche Dinge, und auf dieser Gedankenebene kann nichts anderes als ein Gedanke wirklich sein. Dort erkennen wir diese wichtige Tatsache – hier tun wir dies nicht, auf welcher Ebene ist also die Täuschung größer? Diese Gedanken sind tatsächlich Wirklichkeiten und sie können die bemerkenswertesten Wirkungen auf lebende Menschen ausüben – Wirkungen, die stets nur wohltätig sein können, denn auf dieser hohen Ebene kann es nur liebende Gedanken geben.

Daraus ist zu ersehen, daß die Theorie, das Himmelsleben sei eine Illusion, nur die Folge eines Mißverständnisses ist und eine mangelhafte Kenntnis seiner Zustände und Möglichkeiten verrät. Die Wahrheit ist, daß wir der einen Wirklichkeit umso näher kommen, je höher wir steigen.

Es wird dem Anfänger vielleicht helfen zu verstehen, wie real und völlig natürlich der höhere Abschnitt eines Menschenlebens ist, wenn er ihn einfach als die Folge des früheren Abschnittes ansieht, den er auf den beiden niederen Ebenen verbrachte. Wir alle wissen, daß unsere höchsten Ideale sich nie verwirklichen, daß sie hier auf Erden nie volle Früchte tragen. Danach würde es scheinen, daß manche Anstrengungen fruchtlos, manche Kräfte verloren waren. Aber wir wissen, daß das nicht sein kann, denn das Gesetz von der Erhaltung der Energie gilt auf den höheren Ebenen genau so wie auf den niederen. Ein großer Teil der höheren spirituellen Energie, die ein Mensch ausstrahlt, kann auf ihn während seines Erdenlebens nicht zurückwirken, denn solange seine höheren Prinzipien nicht von der Last des Fleisches befreit sind, sind sie nicht in der Lage, auf diese weit feineren und zarteren Schwingungen zu reagieren. Im Himmelsleben ist dieses Hindernis zum ersten Mal beseitigt, und die angesammelte Energie strömt sofort hervor als jene unausbleibliche Reaktion, die das Gesetz ewiger Gerechtigkeit verlangt. Der Dichter Browning hat es in unvergleichlich schöne Worte gekleidet:

Nichts Gutes je vergeht. Was war, wird wieder leben,
Das Böse nur erlischt, wie in der Stille Klang.
Das Gute bleibt, vermehrt durch umgewandelt Übel;
Hier nur zerbrochener Ring, dort voll geschlossener Kreis.
Und leben wird, was je wir Gutes wollten, träumten,
Nicht Gleichnis mehr, doch selbst lebend'ger Schönheit Macht!
Schwand hier sie hin, so lebt und klingt sie voller drüben,

Wenn dort verewigt wird, was hier nur Stunden währt.
Was hier im Hochflug stürzt, des Helden edler Mut,
Die Herzensglut, die frei zum Allerhöchsten schwebte,
Sie tragen Melodien zu Gott aus Menschenherzen,
Und hört nur Er sie erst, vernehmen wir sie einst.

Ein weiterer Punkt, der wert ist, in Betracht gezogen zu werden, ist der, daß dieses System, nach welchem die Natur das Leben nach dem Tode eingerichtet hat, das einzig denkbare ist, durch das der Zweck erfüllt werden kann, jeden so glücklich zu machen, wie seine Fähigkeit zum Glücklichsein es erlaubt. Wenn die Seligkeit im Himmel nur von einer und derselben besonderen Art wäre, wie nach der orthodoxen Theorie der Kirchen, so würde es notwendigerweise manche geben, die dessen müde würden, und manche, die unfähig wären, daran teilzunehmen, entweder weil sie keinen Geschmack an dieser besonderen Art fänden oder weil es ihnen an der entsprechenden Vorbildung ermangelte – ganz zu schweigen von der anderen offenkundigen Tatsache, daß dies eine ungeheure Ungerechtigkeit bedeuten würde, wenn dieser Zustand ein ewiger wäre, da praktisch allen, die eintreten, der gleiche Lohn zuteil würde, gleichgültig welche Verdienste die einzelnen aufweisen.

Und wie könnte auch eine andere Art der Einrichtung hinsichtlich der Verwandten und Freunde gleich befriedigend sein? Wenn der Verstorbene die wechselnden Schicksale seiner Freunde auf Erden verfolgen könnte, dann würde Seligkeit für ihn unmöglich sein. Wenn er andererseits, ohne zu wissen, wie es ihnen ergeht, bis zum Tod dieser Freunde warten müßte, ehe er ihnen wieder begegnet, dann würde dies eine schmerzvolle Zeit der Ungewißheit bedeuten, die sich oft über viele Jahre erstrecken würde, und in vielen Fällen würden diese Freunde so verändert ankommen, daß sie ihm gar nicht mehr symphatisch sein würden.

Durch das von der Natur so weise eingerichtete System aber werden alle diese Schwierigkeiten vermieden. Der Mensch selbst bestimmt die Länge und die Art seines Himmelslebens durch die Ursachen, die er während seines Erdenlebens setzt; daher kann er auch nur genau das Maß erhalten, das er verdient hat, und genau die Art von Freude, die seiner Eigenart entspricht. Jene, die er am meisten liebte, hat er ständig um sich und sieht sie stets von ihrer edelsten und besten Seite. Kein Schatten von Uneinigkeit oder Wandel kann je dazwischen treten, da er von ihnen jederzeit genau das erhält, was er wünscht. In der Tat ist die Einrichtung, wie sie wirklich ist, bei weitem besser als alles, was die Phantasie der Menschen an dessen Stelle bieten könnte. Und das ist auch nicht anders zu erwarten, denn alle diese Spekulationen wären ja die Vorstellungen von Menschen gewesen, wie man es am besten einrichten könnte, die Wirklichkeit aber ist die Vorstellung Gottes.

Der Verzicht auf den Himmel

Schüler des Okkultismus wissen schon lange, daß zu den Möglichkeiten eines schnelleren Fortschrittes, die sich dem Menschen bieten, wenn er weiter fortschreitet, auch „der Verzicht auf den Lohn des Dewachan" gehört, wie man dies genannt hat, das heißt der Verzicht auf das Leben voll Seligkeit in der Himmelswelt zwischen zwei Inkarnationen, um schneller wiederzukommen und die Arbeit auf der physischen Ebene weiterzuführen. Der zitierte Satz ist nicht sehr gut ausgedrückt, denn wir würden zu einem richtigeren Verständnis des Himmelslebens gelangen, wenn wir es mehr als die notwendige Wirkung des Erdenlebens ansehen würden als dessen Lohn. Im Laufe seines physischen Daseins setzt der Mensch durch seine höheren Gedanken und Bestrebungen etwas in Bewegung, was man als ein bestimmtes Maß an spiritueller Kraft bezeichnen kann, das auf ihn zurückwirkt, wenn er die Mentalebene erreicht. Wenn die Menge der Kraft klein ist, wird sie bald erschöpft sein und sein Himmelsleben wird nur kurz sein; wenn aber eine große Menge von Kraft erzeugt wurde, wird ein entsprechend langer Zeitraum für ihre Auswirkung nötig sein und das Himmelsleben wird sehr viel länger dauern.

In dem Maß, in dem der Mensch sich spirituell entwickelt, werden seine Leben in der Himmelswelt daher länger werden, aber man darf nicht annehmen, daß sein Fortschritt dadurch verzögert wird oder daß seine Möglichkeiten, nützlich zu sein, sich dadurch verringern. Außer für sehr weit fortgeschrittene Personen ist das Himmelsleben unbedingt notwendig, da nur unter diesen Bedingungen ihre Bestrebungen in Fähigkeiten und ihre Erfahrungen in Weisheit weiterentwickelt werden können. Der Fortschritt, den die Seele dadurch macht, ist weit größer, als er sein würde, wenn sie durch irgendein Wunder imstande sein würde, die ganze Zeit in physischer Verkörperung zu bleiben. Wäre es anders, dann würde offensichtlich das ganze Naturgesetz sich selbst unwirksam machen, denn je mehr es sich dem Erreichen seines großen Zieles nähert, desto entschiedener und machtvoller würden seine Anstrengungen sein, sich selbst zunichtezumachen, kaum eine vernünftige Auffassung von einem Gesetz, von dem wir wissen, daß es der Ausdruck der erhabensten Weisheit ist

Die Möglichkeit, auf dieses Himmelsleben Verzicht zu leisten, liegt keineswegs für jeden im Bereich der Möglichkeit. Das große Gesetz gestattet es keinem Menschen, blind auf etwas zu verzichten, das er nicht kennt, oder vom normalen Verlauf der Entwicklung abzuweichen, wenn und solange es nicht sicher ist, daß ein solches Abweichen zu seinem schließlichen Besten führt.

Die allgemeine Regel ist, daß niemand in der Lage ist, auf die Seligkeit des Himmels zu verzichten, solange er sie nicht während seines Erdenlebens erlebt hat - solange er nicht hinreichend entwickelt ist, um fähig zu sein, sein Bewußtsein zu dieser Ebene zu erheben und eine klare und volle Erinnerung an jene Herrlichkeit zurückzubringen, die alle irdischen Begriffe so weit übersteigt.

Etwas Nachdenken wird den Grund und die Gerechtigkeit dieser Tatsache klar machen. Man könnte sagen, da es der Fortschritt der Seele ist, um den es sich dabei in Wirklichkeit handelt, möchte es genügen, wenn diese auf ihrer eigenen Ebene versteht, es sei wünschenswert, die himmlische Seligkeit zum Opfer zu bringen, und daß die Seele dann ihr niederes Selbst zwingt, im Einklang mit ihrer Entscheidung zu handeln. Aber das würde kaum der strengen Gerechtigkeit entsprechen, denn obgleich der Genuß der himmlischen Seligkeit auf den Rupa-Stufen dem Ego zugehört, trifft dies nur insoweit zu, als es sich durch die Persönlichkeit manifestiert. Es ist das Leben der Persönlichkeit mit ihrer ganzen vertrauten persönlichen Umgebung, das in die niedere Himmelswelt hinaufgetragen wird. Ehe ein Verzicht erfolgen kann, muß daher diese Persönlichkeit klar verstehen, was aufgegeben werden soll; der niedere Verstand muß in dieser Angelegenheit mit dem höheren übereinstimmen.

Ein solches klares Verständnis setzt aber augenscheinlich voraus, daß ein Mensch schon während des Erdenlebens ein Bewußtsein auf der Mentalebene erlangt hat, das dem gleich ist, das er nach dem Tode haben würde. Man muß bedenken, daß die Entfaltung des Bewußtseins sozusagen von unten nach oben vor sich geht und daß die verhältnismäßig unentwickelte Mehrzahl der Menschen bis jetzt nur im physischen Körper wirksam bewußt ist. Ihre astralen Körper sind größtenteils noch ohne feste Gestalt und Organisation wohl schon Verbindungsbrücken zwishen dem Ego und seinem physischen Kleid, auch Werkzeuge für die Empfangnahme von Empfindungen, aber noch in keiner Weise Instrumente in der Hand des wirklichen Menschen oder angemessene Ausdrucksmittel für seine künftigen Kräfte auf dieser Ebene.

In den fortgeschritteneren Rassen der Menschheit finden wir den Astralkörper schon viel weiter entwickelt, und das Bewußtsein in ihm ist potentiell schon ziemlich vollkommen entfaltet, aber auch hier ist der Mensch in den meisten Fällen völlig ichzentriert, nur seiner eigenen Gedanken bewußt, aber nur wenig seiner tatsächlichen Umgebung. Um noch weiter zu gehen, ist zu sagen, daß einige wenige von denen, die das Studium des Okkultismus aufgenommen haben, auf dieser Ebene regelrecht erweckt wurden, dadurch zum vollen Gebrauch ihrer astralen Fähigkeiten gelangt sind und in verschiedenster Weise großen Nutzen daraus ziehen.

Daraus folgt aber nicht notwendigerweise, daß sich solche Menschen gleich von Anbeginn oder selbst nach beträchtlicher Zeit auf der physischen Ebene an ihre Tätigkeiten und Erfahrungen im Astralleben erinnern. In der Regel tun sie dies zwar bruchstückweise und mit Unterbrechungen, aber es gibt Fälle, in denen so gut wie nichts, was man eine Erinnerung an dieses höhere Dasein nennen könnte, seinen Weg in das physische Gehirn findet.

Jede Art von klarem Bewußtsein auf der Mentalebene zeigt natürlich einen noch größeren Fortschritt an, und falls ein Mensch sich normal und regelmäßig entwickelt, wäre zu erwarten, daß ein solches Bewußtsein erst aufdämmert, wenn die Verbindung zwischen dem Astralen und Physischen schon ziemlich gut funktioniert. Aber in diesen einseitigen und natürlichen Zuständen, die wir moderne Zivilisation nennen, entwickeln sich die Menschen nicht immer ganz regelmäßig und normal, und so gibt es Fälle, in denen ein Mensch schon beträchtliches Bewußtsein auf der Mentalebene erlangt und richtig mit dem Astralleben verbunden hat, und doch keine Kenntnis von diesem ganzen höheren Dasein jemals bis ins physische Gehirn durchdringt.

Derartige Fälle sind selten, aber sie kommen doch vor, und sie bilden eine Ausnahme von unserer Regel. Eine Persönlichkeit dieser Art kann schon hinreichend entwickelt sein, um die unbeschreibliche Seligkeit des Himmels zu empfinden und so das Recht zu erwerben, auf sie zu verzichten, obwohl sie die Erinnerung daran nicht weiter herunterzubringen vermag als in ihr astrales Leben. Aber da in diesem angenommenen Falle dieses astrale Leben für die Persönlichkeit ein solches vollen Bewußtseins sein würde, würde ein solches Erinnern im Astralen vollkommen genügen, um den Anforderungen der Gerechtigkeit zu entsprechen, obwohl kein Schatten von alldem jemals in das physische Wachbewußtsein durchgedrungen ist.

Der wichtige Punkt, den man im Auge behalten muß, ist der, daß mit Rücksicht darauf, das die Persönlichkeit es ist, die verzichten muß, es auch die Persönlichkeit sein muß, welche diese Erfahrungen machen und die Erinnerung daran auf irgendeine Ebene herabbringen muß, auf der sie normal und mit vollem Bewußtsein wirkt; aber diese Ebene braucht nicht die physische zu sein, wenn die erwähnten Bedingungen auf der astralen erfüllt sind. Ein solcher Fall wird allerdings nicht so leicht eintreten, außer unter jenen, die schon zumindest Probeschüler eines der Meister der Weisheit sind.

Ein Mensch, der diese große Tat vollbringen möchte, muß daher mit intensivem Ernst daran arbeiten, sich zu einem würdigen Werkzeug in den Händen derer zu machen, die der Welt helfen, er muß sich mit hingebendem Eifer in die Arbeit für das spirituelle Wohl anderer stürzen und nicht hochmütig annehmen, daß er schon einer so großen Ehre würdig ist, sondern eher bescheiden hoffen, daß sein Meister ihm vielleicht nach ein oder zwei Leben angestrengten Bemühens sagen wird, daß die Zeit gekommen ist, in der auch für ihn diese Möglichkeit gegeben ist.

Die höhere Himmelswelt

Wir wenden uns nun von den vier niederen oder Rupa-Ebenen der Himmelsebene ab, auf denen der Mensch in seiner zeitweiligen Persönlichkeit lebt, um die drei höheren oder Arupa-Ebenen zu betrachten, seine wahre und verhältnismäßig dauernde Heimat. Hier sieht er, soweit er überhaupt zu sehen vermag, alles vollkommen klar, denn er hat sich über die Täuschungen der Persönlichkeit und das verzerrende Medium des niederen Selbstes erhoben, und wenn auch sein Bewußtsein noch dumpf, traumhaft und nur wenig wach sein mag, seine Wahrnehmung ist, so beschränkt sie auch sein mag, zumindest richtig. Die Zustände des Bewußtseins sind hier so ganz anders als alles, womit wir auf Erden vertraut sind, daß alle in der Psychologie üblichen Bezeichnungen nutzlos und irreführend sind. Es ist dies der Bereich des Noumenalen im Gegensatz zum Phänomenalen genannt worden, der Bereich des Formlosen im Gegensatz zu dem des Geformten, aber es ist doch eine manifestierte Welt, und zwar eine wirkliche, wenn man sie den Unwirklichkeiten der niederen Zustände gegenüberstellt, und sie hat immer noch Formen, wie zart auch ihr Material und wie fein ihr Wesen sein mag.

Wenn der Abschnitt, den wir gewöhnlich das Himmelsleben nennen, vorbei ist, kommt für die Seele noch eine weitere Daseinsphase, ehe sie auf der Erde wiedergeboren wird, und wenn bei den meisten Menschen diese Phase kurz ist, dürfen wir sie nicht außer acht lassen, wenn wir vollständige Vorstellung von dem Himmelsleben des Menschen gewinnen wollen. Wir machen uns immer wieder ein falsches Bild vom Leben des Menschen, weil wir die Gewohnheit haben, nur einen Teil davon zu betrachten, und sein wahres Ziel und Wesen gänzlich übersehen. Wir betrachten es gewöhnlich nur vom Standpunkt des physischen Körpers aus und nicht im geringsten von dem der Seele, und das Ganze gerät dadurch völlig aus der richtigen Proportion. Jede Bewegung des Egos in diese niederen Ebenen herab und wieder zurück ist in Wirklichkeit eine große kreisförmige Bahn; wir nehmen ein kleines Stück des unteren Bogen dieses Kreises, betrachten es als eine gerade Linie und legen seinem Anfangs-und Endpunkt eine ganz ungerechtfertigte Wichtigkeit bei, während der wirkliche Wendepunkt des Kreises uns ganz entgeht.

Betrachten wir die Sache doch für einen Augenblick so, wie sie dem wahren Menschen auf seiner eigenen Ebene erscheinen muß, sobald er beginnt, dort überhaupt klar bewußt zu sein. Dem Wunsch nach Manifestation folgend, den er in sich fühlt und der ihm durch das Gesetz der Entwicklung, das der Wille des Logos ist, eingeprägt ist, ahmt er das Tun des Logos nach, indem er sich selbst in die niederen Ebenen ergießt. Im Laufe dieses Vorganges kleidet er sich in Materie der verschiedenen Ebenen, durch die er hindurchgeht - der Reihe nach mit mentaler, astraler und physischer, immer weiter nach außen strebend. Während des ersten Abschnittes jenes kleinen Daseinsbruchstückes, das wir sein Leben nennen, ist die nach außen drängende Kraft noch stark, aber ungefähr in der Mitte desselben beginnt sich diese Kraft gewöhnlich zu erschöpfen und das große Zurückschwingen nach innen beginnt.

Nicht etwa, daß da ein plötzlicher oder gewaltsamer Wechsel eintritt; es ist ja kein Winkel, sondern ein Teil der Kurve desselben Kreises, etwa dem sonnenfernsten Punkt in der Bahn eines Planeten entsprechend. Und doch ist es der eigentliche Wendepunkt in diesem kleinen Entwicklungszyklus, wenn er auch bei uns gewöhnlich nicht in irgendeiner Weise gekennzeichnet erscheint. Im alten indischen Lebenssystem war er aber gekennzeichnet - als das Ende der Grihasta - oder Haushälterperiode im irdischen Dasein des Menschen.

Von diesem Zeitpunkt an sollte es nur mehr ein stetiges Einwärtswenden der ganzen Kraft des Menschen geben und seine Aufmerksamkeit sollte sich mehr von den bloß irdischen Dingen des Lebens abwenden und auf jene der höheren Ebenen konzentrieren - und daraus ersehen wir wieder, wie ungeeignet für den wahren Fortschritt die modernen Zustände des Lebens in Europa sind.

Der Punkt, an dem der Mensch seinen physischen Körper zurückläßt, ist kein besonders wichtiger Punkt auf diesem Bogen der Entwicklung - jedenfalls bei weitem nicht so wichtig wie die nächste Veränderung, die wir seinen Tod auf der Astralebene und seine Geburt in die Himmelswelt nennen könnten, wenn dies auch in Wirklichkeit bloß die Übertragung seines Bewußtseins aus der astralen in die mentale Materie ist, im Laufe eines und desselben stetigen Sichzurückziehens, von dem wir schon gesprochen haben.

Das Endergebnis des Lebens wird erst erkennbar, wenn im Laufe dieses Vorganges des Sichzurückziehens das Bewußtsein wieder im Ego konzentriert ist, in seiner Heimat in der höheren Himmelswelt. Dann ist zu ersehen, welche neuen Eigenschaften es im Laufe dieses besonderen kleinen Zyklus seiner Entwicklung erworben hat. In diesem Zeitpunkt erlangt der Mensch auch einen Blick auf sein Leben als Ganzes; in der Seele leuchtet einen Augenblick lang das Licht eines klareren Bewußtseins auf, sie erkennt die Ergebnisse des eben vollendeten Lebens, und einiges von dem, was in ihrer nächsten Inkarnation folgen wird.

Man kan kaum sagen, daß dieser kurze Blick eine wirkliche Kenntnis der Natur der nächsten Inkarnation bedeutet, außer in einem ganz unbestimmten und allgemeinen Sinn. Zweifellos wird das Hauptziel des kommenden Lebens erkannt, aber hauptsächlich ist dieser Ausblick für die Seele als Lehre über die karmischen Ergebnisse ihrer Handlungen in der Vergangenheit von Wert. Er bietet ihr eine Gelegenheit, aus der sie je nach der bereits von ihr erreichten Entwicklungsstufe mehr oder weniger Nutzen zu ziehen vermag.

Zuerst ist diese Nutzanwendung gering, denn ihr Bewußtsein ist noch sehr schwach und nur wenig fähig, die Tatsachen und ihre vielfältigen Wechselbeziehungen zu verstehen. Aber allmählich wächst ihre Fähigkeit, das, was sie sieht, auch richtig zu würdigen, und noch später wird sie fähig, sich auch an solche kurze Lichtblicke am Ende vergangener Leben zu erinnern, sie zu vergleichen und so den Fortschritt abzuschätzen, den sie auf dem Wege gemacht hat, den sie durchschreiten muß.

Die dritte Unterebene, der fünfte Himmel

Diese, die niedrigste der Arupa-Unterebenen, ist zugleich der bei weitem bevölkertste aller Bereiche, die uns bekannt sind, denn hier sind fast die ganzen sechzig Milliarden Seelen gegenwärtig, von denen es heißt, daß sie an der gegenwärtigen menschlichen Evolution teilnehmen - nämlich alle mit Ausnahme der verhältnismäßig kleinen Zahl derer, die fähig sind, auf der ersten und zweiten Unterebene zu leben. Jede Seele ist durch eine eiförmige Gestalt dargestellt, die zuerst nur ein farbloser und fast unsichtbarer Schleier von zartester Konsistenz ist. Aber im Laufe der Entwicklung des Egos fängt dieser Körper an, ein schimmerndes Schillern gleich einer Seifenblase zu zeigen, wobei über seine Oberfläche Farben spielen gleich den wechselnden Tönungen, die der Sonnenschein auf dem sprühenden Staub eines Wasserfalles hervorruft.

Aus unfaßbar feiner, zarter und äthergleicher Materie bestehend wird dieser von intensivem Leben erfüllte und mit lebendigem Feuer pulsierende Körper in dem Maß, in dem seine Entwicklung voranschreitet, zu einer strahlenden Kugel aus blitzenden Farben,deren hochgradige Schwingungen Wellen wechselnder Farbtöne über seine ganze Oberfläche senden – Tönungen, wie sie die Erde nicht kennt, strahlend, sanft und leuchtend, daß die Sprache sie nicht zu beschreiben vermag. Man stelle sich die Farben eines Sonnenunterganges in Ägypten vor und verbinde sie mit der wunderbaren Weiche eines Abendhimmels in England, und hebe diese an Erhabenheit leuchtenden Glanzes so hoch über sie selbst hinaus, wie ihre Farben über jenen des Malkastens eines Kindes stehen – selbst dann kann sich niemand, der sie nicht selbst gesehen hat, die Schönheit dieser strahlenden, sternartigen Gebilde vorstellen, die in den Bereich hellsichtiger Schau eintreten, sobald diese sich zu der Ebene dieser himmlischen Welt erhebt.

Alle diese Kausalkörper sind von einem lebendigen Feuer erfüllt, das sie von einer höheren Ebene empfangen, mit der sie durch einen zuckenden Faden intensiven Lichtes verbunden zu sein scheinen, der die Worte der „Stanzen des Dzyan" in Erinnerung ruft: „Der Funke hängt von der Flamme an dem feinsten Faden von Fohat." Und in dem Maße, in dem die Seele wächst und fähig wird, mehr und mehr aus diesem unerschöpflichen Meer des göttlichen Geistes in sich aufzunehmen, der sich durch diesen Faden wie durch einen Stromweg in sie ergießt, dehnt sich dieser aus, gibt dieser Flut mehr Raum, bis er auf der nächsthöheren Unterebene dem Bild einer Wasserhose gleichen mag, die Himmel und Erde verbindet, und noch höher einer großen Sphäre, durch die eine Quelle von Leben wogt, bis der Kausalkörper mit den Fluten des einströmenden Lichtes zu verschmelzen scheint. Und wieder sagt dies die Stanze: „Der Faden zwischen dem Wächter und seinem Schatten wird mit jeder Veränderung stärker und leuchtender. Das Licht der Morgensonne hat sich verwandelt in Mittagsherrlichkeit . . . ‚Dies ist dein gegenwärtiges Rad', sagte die Flamme zum Funken, ‚Du bist ich selbst,mein Ebenbild und mein Schatten. Ich habe mich in dich gekleidet und du bist mein Vahan bis zum Tage „Sei mit uns", an dem du wieder ich und die anderen werden wirst, du selbst und ich.'" (H.P. Blavatsky, „Die Geheimlehre", Stanze 7 aus dem Buch der ‚Stanzen des Dzyan'.)

Die Seelen, die mit einem physischen Körper verbunden sind, unterscheiden sich von jenen, die sich des körperlosen Zustandes erfreuen durch einen Unterschied in der Art der an der Oberfläche ihrer kugelförmigen Gestalten erscheinenden Schwingungen, und es ist daher auf dieser Ebene leicht mit einem Blick zu erkennen, ob ein Individuum zurzeit inkarniert ist oder nicht. Die große Mehrzahl der Seelen, ob inkarniert oder nicht, befindet sich nur in einem traumhaften Halbbewußtsein, wenn auch nur mehr wenige den Zustand bloß farbloser Schleier zeigen. Jene, die voll erwacht sind, bilden aufallende und leuchtende Ausnahmen, die sich aus der weniger strahlenden Menge wie Sterne erster Größe hervorheben, und zwischen diesen und den am wenigsten Entwickelten reihen sich die verschiedensten Grade von Größe, Schönheit und Farbe – genau die Entwicklungsstufe darstellend, die jeder erreicht hat.

Die Mehrzahl ist auch in dem Bewußtsein, das sie besitzt, noch nicht fest genug umrissen, um diesen Zweck der Gesetze der Entwicklung zu verstehen, in der sie sich befinden. Sie streben nach der Verkörperung, gehorsam dem Impuls des kosmischen Willens, aber auch dem blinden Durst nach manifestiertem Leben, Tanha, folgend – dem Verlangen, einen Bereich zu finden, in dem sie das Lebendigsein fühlen und seiner bewußt sein können. Denn auf den frühen Stufen können diese unentwickelten Seelen die außerordentlich schnellen und durchdringenden Schwingungen der äußerst feinen Materie ihrer eigenen Ebene nicht empfinden; die starken und groben, aber verhältnismäßig langsamen Schwingungen der schwereren Materie der physischen Ebene sind die einzigen, die eine Reaktion bei ihnen erwekken können. So haben sie nur auf der physischen Ebene das Gefühl, überhaupt zu leben, und dies erklärt ihr starkes Verlangen nach Wiedergeburt ins Erdenleben. Einige Zeit hindurch stimmt daher ihr Verlangen genau mit dem Gesetz ihrer Entwicklung überein. Sie können sich nur durch diese Eindrücke von außen entwickeln, auf die sie allmählich zu antworten lernen, und auf dieser frühen Stufe können sie diese nur im irdischen Leben erhalten. Nach und nach wächst ihre Reaktionsfähigkeit, zuerst auf die höheren und feineren physischen Schwingungen und noch später auf die der Astralebene. Dann werden ihre Astralkörper, die bis dahin nur als Brücken dienten, um der Seele Sinneswahrnehmungen zu übermitteln, zu brauchbaren Werzeugen, und ihr Bewußtsein beginnt, seinen Mittelpunkt mehr in ihren Gemütsbewegungen zu haben als in rein physischen Sinneseindrücken.

Auf einer späteren Stufe, aber immer noch durch den gleichen Vorgang des Lernens, auf Einflüsse von außen zu reagieren, lernen die Seelen, ihr Bewußtsein im Mentalkörper zu zentrieren – in und gemäß den Gedankenbildern zu leben, die sie für sich gestaltet haben, und so ihre Emotionen durch den Verstand zu beherrschen. Noch viel später auf diesem langen, langen Wege verlagert sich der Mittelpunkt in den Kausalkörper, und die Seelen werden sich ihres wahren Lebens bewußt. Wenn diese Zeit gekommen ist, sind sie auf einer höheren als der jetzt besprochenen Unterebene zu finden, und das niedere irdische Dasein ist für sie nicht mehr notwendig.

Augenblicklich aber haben wir die weniger entwickelte Mehrzahl im Auge, die noch ihre Persönlichkeit als tastende und schwankende Fühler in das Meer des Daseins hinausstrecken, die auf den niederen Ebenen des Lebens sie selbst sind, obgleich sie sich der Tatsache, daß diese Persönlichkeiten das Mittel sind, durch das ihnen Nahrung und Wachstum zuteil wird, noch in keiner Weise bewußt sind. Da sie auf ihrer eigenen Ebene noch nicht bewußt sind, sehen sie nichts von ihrer Vergangenheit und Zukunft. Aber in dem Maß, in dem sie langsam Erfahrungen sammeln und diese assimilieren, wächst ein Gefühl in ihnen, daß es gewisse Dinge gibt, die zu tun gut ist, und andere, die schlecht sind, und das drückt sich in der mit ihnen verbundenen Persönlichkeit unvollkommen als Ansatz zu einem Gewissen aus, zu einem Gefühl von Recht und Unrecht. Allmählich nimmt dieses Empfinden im Laufe ihrer Entwicklung bestimmtere Gestalt in ihrer niederen Natur an und wird zu einem weniger unwirksamen Führer ihres Verhaltens.

Durch die Möglichkeiten, die ihnen das an früherer Stelle beschriebene Aufblitzen eines volleren Bewußtseins bietet, entwickeln sich die fortgeschrittensten Seelen auf dieser Unterebene bis zu einem Punkt, an dem sie beginnen, sich mit ihrer Vergangenheit zu beschäftigen, die Ursachen herauszufinden, die sie in Bewegung gesetzt haben, und sie lernen viel durch diese Rückschau. Die Impulse, die sie abwärts senden, werden dadurch klarer und bestimmter und übertragen sich in ihr niederes Bewußtsein als feste Überzeugungen und zwingende Intuitionen.

Es ist wohl kaum nötig zu wiederholen, daß die Gedankenbilder der Rupa-Ebenen nicht in die höhere Himmelswelt mit hinübergenommen werden. Alle Illusionen sind nun vorbei, und jede Seele erkennt ihre wahren Geistesverwandten, sie sieht sie und wird von ihnen gesehen in ihrer eigenen königlichen Natur als der wahre unsterbliche Mensch, der von Leben zu Leben weiterschreitet, wobei alle Bindungen, die mit seinem wahren Sein verknüpft sind, unversehrt bleiben.

Die zweite Unterebene, der sechste Himmel

Von der dichtbevölkerten Region, die wir eben betrachtet haben, gehen wir nun zu einer dünner bevölkerten Welt über, so etwa, wie wenn wir uns aus einer großen Stadt in eine friedliche Landschaft hinaus begeben würden, denn auf der gegenwärtigen Stufe der menschlichen Entwicklung hat sich bisher nur eine kleine Minderzahl bis zu dieser erhabeneren Ebene erhoben, auf der selbst der am wenigsten Fortgeschrittene ein ausgeprägtes Selbstbewußtsein hat und sich auch seiner Umgebung bewußt ist. Da sie zumindest bis zu einem gewissen Grade imstande ist, die Vergangenheit zu überblicken, aus der sie kam, ist sich die Seele auf dieser Ebene des Zweckes und der Methode der Evolution bewußt. Sie weiß, daß sie an ihrer Selbstentfaltung zu arbeiten hat und kennt die Stufen des physischen Lebens und der Zustände nach dem Tode, die sie in ihren niedrigeren Körpern durchschreiten muß. Sie erkennt, daß die Persönlichkeit, mit der sie verbunden ist,ein Teil ihrer selbst ist, und sie versucht, sie zu lenken; sie benützt dabei ihr Wissen um die Vergangenheit als einen Erfahrungsschatz und formt daraus Verhaltensgrundsätze, klare und unveränderliche Überzeugungen über Recht und Unrecht. Diese sendet sie in den niederen Verstand hinab und überwacht und leitet dessen Tätigkeit. In der anfänglichen Zeit ihres Lebens auf dieser Unterebene gelingt es ihr zwar regelmäßig nicht, den niederen Verstand dazu zu bringen, die Grundlagen der Prinzipien, die sie ihm einprägt, logisch zu verstehen, aber es gelingt ihr doch entschieden, ihn in dieser Hinsicht zu beeindrucken, und abstrakte Vorstellungen wie Wahrheit, Gerechtigkeit und Ehre werden zu unbestrittenen und herrschenden Begriffen in seinem niedermentalen Leben.

Es gibt Verhaltensregeln, die durch soziale, nationale oder religiöse Sanktionen erzwungen werden und nach denen der Mensch sein tägliches Leben einrichtet, die aber unter dem Ansturm einer Versuchung oder durch das Aufflammen einer übermächtigen Leidenschaft oder eines Begehrens hinweggefegt werden können; aber es gibt bestimmte Dinge, die ein entwickelter Menschen einfach nicht tun kann – Dinge, gegen die seine innerste Natur sich aufbäumt. Er kann nicht lügen, betrügen oder eine unehrenhafte Handlung setzen. Bestimmte Grundsätze sind so stark in die innerste Struktur seines Wesens verwoben, daß es für ihn unmöglich ist, ihnen entgegenzuhandeln, einerlei, wie groß der Drang der Umstände oder der Versuchung auch sein mag, denn diese Dinge gehören dem Leben seiner Seele an. Während es ihr auf diese Weise also gelingt, ihr niedrigeres Werkzeug zu leiten, ist ihre Kenntnis von demselben und von dessen Tun jedoch meist noch weit entfernt davon, genau und klar umrissen zu sein. Die Seele sieht die niedrigeren Ebenen nur undeutlich und versteht mehr ihre allgemeinen Grundgesetze als ihre Einzelheit, und es bildet einen Teil ihrer Entwicklung auf dieser Ebene, eine immer bewußtere Verbindung mit der Persönlichkeit zu erlangen, die sie hier unten nur so unvollständig vertritt.

Man wird nach dem Gesagten verstehen, daß auf dieser Ebene nur solche Seelen leben, die vorbedacht nach geistigem Wachstum streben, und daß diese daher sehr empfänglich für Einflüsse aus den darüberliegenden Ebenen geworden sind. Ihr Verbindungsweg wächst und erweitert sich, und eine immer vollere Flut strömt hindurch. Ihr Denken wird unter diesem Einfluß selbst bei den weniger Entwickelten einmalig klar und durchdringend, und dies bewirkt in ihrem niederen Verstand eine Neigung zu philosophischem und abstraktem Denken. Bei den höher Entwickelten entfaltet sich eine weitreichende Schau – sie umfaßt mit klarer Einsicht die ganze Vergangenheit, sie erkennt die Ursachen, die gesetzt wurden, und ihre Auswirkungen, und sie sieht auch, was sich von ihren Wirkungen noch nicht erschöpft hat.

Die Seelen, die auf dieser Ebene leben, haben, wenn sie vom physischen Körper befreit sind, reiche Gelegenheit zum Wachstum; denn sie können hier Unterweisungen von weiter fortgeschrittenen Wesen empfangen und sie kommen in direkten Kontakt mit ihren Lehrern. Nicht mehr bloß durch Gedankenbilder, sondern einem blitzenden Leuchten gleich, das unbeschreibbar ist, blitzt das Wesen eines Begriffes von einer Seele der anderen zu, und dessen Wechselbeziehungen erscheinen als Lichtwellen, die von dem zentralen Stern ausstrahlen und keiner besonderen Formulierung bedürfen. Ein Gedanke ist wie ein Licht, das man in einen Raum stellt; es beleuchtet alle Dinge rundherum und es bedarf keiner Worte, sie zu beschreiben.

Die erste Unterebene, der siebente Himmel

Diese, die herrlichste Ebene der mentalen Welt, hat nur wenige aus unserer Menschheit stammende Bewohner, denn auf ihren Höhen weilen nur die Meister der Weisheit und des Mitleides und ihre eingeweihten Schüler. Über die Schönheit der Formen, Farben und Töne, die hier herrscht, können keine Worte etwas aussagen, denn die irdische Sprache hat keine Ausdrücke, die diese strahlende Herrlichkeit beschreiben könnten. Es genügt, daß es sie gibt und daß einige aus unserer Menschheit in sie gekleidet sind, als Bürgschaft und Vorboten dessen, was andere sein werden, als Frucht von Saaten, die auf niedrigeren Ebenen gesät wurden. Sie haben die mentale Entwicklung vollendet, so daß bei ihnen das Höhere stets durch das Niedere hindurchleuchtet. Von ihren Augen ist der täuschende Schleier der Persönlichkeit genommen worden, und sie wissen und sind dessen gewahr, daß sie nicht die niedere Natur sind, sondern diese nur als Werkzeug der Erfahrung benützen. Bei den weniger Entwickelten unter ihnen mag dieses Werkzeug noch Kraft besitzen, sie zu hindern und zu hemmen. Aber sie können nicht mehr in den Irrtum verfallen, das Werkzeug mit dem Selbst zu verwechseln, das dahinter steht. Davon sind sie befreit, da sie ihr Bewußtsein ungebrochen bewahren können, nicht nur von einem Tag zum anderen, sondern von einem Leben zum nächsten, so daß sie auf die vergangenen Leben nicht eigentlich zurückblicken, diese Leben sind ihnen vielmehr immer gegenwärtig, und sie empfinden sie mehr als einziges zusammenhängendes Leben denn als viele einzelne.

Auf dieser Höhe ist sich die Seele der niederen Himmelswelt ebenso bewußt wie ihrer eigenen, und wenn sie dort als Gedankenform im Himmelsleben von Freunden Manifestationsmöglichkeiten besitzt, kann sie von ihnen vollsten Gebrauch machen. Auf der dritten Unterebene und auch noch im niedrigeren Teil der zweiten war die Seele sich der unter ihr liegenden Unterebenen nur undeutlich bewußt, und ihr Wirken in den Gedankenformen erfolgte größtenteils instinktiv und automatisch. Aber sobald sie auf der zweiten Unterebene richtig Fuß gefaßt hatte, wurde ihre Schau sehr schnell klarer und sie erkannte mit Freude, daß diese Gedankenformen Mittel waren, durch die sie in gewisser Weise mehr von sich zum Ausdruck bringen konnte, als dies durch ihre Persönlichkeit möglich gewesen war.

Jetzt, da sie inmitten des großartigen Lichtes und Glanzes in ihrem Kausalkörper wirkt, ist das Bewußtsein der Seele augenblicklich und vollkommen an jedem Punkte der niederen Abteilungen aktiv, auf den sie es willentlich richtet, und sie kann daher vorbedacht zusätzliche Kraft in eine solche Gedankenform einströmen lassen, wenn sie diese zu benützen wünscht, um zu lehren.

Von dieser höchsten Ebene der Mentalebene kommt der größte Teil der Einflüsse, welche die Meister der Weisheit bei ihrer Arbeit für die Evolution der Menschheit ausströmen lassen; sie wirken direkt auf die Seele der Menschen ein, und gießen inspirierende Energien auf sie aus, die ihr spirituelles Wachstum stimulieren, den Intellekt erleuchten und das Gefühlsleben reinigen. Aus dieser Sphäre empfängt das Genie seine Erleuchtung, und alles Emporstreben findet hier seine Führung. Wie die Sonnenstrahlen sich von einem Mittelpunkt aus nach allen Richtungen verbreiten und jeder Körper, der sie empfängt, sie seiner Natur nach verwendet, so strahlt von den älteren Brüdern der Menschheit auf alle Seelen jenes Licht und Leben aus, das zu verbreiten ihre Aufgabe ist, und eine jede verwertet so viel davon, als sie zu assimilieren vermag, und dadurch wächst sie und entfaltet sich. So besteht, wie auch sonst überall, die höhste Seligkeit dieser himmlischen Welt in der Seligkeit des Dienens, und jene, die ihre mentale Evolution vollendet haben, bilden die Quellen, aus denen denjenigen die nötige Kraft zufließt, die sich noch auf dem Aufstieg befinden.

II. DIE NICHT-MENSCHLICHEN BEWOHNER

Wenn wir versuchen, die nicht-menschlichen Bewohner der Mentalebene zu beschreiben, sehen wir uns sofort fast unüberwindlichen Schwierigkeiten gegenüber, denn im siebenten Himmel kommen wir zum ersten Mal mit einer Ebene in Berührung, die kosmische Ausdehnung aufweist und auf der daher Wesenheiten angetroffen werden können, für deren Beschreibung die menschliche Sprache keine Worte hat. Für den Zweck dieses Buches wird es daher am besten sein, jene unzähligen Scharen von Wesenheiten, deren Lebensbereich kosmisch ist, ganz außer acht zu lassen und unsere Beschreibung auf jene Bewohner zu beschränken, die für die Mentalebene unserer eigenen Weltenkette kennzeichnend sind. Man wird sich daran erinnern, daß wir im Abshnitt über die Astralebene die gleiche Methode angewandt und keinen Versuch gemacht haben, die Besucher von anderen Planeten und Systemen zu beschreiben, und obwohl solche Besucher, die dort nur gelegentlich auftreten, hier sehr viel häufiger erscheinen, ist es in diesem Falle das beste, an der gleichen Regel festzuhalten. Einige Worte über die Elementalessenz und über jene Abteilungen der großen Dewa-Reiche zu sagen, die besonders mit dieser Ebene im Zusammenhang stehen, wird daher alles sein, was hier nützlicherweise gegeben werden kann. Die außerordentlich große Schwierigkeit, selbst diese verhältnismäßig einfachen Dinge darzustellen, wird deutlich zeigen, wie unmöglich es wäre, sich mit anderen zu beschäftigen, die notwendigerweise noch viel komplizierter sind.

Die Elementalessenz

Man wird sich erinnern, daß in einem der Briefe, die von einem der Adept-Lehrer empfangen wurden, die Bemerkung stand, daß nur ein Eingeweihter die Zustände des ersten und zweiten Elementalreiches zu verstehen vermöge - eine Bemerkung, die zeigt, wie unvollkommen der Erfolg jedes Bemühens sein muß, sie hier unten auf der physischen Ebene zu beschreiben. Es wird gut sein, wenn wir uns zu allererst bemühen, uns eine klare Vorstellung davon zu machen, was die Elementalessenz überhaupt ist, denn dies ist ein Punkt, über den selbst bei solchen, die gründliche Studien in der theosophischen Literatur gemacht haben, oft viel Verwirrung zu herrschen scheint.

Was ist sie ?

Elementalessenz ist nur der Name, mit dem während bestimmter früher Entwicklungsstadien die monadische Essenz bezeichnet wird, und diese wiederum kann als die Ausgießung des göttlichen Lebens aus dem Zweiten Logos in die Materie definiert werden. Es ist uns wohl bekannt, daß diese Ausgießung, ehe sie die Stufe der Individualisierung erreicht, auf welcher sie den Kausalkörper des Menschen bildet, nacheinander durch niedrigere Phasen der Evolution hindurchgegangen ist und diese beseelt hat - das Tier- Pflanzen- und Mineralreich und die drei Elementalreiche. Während des Wirkens auf den betreffenden Stufen ist sie manchmal auch die tierische, pflanzliche oder mineralische Monade genannt worden, obwohl dieser Ausdruck ausgesprochen irreführend ist, denn schon lange, ehe sie zu einem dieser Reiche gelangt ist, ist sie aus einer zu vielen Monaden geworden. Diese Bezeichnung wurde aber gebraucht, um die Vorstellung zu vermitteln, daß die Differenzierung der monadischen Essenz, wenn sie auch schon viel früher begann, doch noch nicht bis zu dem Punkte der Individualisierung fortgeschritten ist. Während diese monadische Essenz jedoch in den drei großen Elementalreichen wirkt, wird sie mit dem Namen «Elementalessenz» bezeichnet.

Das Einhüllen des Geistes

Ehe jedoch die Natur der monadischen Essenz und die Art ihrer Manifestation auf den verschiedenen Ebenen verstanden werden kann, muß man sich über die Methode klar werden, nach der sich der Geist bei seinem Herabsteigen in die Materie entfaltet. Wir befassen uns dabei nicht mit der uranfänglichen Entstehung der Materie der verschiedenen Ebenen, sondern nur mit dem Herabwogen einer neuen Evolutionswelle in schon vorhandene Materie.

Vor der Periode, die wir jetzt besprechen, hat diese Lebenswoge schon zahllose Zeitalter damit verbracht, sich auf eine Art, von der wir sehr wenig verstehen können, der Reihe nach durch Umhüllungen von Atomen, Molekülen und Zellen zu entwickeln. Wir wollen aber diesen ganzen früheren Teil ihrer Geschichte augenblicklich nicht berühren und nur ihren Herabstieg in die Materie solcher Ebenen betrachten, die dem Fassungsvermögen des menschlichen Intellektes näher stehen, wenn sie auch noch sehr weit über unserer physischen Ebene liegen.

Wir müssen uns also als erstes merken, daß der auf irgendeiner Ebene (gleichgültig welcher) ruhende Geist, wenn er auf seinem Wege abwärts in die Materie durch die unwiderstehliche Kraft seiner eigenen Evolution angetrieben wird, in die nächstniedrigere Ebene hinabzusteigen, sich zumindest in atomische Materie dieser niederen Ebene einhüllen muß, um sich dort ausdrücken zu können. Er muß einen Schleier aus dieser Materie als Körper rund um sich ziehen, für den er dann als Seele oder belebende Kraft wirkt. Ebenso muß er, wenn er seinen Abstieg in eine dritte Ebene fortsetzt, etwas von der Materie dieser dritten Ebene an sich ziehen, und wir haben dann eine Wesenheit, deren Körper oder äußere Umhüllung aus atomischer Materie dieser dritten Ebene besteht.

Aber die in dieser Wesenheit wirkende Kraft - ihre Seele sozusagen - ist dann nicht der Geist in dem Zustand, in dem wir ihn zuerst auf der höheren Ebene antrafen, sondern dieser Geist zuzüglich des Schleiers aus atomischer Materie der zweiten Ebene, durch die er hindurchgegangen ist. Wenn ein noch weiterer Abstieg in eine vierte Ebene durchgeführt wird, dann wird diese Wesenheit noch komplexer. Denn sie hat dann einen Körper aus Materie dieser vierten Ebene, der von dem schon zweifach - nämlich durch atomische Materie der zweiten und dritten Ebene - umhüllten Geist beseelt wird. Man kann daraus ersehen, daß die ursprüngliche Kraft, da sich dieser Vorgang auf jeder Ebene des Sonnensystems wiederholt, zu der Zeit, da sie unsere physische Ebene erreicht, so dicht verschleiert ist, daß man sich nicht wundern darf, wenn die Menschen sie oft überhaupt nicht mehr als Geist zu erkennen vermögen.

Nehmen wir zum Beispiel an, ein gewöhnlicher ungeschulter Hellseher versucht, die mineralische Monade, die Lebenskraft im Mineralreich zu untersuchen. Die Sicht eines solchen würde sicher auf die Astralebene beschränkt und selbst auf dieser äußerst unvollkommen sein; daher würde ihm diese Kraft nur als eine astrale erscheinen. Ein geschulter Forscher, der höhere Fähigkeiten zur Verfügung hat, würde aber erkennen, daß das, was der Hellseher für eine astrale Kraft gehalten hatte, nur astrale Materie war, die von einer Kraft in Bewegung gesetzt wurde, die von dem atomaren Teil der Mentalebene her in Bewegung gesetzt wurde. Ein noch weiter fortgeschrittener Forscher aber würde erkennen, daß diese atomische Mentalmaterie ihrerseits wieder nur eine Hülle war, durch die etwas aus der höchsten buddhischen Unterebene wirkte, während ein Adept wahrnehmen würde, daß die buddhische Materie nur als Hülle für die nirwanische dient und daß die Kraft, die der Reihe nach in alle diese Schleier eintrat und in ihnen wirkte, in Wirklichkeit überhaupt nicht von dieser kosmisch-prakritischen Ebene, sondern von außerhalb stammt und einfach eine der Manifestationen der göttlichen Kraft ist.

Die Elementalreiche

Die Elementalessenz, die wir auf der Mentalebene finden, bildet das erste und zweite der großen Elementalreiche. Eine Woge göttlichen Lebens, die in einem vorhergegangenen Äon ihre Abwärtsentwicklung durch die buddhische Ebene beendet hat, ergießt sich in den siebenten Himmel, beseelt große Massen atomischer Mentalmaterie und wird so zur Elementalessenz des ersten großen Reiches. In diesem ihrem einfachsten Zustand verbindet sie nicht Atome zu Molekülen, um sich daraus einen Körper zu bilden, sondern übt nur durch ihre Anziehung eine gewaltige komprimierende Kraft auf sie aus. Wir können uns vorstellen, daß dieser Kraft, wenn sie bei ihrem Abstieg zum ersten Mal diese Ebene berührt, die Schwingungen derselben völlig ungewohnt sind und daß sie daher am Anfang nicht auf sie zu reagieren vermag. Während des Äons, das sie auf dieser Ebene verbringt, wird ihre Entwicklung darin bestehen, sich daran zu gewöhnen, in allen hier möglichen Schwingungsarten zu vibrieren, so daß sie zu jeder Zeit jede Verbindung von Materie dieser Ebene beseelen und benützen kann. Während dieser langen Entwicklungsperiode wird sie alle möglichen Kombinationen von Materie der drei Arupa-Stufen an sich gezogen haben, aber am Ende der Zeit kehrt sie zur atomischen Ebene zurück – natürlich nicht so, wie sie vorher war, sondern alle Kräfte, die sie erworben hat, latent in sich tragend.

Im darauffolgenden Äon ergießt sie sich hinab in die vierte Unterebene der Mentalwelt – das heißt also, in die höhste der Rupa-Stufen - und zieht etwas von der Materie dieser Unterabteilung als Körper an sich. Sie ist dann die Elementalessenz des zweiten Reiches in ihrem einfachsten Zustand; aber wie vorher nimmt sie auch hier im Laufe ihrer Entwicklung viele verschiedene Umhüllungen an, die aus allen möglichen Verbindungen der niedrigeren Unterebenen bestehen.

Es wäre natürlich anzunehmen, daß diese Elementalreiche, die auf der Mentalebene bestehen und wirken, da sie soviel höher liegen, in der Entwicklung weiter fortgeschritten seien als das dritte Reich, das ausschließlich der Astralebene angehört. Es verhält sich aber nicht so; denn man darf nicht vergessen, daß, wenn man über diese Phase der Evolution spricht, das Wort «höher» nicht, wie gewöhnlich, fortgeschrittener bedeutet, sonder weniger fortgeschritten, da wir es hier mit der monadischen Essenz auf dem absteigenden Bogen ihres Kreislaufs zu tun haben und Fortschritt daher für die Elementalessenz Abstieg in die Materie bedeutet und nicht, wie für uns, Aufstieg in höhere Ebenen. Wenn der Forscher sich dies nicht ständig klar vor Augen hält, wird er immer wieder auf verwirrende Anomalien stoßen, und seinem Blick für diese Seite der Entwicklung wird ein umfassendes Verständnis fehlen.

Die allgemeinen Merkmale wurden ziemlich ausführlich im Abschnitt über die Astralebene dargestellt, und alles, was dort über die Zahl der Unterabteilungen der Reiche und ihre wunderbare Beeindruckbarkeit durch das menschliche Denken gesagt wurde, gilt in gleicher Weise auch für diese himmlischen Arten. Einige Worte sind vielleicht hinzuzufügen, wie die sieben horizontalen Unterabteilungen jedes Reiches in Beziehung zu den verschiedenen Teilen der Mentalebene angeordnet sind. Im Falle des ersten Elementalreiches entspricht dessen höchste Unterabteilung der ersten Unterebene, während die zweite und dritte Unterebene in je drei Teile geteilt ist, von denen jeder je einer Unterabteilung des ersten Elementalreiches als Lebensbereich dient. Das zweite Reich verteilt sich über die niedere Himmelswelt; seine höchste Unterabteilung entspricht der vierten Unterebene, während die fünfte, sechste und siebente Unterebene in je zwei Teile geteilt ist, um die übrigen aufzunehmen.

Wie die Essenz sich entwickelt

Es ist schon in den früheren Kapiteln dieses Abschnittes so viel über die Wirkung der Gedanken auf die mentale Elementalessenz geschrieben worden, daß es nicht nötig sein wird, diesen Teil des Gegenstandes hier noch einmal zu berühren. Aber wir müssen beachten, daß die Essenz hier, soweit dies überhaupt möglich ist, noch unmittelbarer für die Gedankentätigkeit empfänglich ist als auf der Astralebene. Die wunderbare Feinheit; mit der sie auf die leiseste Regung des Denkens reagiert, ist unseren Forschern immer wieder aufgefallen. Wir werden diese Fähigkeit besser verstehen, wenn wir uns klar machen, daß eben in diesem Reagieren das eigentliche Leben der Essenz liegt und daß ihr Fortschritt sehr durch den Gebrauch gefördert wird, der von ihr durch die Denkvorgänge jener entwickelteren Wesen gemacht wird, an deren Entwicklung sie Anteil hat.

Wenn man sich diese Essenz für einen Augenblick frei von dem Einflusse jeglicher Gedankentätigkeit vorstellen könnte, so würde sie nur als eine Ansammlung kleinster tanzender Atome erscheinen, zwar von wunderbar intensivem Leben durchdrungen, aber wahrscheinlich mit nur wenig Fortschritten auf ihrem absteigenden Weg der Involution in die Materie. Wenn sie aber von Gedanken ergriffen und zur Aktivität gebracht wird, wenn sie auf den Rupa-Stufen in die verschiedensten lieblichen Formen, auf den Arupa-Stufen zu blitzartigen leuchtenden Strömen gestaltet wird, dann empfängt sie einen deutlichen zusätzlichen Impuls, der ihr, wenn er oft wiederholt wird, auf ihrem Wege weiterhilft. Denn wann immer von diesen höheren Ebenen aus ein Gedanke auf irdische Angelegenheiten gerichtet wird, schwingt er naturgemäß abwärts und nimmt Materie der niedrigeren Ebenen an sich. Dadurch bringt er die Elementalessenz in Berührung mit dieser Materie und gewöhnt sie allmählich daran, auf niedrigere Schwingungen zu reagieren; das aber unterstützt ihre Entwicklung abwärts in die Materie beträchtlich.

Sehr auffallend wird die Elementalessenz auch durch Musik beeinflußt– durch die wunderbaren Fluten herrlicher Töne, die, wie wir schon früher erwähnten, auf diesen erhabenen Ebenen von den großen Meistern der Melodie ausgeströmt werden, die dort in viel vollkommenerer Weise jene Arbeit fortsetzen, die sie hier auf dieser trüben Erde nur begannen.

Noch eines sollten wir beachten, nämlich den ungeheuren Unterschied zwischen der Größe und Kraft des Denkens auf dieser Ebene und der verhältnismäßigen Schwäche jener Bemühungen, die wir hier unten mit diesem Namen auszeichnen. Unser gewöhnliches Denken nimmt im Verstandeskörper auf der niederen Mentalebene seinen Anfang und umkleidet sich beim Herabsteigen mit der dazu passenden astralen Elementalessenz. Wenn ein Mensch aber so weit fortgeschritten ist, daß sein Bewußtsein in seinem wahren Selbst in der höheren Himmelswelt aktiv ist, dann nimmt sein Denken dort seinen Anfang, es kleidet sich zuerst in die Elementalessenz der niedrigeren Stufen der Mentalebene und ist daher unendlich feiner, durchdringender und in jeder Beziehung wirksamer. Ist das Denken ausschließlich auf höhere Dinge gerichtet, dann können seine Schwingungen zu fein sein, um überhaupt auf der Astralebene Ausdruck zu finden; wenn sie aber diese niedrigere Materie beeinflussen, dann werden sie dies mit viel weiter reichender Wirkung tun als jene Gedanken, die in größerer Nähe zu dieser Ebene erzeugt wurden.

Wenn man diesen Gedanken noch eine Stufe weiter verfolgt, dann sieht man, daß der Gedanke eines Eingeweihten auf der buddhischen Ebene seinen Anfang nimmt, weit über der Mentalebene, und daß er sich die Elementalessenz der höchsten Himmel zum Gewande nimmt, während der Gedanke eines Adepten aus Nirwana selbst herabströmt, und zwar mit der ungeheuren, unabschätzbaren Kraft der Regionen, die jenseits der Reichweite des gewöhnlichen Menschentums liegen. Je höher unser Wahrnehmungsvermögen steigt, desto weitere und weitere Gebiete nützlicher Arbeit für unsere wachsenden Fähigkeiten sehen wir vor uns, und wir werden gewahr, wie richtig der Ausspruch ist, daß die Arbeit eines Tages in Bereichen dieser Art sehr wohl die Wirksamkeit jahrtausendelangen Mühens auf der physischen Ebene zu übersteigen vermag.

Das Tierreich

Das Tierreich ist auf der Mentalebene durch zwei Hauptabteilungen vertreten. In der niederen Himmelswelt finden wir die Gruppenseelen, an die der bei weitem größte Teil der Tiere angeschlossen ist, und auf der dritten Unterebene die Kausalkörper der verhältnismäßig wenigen Angehörigen dieses Reiches, die schon individualisiert sind. Diese letzeren sind jedoch, genau genommen, keine Tiere mehr; sie sind die einzigen Beispiele von ganz primitiven Kausalkörpern, die man heute noch sehen kann, von unentwickelter Größe und nur sehr schwach gefärbt von den ersten Schwingungen neu erworbener Eigenschaften.

Nach dem Tode auf der physischen und astralen Ebene hat das individualisierte Tier ein sehr langes, wenn auch oft etwas traumhaftes Leben in der niederen Himmelswelt. Sein Zustand ist während dieser Zeit dem der Menschenwesen in der gleichen Region ähnlich, wenn auch von weit geringerer mentaler Aktivität. Das Tier ist, wenn es derselben auch nur traumhaft bewußt ist, von seinen eigenen Gedankenformen umgeben, und diese schließen sicher die Gestalten seiner Freunde auf Erden ein, und zwar in ihren besten und mitfühlendsten Stimmungen. Und da eine Liebe, die stark und selbstlos genug ist, um ein solches Bild zu gestalten, auch stark genug sein muß, um die Seele des Wesens zu erreichen, auf das sie sich richtet, und ihr eine Antwort zu entlocken, können selbst diese Tiere, die wir mit unserer Liebe und Güte umgaben, zum Dank dafür auch ihren kleinen Beitrag zu unserer Entwicklung leisten.

Wenn das individualisierte Tier sich in seinen Kausalkörper zurückzieht, um auf jene Drehung des Rades der Entwicklung zu warten, die ihm die Gelegenheit zu einer ersten primitiven menschlichen Verkörperung geben soll, scheint es fast alles Bewußtsein von äußeren Dingen zu verlieren und die Zeit in einer Art seliger Trance und tiefsten Friedens und Zufriedenseins zu verbringen. Selbst darin findet sicher eine innere Entwicklung irgendwelcher Art statt, wenn wir ihre Natur auch schwer zu begreifen vermögen. Aber sicher ist zumindest, daß jedes Wesen, das mit der Himmelswelt in Berührung kommt, ob es gerade erst in die menschliche Entwicklung eintritt oder sich schon vorbereitet, über sie hinauszuschreiten, in ihr die höchste Seligkeit erlebt, die zu empfinden es auf seiner Stufe fähig ist.

Die Dewas oder Engel

Über diese wunderbaren und erhabenen Wesen kann nur weniges in menschlicher Sprache ausgedrückt werden, und das meiste von dem, was wir wissen, ist bereits in dem Abschnitt über die Astralebene gesagt worden. Es braucht dies daher hier nicht wiederholt werden, und wir wollen uns hier nur ergänzend mit dem befassen, was über die beiden großen Abteilungen dieses Reiches, die die Mentalebene bewohnen, im besonderen gesagt werden kann. Jede dieser beiden Abteilungen umfaßt viele verschiedene Klassen, aber ihr Leben ist in jeder Hinsicht von unserem eigenen so weit entfernt, daß es unnütz sein würde, sich zu bemühen, mehr als eine ganz allgemeine Vorstellung davon zu vermitteln. Ich glaube, daß ich den Eindruck, den diese Wesen auf unsere Forscher machten, nicht besser wiedergeben kann als dadurch, daß ich wörtlich wiederhole, was einer von ihnen zur Zeit unserer Forschungen aussprach: „Ich empfange den Eindruck eines über alle Beschreibungen erhabenen Bewußtseins – eines über alle Begriffe herrlichen, aber doch fremden und andersartigen Bewußtseins – so gänzlich verschieden von allem, was ich jemals zuvor empfunden habe, so unähnlich jeder möglichen Art menschlichen Erlebens, daß es absolut hoffnungslos ist zu versuchen, es in Worte zu fassen.“

Ebenso hoffnungslos ist es, hier auf der physischen Ebene irgendeine Beschreibung des Aussehens dieser mächtigen Wesen zu geben, denn dieses ändert sich mit jeder Gedankenrichtung, der sie folgen. Etwas früher in diesem Abschnitt haben wir schon die Großartigkeit und wunderbare Ausdruckskraft ihrer Farbensprache erwähnt, und aus einigen kurzen Andeutungen wird man auch schon entnommen haben, daß es unter bestimmten Umständen für menschliche Bewohner dieser Ebene möglich ist, viel von den Dewas zu lernen. Man wird sich vielleicht erinnern, wie einer von ihnen die Gestalt der heiligen Cäcilie im Himmelsleben eines jungen Chorsängers beseelte und ihn in einer Musik unterrichtete, die weitaus großartiger war als irgendetwas, das jemals von irdischen Ohren vernommen wurde, und wie in einem anderen Falle Dewas, die mit der Lenkung bestimmter planetarischer Einflüsse in Verbindung standen, einen Astronomen in seiner Entwicklung förderten.

Ihre Beziehung zu den Naturgeistern (über diese vergleiche den Abschnitt über die Astralebene) könnten als jenen der Menschen zur Tierwelt ähnlich beschrieben werden, wenn auch auf einer höheren Stufe, denn ebenso, wie ein Tier die Individualisierung nur im Zusammensein mit dem Menschen erlangen kann, kann ein Naturgeist, wie es scheint, normalerweise eine bleibende reinkarnierende Individualität nur dadurch erlangen, daß er sich in ähnlicher Weise an einzelne Dewas bestimmter Ordnungen anschließt.

Im übrigen kann nichts, was über diese große Entwicklungslinie der Engel gesagt wurde oder überhaupt gesagt werden kann, mehr als den Rand eines ungeheuren Themas streifen, und es muß jedem Leser überlassen bleiben, es selbst weiter zu erkunden, sobald er das Bewußtsein auf diesen höheren Ebenen entwickelt hat. Aber was wir darüber geschrieben haben, mag doch, so mangelhaft es ist und sein muß, dazu helfen, dem Menschen eine schwache Vorstellung von der ungeheuren Zahl der Helfer zu geben, mit denen er im Laufe seines Fortschrittes in Berührung kommen wird, und daß jedes Streben, das seine vermehrten Fähigkeiten ihm bei seinem Aufstieg ermöglichen, durch die wohltätigen Einrichtungen, die die Natur für ihn geschaffen hat, mehr als befriedigt werden wird.

III. KÜNSTLICHE WESEN

Über diesen Teil unseren Gegenstandes braucht nur sehr wenig gesagt zu werden. Die Mentalebene ist noch viel mehr als die Astralebene mit künstlichen Elementalen bevölkert, die durch die Gedanken ihrer Bewohner in ein vorübergehendes Dasein gerufen worden sind. Und wenn man bedenkt, wieviel großartiger und machtvoller das Denken auf dieser Ebene ist, und daß seine Kräfte nicht nur von verkörperten und entkörperten Menschen ausgeübt werden, sondern auch von den Dewas und von Besuchern aus noch höheren Ebenen, wird man sofort einsehen, daß die Bedeutung und der Einfluß dieser künstlichen Wesen kaum übertrieben werden kann. Es ist nicht nötig, hier noch einmal zu wiederholen, was schon in dem Abschnitt über die Astralebene über die Wirkung der menschlichen Gedanken und über die Notwendigkeit gesagt wurde, diese sorgfältig zu behüten. Dort wurde auch bei der Beschreibung der Gedankenwirkung auf den Rupa- und Arupa-Ebenen genügend gesagt, um zu zeigen, wie ein künstliches Elemental der Mentalebene zum Entstehen gebracht wird, und um eine allgemeine Vorstellung von der unendlichen Vielfalt der so erzeugten zeitweiligen Wesenheiten und der ungeheuren Wichtigkeit der Arbeit zu geben, die ständig durch ihre Vermittlung geleistet wird. Sie werden in großem Maße von den Adepten und ihren eingeweihten Schülern verwendet, und es braucht kaum gesagt zu werden, daß ein von so machtvollen Intellekten gebildetes Elemental ein Wesen mit unendlich viel längerem Dasein und verhältnismäßig größerer Kraft ist, als irgendeines von jenen, die bei der Behandlung der Astralebene beschrieben wurden.

SCHLUSSWORT

Wenn wir auf das Geschriebene zurückblicken, überkommt uns vor allem ein beschämendes Gefühl, wie unzulänglich alle Versuche einer Beschreibung waren, und wie hoffnungslos es ist, sich zu bemühen, die unaussprechlichen Herrlichkeiten der Himmelswelt jemals in Worte zu fassen. Aber so bedauerlich unvollkommen eine Schrift wie diese auch sein muß, so ist sie doch besser als nichts, und sie mag dazu dienen, dem Leser wenigstens eine schwache Ahnung davon zu geben, was ihn auf der anderen Seite des Grabes erwartet. Und obgleich er, sobald er dieses helle Reich der Seligkeit erreicht, sicherlich viel mehr finden wird, als man ihn erwarten ließ, so hoffen wir doch, daß für ihn hinsichtlich keiner der Informationen, die ihm hier gegeben wurden, ein Umlernen nötig sein wird.

Der Mensch besitzt in seiner gegenwärtigen Konstitution noch zwei Prinzipien, die zu zwei Ebenen gehören, die noch höher sind als die Mentalebene, denn sein Buddhi repräsentiert ihn auf der Ebene, die wir eben aus diesem Grunde die buddhische nennen, und sein Atma (der göttliche Funken in ihm) auf jener dritten Ebene des Sonnensystems, die gewöhnlich die nirwanische genannt wird. Im Durchschnittsmenschen sind diese höchsten Prinzipien bis jetzt fast völlig unentwickelt, und jedenfalls sind die Ebenen, zu denen sie gehören, noch weit mehr jeder Möglichkeit einer Beschreibung entrückt als die mentale. Es muß genügen zu sagen, daß auf der buddhischen Ebene alle Begrenzungen wegzufallen beginnen und daß sich das Bewußtsein des Menschen erweitert, bis es, nicht mehr bloß in der Theorie, sondern durch eigene Erfahrung dessen gewahr wird, daß das Bewußtsein seiner Mitmenschen in seinem eigenen miteingeschlossen ist, und er fühlt, erkennt und erlebt in vollem Mitempfinden alles, was in ihnen ist, denn all dies ist in Wahrheit ein Teil von ihm selbst.

Auf der nirwanischen Ebene bewegt er sich noch eine Stufe höher, und er wird dessen gewahr, daß ihr Bewußtsein und das seine in einem noch höheren Sinn eines sind, da sie alle in Wirklichkeit nur Facetten des unendlich größeren Bewußtseins des Logos sind, in dem alle leben, weben und ihr Dasein haben, so daß, wenn „der Tropfen Tau in das leuchtende Meer rinnt", die Wirkung eher eine solche ist, als ob der Vorgang umgekehrt wäre und das Meer sich in den Tropfen ergösse, der nun zum ersten Mal dessen gewahr ist, daß er der Ozean ist – nicht ein Teil von ihm, sondern der ganze Ozean.

Das ist paradox, unbegreiflich und scheinbar unmöglich; aber es ist absolut wahr. Aber zumindest soviel können wir erfassen, daß der gesegnete Zustand von Nirwana nicht, wie manche unwissenderweise annehmen, der Zustand eines leeren Nichtseins ist, sondern der einer weit intensiveren, wohltätigeren Aktivität, und daß, je höher wir auf der Leiter der Natur emporsteigen, auch unsere Möglichkeiten größer werden, unser Wirken für andere machtvoller und weitreichender, und daß unbeschränkte Weisheit und Macht nur unbeschränkte Fähigkeit zum Dienen bedeuten, da sie von grenzenloser Liebe geleitet werden.

DIE LEHRE DES WACHSTUMS (BAND I)

DRITTES BUCH

C.W. Leadbeater

Träume

Ihr Mechanismus, ihr Auftreten, ihre Arten, Experimente über Traumzustände

F. HIRTHAMMER VERLAG MÜNCHEN

I.

EINLEITUNG

Alle Leser dieser Zeilen haben geträumt, – wahrscheinlich pflegen viele von ihnen häufig zu träumen; sie werden sich deshalb für einen Versuch interessieren, die Traumerscheinungen im Lichte der theosophischen Untersuchungsmethode zu betrachten und zu erörtern. Die geeignetste Behandlungsweise wird wohl folgende sein: zuerst eingehend den physischen, ätherischen und astralen Mechanismus zu betrachten, durch den Eindrücke auf unser Bewußtsein übertragen werden; sodann zu sehen, wie das Bewußtsein seinerseits diesen Mechanismus beeinflußt und benutzt; drittens, den Zustand des Bewußtseins und seines Mechanismus während des Schlafes festzustellen; und endlich viertens, zu untersuchen, wie die verschiedenen Arten Träume, welche die Menschen erleben, dadurch hervorgerufen werden.

II.

DER MECHANISMUS

1. Der physische Mechanismus

Zuerst wenden wir uns also dem physischen Teil des Mechanismus zu. Wir haben in unserem Körper eine große Zentralachse, aus Nerven-Materie bestehend, welche in das Gehirn übergeht. Von dieser Achse laufen durch den Körper Nervenfäden nach jeder Richtung aus. Diese Nervenfäden sind es, welche der modernen wissenschaftlichen Theorie nach alle Eindrücke von außen vermittelst ihrer Schwingungen dem Gehirn zuführen. Und dieses letztere übersetzt nach dem Empfang dieser Eindrücke dieselben in Gefühle und Empfindungen, so daß, wenn ich meine Hand auf einen Gegenstand lege und fühle, daß er heiß ist, es eigentlich nicht meine Hand ist, welche fühlt, sondern mein Gehirn, das auf die Benachrichtigung reagiert, welche ihm durch die Schwingungen übermittelt wurden, die den Telegraphendrähten, den Nervenfäden, entlang laufen.

Es ist wichtig, sich auch dessen zu erinnern, daß alle Nerven der Konstitution nach gleich sind, und daß das besondere Bündel, welches wir den optischen Nerv nennen, das dem Gehirn Eindrücke der Retina des Auges überbringt und uns so befähigt zu sehen, von den Nerven der Hände und Füße sich nur dadurch unterscheidet, daß es im Laufe langer Zeitalter der Entwicklung sich dahin spezialisiert hat, sehr leicht eine bestimmte kleine Gruppe von äußerst schnellen Schwingungen zu empfangen und zu übermitteln, welche dann für uns als Licht sichtbar werden. Dasselbe gilt auch für unsere andren Sinnesorgane. Die Gehör-, die Geruch-, die Geschmack-Nerven unterscheiden sich von einander und von den übrigen nur durch diese Spezialisierung; dem Wesen nach sind sie dasselbe, und ihre Arbeit, dem Gehirn Schwingungen zu übermitteln, tun sie in genau derselben Weise.

Unser Gehirn nun, welches also der große Mittelpunkt unseres Nerven-Systems ist, wird selbst durch leichte Schwankungen unseres Gesundheitszustandes sofort, ganz besonders durch solche, welche eine Veränderung der Blutzirkulation in ihm mit sich bringen, beeinflußt. Wenn der

Strom durch die Blutgefäße des Kopfes normal und regelmäßig läuft, befindet sich das Gehirn, und damit das ganze Nerven-System, in der Lage, in normaler,ordentlicher und wirkungsvoller Weise zu arbeiten. Aber jede Änderung in dieser normalen Zirkulation, sei es in Betreff der Menge, der Beschaffenheit oder Geschwindigkeit, ruft sofort eine entsprechende Wirkung auf das Gehirn hervor und durch dies auf alle Nerven im ganzen Körper.

Wenn z.B. dem Gehirn zuviel Blut zugeführt wird, so tritt eine Überfüllung der Gefäße ein, und damit werden sofort Unregelmässigkeiten in seiner Tätigkeit hervorgerufen, wenn zu wenig, wird das Gehirn (und damit auch das Nervensystem) zuerst überreizt und dann schlafsüchtig (lethargisch). Die Qualität des zugeführten Blutes ist ebenfalls von großer Wichtigkeit. Während es durch den Körper rinnt, hat es zwei Aufgaben zu vollbringen – Sauerstoff zuzuführen und den verschiedenen Organen Nahrung zu liefern. Wenn es nun unfähig ist, eine dieser Funktionen normal zu erfüllen, erfolgt eine Störung. Ist die Zufuhr von Sauerstoff zum Gehirn ungenügend, so wird es mit Kohlensäure überladen, und Schwere und Schlafsucht stellen sich bald ein. Ein gewöhnliches Beispiel hiervon ist das Gefühl der Dumpfheit und Schläfrigkeit, welches uns häufig in einem überfüllten und schlecht belüfteten Raume überkommt. Infolge der Erschöpfung des Sauerstoffes in dem Raume durch die fortgesetzte Atmung zahlreicher Menschen erhält das Gehirn nicht seine nötige Zufuhr und ist daher unfähig, seine Funktion ordentlich zu verrichten.

Und weiter: Die Geschwindigkeit, mit welcher das Blut durch die Adern rinnt, beeinflußt die Tätigkeit des Gehirns; ist sie zu groß, ruft sie Fieber hervor, ist sie zu gering, tritt Schlafsucht ein. Es ist daher augenscheinlich, daß unser Gehirn (durch welches, wie man sich erinnern wird, alle physischen Eindrücke hindurchgehen müssen) sehr leicht gestört und durch scheinbar unbedeutende Veranlassungen in der richtigen Ausführung seiner Aufgabe mehr oder weniger behindert werden kann, Veranlassungen, welchen wir selbst in der Zeit des Wachens meistens gar keine Aufmerksamkeit schenken, von denen wir aber während des Schlafes sicher nichts bemerken.

Bevor wir weitergehen, muß noch auf eine weitere Besonderheit dieses Mechanismus hingewiesen werden. Dies ist seine bemerkenswerte Neigung automatisch Schwingungen zu wiederholen, auf die zu reagieren, es sich gewöhnt hat .Dieser Eigenheit des Gehirns sind alle jene körperlichen Gewohnheiten und Manieren zuzuschreiben, welche vollständig unabhängig vom Willen oft sehr schwer abzulegen sind, und diese Eigenheit spielt, wie man gleich sehen wird, in unserem Leben während des Schlafes eine noch wichtigere Rolle als im Wachen.

2. Der ätherische Mechanismus

Bisher hatten wir nur das Gehirn in Betracht gezogen; aber nicht nur durch dieses empfängt der Mensch Eindrücke. Im Umfang fast ihm entsprechend und seine sichtbare Form durchdringend ist sein ätherischer Doppelkörper (der früher in der theosophischen Literatur Linga Scharira genannt wurde), und auch dieser hat ein Gehirn, welches in Wircklichkeit nicht weniger materiell ist als das erstere, wenn es auch aus einer Materie besteht, die noch feiner als die gasförmige ist. Wenn wir mit psychischem Sehvermögen den Körper eines neugeborenen Kindes untersuchen, so finden wir es nicht nur von astraler Materie in jedem Dichtigkeitsgrade durchdrungen, sondern auch von den verschiedenen Graden ätherischen Stoffes. Wenn wir uns die Mühe geben, diese inneren Körper bis zu ihrem Ursprung zurückzuverfolgen, so finden wir, daß der ätherische Doppelkörper – die Form, in welche der physische Körper hineingebaut ist – aus letzterem von den Gehilfen der Herren des Karma gestaltet wird, während die astrale Materie von dem herabsteigenden Ego (natürlich nicht bewußt, sondern automatisch) beim Durchgang durch die astrale Ebene um sich gesammelt wurde. Dies bedeutet nur, daß auf dieser Ebene nun jene Neigungen weiter entwickelt werden, deren Saat während der Erfahrungen im Devachan im Schlafe lag, denn diese konnten auf letzter Ebene nicht keimen, da ihnen dort der für ihren Ausdruck nötige Grad der Materie fehlte. Nun – dieser ätherische Doppelkörper ist oft der Träger des menschlichen Lebens-Äthers oder seiner Lebenskraft (im Sanskrit Prana) genannt worden, und jeder, der das psychische Sehvermögen entwickelt hat, kann genau sehen, daß diese Bezeichnung der Wirklichkeit entspricht. Er sieht, daß das Solare Lebensprinzip, beinahe farblos, doch intensiv leuchtend und aktiv, fortgesetzt von der Sonne in die Atmosphäre der Erde überströmt; er sieht, wie der ätherische Teil seiner Milz in Ausübung seiner wunderbaren Funktion dieses universale Leben in sich aufnimmt und es zu Prana spezialisiert, so daß es besser vom Körper assimiliert werden kann; wie es dann überall durch den Körper läuft, jedem Nervenfaden entlang in winzigen Kügelchen mit lieblich rosigem Schein, und bewirkt, daß die Wärme des Lebens, der Gesundheit und der Tätigkeit jedes Atom des ätherischen Doppelkörpers durchdringt, wie die rosenfarbenen Partikelchen absorbiert werden und das überschüssige Prana endlich von dem Körper nach jeder Richtung in bläulich-weißem Lichte ausstrahlt.

Wenn er die Tätigkeit dieses Lebens-Äthers weiter untersucht, wird es ihm bald einleuchten, daß die Übermittlung der Eindrücke nach dem

Gehirn mehr von dem regelmässigen Strömen desselben in den ätherischen Teilen der Nervenfäden abhängt als von den bloßen Schwingungen ihrer dichteren und sichtbaren Teilchen, wie gewöhnlich angenommen wird. Es würde zu viel Raum in Anspruch nehmen, wenn wir alle Versuche einzeln darlegen wollten, durch welche diese Theorie gestützt wird, aber die Erwähnung des einen oder anderen wird genügen, um die Richtung anzugeben, in welcher sie angestellt worden sind.

Wenn ein Finger vor Kälte ganz erstarrt ist, hat er kein Gefühl mehr. Dieselbe Erscheinung der Gefühllosigkeit kann leicht durch einen Mangnetiseur willentlich dadurch hervorgerufen werden, daß er einige Striche über den Arm seines Patienten macht und ihn dadurch in eine Verfassung versetzt, daß er mit einer Nadel gestochen oder mit der Flamme einer Kerze gebrannt werden kann, ohne daß er den leisesten Schmerz fühlt.–Weshalb fühlt nun die Person in beiden Fällen nichts?–Die Nervenfäden sind noch da, und wenn auch im ersten Fall zugestanden werden mag, daß ihre Tätigkeit durch Kälte und durch Fehlen des Blutes in den Gefäßen gelähmt wird, so kann dies sicher nicht der Grund im zweiten Fall sein, wo der Arm seine normale Temperatur behält und das Blut wie gewöhnlich zirkuliert.

Wenn wir einen Hellsehenden zu Hilfe rufen, können wir einer richtigen Erklärung näher kommen, denn er wird uns mitteilen, das der erfrorene Finger deshalb erstorben scheint und das Blut nicht durch die Gefäße rinnen kann, weil der rosige Lebensäther nicht mehr an den Nervenfäden entlang fließt. Denn man muß bedenken, daß, wenn auch der Stoff im Äther-Zustand unsichtbar ist, er doch rein physisch ist und deshalb von Hitze und Kälte beeinflußt werden kann.

Beim zweiten Fall wird er uns erklären, daß der Magnetiseur die Striche macht, durch welche der Arm gefühllos wird, er in Wirklichkeit seinen eignen Nerven-Äther (oder Magnetismus, wie er häufig genannt wird) in den Arm überströmen läßt und dadurch den des Patienten so lange zurückdrängt. Der Arm ist noch warm und lebend, weil noch Lebens-Äther durch ihn kursiert, aber da es nicht mehr der eigene spezialisierte Lebens-Äther des Patienten ist und er daher nicht mit dessen Gehirn im Rapport ist, so überbringt er keine Nachrichten an dieses Gehirn und der Patient hat deshalb kein Gefühl in dem Arme. Hiernach scheint es bewiesen, daß, wenn es auch nicht unbedingt der Lebensäther ist, der dies Überbringen der Eindrücke von außen auf das menschliche Gehirn ausführt, seine Gegenwart, und zwar in der durch den Menschen selbst spezialisierten Form nötig ist, wenn die Übertragung die Nervenfäden entlang vor sich gehen soll.

Gerade wie nun jede Änderung in der Zirkulation des Blutes die

Empfänglichkeit der dichteren Gehirnmasse beeinflußt und dadurch die Zuverlässigkeit der durch diese vermittelten Eindrücke modifiziert, so wird der Zustand des ätherischen Teiles des Gehirns durch jede Änderung in der Menge und in der Geschwindigkeit dieser Lebensströme beeinflußt.

Wenn zum Beispiel die Menge des durch die Milz spezialisierten Nervenäthers aus irgendwelchem Grunde unter den Durchschnitt fällt, fühlt man sofort physische Müdigkeit und Schwäche, und wenn unter diesen Umständen zufällig die Geschwindigkeit der Zirkulation desselben sich steigert, wird der Mensch in hohem Grade sensitiv und erregbar und vielleicht sogar hysterisch. In einem solchen Zustande ist er häufig für psychische Eindrücke empfindlicher, als er es im normalen Zustand ist, und so kommt es häufig vor, daß er Visionen und Erscheinungen sieht, die für seine robusteren Mitmenschen nicht sichtbar sind. Wenn anderseits die Menge und Geschwindigkeit des Lebensäthers beide gleichzeitig herabgemindert sind, empfindet der Mensch eine starke Mattigkeit, wird unempfänglicher gegen äußere Eindrücke und hat ein allgemeines Gefühl, als sei er zu schwach um sich um das zu kümmern, was mit ihm geschieht.

Man darf auch nicht vergessen, daß die ätherische Materie, von der wir gesprochen haben, und die dichtere Materie, aus der nach der gewöhnlichen Ansicht das Gehirn besteht, beides in Wirklichkeit Teile eines und desselben physischen Organismus sind, und daß darum keiner angegriffen werden kann, ohne sofort auch eine Wirkung auf den anderen auszuüben. Infolgedessen ist nur dann Sicherheit vorhanden, daß Eindrücke durch diesen Mechanismus genau übermittelt werden, wenn beide Teile normal und regelmäßig arbeiten. Irgendeine Unregelmäßigkeit in einem der Teile kann seine Empfänglichkeit sehr leicht so sehr schwächen oder stören, daß getrübte und verzerrte Bilder von allen Eindrücken, die sich ihm bieten, entstehen. Im Schlaf ist er sogar, wie wir gleich sehen werden, noch viel mehr als im Wachen zu solchen Irrungen geneigt.

3. Der astrale Mechanismus

Wir haben noch einen Mechanismus in Betracht zu ziehen, den astralen, welcher oft der Begierden-Körper genannt wird. Wie sein Name schon sagt, ist dieser Körper ausschließlich aus astraler Materie zusammengesetzt. Es ist die Erscheinungsform des Menschen auf der astralen Ebene, gerade wie sein dichterer, physischer Körper seine Erscheinungsform auf den niedrigeren Stufen der physischen Ebene ist. Nebenbei gesagt, der theosophische Forscher wird sich viele Mühe ersparen, wenn er sich daran gewöhnt, diese verschiedenen Körper einfach als die wirkende Erscheinungsform des Egos auf den verschiedenen Ebenen anzusehen. Wenn er z.B. sich klar macht, daß der Kausal-Körper (manchmal auch das aurische Ei genannt) der wirkliche Körper des sich verkörpernden Egos ist und daß dieser so lange von ihm bewohnt wird, als es auf dieser Ebene, seiner wahren Heimat, den höheren Stufen der Mentalwelt verweilt; daß es aber, wenn es in die niederen Stufen hinabsteigt, sich in deren Materie hüllen muß, um sich auf ihnen betätigen zu können, und daß die Materie, welche es so zu sich heranzieht, seinen Verstandeskörper bildet. Ebenso, wenn er auf die Astral-Ebene herabsteigt, formt er seinen Astral- oder Begierden-Körper aus deren Materie, obgleich er seine anderen Körper selbstverständlich beibehält; und bei seinem weiteren Herabsteigen auf die allerniedrigste Ebene wird der physische Körper inmitten der eiförmigen Aura gebildet, welche so den vollständigen Menschen enthält.

Dies astrale Werkzeug nun ist noch empfindlicher gegen äußere Eindrücke als der physische und der ätherische Körper; denn es ist selbst der Sitz aller Wünsche und Erregungen, – das verbindende Glied, durch welches das Ego allein Erfahrungen aus seinem physischen Leben sammeln kann. Es ist besonders empfänglich für den Einfluß vorüberziehender Gedankenströme, und wenn der Verstand es nicht ständig überwacht, empfängt es fortgesetzt diese Antriebe von außen und reagiert eifrig darauf.

Auch dieser Mechanismus wird, wie die anderen, während des Schlafes des physischen Körpers leichter beeinflußt.

Daß dies so ist, kann man häufig beobachten. Ein gutes Beispiel dafür wurde kürzlich dem Verfasser erzählt, wo ein früherer Trinker die Schwierigkeiten beschrieb, welche seiner Besserung im Wege standen. Er teilte mit, daß es ihm nach einer langen Periode vollständiger Enthaltsamkeit gelungen war, das physische Verlangen nach Alkohol gänzlich auszurotten, so daß er im Wachen einen vollständigen Abscheu davor empfand. Dennoch träumte ihm häufig, daß er trinke, und in diesen Träumen fühlte er das alte, schreckliche Vergnügen an solcher Herabwürdigung.

Also wurde augenscheinlich seine Begierde tagsüber durch den Willen im Zaum gehalten, und zufällige Gedanken-Formen oder vorüberziehende Elementale waren nicht imstande, irgend einen Eindruck auf ihn zu machen. Aber wenn der Astral-Körper im Schlafe frei wurde, entschlüpfte er bis zu einem gewissen Grade der Herrschaft des Egos, und seine natürliche, äußerst lebhafte Empfänglichkeit erfaßte ihn aufs neue so energisch, daß er wieder eifrig auf diese niedrigen Einflüsse reagierte. Er gab sich in der Einbildung wieder dem schädlichen Vergnügen der abscheulichen Ausschweifung hin.

III.

DAS EGO

Alle diese verschiedenen Teile des Mechanismus sind in Wirklichkeit nur Werkzeuge des Ego, obgleich seine Beherrschung häufig noch sehr unvollkommen ist, denn man darf nicht vergessen, daß das Ego selbst ein sich entwickelndes Wesen ist und daß es bei den meisten von uns kaum mehr als ein Keim von dem ist, was es einst werden soll.

Ein Vers im «Buch des Dzyan» sagt: „Jene, welche nur einen Funken erhielten, bleiben bar der Erkenntnis, der Funke leuchtete schwach." Frau Blavatsky erklärt dies folgendermaßen: „Jene, welche nur einen Funken empfingen, die Durchschnittsmenschheit, welche ihre Intellektualität während der gegenwärtigen manvantarischen Entwicklung zu erlangen hat." (Geheimlehre, II, S. 177). Bei den meisten von ihnen ist der Funke noch im Glimmen, und es wird manches Zeitalter dauern, bis er es im langsamen Fortschritt zu einer stetigen und leuchtenden Flamme gebracht hat.

Zweifellos kommen Stellen in der theosophischen Literatur vor, aus welchen hervorzugehen scheint, daß unser höheres Ego keine Entwicklung braucht, da es schon vollkommen und göttlich auf seiner eigenen Ebene ist. Aber wo diese Ausdrücke gebraucht worden sind, so kann man, was auch immer die sonst benutzte Terminologie sein mag, diese Aussprüche nur für den Atma anwenden, den wahren Gott in uns, welcher sicher weit über die Notwendigkeit irgend einer Art solcher Entwicklung erhaben ist, von der wir uns irgend eine Vorstellung machen können.

Das sich wieder verkörpernde Ego entwickelt sich ganz unzweifelhaft: und den Prozeß seines Fortschritts können diejenigen sehr deutlich sehen, welche ihren hellseherischen Blick so weit entwickelt haben, um das erfassen zu können, was auf den höheren Stufe der Mentalebene vor sich geht. Wie schon bemerkt, aus der Materie dieser Ebene (wenn wir es wagen dürfen, dies noch Materie zu nennen) besteht der verhältnismäßig beständige Kausalkörper, welchen das Ego von Geburt zu Geburt bis zum Ende der menschlichen Stufe seiner Entwicklung beibehält. Aber obgleich jedes individualisierte Wessen notwendig einen solchen Körper haben muß, da der

Besitz eines solchen die Individualisierung ausmacht, so ist sein Aussehen keineswegs in allen Fällen gleich. Im unentwickelten Durchschnittsmenschen können selbst solche, welche den Blick haben, der ihnen die Geheimnisse jener Ebene entschleiert, ihn kaum unterscheiden, denn er ist nur ein feines, farbloses Häutchen – anscheinend eben genügend, um zusammmen zu halten und eine sich wiederverkörpernde Individualität zu bilden, aber nicht mehr.

Sobald aber der Mensch beginnt, Spiritualität oder auch nur höheren Intellekt zu entwickeln, tritt eine Veränderung ein. Das wirkliche Individuum beginnt dann einen dauernden eigenen Charakter zu besitzen, unterschieden von dem, welcher sich in jeder seiner aufeinanderfolgenden Persönlichkeiten durch Erziehung und Umgebung bildet. Und dieser Charakter zeigt sich in Größe, Farbe, Helligkeit und Bestimmtheit des Kausal-Körpers gerade wie derjenige der Persönlichkeit im Verstandeskörper, abgesehen davon, daß dieses höhere Werkzeug natürlich von feiner Art und schöner ist.

Noch in einer anderen Hinsicht unterscheidet er sich glücklicherweise von den niedrigeren Körpern, und zwar dadurch, daß kein Unrecht irgend einer Art sich durch ihn kundgeben kann. Auf dieser Ebene kann der schlechteste Mensch sich im allgemeinen nur als eine unentwickelte Wesenheit darstellen, seine Laster können diese höhere Hülle nicht beschmutzen, selbst wenn er Leben auf Leben sich ihnen hingegeben hat; sie können es nur schwieriger machen, darin die entgegengesetzten Tugenden zu entwickeln.

Andererseits wirkt Ausdauer auf dem rechten Wege sehr bald auf den Kausal-Körper, und bei einem Schüler, welcher einige Fortschritte auf dem Pfade der Heiligkeit gemacht hat, ist sein Anblick wundervoll und lieblich über alle irdischen Begriffe, während derjenige eines Adepten eine großartige Sphäre lebendigen Lichtes darstellt, deren strahlende Glorie kein Wort je beschreiben kann. Derjenige, der nur einmal ein so erhabenes Schauspiel wie dieses erschaut hat und der andrerseits um sich her Individuen erblickt auf allen Stufen der Entwicklung zwischen dieser und der des farblosen Häutchens des gewöhnlichen Menschen, der kann über die Entwicklung des sich wiederverkörpernden Egos nie einen Zweifel verspüren!

Die Macht, welche das Ego über seine verschiedenen Werkzeuge hat, und damit der Einfluß, den es auf sie ausübt, ist natürlich auf den Anfangsstufen nur klein. Weder sein Verstand noch seine Gefühle stehen vollständig unter seiner Herrschaft; jeder Durchschnittsmensch macht kaum eine Anstrengung, sie zu beherrschen, sondern er läßt sich hin = und hertreiben, wie gerade sein niedrigen Gedanken oder Wünsche es ihm eingeben.

Infolgedessen neigen im Schlaf die verschiedenen Teile des Mechanismus, die wir erwähnt haben, dazu, fast ganz nach Belieben ohne Zusammenhang mit dem Ego sich zu betätigen. Die Stufe der Entwicklung ist deshalb einer der Faktoren, welche wir bei der Behandlung des Problemes der Träume in Betracht zu ziehen haben.

Ebenfalls wichtiger ist es für uns, den Anteil festzustellen, welchen dieses Ego an der Bildung unserer Vorstellungen von äußeren Gegenständen hat. Wir müssen bedenken, daß es nur Eindrücke sind, was die Schwingungen der Nervenfäden dem Gehirn überbringen, und es ist die Aufgabe des Ego, vermittels des Verstandes sie zu klassifizieren, sie in Verbindung und in richtige Ordnung zu bringen.

Zum Beispiel, wenn ich aus dem Fenster schaue und ein Haus und einen Baum erblicke, so erkenne ich sie sofort als das, was sie sind, obwohl der Bericht, den mir meine Augen bringen, weit von einer solchen Erkenntnis zurückbleibt. Was wirklich vor sich geht, ist dies: Gewisse Lichtstrahlen – das sind in gewisser, spezieller Art schwingende Ätherströme – werden von diesen Gegenständen zurückgeworfen und treffen die Retina meines Auges, und die sensitiven Nervenfäden überbringen diese Schwingungen dem Gehirn. Aber was haben sie nun zu berichten? Die ganze Nachricht, die sie in Wirklichkeit mitzuteilen haben, ist, daß sich dort verschiedene von mehr oder weniger bestimmten Umrissen begrenzte Farbflecken befinden. Der Verstand ist es, welcher aus früherer Erfahrung die Fähigkeit schöpft zu entscheiden, daß ein bestimmter viereckiger, weisser Gegenstand ein Haus ist, und ein anderer runder, grüner ein Baum, und daß die beiden wahrscheinlich so und so groß und so und so weit von mir entfernt sind.

Eine Person, die blind geboren ist und durch eine Operation erst das Augenlicht erhalten hat, weiß eine Zeitlang nicht, was die Gegenstände sind, welche sie sieht, noch kann sie deren Abstand von ihr beurteilen. Dasselbe gilt von einem Säugling; denn wir sehen oft, daß er nach begehrenswerten Gegenständen, wie z.B. dem Mond, greift, welche weit aus seinem Bereich liegen. Aber wenn er größer wird, lernt er unbewußt durch wiederholte Erfahrung, instinktiv die wahrscheinliche Entfernung und Größe der Dinge zu beurteilen, die er sieht. Aber selbst erwachsene Menschen können sehr leicht über die Entfernungen und infolgedessen über die Größe eines ungewöhnlichen Gegenstandes getäuscht werden, besonders bei unbestimmtem oder Dämmerlicht.

Wir begreifen also, daß das Sehen allein keineswegs zum genauen Verständnis genügt, sondern daß die Unterscheidungskraft des Ego über das Erblickte mittelst des Verstandes ausgeübt werden muß. Wir sehen ferner, daß diese Unterscheidungskraft kein dem Verstande angeborener Instinkt ist, der gleich anfangs vollkommen ist, sondern daß sie das Resultat unbewußten Vergleiches zahlreicher Erfahrungen darstellt – Punkte, welche wir sorgfältig im Auge behalten müssen, wenn wir zum nächsten Teil unseres Gegenstandes kommen.

IV.

DER SCHLAFZUSTAND

Wiederholte Beobachtungen mittelst hellseherischen Blickes haben die Tatsache festgestellt, daß, wenn der Mensch in tiefen Schlaf verfällt, die höheren Prinzipien in ihrer astrale Hülle sich regelmäßig vom Körper trennen und in seiner unmittelbaren Nähe schweben. Ja, es ist eben dieser Vorgang des Austretens, den wir gewöhnlich mit „einschlafen" bezeichnen. Bei der Betrachtung der Vorgänge des Traumes müssen wir daher diese geänderte Ordnung beachten und sehen, wie sie auf das Ego und seine verschiedenen Mechanismen wirkt.

In dem Falle, den wir prüfen wollen, nehmen wir also an, daß sich unsere Versuchsperson in tiefem Schlaf befindet, (einschließlich jenes feineren Teiles von ihr, der oft das ätherische Gegenstück genannt wird), ruhig im Bett liegt, während das Ego in seinem Astral-Körper in gleichmässiger Ruhe über ihr schwebt. Wie gestalten sich unter diesen Umständen der Zustand und das Bewußtsein der verschiedenen Prinzipien oder Teile des Menschen?

l. Das Gehirn

Wenn das Ego für diese Zeit auch darauf verzichtet hat, sein Gehirn unter Kontrolle zu halten, so verliert das letztere doch nicht ganz sein Bewußtsein, wie man vielleicht erwarten sollte. Es geht aus verschiedenen Versuchen hervor, daß der physische Körper eine Art eignen dumpfen Bewußtseins besitzt, ganz gesondert von dem des wirklichen Selbst und von der bloßen Summe des Bewußtseins der einzelnen Zellen. Der Verfasser hat mehrere Male die Wirkung dieses Bewußtseins beobachtet, wenn jemandem nach Einatmen von Lachgas ein Zahn gezogen wurde. Der Körper stieß einen undeutlichen Schrei aus, fuhr mit den Händen unwillkürlich nach dem Mund und zeigte dadurch klar, daß er bis zu einem gewissen Grad den Ruck fühlte, und doch erklärte das Ego, wenn es etwa zwanzig

Sekunden nacher wieder von ihm Besitz ergriff, es selbst habe absolut nichts von der Operation gefühlt. Ich weiß natürlich, daß solche Bewegungen gewöhnlich einer «Reflexwirkung» zugeschrieben werden und daß die Menschen gewohnt sind, diese Behauptung zu akzeptieren, als wäre sie eine wirkliche Erklärung - ohne zu erkennen, daß sie so, wie sie hier verwendet wird, eine bloße Phrase ist,die gar nichts erklärt.

Dieses Bewußtsein, wie es nun sein mag, ist also noch im physischen Gehirn tätig, obgleich das Ego über ihm schwebt, aber sein Begriffsvermögen ist natürlich weit schwächer als das des Menschen selbst und infolgedessen ist alles, was, wie oben erwähnt, geeignet ist, auf die Tätigkeit des Gehirns zu wirken, jetzt in der Lage, weit stärkeren Einfluß auf dasselbe auszuüben. Die leiseste Änderung in dem Zufluß oder Umlauf des Blutes ruft jetzt die gewichtigsten Unregelmäßigkeiten in seiner Tätigkeit hervor; daher kommt es, daß Verdauungsbeschwerden so häufig unruhigen Schlaf und böse Träume verursachen, da sie auf den Lauf des Blutes einwirken.

Aber auch wenn es nicht gestört wird, hat dieses seltsame, dumpfe Bewußtsein manche bemerkenswerte Eingentümlichkeiten. Seine Tätigkeit scheint in einem hohen Grade automatisch zu sein und das Ergebnis ist gewöhnlich unzusammenhängend, sinnlos, ja hoffnungslos verwirrt. Es scheint unfähig, einen Gedanken zu fassen, außer in der Form einer Szene, in welcher es selbst als Mitspieler auftritt, und daher werden alle inneren und äußeren Reize sofort in wahrnehmbare Bilder übersetzt. Es ist unfähig, abstrakte Vorstellungen oder Erinnerungen als solche aufzufassen, sie werden augenblicklich zu imaginären Wahrnehmungen. Wenn man z.B. diesem Bewußtsein den Gedanken des Ruhmes suggerieren würde, so könnte dieser Gedanke nur als das Bild irgendeiner ruhmreichen Persönlichkeit, welche dem Träumer erscheint, in diesem Bewußtsein auftreten. Wenn irgendein Gedanke von Haß das Bewußtsein durchkreuzt, könnte dieser nur als eine Szene erfasst werden, in welcher irgendeine eingebildete Person heftigen Haß gegen den Schläfer zeigt.

Anderseits wird jede Richtung des Gedankens auf eine bestimmte Örtlichkeit für dieses Bewußtsein zu einer wirklicher Ortsveränderung. Wenn wir im Wachen an China oder Japan denken, ist unser Gedanke sozusagen sofort in diesen Ländern, aber trotztem sind wir uns vollkommen dessen bewußt, daß unser physischer Körper dort bleibt, wo er den Augenblick vorher war. In dem Zustand des Bewußtseins, den wir jetzt betrachten, ist jedoch kein kritisches Ego da, um die unmittelbaren Eindrücke ins Gleichgewicht zu bringen. Jeder vorübergehende Gedanke an China oder Japan kann sich nur als eine tatsächliche, augenblickliche Überführung nach diesen Ländern darstellen, und der Träumer glaubt, sich plötzlich dort zu befinden, umgeben von so vielen entsprechenden Umständen, als er in

Erinnerung hat.

Es ist schon oft bemerkt worden, daß solche plötzliche Übergänge im Traume zwar sehr häufig vorkommen, aber daß der Schläfer von dieser Plötzlichkeit niemals überrascht erscheint. Diese Erscheinung ist leicht zu erklären, wenn wir sie im Licht der soeben angestellten Beobachtungen betrachten; denn das Bewußtsein des physischen Gehirns als solches kann kein derartiges Gefühl wie Überraschung empfinden; es fängt einfach die Bilder auf, wie sie vor ihm erscheinen, es kann aber nicht beurteilen, ob sie folgerichtig sind oder nicht.

Eine andere Quelle der außerordentlichen Verwirrung, welche wir in diesem Halbbewußtsein finden, ist die Art und Weise, wie das Gesetz der Gedankenassoziation in ihm wirkt. Die wunderbare, momentane Wirkung dieses Gesetzes im Wachen ist uns allen bekannt. Ein einziges, zufälliges Wort - eine Melodie - selbst der Geruch einer Blume - kann hinreichen, um eine Kette langvergessener Tatsachen ins Gedächtnis zurückzurufen. Im Schlafe nun ist dieses Gesetz ebenso tätig, aber es wirkt unter seltsamen Beschränkungen. Jede solche Reihe von Gedanken, ob abstrakt oder konkret, wird zu einer bloßen Reihe von Bildern. Da nun die Assoziationen unserer Gedanken oft nur dadurch hervorgerufen werden, daß die betreffenden Ereignisse der Zeit nach sich aneinanderreihten, obwohl sie in sich gar keinen Zusammenhang miteinander hatten, so wird man leicht verstehen, daß eine unauflösbare Verwirrung in diesen Bildern die Folge sein muß, denn die Zahl derselben ist nahezu unbegrenzt, da alles, was nur aus dem riesigen Vorrat des Gedächtnisses entnommen werden kann, zum Bilde wird. Selbstverständlich ist eine Reihenfolge solcher Bilder selten vollkommen ins Gedächtnis zurückzurufen, weil kein Zusammenhang vorhanden ist, um dabei zu helfen, gerade so wie es leicht ist, im Wachen einen zusammenhängenden Satz oder den Vers eines Gedichtes auch bei nur einmaligem Hören im Gedächtnis zu behalten, während es ohne ein mnemotechnisches System fast unmöglich ist, genau einen bloßen Haufen sinnloser Wörter festzuhalten.

Eine andere Eigenart dieses merkwürdigen Gehirn-Bewußtseins ist, daß es sich zwar auffallend empfänglich zeigt für die leisesten äußeren Einflüsse, wie Töne und Berührungen, diese aber bis zu einem unglaublichen Grade vergrößert und verzerrt. Alle Schriftsteller über Träume führen hierfür Beispiele an, und jeder wird ja gewiß selbst einige kennen, wenn er diesem Gegenstand etwas Aufmerksamkeit gewidmet hat. Es sei hier an einige häufig erzielte Traumgeschichten erinnert, so an die von dem Manne, der beängstigt träumte, er würde gehängt, weil sein Kragen zu eng war; ein anderer übertrieb das Prickeln einer Nadel in einen verhängnisvollen Stich bei einem Duell; noch ein anderer übersetzte ein leises Kneifen in den Biß eines wilden Tieres. Maury erzählt, daß ein Teil des Querstückes am Kopfende seines Bettgestelles sich löste, herabfiel und dabei leicht seinen Nakken berührte; dennoch rief diese leise Berührung einen schrecklichen Traum von der französischen Revolution hervor, in welchem er glaubte auf der Guillotine zu enden. Ein anderer Schriftsteller erzählt uns, daß er häufig aus dem Schlafe erwachte mit einer Erinnerung an verwirrte Träume, voll von Lärm, von lauten Tönen und donnerähnlichen Geräuschen, und daß er lange Zeit nicht imstande gewesen sei, deren Ursprung zu entdecken. Endlich habe er herausgefunden, daß sie aus dem summenden Geräusch im Ohr entstanden (welches vielleicht durch den Umlauf des Blutes hervorgerufen wird), während es auf dem Kissen liegt, ein Geräusch, daß sehr an das ähnliche, aber lautere Sausen einer Muschel erinnert, wenn man sie an das Ohr hält.

Es wird jetzt einleuchten, daß allein schon aus dem körperlichen Gehirn viele Verwirrungen und Übertreibungen herstammen, die wir bei den Träumen finden, aber dieses ist nur einer der Faktoren, die wir zu betrachten haben.

2. Das ätherische Gehirn

Man kann sich leicht vorstellen, daß dieser Teil des Organismus, welcher selbst während des Wachens auf jeden Einfluß reagiert, im Zustande des Schlafes noch empfänglicher sein muß. Wenn ihn ein Hellsehender unter diesen Umständen untersucht, so sieht er, daß Ströme von Gedanken fortwährend durch dasselbe hindurchziehen, nicht seine eigenen Gedanken – denn es selbst hat keine Fähigkeit zu denken – sondern die zufälligen Gedanken anderer, welche immer um uns herumfluten.

Okkultistische Forscher sind sich darüber klar, daß es wirklich wahr ist, daß „Gedanken Dinge sind", denn jeder Gedanke prägt sich der plastischen Elementalessenz ein und bringt vorübergehend ein lebendes Wesen zum Entstehen, dessen Lebensdauer von der Kraft des ihm gegebenen gedanklichen Antriebes abhängt. Wir leben sozusagen mitten in einem Ozean von Gedanken anderer Menschen, und ob wir schlafen oder wachen, sie bieten sich ununterbrochen unserm ätherischen Gehirn dar. Solange wir aktiv denken und daher unser ätherisches Gehirn voll beschäftigt halten, ist dieses praktisch unzugänglich für den fortwährenden Anstoß der Gedanken von außen, aber sobald wir es unbeschäftigt lassen, beginnt der Strom des zusammenhanglosen Chaos es zu durchfluten. Die meisten Gedanken strömen, ohne assimiliert zu werden, nahezu unbemerkt hindurch, dann und wann kommt einer, welcher Schwingungen erweckt, an die das ätherische

Gehirn gewöhnt ist; sofort greift dieses Gehirn ihn auf, verstärkt ihn und macht ihn sich zu eigen. Dieser Gedanke regt seinerseits einen andern an, und so entwickelt sich eine ganze Reihe von Vorstellungen, bis sie allmählich sich wie der auflöst und der unzusammenhängende, ziellose Strom wieder anfängt durch das Gehirn zu ziehen. Wenn die große Mehrheit der Menschen genau beobachten würde, was sie gewöhnlich ihre Gedanken nennen, würden sie finden, daß sie zum großen Teil aus solchem zufälligen Gedankenstrom stammen - daß es in Wahrheit gar nicht ihre Gedanken sind, sondern abgeworfene Gedanken-Bruchstücke anderer Menschen. Der gewöhnliche Mensch scheint gar keine Kontrolle über seine Gedanken zu haben; er weiß kaum, an was er in einem bestimmten Augenblick denkt oder weshalb er daran denkt. Anstatt seinen Verstand auf irgend einen bestimmten Punkt zu richten, erlaubt er ihm, nach seinem Belieben umherzuschwärmen, oder er läßt ihn brach liegen, so daß irgendein zufälliger Same vom Wind herbeigeführt, keimen und zur Reife gelangen kann.

Die Folge davon ist, daß selbst wenn er, das Ego, wirklich einmal wünscht, konsequent einen besonderen Gedanken durchzudenken, er erst merkt, daß es ihm völlig unmöglich ist. Alle Art Gedankenschwärme strömen ungebeten auf ihn ein, und da er in der Kontrolle seines Verstandes ganz ungeübt ist, so ist es ihm unmöglich, den Strom zu hemmen. Ein solcher Mensch weiß gar nicht, was ein konzentriertes Denken wirklich ist, und es ist gerade dieser äußerste Mangel an Konzentration, diese Schwäche des Verstandes und Willens, was die ersten Stufen der okkulten Entwicklung für den Durchschnittsmenschen so schwierig macht. Da außerdem bei der heutigen Stufe der Entwicklung der Welt mehr schlechte als gute Gedanken in der Welt um ihn her fluten, so macht ihn diese Schwäche für alle Arten Versuchungen zugänglich, denen er bei etwas Sorgfalt und Anstrengung gänzlich ausweichen könnte.

Im Schlaf ist also der ätherische Teil des Gehirns noch mehr als gewöhnlich diesen Gedankenströmen auf Gnade oder Ungnade überlassen, da das Ego während dieser Zeit in weniger enger Beziehung mit ihm sich befindet. Eine merkwürdige Tatsache ergab sich aus einigen kürzlich angestellten Versuchen: Wenn durch irgendwelche Mittel dieser Teil des Gehirns gegen diese Ströme abgeschlossen wird, bleibt es nicht vollständig untätig, sondern fängt sehr langsam und träumerisch an, Bilder aus seinem eigenen Vorrat von Erinnerungen zu entwickeln. Ein Beispiel hierfür wird später gegeben werden, wenn einige dieser Versuche zur Besprechung kommen.

3. Der Astralkörper

Wie schon erwähnt, befindet sich das Ego während des Schlafes in diesem Körper, und diejenigen, deren inneres Auge geöffnet ist, können ihn gewöhnlich über dem im Bett liegenden physischen Körper schweben sehen. Sein Aussehen ist jedoch sehr verschieden, je nach der Stufe der Entwicklung, welche das Ego, zu dem er gehört, erreicht hat.

Beim gänzlich unentwickelten und ungebildeten Menschen ist es nur ein schwebender Nebelring von ungefähr eiförmiger Form, aber sehr unregelmäßigen und unbestimmten Umrissen, und die Gestalt innerhalb des Nebels (das dichter-astrale Gegenstück zum physischen Körper) ist ebenfalls verschwommen, wenn auch im allgemeinen erkennbar. Er ist nur für die gröberen und heftigeren Schwingungen des Begehrens empfänglich und unfähig, sich weiter als einige Meter von seinem physischen Körper zu entfernen. Aber schreitet die Entwicklung fort, so wird der eiförmige Nebel in den Umrissen bestimmter, und die Gestalt in seinem Inneren wird mehr und mehr zu einem vollkommenen Ebenbilde des physischen Körpers unter ihm. Seine Empfänglichkeit wächst gleichzeitig, bis er auf alle Schwingungen seiner Ebene, auf die feinen wie auch auf die unedlen, augenblicklich zu reagieren vermag, während natürlich in dem Astralkörper eines hochentwickelten Menschen sich keine Materie mehr befindet, die noch grob genug ist, um auf die letzteren zu reagieren. Seine Fähigkeit, sich frei zu bewegen, wird ebenfalls größer; er kann sich ohne Schwierigkeit auf beträchtliche Strecken von seinem physischen Gehäuse entfernen und kann mehr oder weniger bestimmte Eindrücke von Orten zurückbringen, die er besuchte, oder von Menschen, die er dort angetroffen hat. In allen Fällen ist dieser Astralkörper, wie immer, äußerst beeindruckbar durch alle Gedanken oder Anregungen, die ein Begehren in sich schließen, wenn auch in manchen Fällen jene Begierden, die am leichtesten einen Wiederhall in ihm wachrufen, etwas höher sein mögen als in anderen.

4. Das Ego im Schlaf

So sehr sich auch der Zustand des Astralkörpers während des Schlafes je nach dem erreichten Grade der Entwicklung ändert, – der des ihn bewohnenden Egos ändert sich noch mehr. Wo der erstere nur ein schwebender Nebelring ist, schläft das Ego fast eben so sehr wie der Körper unter ihm.

Es ist blind für die Bilder und taub für die Stimmen seiner eigenen höheren Ebene, und selbst wenn ein Gedanke aus dieser Region zufällig zu ihm gelangen sollte, so würde es nicht imstande sein, ihn seinem physischen Gehirn einzuprägen, so daß es sich desselben beim Erwachen erinnert, da es keine Herrschaft über seine Mechanismen besitzt. Wenn ein Mensch in diesem primitiven Zustande sich an irgend etwas von dem erinnert, was ihm während des Schlafes widerfuhr, so ist dies fast ohne Ausnahme das Ergebnis physischer Eindrücke, welche das Gehirn von außen oder von innen erfahren hat, irgend ein etwaiges Erlebnis seines wirklichen Ego ist vergessen.

Bei Schlafenden kann man alle Grade des Bewußtseins auf der Astralebene beobachten, vom vollständigen Vergessen bis zum klaren, vollkommenen Erinnern, wenn auch dies letztere naturgemäß verhältnismäßig selten ist. Selbst wenn ein Mensch genügend entwickelt ist, um öftere, wichtige Erfahrungen in diesem höheren Leben zu machen, kann er doch (und wird er auch oft) nicht imstande sein, sein Gehirn so weit zu beherrschen, um den Strom unzusammenhängender Gedankenbilder zurückzudämmen und ihm statt dessen das einzuprägen, woran er sich zu erinnern wünscht. Beim Erwachen seines physischen Körpers wird er daher von dem, was er wirklich erlebt hat, nur eine sehr verworrene oder gar keine Erinnerung mehr haben. Und dies ist sehr schade, denn er kann dort vielem begegnen, was für ihn von hohem Interesse und größter Wichtigkeit ist.

Nicht nur kann er entfernte Gegenden von überwältigender Schönheit besuchen, sondern er kann auch lebende oder abgeschiedene Freunde antreffen und mit ihnen Gedanken austauschen. Freunde, die auf der astralen Ebene ebenso erwacht sind wie er. Er kann das Glück haben, solche anzutreffen, die viel mehr wissen als er selbst, und er kann Warnungen und Belehrungen von ihnen empfangen; er kann anderseits die günstige Gelegenheit haben, solchen zu helfen oder Freude bereiten zu können, welche weniger als er selbst wissen. Er kann in Berührung mit nichtmenschlichen Wesenheiten verschiedener Art kommen, – mit Natur-Geistern, künstlichen Elementalen oder sogar, wenn auch selten, mit Dewas; er wird aller Art Einflüssen unterworfen sein, guten und schlechten, stärkenden und schreckenden.

5. Sein transzendentales Zeitmaß

Aber ob er beim Erwachen eine Erinnerung bewahrt oder nicht, das Ego, welches auf der astralen Ebene volles oder auch teilweises Bewußtsein besitzt, beginnt dann sein Besitztum von Kräften zu verwerten, die weit über diejenigen hinausgehen, über die es hier unten verfügt, denn sein Bewußtsein hat wunderbare Fähigkeiten, sobald es auf solche Weise vom physischen Körper befreit wird. Sein Zeit- und Raummaß ist so vollständig verschieden von dem, welches wir im wachen Dasein benutzen, daß es von unserm Gesichtspunkt aus erscheint, als wenn für ihn weder Zeit noch Raum existieren.

Obgleich es außerordentlich interessant wäre, will ich hier doch nicht die Frage behandeln, ob man sagen kann, daß überhaupt Zeit existiert oder ob sie nur eine Beschränkung dieses niederen Bewußtseins ist, und alles das, was wir Zeit nennen – Vergangenheit, Gegenwart und Zukunft – alles gleichmäßig nur „ein ewiges Jetzt" ist. Ich möchte nur zeigen, daß, wenn das Ego von physischen Fesseln befreit ist, ob im Schlaf, in Trance oder im Tode, es ein transzendentes Zeitmaß anzuwenden scheint, welches nichts mit unserm gewöhnlichen physiologischen gemein hat. Hundert Geschichten könnten als Beweis für diese Tatsache erzählt werden, zwei werden genügen. Die erste ist eine sehr alte; ich glaube, sie wurde schon von Addison im „Spectator" berichtet. Die andere ist der Bericht eines Vorfalls, welcher sich erst vor kurzer Zeit zutrug und noch nie im Druck veröffentlicht wurde.

Es soll im Koran eine wunderbare Erzählung von einem Besuch geben, den der Prophet Mohammed eines Morgens dem Himmel machte. Er sah dort viele verschiedene Regionen, die ihm ausführlich erklärt wurden, und er hatte lange Gespräche mit verschiedenen Engeln, und doch war, als er in seinen Körper zurückkehrte, das Bett, von welchem er aufgestanden war, noch warm, und er sah, daß nur einige Sekunden verflossen waren – ja, ich glaube, das Wasser aus einem Kruge, den er, als er sich auf seine Expedition begab, versehentlich umgestoßen hatte, war noch nicht zur Gänze ausgeflossen! Addison erzählt nun weiter, daß es einem Sultan von Ägypten unmöglich gewesen sei, dies zu glauben, und daß er sogar so weit ging, seinem geistlichen Lehrer rund heraus zu erklären, diese Geschichte sei nicht wahr. Der Lehrer, welcher ein mit dem Gesetz vertrauter großer Gelehrter war, dem wunderbare Kräfte zugeschrieben wurden, unternahm es auf der Stelle, den zweifelnden Monarchen zu überzeugen, daß die Erzählung wenigstens nicht unmöglich war. Er ließ ein großes Gefäß mit Wasser bringen und bat den Sultan, den Kopf in das Wasser zu tauchen und ihn so schnell er könnte wieder herauszuziehen. Der König steckte also seinen Kopf ins Wasser und fand sich zu seinem größten Erstaunen plötzlich an einem Orte, der ihm vollständig unbekannt war, – an einer einsamen Küste am Fuße eines großen Berges. Nachdem die erste Verblüffung vorüber war, kam ihm der für einen orientalischen Herrscher natürlichste Gedanke – er vermutete, daß er verzaubert sei, und begann sofort, den Doktor wegen seines abscheulichen Verrates zu verfluchen. Jedoch die Zeit ging weiter, er wurde allmählich hungrig und kam zur Einsicht, daß es das Gescheiteste wäre, sich nach irgend welchen Lebensmitteln in diesem fremden Lande umzusehen.

Nachdem er einige Zeit umhergewandert war, fand er in einem Walde einige Leute beim Holzfällen, und er bat sie um Hilfe. Sie veranlaßten ihn, ihnen bei der Arbeit zu helfen und nahmen ihn nachher mit sich nach der Stadt, in der sie wohnten. Hier ließ er sich nieder, arbeitete mehrere Jahre, erwarb sich allmählich ein Vermögen und entschloß sich, eine reiche Frau zu heiraten. Mit ihr lebte er viele Jahre in glücklicher Ehe, in welcher er nicht weniger als 14 Kinder großzog, aber nach ihrem Tode trafen ihn so viel Unglücksfälle, daß er wieder in Not geriet und in alten Tagen wieder ein Holzhauer wurde. Als er eines Tages an der Küste entlangging, warf er seine Kleider ab und sprang in das Meer, um zu baden; als er wieder herauskam und das Wasser abschüttelte, fand er zu seinem Erstaunen um sich herum seine alten Höflinge und seinen Lehrer aus alter, alter Zeit an seiner Seite und ein Gefäß mit Wasser vor sich. Es dauerte, wie man sich denken kann, lange, bis er dahin gebracht werden konnte, zu glauben, daß all diese Jahre der Abenteuer und Unglücksfälle nichts als der Traum eines Augenblicks gewesen sei, hervorgerufen durch die hypnotische Suggestion seines Lehrers und daß er tatsächlich nur seinen Kopf ins Wasser getaucht und sofort wieder herausgezogen hatte. Dies ist eine gute Erzählung und sie illustriert den Punkt, um den es sich hier handelt, vortrefflich; aber wir haben natürlich keinen Beweis für ihre Wahrheit.

Ganz etwas anderes ist es jedoch mit einem Ereignis, das ein sehr bekannter Mann der Wissenschaft erst kürzlich erlebte. Er mußte sich zwei Zähne ziehen lassen und atmete zu diesem Zweck das Gas ein. Da er sich sehr für Probleme dieser Art interessierte, hatte er sich vorgenommen, sich sorgfältig seine Gefühle während der ganzen Operation zu merken. Aber als er das Gas eingeatmet hatte, kam eine solche Schläfrigkeit über ihn, daß er bald seine Absicht vergaß und in Schlaf zu sinken schien. Seiner Meinung nach stand er am anderen Morgen auf, ging an sein Tagewerk, führte seine gewöhnlichen Experimente aus, hielt Vorträge vor verschiedenen gelehrten Körperschaften u. s. w., jedoch alles mit einem besonderen Gefühl verstärkter Kraft und Freude – jeder Vortrag war ein bemerkenswerter Erfolg, jedes Experiment führte zu neuen, hervorragenden Entdeckungen. Dies ging so Tag für Tag, Woche für Woche, eine ganz beträchtliche Zeit hindurch, ungewiß wie lange, bis er eines Tages, gerade als er eine Vorlesung in der Royal Society hielt, durch die unziemliche Bemerkung eines Anwesenden unangenehm gestört wurde, der sagte: „Jetzt ist alles vorbei", und als er sich umsah, was dies bedeute, rief eine andere Stimme: „Sie sind alle beide heraus!" Da erst wurde ihm klar, daß er noch immer in dem Stuhl des

Zahnarztes saß und daß er diese Periode intensiven Lebens in nur 40 Sekunden durcheilt hatte.

In keinem dieser Fälle, kann man sagen, haben wir es mit einem gewöhnlichen Traume zu tun. Aber dieselbe Sache kommt fortwährend in gewöhnlichen Träumen vor, und es gibt genug Zeugnisse, welche dies beweisen. Steffens, einer der deutschen Schriftsteller über diesen Gegenstand, erzählt, wie er als Knabe mit seinem Bruder zusammen geschlafen und geträumt habe, daß er in einer einsamen Straße sei und irgendein schreckliches Ungetüm ihn verfolge. – Unfähig, einen Laut auszustoßen, rennt er in großem Schrecken davon, bis er an eine Treppe kommt, auf der er sich umwendet; doch außer Atem vor Schrecken und vom starken Rennen wird er vom Tier überwältigt und gräßlich ins Bein gebissen. Er erwachte mit einem Schrei und fand, daß sein Bruder ihn ins Bein gekniffen hatte.

Richers, ein anderer deutscher Schriftsteller, erzählt eine Geschichte von einem Manne, welcher durch das Abfeuern eines Schusses erweckt wurde, der aber erst als Schluß eines langen Traumes auftrat, in welchem er Soldat geworden war, desertierte, schreckliche Schicksalsschläge erlitt, gefangen genommen, vor Gericht gebracht, verurteilt und schließlich erschossen wurde. Der ganze, lange Traum wurde in dem kurzen Augenblick durchlebt, in dem er durch den Knall des Schusses aufgeweckt wurde. Ferner haben wir noch die Erzählung von einem Manne, der in Schlaf verfiel, während er eine Zigarette rauchte; nachdem er ein ereignisreiches Leben von vielen Jahren geträumt hatte, wachte er auf und fand seine Zigarette noch in Brand. Man kann solche authentische Fälle beliebig vervielfältigen.

6. Seine Fähigkeit zu dramatisieren

Eine andere bemerkenswerte Eigentümlichkeit des Ego, außer seinem transzendenten Zeitmaße, geht aus einigen dieser Erzählungen hervor, und zwar seine Fähigkeit oder, wir sollten lieber sagen, seine Gewohnheit der augenblicklichen Dramatisierung. Man beachte, daß in den Fällen des Schusses und des Kneifens, die soeben erzählt wurden, der physische Vorfall, welcher die Person erweckte, als der Schlußeffekt eines Traumes erscheint, der sich scheinbar über einen beträchtlichen Zeitraum erstreckte, obgleich dieser Traum offensichtlich in Wirklichkeit erst durch den Vorfall hervorgerufen worden ist. Nun – die Nachricht sozusagen von diesem physischen Vorfall, einem Geräusch oder einer Berührung, muß von den Nerven dem Gehirn überbracht werden, und dazu brauchen sie einen gewissen Zeitraum – freilich nur den Bruchteil einer Sekunde, aber doch einen bestimmten Zeitbetrag, der berechenbar und durch außerordentlich feine Instrumente, wie sie bei modernen wissenschaftlichen Untersuchungen gebraucht werden, meßbar ist. Das Ego ist, wenn es sich außerhalb des Körpers befindet, imstande, absolut ohne Zeitaufwand und ohne die Nerven zu benutzen, wahrzunehmen; infolgedessen wird es um diesen Bruchteil einer Sekunde früher das gewahr, was vorfällt, als die Nachricht sein physisches Gehirn erreicht. In diesem kaum vorstellbaren Zeitraume scheint das Ego eine Art Drama oder eine Reihenfolge von Szenen zu komponieren, welche auf das Geschehnis hinleiten und sich zuspitzen, das erst den physischen Körper aufweckt. Wenn es nun im wachen Zustande durch die Organe dieses Körpers wieder eingeengt wird, ist es ihm unmöglich, in der Erinnerung zwischen dem Subjektiven und dem Objektiven zu unterscheiden; es bildet sich deshalb ein, daß es im Traumzustand wirklich sein eigenes Drama durchlebt hat.

Diese Gewohnheit scheint jedoch nur dem spirituell verhältnismäßig unentwickelten Ego eigentümlich zu sein. Wenn die Entwicklung weiter fortschreitet und der eigentliche Mensch allmählich seine Stellung und seine Verantwortlichkeit verstehen lernt, überwindet er diesen kindlichen Sport. Es scheint, daß, gerade wie der primitive Mensch jede Erscheinung der Natur in die Form einer Mythe kleidet, das noch nicht vorgeschrittene Ego jedes Ereignis, das zu seiner Kenntnis kommt, dramatisiert. Aber derjenige, welcher auf allen Ebenen ununterbrochenes Bewußtsein erlangt hat, ist so vollständig mit der Arbeit auf den höheren Regionen beschäftigt, daß er sich mit solchen Dingen nicht mehr abgibt, und deshalb träumt er auch nicht mehr.

7. Seine Fähigkeit vorauszuschauen

Eine andere Folge des übernormalen Zeitmaßes des Ego ist die, daß ihm bis zu einem bestimmten Grade Vorausschau möglich ist. Die Gegenwart, die Vergangenheit und bis zu einem gewissen Maße auch die Zukunft liegen offen vor ihm, wenn er sie zu lesen versteht; und es sieht unzweifelhaft zu Zeiten Begebenheiten im voraus, welche für seine niedere Persönlichkeit von Interesse oder von Wichtigkeit sind, und es macht mehr oder weniger erfolgreiche Anstrengungen, sie ihr einzuprägen. Wenn wir die unglaublichen Schwierigkeiten hierbei, falls es sich um eine gewöhnliche Person handelt, in Betracht ziehen – die Tatsache, daß sie selbst wahrscheinlich noch nicht halb erweckt ist, daß sie kaum irgend eine Herrschaft über ihre verschiedenen Körper besitzt und daß sie deshalb nicht verhindern kann, daß die Botschaft verstümmelt oder gar durch die Wogen seiner Wünsche überdeckt wird, oder durch die zufälligen Gedankenströme in seinem ätherischen Gehirn oder durch leichte physische Störungen, welche seinen dichteren Körper beeinflussen, – dann ist es aus all diesen Gründen nicht zu verwundern, daß es so selten bei seinen Bemühungen Erfolg hat. Hin und wieder einmal bringt es aus dem Bereich des Schlafes einen vollständigen und zusammenhängenden Vorausblick von einem Ereignis mit zurück; weit häufiger ist das Bild verzerrt und unkenntlich, während alles, was durchgedrungen ist, in einem unbestimmten Gefühl eines drohenden Unglücks besteht, und noch weit häufiger erreicht gar nichts den dichteren Körper.

Manchmal ist erklärt worden, daß, wenn diese Voraussicht eintrifft, es eine reine Koinzidenz sein muß, denn wenn Ereignisse wirklich vorausgesehen werden könnten, müßten diese vorherbestimmt sein und es gäbe dann für den Menschen keinen freien Willen. Der Mensch besitzt aber unzweifelhaft freien Willen; daher ist Voraussicht, wie schon erwähnt, nur bis zu einem gewissen Grade möglich. In den Angelegenheiten des Durchschnittsmenschen ist sie wahrscheinlich bis zu einem sehr großen Umfang möglich, da er noch einen eigenen Willen entwickelt hat, der der Rede wert ist; er ist daher weitgehend das Resultat der Umstände. Sein Karma bringt ihn in eine gewisse Umgebung, und deren Einwirkung ist so sehr der wichtigste Faktor in seiner Lebensgeschichte, daß sein zukünftiger Lebenslauf mit beinahe mathematischer Sicherheit vorhergesehen werden kann.

Wenn wir die große Zahl von Ereignissen betrachten, auf welche die Menschen durch ihre Handlungen nur wenig einwirken können, und auch die komplizierten und weitreichenden Beziehungen der Ursachen für diese Wirkungen, so wird es kaum wunderbar erscheinen, daß auf der Ebene, auf welcher die Wirkung aller jetzt in Tätigkeit befindlichen Ursachen sichtbar ist, ein sehr großer Teil der Zukunft mit ziemlicher Sicherheit, auch in Beziehung auf die Einzelheiten, vorhergesagt werden kann. Daß dies geschehen kann, ist oft und oft bewiesen worden; und zwar nicht durch prophetische Träume, sondern auch durch das zweite Gesicht der schottischen Hochländer und die Vorhersagungen der Hellseher. Ebenso ist auf das Vorhersagen der Wirkungen aus Ursachen, die schon vorhanden sind, das ganze System der Astrologie aufgebaut.

Wenn es sich aber um ein entwickeltes Individuum, einen Menschen von Kenntnis und Willen, handelt, dann versagt das Prophezeien, denn er ist nicht mehr der Sklave der Lebensumstände, sondern zu einem großen Teil ihr Meister. Es ist richtig, die Hauptereignisse seines Lebens sind durch sein vergangenes Karma vorausbestimmt; aber die Art, in welcher er sie auf sich einwirken läßt, die Weise, auf welche er ihnen begegnet und vielleicht den Sieg über sie davonträgt, das ist sein eigen, und das Resultat läßt sich höchstens als Wahrscheinlichkeit voraussagen. Diese seine Handlungen werden ihrerseits Ursachen, und so bilden sich Ketten von Ursachen und Wirkungen während seines Lebens, die durch die ursprüngliche Anordnung seines Karma nicht vorgesehen waren und deshalb mit irgendwelcher Genauigkeit nicht vorhergesagt werden können.

Als ein analoger Fall kann ein einfaches Experiment aus der Mechanik angeführt werden. Wenn mit einer gewissen Kraft eine Kugel ins Rollen gebracht wird, so können wir auf keine Weise die Kraft zerstören oder abschwächen, wenn die Kugel einmal im Laufen ist, aber wir können dieser Bewegung entgegenwirken oder sie verändern durch die Anwendung einer neuen Kraft in einer andern Richtung. Eine gleich große Kraft, welche auf die Kugel in genau entgegengesetzter Richtung einwirkt, bringt sie vollständig zum Stillstand; eine geringere so wirkende Kraft verringert die Geschwindigkeit; eine von der Seite einwirkende Kraft wird sowohl die Richtung als auch die Geschwindigkeit ändern.

Ebenso ist es mit der Auswirkung des Schicksals. Es ist klar, daß in jedem gegebenen Augenblicke eine gewisse Menge von Ursachen in Tätigkeit sind, welche, wenn ungestört, unabwendbar bestimmte Wirkungen hervorrufen, Wirkungen, die auf höheren Ebenen schon gegenwärtig scheinen und deshalb genau beschrieben werden können. Aber es ist auch klar, daß ein Mensch mit starkem Willen diese Folgen weitgehend abändern kann, wenn er neue Kräfte zur Wirkung bringt, und diese Abänderung können von einem gewöhnlichen Hellsehenden nicht vorhergesehen werden, ehe die neuen Kräfte in Bewegung gesetzt sind.

8. Beispiele für die Anwendung des Vorausschauens

Zwei Vorfälle, welche kürzlich zur Kenntnis des Verfassers kamen, können als ausgezeichnete Illustrationen dienen für die Möglichkeit sowohl des Voraussehens, wie auch der Abänderung des Geschauten durch einen entschlossenen Willen.

Ein Herr, dessen Hand oft zum automatischen Schreiben benutzt wird, erhielt auf diesem Wege eines Tages eine Mitteilung, vorgeblich von einer ihm bekannten Dame, in welcher diese ihm klagte, sie sei in einem peinlichen Zustand der Indignation, sie habe Vorbereitungen getroffen, um einen Vortrag zu halten, und nun hätte sich zur festgesetzten Zeit niemand eingefunden, so daß sie nicht in der Lage gewesen sei, ihren Vortrag zu halten. Als er einige Tage darauf mit der Dame zusammentraf, sprach er ihr, da er annahm, der Brief habe sich auf ein vergangenes Ereignis bezogen, sein

Bedauern über diese Enttäuschung aus. Sie erklärte überrascht, daß das, was er sagte, sehr sonderbar sei, denn sie habe zwar ihren Vortrag bis jetzt noch nicht gehalten, solle dies aber nächste Woche tun, hoffentlich würde sich der Brief nicht als Prophezeiung erweisen. So unwahrscheinlich ein solches Vorkommnis scheint, er erwies sich tatsächlich als Prophezeiung, kein Zuhörer kam in die Halle, die Vorlesung wurde nicht gehalten, die Rednerin war sehr mißgestimmt und in Verlegenheit, genau wie die automatische Schrift vorhergesagt hatte. – Es ist nicht ersichtlich, welche Art Wesen das Schreiben inspiriert hatte, aber es war augenscheinlich ein solches, welches sich auf einer Ebene bewegte, wo Voraussicht möglich ist. Es mag wirklich, wie es behauptete, das Ego der Rednerin gewesen sein, welches ihre Enttäuschung durch Vorbereitung darauf abschwächen wollte.

Bei anderer Gelegenheit erhielt derselbe Herr auf demselben Wege einen Brief, angeblich von einer befreundeten Dame, in welchem sie ihm eine lange und traurige Geschichte über ihr Leben in letzter Zeit berichtete. Sie gab an, sie sei in großer Verlegenheit; die ganze Schwierigkeit stamme ursprünglich aus einer Unterredung mit einer gewissen Person her (die sie im einzelnen wiedergab), in deren Verlauf sie sehr gegen ihr eigentliches Gefühl zu einer bestimmten Handlungsweise veranlaßt wurde. Sie beschrieb weiter, wie etwa ein Jahr später eine Reihe von Ereignissen eintrat, welche deutlich als Folgen dieser Handlungsweise erkennbar waren und die schließlich in der Verübung eines schrecklichen Verbrechens gipfelten, das für immer ihr Leben verdüstere.

Wie beim ersten Falle, traf der Herr bald darauf die Dame, von welcher der Brief vermeintlich ausgegangen war, und er erzählte ihr den Inhalt. Sie wußte gar nichts von einer solchen Geschichte, und obgleich die Genauigkeit der angegebenen Umstände großen Eindruck auf sie machte, kamen sie doch zu der Ansicht, daß nichts daran wäre. Einge Zeit darauf fand die in dem Brief vorausgesagte Unterredung zu ihrem größten Erstaunen tatsächlich statt und sie wurde beschworen, eben das zu tun, dessen schreckliche Folgen ihren Schatten vorausgeworfen hatten. Ohne die Erinnerung an die Prophezeiung würde sie ihrem eignen Urteil zum Trotz sicher nachgegeben haben; diese aber vor Augen behaltend, widerstand sie in entschiedenster Weise, obwohl ihre Stellungnahme den Freund, mit dem sie sprach, überraschte und ihm Schmerzen bereitete. Da sie auf die im Brief angegebene Handlungsweise sich nicht eingelassen hatte, kam die Zeit der angegebenen Katastrophe herbei, ohne daß etwas Ungewöhnliches vorfiel.

Man könnte sagen, es würde andernfalls auch nichts vorgefallen sein, das wäre möglich; und doch, wenn man bedenkt, wie genau sich die andere Voraussagung erfüllte, so hat man doch das Gefühl, daß die Warnung durch dieses Schreiben wahrscheinlich ein Verbrechen verhindert hat.

Wenn dem so ist – so ist dies ein gutes Beispiel, wie unsere Zukunft durch die Ausübung eines entschlossenen Willens abgeändert werden kann.

9. Das Denken in Symbolen

Noch ein anderer Punkt ist in Beziehung auf den Zustand des Ego, wenn es während des Schlafes außerhalb des Körpers ist, der Erwähnung wert, nämlich daß es in Symbolen zu denken scheint – das heißt, daß eine Vorstellung, die hier unten um sie auszudrücken vieler Worte bedarf, sich ihm durch ein einziges symbolisches Bild vollkommen mitteilt. Wenn nun ein solcher Gedanke dem Gehirn eingeprägt wird, so daß es sich desselben im Wachbewußtsein erinnert, so muß er natürlich übersetzt werden. Oft führt der Verstand diese Aufgabe richtig aus, aber manchmal wird das Symbol ohne Schlüssel in der Erinnerung behalten – es geht sozusagen unübersetzt hindurch, und dann entsteht Verwirrung. Viele bringen so ganz gewohnheitsgemäß die Symbole hindurch und versuchen hier unten eine Deutung. In diesen Fällen scheint jeder ein eigenes System der Symbologie für sich zu haben.

In dem Buch „The Night Side of Nature" von N. Crowe wird von einer Frau berichtet, die im Traum einen großen Fisch sah, sooft ein Unglücksfall drohte. Eines Tages träumte sie, daß dieser Fisch zwei Finger ihres kleinen Sohnes abgerissen hätte. Unmittelbar danach verletzte ein Schulkamerad des Kindes eben diese Finger dadurch, daß er mit einem Beil nach ihm schlug. Das Buch setzt fort: „Ich bin verschiedenen Personen begegnet, die durch Erfahrung lernten, einen bestimmten Traum als sichere Vorhersage eines kommenden Unheils zu betrachten." Es gibt jedoch einige Punkte, in denen die meisten Träumer übereinstimmen, so zum Beispiel, daß das Träumen von tiefem Wasser kommende Schwierigkeiten bedeutet und daß Perlen ein Zeichen von Tränen sind.

10. Die Faktoren bei der Entstehung des Traumes

Nachdem wir so die Zustände des Menschen während des Schlafes untersucht haben, sehen wir, daß es folgende Faktoren sind, die sich an der Entstehung der Träume beteiligen:

a) Das Ego, daß sich in jedem Grade des Bewußtseins befinden kann, von äußerster Unempfindlichkeit, bis zur vollkommenen Herrschaft über seine Fähigkeiten. Nähert es sich dem letzteren Zustand, so erringt es eine immer vollständigere Beherrschung bestimmter Kräfte, welche die jenigen weit übertreffen, welche die meisten von uns im Wachen besitzen.

b) Der Astral-Körper, immer mit den wilden Wogen von Emotion und Begehren pulsierend.

c) Der ätherische Teil des Gehirns, mit einer endlosen Reihenfolge vorbeiziehender, unzusammenhängender Bilder.

d) Das dichtere physische Gehirn, mit seinem kindlichen Halbbewußtsein und seiner Gewohnheit, jeden Reiz in eine bildliche Gestalt umzuformen.

Wenn wir einschlafen zieht sich unser Ego weiter in sich selbst zurück und läßt seine verschiedenen Hüllen freier als sonst ihre eigenen Wege gehen, Aber wir müssen bedenken, daß das eigene Bewußtsein dieser Hüllen, wenn es so Gelegenheit erhält, sich zu zeigen, sehr unentwickelt ist. Dazu kommt noch, daß jeder dieser Faktoren dann unendlich empfänglicher für Eindrücke ist als gewöhnlich. Wir haben also wenig Grund, uns zu wundern, daß die Erinnerung, das Resultat aller verschiedenen Tätigkeiten, beim Erwachen meistens etwas verworren ist. Lassen Sie uns jetzt sehen, wie die verschiedenen Traumarten von diesen dargelegten Gesichtspunkten aus zu beurteilen sind.

V.

Träume

1. Echte Visionen

Dies ist ein Vorkommnis, welches eigentlich gar nicht als Traum anzusehen ist, und bei dem das Ego selbst auf einer höheren Ebene der Natur eine Tatsache sieht oder diese ihm von einer vorgeschritteneren Wesenheit eingeprägt wird. Jedenfalls wird ihm irgendeine Tatsache bewußt gemacht, die zu wissen für diesen Menschen wichtig ist, oder erhabene, veredelnde Vision, die ihn ermutigt und stärkt. Glücklich derjenige, dem eine solche Vision mit hinreichender Klarheit erscheint, um durch alle Hindernisse hindurchdringen und sich fest in seine wache Erinnerung einprägen zu können.

2. Der prophetische Traum.

Diesen müssen wir auch ausschließlich dem Wirken des Ego zuschreiben, welches entweder selbst voraussieht oder dem eine zukünftige Begebenheit mitgeteilt wird, auf die es sein niederes Bewußtsein vorzubereiten wünscht. Solch ein Traum kann die verschiedensten Grade von Klarheit und Genauigkeit aufweisen, je nach der Fähigkeit des Ego, die Tatsachen selbst aufzufassen und diese dann dem physischen Gehirn einzuprägen.

Manchmal ist die geträumte Begebenheit ernsten Charakters, wie z.B. ein Tod oder ein Unglück, so daß der Beweggrund für das Ego, sie dem Träumenden einzuprägen, auf der Hand liegt. In anderen Fällen jedoch ist das vorhergesagte Ereignis anscheinend unwichtig, und es wird uns schwer zu begreifen, weshalb das Ego sich damit irgendwelche Mühe gibt. Natürlich ist es immer möglich, daß in einem solchen Fall die erinnerte Tatsache nur eine unbedeutende Einzelheit aus einer weit umfangreicheren Vision ist, deren übrige Bestandteile nicht bis zum physischen Gehirn hindurchgekommen sind.

Oft ist die Prophezeiung ersichtlich als eine Warnung aufzufassen, und es fehlt nicht an Beispielen, daß diese Warnung beachtet und daß dadurch der Träumende vor Schaden oder Tod behütet wurde. In den meisten Fällen freilich wird der Wink nicht beachtet oder seine wahre Bedeutung nicht erkannt, bis dann die Erfüllung eintritt. In anderen wiederum wird ein Versuch gemacht, dem Rat zu folgen, aber trotzdem bringen Umstände, auf die er keinen Einfluß hat, den Träumer trotz seiner Gegenbemühungen in die vorher verkündete Situation.

Erzählungen von solchen prophetischen Träumen gibt es so viele, daß der Leser sie leicht in den Büchern finden wird, die solche Gegenstände behandeln. Ich führe hier ein kürzlich berichtetes Beispiel aus W.T. Stead's Real Ghost Stories (Wahrhafte Geister-Geschichten) an.

Der Held der Geschichte war ein Schmied bei einem Mühlenetablissement, das durch ein Wasserrad getrieben wurde. Er wußte, daß das Rad reparaturbedürftig war und träumte eines Nachts, daß zu Ende des nächsten Arbeitstages der Werkführer in zurückhalte, damit er das Rad repariere, daß sein Fuß ausglitte, zwischen die beiden Räder geriete und so verletzt wurde, daß er amputiert werden mußte. Am nächsten Morgen erzählte der Schmied seiner Frau den Traum und nahm sich vor, sich am Abend davon zu machen, um nicht zu der Reparaturarbeit gerufen werden zu können.

Wahrend des Tages kündigte der Werkführer an, daß das Rad repariert werden müsse, wenn die Arbeiter am Abend fort seien, aber der Schmied beschloß, sich vor Feierabend wegzustehlen. Er floh in einen Wald in der Nachbarschaft und gedachte sich dort im Dickicht zu verbergen. Er kam an einen Ort, wo Bauholz, das der Mühle gehörte, gelagert war und bemerkte, daß ein Bursche einige Stük Holz von dem Vorrat stehlen wollte. Nun verfolgte er ihn, um das gestohlene Eigentum ihm wieder abzujagen und kam dabei so in Eifer, daß er sein Vorhaben ganz vergaß, und ehe er es vermutete, befand er sich wieder bei der Mühle, gerade als die Arbeiter sie verließen.

Er konnte nun nicht unbemerkt bleiben, und da er der erste Schmied war, mußte er auf das Rad steigen, aber er nahm sich vor, ganz besonders vorsichtig zu sein. Aber trotz aller Vorsicht glitt sein Fuß aus und kam zwischen die beiden Räder, gerade wie er es geträumt hatte. Es wurde so arg zermalmt, daß er nach dem Krankenhaus in Bradford gebracht werden mußte, wo das Bein oberhalb des Knies abgenommen wurde. So erfüllte sich der prophetische Traum ganz genau..

3. Der symbolische Traum

Auch dieser ist das Werk des Ego. Er mag als eine weniger erfolgreiche Variante der vorhergehenden Klasse angesehen werden, denn er ist doch immer ein nur unvollkommen ausgefallener Versuch, eine Nachricht in Bezug auf die Zukunft zu übermitteln.

Ein gutes Beispiel dieser Art Träume beschreibt Sir Noel Paton in einem Brief an Mrs. Crowe, die ihn in „The Night Side of Nature" (Die Nachtseite der Natur) veröffentlichte. Der grosse Künstler schreibt:

„Der Traum meiner Mutter war folgender: Sie stand in einer langen, dunklen, leeren Galerie, an einer Seite befand sich mein Vater, an der anderen meine älteste Schwester, dann ich selbst und dann die übrige Familienmitglieder nach dem Alter geordnet. Wir alle standen still und bewegungslos. Endlich kam es herein,–das unerwartete Etwas, das durch seinen grimmigen Schatten, den es vor sich herwarf, alle Trivialitäten des vorhergehenden Traumes in eine Atmosphäre starren Schreckens einhüllte. Es trat ein, stieg unhörbar die drei Stufen herunter in die Kammer des Entsetzens, und meine Mutter fühlte, daß es der Tod sei.

Er trug auf seiner Schulter eine schwere Axt, und sie dachte, er sei gekommen, alle ihre Kleinen mit einem grausamen Streich niederzuschmettern. Beim Nahen des Schattens sprang meine Schwester Alexandra aus der Reihe und warf sich zwischen ihn und die Mutter. Er erhob seine Axt und zielte einen Schlag nach meiner Schwester Katharine–einen Schlag, den meine Mutter zu ihrem Schrecken nicht aufhalten konnte, obgleich sie zu diesem Zwecke einen dreibeinigen Stuhl ergriffen hatte. Sie fühlte, sie könne den Stuhl nicht nach der Gestalt schleudern ohne Alexandra zu treffen, die zwischen ihr und der Schreckensgestalt hin und her schoß.

Nieder fiel die Axt und die arme Katharina sank getroffen hin.

Und wieder hob die unerbittliche Gestalt die Axt über dem Haupt meines Bruders, der der nächste in der Reihe war. Aber jetzt war Alexandra irgendwie hinter dem grausigen Gast verschwunden, und mit einem Aufschrei schleuderte meine Mutter den Stuhl gegen seinen Kopf. Er verschwand, und meine Mutter erwachte.

Drei Monate waren verflossen, als wir Kinder vom Scharlachfieber ergriffen wurden. Meine Schwester Katharine starb fast sofort – geopfert, wie meine Mutter in ihrem Jammer meinte, ihrer (der Mutter) Über-Ängstlichkeit um Alexandra, die in viel größerer Gefahr zu schweben schien. Der prophetische Traum war zum Teil in Erfüllung gegangen.

Ich selbst war auch an der Schwelle des Todes – aufgegeben von den Ärzten, aber nicht von meiner Mutter; sie glaubte sicher an meine Genesung. Aber für meinen Bruder fürchtete sie um so mehr, obwohl sein Zustand kaum für gefährlich galt. Aber sie hatte die visionäre Axt über seinem Haupte schweben sehen; sie konnte sich nicht recht erinnern, ob der Hieb auf ihn niedergesaust war oder nicht, als die Erscheinung verschwand. Mein Bruder erholte sich, hatte aber einen Rückfall und kam schließlich gerade noch mit dem Leben davon, aber Alexandra nicht. Ein Jahr und zehn Monate kränkelte das arme Kind – und ich hielt ihre kleine Hand, als sie starb. – So erfüllte sich der Traum."

Es ist merkwürdig, wie genau die Einzelheiten des symbolischen Erlebnisses sich verwirklichten selbst bis zu der vermuteten Opferung Katharines für Alexandra, bis zu der Verschiedenheit ihres Todes.

4. Der lebhafte, zusammenhängende Traum

Dieser ist manchmal eine mehr oder weniger genaue Erinnerung an eine wirkliche astrale Erfahrung, die das Ego auf seiner Wanderung außerhalb des physischen Körpers gemacht hat. Häufiger jedoch ist es die Dramatisierung eines unbedeutenden physischen Berührungs- oder Ton-Eindrucks oder eines zufällig vorbeiziehenden und aufgefangenen Gedankens durch das Ego.

Beispiele dieser letzteren Art Träume sind schon angeführt worden, und es gibt auch viele, von der vorhergehenden Art. Wir könnten hier als Beispiel noch eine Anekdote hinzufügen, die Andrew Lang in „Dreams and Ghosts" (Träume und Geister) erwähnt. Sie betrifft den hervorragenden französischen Arzt Dr. Brierre de Boismont, der sie aus eigener genauer Kenntnis erzählt.

„Fräulein C., eine sehr feinfühlende Dame, lebte vor ihrer Verheiratung im Hause ihres Onkels D. – eines berühmten Arztes und Mitgliedes des Instituts. Ihre Mutter war zur Zeit auf dem Lande und ernstlich erkrankt Eines Nachts träumte dem jungen Mädchen, daß sie ihre Mutter sähe. – bleich und dem Tode nah und besonders sich grämend über die Abwesenheit zweier ihrer Kinder; des einen, der als Geistlicher in Spanien weilte und des andern (ihrer selbst) damals in Paris.

Sodann hörte sie ihren Taufnamen „Charlotte!" rufen und sah (im Traum), wie Leute ihre eigene kleine Nichte, ihr Patenkind Charlotte, aus dem anstoßenden Zimmer zur Mutter brachten. Die Patientin gab durch ein Zeichen kund, daß sie nicht diese Charlotte sehen wollte, sondern ihre

Tochter in Paris. Sie zeigte sich zutiefst betrübt, wechselte die Farbe, sank zurück und starb.

Am nächsten Tag wurde ihr Onkel auf ihre melancholische Stimmung aufmerksam. Sie erzählte ihm ihren Traum, und er gestand, daß ihre Mutter gestorben sei. Einige Monate später, als ihr Onkel einmal abwesend war, ordnete sie seine Papiere, die er ungern von jemandem berühren ließ. Unter diesen war ein Brief, der einen Bericht über ihrer Mutter Tod enthielt und der alle Einzelheiten, gerade wie in ihrem Traum, erzählte. D. hatte diesen Brief geheimgehalten, weil er glaubte, er würde sie zu schmerzlich erregen."

Manchmal bezieht sich ein hellsehender Traum auf viel unwichtigere Dinge als einen Tod, wie im folgenden Fall, den Dr. F. G. Lee in „Glimpses in the Twilight" (Lichtblicke im Zwielicht) anführt. Einer Mutter träumt, daß sie ihren Sohn auf einem merkwürdig gestalteten Schiff sieht, wie er am Fuß einer Leiter steht, die nach einem höheren Deck führt. Er sieht äußerst blaß und ermüdet aus und sagt in ernstem Ton zu ihr: „Mutter, ich kann nirgends schlafen." Nach entsprehender Zeit kommt ein Brief von ihrem Sohne an, in welchem er eine Skizze des merkwürdigen Schiffes gibt, die auch die Leiter zeigt, die nach dem höheren Deck führt. Er beschreibt auch wie an einem bestimmten Tage (dem Tag ihres Traumes) ein Sturm beinahe ihr Schiff zerschellt und sein Bett vollständig durchnäßt habe, und der Bericht schließt mit den Worte: „Ich konnte nirgends schlafen."

Es ist ganz klar, daß in beiden Fällen die Träumenden, durch Gedanken der Liebe und Sorge gezogen, wirklich in ihrem Astralkörper während des Schlafes zu denen hingewandert sind, an deren Schicksal sie so stark interessiert waren und einfach Zeugen der verschiedenen Vorkommnisse wurden, als sie sich abspielten.

5. Der verwirrte Traum

Dieser bei weitem gewöhnlichste, kann, wie schon ausgeführt, auf verschiedene Weise entstehen. Er kann eine mehr oder weniger vollkommene Erinnerung an eine Reihe der unzusammenhängenden Bilder und unmöglichen Umgestaltungen sein, welche durch die sinnlose automatische Tätigkeit des dichtphysischen Gehirns hervorgerufen worden sind; oder auch ein Abbild des Stromes zufälliger Gedanken, welcher durch das ätherische Gehirn zog. Wenn irgendwelche sinnliche Bilder sich in den Traum mischen, rührt dies von der stets rastlosen Flut irdischen Begehrens her, wahrscheinlich von einem unsauberen Einfluß aus der Astralen Welt stimuliert. Der Traum kann auch ein unvollkommener Versuch der

Dramatisierung seitens eines unentwickelten Ego sein. Meistens ist er die Folge einer unentwirrbaren Mischung aller dieser Einflüsse zusammen. Die Art und Weise, wie eine solche Vermischung vor sich geht, wird vielleicht klarer werden, wenn ich von einigen Versuchen über Traumzustände kurz berichte, welche kürzlich in der Londoner Loge der Theosophischen Gesellschaft mit Hilfe einiger hellsehender Forscher unter ihren Mitgliedern angestellt wurden.

VI.

EXPERIMENTE ÜBER DEN TRAUMZUSTAND

Der spezielle Zweck der hier zum Teil wiedergegebenen Untersuchungen war zu erforschen, ob es möglich sei, dem Ego einer schlafenden Person ein Bild hinreichend einzuprägen, um es ihr zu ermöglichen,sich der Umstände beim Erwachen zu erinnern, und es sollte auch versucht werden, so weit als möglich herauszufinden, welche Hindernisse einer solchen Erinnerung gewöhnlich im Wege stehen.

Der erste Versuch wurde mit einem einfachen Menschen von wenig Bildung und grobem Äußeren angestellt, einem Manne vom Typus des australischen Schafhirten, dessen Astral-Körper, der über seinem Körper schwebte, kaum mehr als ein formloser Nebelring war. Das Bewußtsein des im Bett liegenden Körpers, des dichteren wie auch des ätherischen, zeigte sich dumpf und schwerfällig. Das erstere antwortete bis zu einem gewissen Grade auf äußere Reize, z.B. erregte das Besprengen seines Gesichtes mit ein paar Tropfen Wasser (wenn auch etwas langsam) im Gehirn das Bild eines heftigen Regenschauers. Das ätherische Gehirn ließ dagegen wie gewöhnlich passiv einen endlosen Strom unzusammenhängender Gedanken durchpassieren, obgleich es nur selten auf einige der Schwingungen, die sie erzeugten, reagierte, aber auch dies, wie es schien, in ziemlich träger Weise. Das Ego, das darüber schwebte, befand sich in einem unentwickelten und halb unbewußten Zustand, aber die astrale Hülle zeigte, wenn sie auch formlos und ohne feste Umrisse war, beträchtliche Aktivität.

Auf einen schwebenden Astral-Körper kann ein bewußter Gedanke einer anderen Person jederzeit mit kaum glaublicher Leichtigkeit einwirken. In diesem Falle wurde der Versuch gemacht, ihn auf einige Entfernung von dem Körper, der im Bett lag, fortzuziehen. Das Ergebnis war jedoch, daß bei einer Entfernung von mehr als einigen Metern sich in beiden Körpern ein deutliches Unbehagen zeigte, man mußte daher den Versuch aufgeben, da augenscheinlich jedes weitere Fortziehen den Mann aufgeweckt haben würde, und zwar wahrscheinlich im Zustand großen Schreckens.

Dann wurde eine tropische Landschaft gewählt – eine großartige, prächtige Aussicht von der Spitze eines Berges – und ein lebhaftes Bild von ihr wurde durch den Experimentator in das verträumte Bewußtsein des Ego projiziert, welches es aufnahm und betrachtete, wenn auch in dumpfer, apathischer, gleichgültiger Art und Weise. Nachdem dieses Bild ihm einige Zeit vor Augen gehalten worden war, wurde der Mann aufgeweckt, um zu sehen, ob er sich dessen als Traum erinnere. Sein Gedächtnis hatte jedoch nicht eine Spur von dem Bild behalten, und außer einigen Wünschen sehr tierischer Art hatte er aus dem Schlaf überhaupt keine Erinnerung mitgebracht.

Man nahm an, daß vielleicht der konstante Strom von Gedankenformen aus der Außenwelt, welche durch das Gehirn fluten, ein Hindernis sein könne; dieser könnte es vielleicht so ablenken, daß es für die Einflüsse der höheren Prinzipien unempfänglich würde. Es wurde deshalb, als der Mann wieder eingeschlafen war, eine magnetische Schutzwand um seinen Körper herum hergestellt, um den Zutritt dieses Stromes zu verhindern, und der Versuch wurde wiederholt. Der gewohnten Nahrung auf diese Weise beraubt, begann das Gehirn sehr langsam und träumerisch aus sich selbst heraus Szenen aus des Mannes vergangenem Leben auszumalen, aber als er wieder geweckt wurde, war das Resultat genau dasselbe: das Gedächtnis war in Bezug auf die Landschaft vollständig leer, obgleich er eine unbestimmte Ahnung davon hatte, daß er von Begebenheiten seines vergangenen Lebens geträumt habe. Man verzichtete deshalb auf weitere Versuche mit dieser Person als hoffnungslos; es war klar, daß sein Ego zu wenig entwickelt und sein Karmisches Prinzip zu stark war, um irgend einen Erfolg wahrscheinlich zu machen.

Ein anderer, späterer Versuch mit demselben Mann war nicht ganz so erfolglos. Das Bild, welches ihm diesmal vorgehalten wurde, war eine aufregende Kriegsszene, die für einen Mann seines Typus mutmaßlich packender war als eine Landschaft. Dieses Bild wurde auch unzweifelhaft von diesem unentwickelten Ego mit größerem Interesse aufgenommen als das andere, und doch – als der Mann erwachte, war alles fort. Nur eine ganz unbestimmte Vorstellung war geblieben, daß er gefochten hatte, aber wo und weshalb, war vollständig vergessen.

Als nächste Versuchsperson wurde ein Mann von viel höherem Typus genommen – ein Mann von moralischer Lebensweise, guter Erziehung, intelligent, menschenfreundlich, von weitem Gesichtskreis und hohem Ehrgeiz. In diesem Fall reagierte der dichtere Körper augenblicklich auf die Wasserprobe mit dem großartigen Bild eines schrecklichen Gewittersturmes, was wiederum durch seine Rückwirkung auf den ätherischen Teil des Gehirns durch Assoziation eine ganze Reihe von lebhaft dargestellten Szenen hervorrief. Als diese Störung vorüber war, fing der gewöhnliche Strom von Gedanken wieder an durchzufluten, aber man konnte deutlich wahrnehmen, daß ein viel größerer Teil dieser Gedanken eine Antwort in diesem Gehirn weckte, auch daß diese antwortenden Schwingungen viel stärker waren und daß in jedem solchen Falle eine Kette von Assoziationen in Gang gesetzt wurde, welche manchmal den Strom von außen für eine beträchtliche Zeit ausschlossen.

Der Astral-Körper dieser Person war viel bestimmter in seinem eiförmigen Umriß, und der Körper aus dichterer Astralmaterie in seinem Innern war eine ziemlich gute Nachbildung seiner physischen Gestalt; und während das Begierdeprinzip entschieden weniger tätig war, besaß das Ego selbst einen viel höheren Grad von Bewußtsein. Der Astral-Körper konnte in diesem Falle bis zu einer Entfernung von mehreren Kilometern vom physischen fortgezogen werden, augenscheinlich ohne das leiseste Gefühl der Unruhe in den beiden hervorzurufen.

Als die tropische Landschaft diesem Ego vorgehalten wurde, nahm es dieselbe lebhaft auf und wußte sie entschieden zu würdigen; es bewunderte eingehend ihre Schönheiten in der enthusiastischsten Weise. Nachdem der Mann die Landschaft eine Zeitlang bewundert hatte, wurde er aufgeweckt: jedoch der Erfolg war etwas enttäuschend. Er wußte, daß er einen schönen Traum gehabt hatte, aber es war ihm völlig unmöglich, Einzelheiten zurückzurufen; die wenigen unbestimmten Bruchteile, welche noch in seinem Gedächtnis hafteten, waren Reste der Streifzüge seines eigenen Gehirns. Es wurde nun mit ihm, wie bei dem andern Mann, der Versuch wiederholt, nachdem eine magnetische Schutzwand um den Körper gebildet war. Auch in diesem Fall begann das Gehirn sofort aus sich selbst Bilder hervorzurufen. Das Ego nahm die Landschaft mit noch größerem Enthusiasmus auf als das erstemal, erkannte sie sofort als die Aussicht, die es schon einmal gesehen hatte, und besah sie Punkt für Punkt ganz begeistert, voll Bewunderung für ihre vielen Schönheiten. Aber während das Ego auf diese Weise in Betrachtung versunken war, belustigte sich sein ätherisches Gehirn unter ihm damit, Bilder aus seiner Schulzeit zurückzurufen. Das Hervorstechendste war eine Szene im Winter, der Boden war mit Schnee bedeckt und er und eine Anzahl seiner Spielkamaraden lieferten sich auf dem Spielplatze der Schule eine Schneeballschlacht. Als der Mann wiederum aufgeweckt wurde, war der Erfolg ganz merkwürdig. Er hatte eine lebhafte Erinnerung, auf dem Gipfel eines Berges gestanden zu haben. Er hatte eine prachtvolle Landschaft bewundert und hatte selbst die Hauptzüge der Szenerie ganz klar vor Augen, aber statt der prachtvollen tropischen Pflanzenwelt, welche dem wirklichen Bild solche Üppigkeit verlieh, sah er die Umgebung vollständig von Schnee bedeckt, und es schien ihm, als ob er, während er mit großem Entzücken die Lieblichkeit des vor ihm ausgebreiteten Panoramas genoß, plötzlich, mit einem in Träumen so häufig vorkommenden rapiden Szenenwechsel, sich auf dem alten Schulhof befand und sich mit lange vergessenen Schulkameraden, an die er seit Jahren nicht gedacht, mit Schneebällen bewarf.

VII.

SCHLUSS

Diese Versuche zeigen also sehr klar, wie es kommt, daß die Erinnerung an unsere Träume häufig so chaotisch und unzusammenhängend ist. Sie erklären auch nebenbei, weshalb einige Menschen, in denen das Ego unentwickelt ist und irdische Begierden überhaupt verschiedenster Art sehr stark sind, überhaupt nicht träumen und weshalb viele andere nur ab und zu, beim Zusammentreffen günstiger Umstände, imstande sind eine wirre Erinnerung an nächtliche Erlebnisse zurückzubringen. Wir lernen ferner aus ihnen, daß, wenn ein Mensch wünscht, im wachen Bewußtsein den Vorteil von dem zu ernten, was das Ego während des Schlafes erfährt, es absolut nötig für ihn ist, Herrschaft über seine Gedanken zu gewinnen, alle seine niedrigeren Leidenschaften zu überwinden und sein Gemüt in Einklang mit den höheren Dingen zu bringen. Wenn er sich die Mühe nimmt, sich während des Wachens an zusammenhängendes und konzentriertes Denken zu gewöhnen, wird er bald finden, daß der Vorteil, den er dadurch gewinnt, sich nicht nur bei Tage zeigt. Wenn er lernt, sein Denken in Schranken zu halten und zu zeigen, daß er dessen ebenso gut Herr ist wie seiner niederen Leidenschaften, wenn er sich geduldig bemüht, vollständige Herrschaft über seine Gedanken zu erlangen, so daß er stets genau weiß, woran er denkt und weshalb, dann wird er finden, daß sein Gehirn, trainiert, nur auf die Anregungen des Ego zu hören, in Ruhe verharrt, wenn es nicht gebraucht wird, und daß es sich weigern wird, die zufälligen Strömungen des uns umgebenden Ozeans von Gedanken aufzunehmen und auf sie zu reagieren, so daß er für die Einflüsse der weniger materiellen Ebenen nicht länger unzugänglich bleibt, wo die Einsicht tiefer und das Urteil wahrer ist, als sie hier unten sein können.

Die Ausübung einer einfachen Art von Magie mag manchen Menschen bei diesem Trainieren des ätherischen Teiles des Gehirns Hilfe leisten. Die Bilder, welche es aus sich selbst entwickelt, wenn der äußere Gedanken-Strom ausgeschlossen ist, sind sicher im allgemeinen weniger geeignet, die Rückerinnerungen an die Erfahrungen des Ego zu verhindern, als das stürmische Brausen dieses Gedankenstromes selbst; deshalb ist der Ausschluß dieses tosenden Stromes, welcher so viel mehr Böses als Gutes mit sich führt, an und für sich kein unwichtiger Schritt vorwärts, dem gewünschten Ziele zu. Und dies kann ohne ernste Schwierigkeit erreicht werden. Der Mensch denke, wenn er sich zum Schlafen niedergelegt hat, an die Aura, welche ihn umgibt; er wolle energisch, daß die äußere Oberfläche dieser Aura ein Gehäuse werde, welches ihn gegen die Einflüsse und Beunruhigungen von außen schützt, und die aurische Materie wird seinem Willen gehorchen. Ein Gehäuse wird sich in der Tat um ihn her bilden und der Gedankenstrom wird ausgeschlossen bleiben.

Ein anderer Punkt, welcher sich sehr deutlich aus unsern weiteren Untersuchungen ergab, war die weittragende Wichtigkeit des letzten Gedankens eines Menschen, ehe er in Schlaf versinkt. Dies ist eine Überlegung, auf welche die meisten nie kommen, und doch hat dieser letzte Gedanke physische, geistige und moralische Folgen für die Menschen. Wir haben gesehen, wie passiv und wie leicht zu beeinflussen der Mensch während des Schlafes ist. Wenn er in diesen Zustand übergeht, und seine Gedanken sind auf hohe und heilige Dinge gerichtet, umgibt er sich mit Elementalen, welche ähnliche Gedanken anderer ins Dasein gerufen haben, und seine Ruhe ist friedevoll. Sein Geist ist geöffnet für Eindrücke von oben und verschlossen für solche von unten, denn er hat dessen Tätigkeit die richtige Richtung gegeben. Wenn er im entgegengesetzten Fall einschläft, mit unreinen und irdischen Gedanken beschäftigt, zieht er alle die groben und üblen Geschöpfe an sich, welche ihm nahe kommen, während sein Schlaf durch die wilden Wogen von Leidenschaft und Begehren beunruhigt wird, die ihn blind für die Ausblicke und taub für die Töne machen, die von den höheren Ebenen kommen.

Alle ernsten Theosophen sollten deshalb ihr Augenmerk speziell darauf richten, ihre Gedanken auf die erhabensten Höhen zu lenken, die sie erreichen können, ehe sie sich dem Schlaf überlassen. Denn man bedenke, daß durch das, was zuerst nur als ein Tor zum Traum erscheint, vielleicht einmal plötzlich Zutritt zu jenen höheren Reichen erlangt werden kann, wo allein wahre Vision möglich ist. Wenn man mit seiner Seele beständig aufwärts strebt, werden ihre Sinne allmählich anfangen, sich zu entfalten. Das Licht im Herzensschrein wird heller und heller brennen, bis endlich das volle, ununterbrochene Bewußtsein sich einstellt und dann – wird man nicht mehr träumen. Denn sich zum Schlafen niederlegen, wird für ihn nicht mehr heißen, in Vergessenheit zu versinken, sondern einfach – strahlend, freudig, stark in jenes vollere, edlere Leben hineinzuschreiten, wo Ermüdung nie eintritt, wo die Seele fortwährend lernt und wächst, selbst wenn ihre ganze Zeit im Dienen verbracht wird. Denn der Dienst geschieht den großen Meistern der Weisheit, und die große Aufgabe, welche sie dem Menschen setzen, ist: mit aller gegebenen Kraft an ihrem nie aufhörenden Werk mitzuhelfen, die Entwicklung der Menschheit zu fördern und zu leiten.

DIE LEHRE DES WACHSTUMS (BAND I)

VIERTES BUCH

C.W. Leadbeater

Hellsehen

Sein Begriff, seine Formen, die Hilfsmittel, Methoden der Entwicklung

F. HIRTHAMMER VERLAG MÜNCHEN

I.

Was Hellsehen ist

Hellsehen bedeutet buchstäblich nichts weiter als *»hell sehen«*, und ist ein Wort, das schwer mißbraucht worden ist, denn man hat es sogar angewandt, um die Gaukeleien der Zauberkünstler auf dem Jahrmarkt damit zu bezeichnen. Selbst im engeren Sinne schließt es eine große Anzahl Phänomene in sich ein, die so verschiedenartig sind, daß es nicht leicht ist, eine Definition des Wortes zu geben, die zugleich kurz und treffend ist. Man hat es bisweilen mit dem Ausdruck »spirituelles Schauen« erklären wollen, aber kein Wort könnte irreleitender sein als dieses, denn in der größten Mehrzahl der Fälle ist keine Fähigkeit damit verbunden, die den geringsten Anspruch auf einen so erhabenen Namen machen kann.

Für den Zweck dieser Abhandlung kann man es vielleicht als die Kraft definieren, dasjenige zu sehen, was der gewöhnlichen physischen Sehkraft verborgen ist. Auch wird es gut sein, vorauszuschicken,daß es sehr häufig, (obgleich durchaus nicht immer) mit Hellhören verbunden ist, der Kraft, dasjenige zu hören, was für das gewöhnliche, physische Ohr unhörbar ist; und es soll hier daher unser Titelwort so verstanden werden, daß es diese Fähigkeit ebenfalls in sich schließt, um nicht fortwährend zwei lange Worte gebrauchen zu müssen, wo eins genügt.

Gleich bei Beginn müssen zwei Punkte klargelegt werden, nämlich: Dieses Handbuch ist nicht für solche geschrieben, die nicht glauben, daß es so etwas wie »Hellsehen« überhaupt gibt, noch sollen die überzeugt werden, die daran zweifeln. In einem so kleinen Werk wie dieses ist kein Raum dafür vorhanden; solche Personen sollten eines der vielen Bücher studieren, die derartige Fälle beschreiben, oder sie müssen eben Experimente mesmerischer Art machen. Ich wende mich hier an die besser unterrichtete Gruppe jener, die wissen, daß »Hellsehen« existiert, und die sich genügend dafür interessieren und dankbar sind, über dessen Methoden und Möglichkeiten Auskunft zu erlangen; und diesen versichere ich, daß das, was ich hier schreibe, das Resultat sorgsamer Studien und Experimente ist, und daß, obgleich einige der Fähigkeiten, die beschrieben werden, ihnen neu und seltsam erscheinen mögen, dennoch keine einzigen erwähnt werden, von denen ich nicht selbst Beispiele gesehen habe.

Obgleich ferner technische Ausdrücke so viel wie möglich vermieden werden, so werde ich doch, da ich hauptsächlich für Schüler der Theosophie schreibe, bisweilen der Kürze wegen und ohne weitere Erklärung die gewöhnlichen theosophischen Ausdrücke verwenden, von denen bestimmt anzunehmen ist, daß sie genügend bekannt sind.

Sollte dieses Handbuch jemand in die Hände fallen, dem diese Ausdrücke Schwierigkeiten verursachen, der wird wegen dieser einleitenden Erklärungen auf eines der Bücher zur Einführung in die Theosophie verwiesen, wie zum Beispiel »Die Uralte Weisheit« oder »Der Mensch und seine Körper« von Annie Besant. Alle Lehren der theosophischen Welt- und Lebensanschauung sind so eng miteinander verbunden, und ihre verschiedenen Teile hängen so sehr mit einander zusammen, daß man, um eine genaue Erklärung jedes Ausdruckes zu geben, eine eingehende Abhandlung über die theosophischen Lehren als Einleitung selbst für diese kurze Abhandlung über Hellsehen schreiben müßte.

Bevor ich jedoch eine ins einzelne gehende Erklärung des »Hellsehens« in zweckmäßiger Weise geben kann, werden wir uns kurze Zeit mit einigen einleitenden Betrachtungen beschäftigen müssen, damit wir einige allgemeine Tatsachen über die verschiedenen Ebenen, auf denen die Fähigkeit des Hellsehens ausgeübt werden kann, und die Bedingungen, die diese Ausübung ermöglichen, kennen lernen.

In den theosophischen Schriften wird uns immerwährend versichert, daß alle diese höheren Fähigkeiten später das Erbe der ganzen Menschheit sein werden – daß die Kraft des Hellsehens z. B. in jedem Menschen latent liegt, und daß die, in denen sie sich schon jetzt zeigt, den andern in dieser besonderen Fähigkeit nur ein wenig voraus sind. Obwohl diese Behauptung wahr ist, so scheint sie dennoch den meisten ganz unbestimmt und unwirklich, einfach deshalb, weil sie eine solche Fähigkeit als ganz verschieden von allem ansehen, was sie bisher erfahren haben, und sie fühlen sich ziemlich sicher, daß sie selbst jedenfalls sehr weit davon entfernt sind, diese zu entwickeln.

Es wird helfen, dieses Gefühl der Unwirklichkeit zu beseitigen, wenn wir versuchen zu verstehen, daß Hellsehen, wie so vieles in der Natur, einfach eine Frage von Schwingungen und tatsächlich nur eine Erweiterung der Fähigkeiten ist, die ein jeder täglich ausübt. Wir sind alle ständig von einem weiten Meer aus Luft und Äther umgeben, welch letzterer allen physischen Stoff durchdringt, und die Eindrücke von außen erreichen uns hauptsächlich durch Schwingungen in diesem großen Stoffmeere. Das wissen wir zwar alle, aber vielleicht haben viele nie daran gedacht, daß die Anzahl der

Schwingungen, auf die wir reagieren können, äußerst gering ist.

Unter den außerordentlich schnellen Schwingungen, die den Äther berühren, gibt es eine gewisse kleine Anzahl – eine sehr kleine Anzahl – auf die die Netzhaut des menschlichen Auges fähig ist zu reagieren, und diese besonderen Schwingungen bringen die Empfindung hervor, die Licht genannt wird, das heißt, wir sind nur fähig, diejenigen Gegenstände zu sehen, von denen Licht dieser besonderen Art entweder ausstrahlt oder reflektiert werden kann.

In genau derselben Weise ist das Trommelfell des menschlichen Ohres fähig, auf eine gewisse sehr kleine Anzahl verhältnismäßig langsamer Schwingungen zu antworten – langsam genug, um auf die uns umgebende Luft einzuwirken; und daher sind die einzigen Töne, die wir hören können, solche, die von Gegenständen hervorgebracht werden, die mit einer innerhalb dieses Bereiches gelegenen Geschwindigkeit schwingen können.

In beiden Fällen ist es der Naturwissenschaft wohl bekannt, daß eine große Anzahl Schwingungen sowohl über wie unter diesen beiden Sektionen existiert, und daß es daher viele Lichtwirkungen gibt, die nicht gesehen werden können, und viele Töne, für die das Ohr taub ist. Bei dem Lichte ist die Tätigkeit dieser höheren und tieferen Schwingungen leicht in den Wirkungen wahrzunehmen, die durch die ultravioletten Strahlen an einem Ende des Spektrums und die Wärmestrahlen am andern Ende hervorgebracht werden.

Tatsächlich existieren Schwingungen jedes erdenklichen Grades der Schnelligkeit, die den ganzen weiten Raum zwischen den langsamen Tonwellen und den schnellen Lichtwellen erfüllen, und es gibt außerdem zweifellos Vibrationen, die langsamer sind, als die der Töne, und eine unendliche Anzahl derselben, die schneller sind als diejenigen, die als Licht wahrgenommen werden. So beginnen wir zu verstehen, daß die Schwingungen, durch die wir sehen und hören, nur wie zwei winzig kleine Gruppen einiger Saiten einer riesigen Harfe von wirklich unendlicher Ausdehnung sind, und wenn man überlegt, wieviel man schon durch den Gebrauch dieser kleinen Bruchstücke hat lernen und folgen können, so ahnt man die Möglichkeiten, die eintreten würden, wenn man fähig wäre, sich das große wundervolle Ganze nutzbar zu machen.

Ferner ist hierbei zu beachten, daß verschiedene menschliche Wesen, wenngleich in relativ engen Grenzen, in der Fähigkeit, auf die wenigen Vibrationen zu antworten, die innerhalb des Bereiches unserer physischen Sinne liegen, beträchtlich von einander abweichen. Ich denke hierbei nicht an die Schärfe des Gesichts oder Gehörs, das den einen Menschen befähigt, einen kleineren Gegenstand zu sehen oder einen leiseren Ton zu hören als einen andern; es kommt hierbei durchaus nicht die Schärfe der Sehkraft, sondern der Umfang der Empfänglichkeit in Betracht.

Wenn jemand z. B. ein gutes und geeignetes Prisma nimmt und vermittelst desselben ein deutliches Spektrum auf ein Blatt weißes Papier wirft, dann eine Anzahl Personen die äußersten Grenzen des Spektrums, wie es ihnen erscheint, auf das Papier zeichnen läßt, so wird man fast immer konstatieren können, daß ihre Sehkraft eine ganz verschiedene ist. Einige werden das Violett sich viel weiter ausdehnen sehen als die Mehrzahl; andere werden vielleicht weniger Violett als die meisten sehen, während sie am roten Ende mehr wahrnehmen. Einige wenige wird es vielleicht geben, die an beiden Enden weiter sehen können als die meisten anderen, und diese werden wohl bestimmt die sogenannten sensitiven Menschen sein – die tatsächlich für eine größere Anzahl von Schwingungen empfänglich sind als die meisten Menschen unserer Zeit.

Beim Gehör kann man denselben Unterschied nachweisen, wenn man z. B. einen Ton nimmt, der gerade noch nicht zu hoch ist, um gehört zu werden – der sozusagen an der Grenze der Hörbarkeit ist – und beobachtet, wieviele Personen unter einer gegebenen Anzahl fähig sind, ihn zu hören. Der Schrei einer Fledermaus ist ein bekanntes Beispiel für einen solchen Ton, und die Erfahrung lehrt, daß an einem Sommerabend, wenn die ganze Luft von diesen schrillen, spitzigen Rufen dieser kleinen Tiere erfüllt ist, eine große Anzahl Menschen ihrer gar nicht gewahr wird, da sie unfähig ist, sie überhaupt zu hören.

Nun zeigen diese Beispiele sehr deutlich, daß es keine festgesteckte Grenze für die Menschen gibt, Schwingungen des Äthers oder der Luft wahrzunehmen, daß aber einige diese Fähigkeit bereits in einem höheren Grade besitzen als andere und man wird sogar finden, daß die Aufnahmefähigkeit eines und desselben Menschen bei verschiedenen Gelegenheiten verschieden ist. Man kann sich daher leicht vorstellen, daß es einem Menschen möglich sein kann, diese Kraft zu entwickeln und so im Laufe der Zeit vieles sehen zu lernen, das seinen Mitmenschen unsichtbar ist, und vieles zu hören, was für sie unhörbar ist, da man weiß, daß eine ungeheuer große Anzahl feinerer Schwingungen existiert und gewissermaßen nur darauf wartet, wahrgenommen zu werden.

Die Erfahrungen mit den Röntgenstrahlen geben ein Beispiel von den erstaunlichen Resultaten, die erzielt werden, wenn nur einige dieser feineren Schwingungen in den Gesichtskreis des Menschen gebracht werden, und die Durchsichtigkeit vieler Stoffe, die bis jetzt für undurchsichtig galten für diese Strahlen, zeigt plötzlich wenigstens einen Weg, auf dem eine solche Art von elementarem Hellsehen erklärt werden kann, wie sie das Lesen eines Briefes innerhalb eines verschlossenen Kastens bedingt, oder das Beschreiben von Personen, die sich in einem anstoßenden Raum befinden. Mittelst der Röntgenstrahlen sehen zu lernen zusätzlich zu jenen Strahlen, die man gewöhnlich benützt, würde genügen, um jemand zu befähigen, ein magisches Kunststück dieser Art auszuführen.

Bisher haben wir uns nur mit einer Erweiterung der rein physischen Sinne des Menschen befaßt, bedenkt man aber, daß der Ätherkörper des Menschen tatsächlich nur der feinere Teil seiner physischen Hülle ist, und daß daher alle seine Sinnesorgane eine große Menge Ätherstoff von verschiedenen Dichtigkeitsgraden enthalten, dessen Fähigkeiten in den meisten Menschen noch latent liegen, so ist ersichtlich, daß, selbst wenn wir uns nur auf diesen Weg der Entwicklung beschränken, ungeheure Möglichkeiten aller Art sich schon vor uns eröffnen.

Aber wir wissen ja, daß der Mensch darüberhinaus noch einen Astral- und einen Mentalkörper besitzt, die beide im Laufe der Zeit zu einer bewußten Tätigkeit erweckt werden können und die dann ihrerseits auf die Vibrationen des Stoffes ihrer eigenen Pläne antworten und dadurch dem Ego in dem Maße, wie es in diesen Körpern zu arbeiten lernt, zwei gänzlich neue und weit größere Welten der Erkenntnis und Macht eröffnen. Nun muß man sich diese neuen Welten, obgleich sie uns überall umgeben und einander gegenseitig durchdringen, nicht in der Substanz gänzlich getrennt von einander vorstellen, sondern vielmehr ineinander übergehend, so daß der gröbste Astralstoff direkt mit dem feinsten physischen Stoff verbunden ist, gerade so wie der gröbste Mentalstoff wiederum in den feinsten Astralstoff übergeht. Man darf sich jedoch keine neuen und fremden Stoffarten darunter vorstellen, sondern man muß sich den gewöhnlichen physischen Stoff nur in so feine Unterarten geteilt denken und mit so viel feineren Schwingungszuständen versehen, daß sich dadurch gänzlich neue Bedingungen und neue Eigenschaften erschließen.

Dann wird es nicht mehr schwer sein, sich die Möglichkeit einer beständigen und fortgesetzten Erweiterung unserer Sinne vorzustellen, so daß man sowohl durch das Gesicht als auch durch das Gehör fähig wird, weit höhere und weit tiefere Schwingungen wahrzunehmen, als die man gewöhnlich erkennt. Eine große Anzahl dieser neuen Schwingungen wird noch dem physischen Plane angehören und wird uns nur fähig machen, Eindrücke von dem ätherischen Teile dieses Planes zu empfangen, der jetzt noch ein versiegeltes Buch für uns ist. Solche Eindrücke werden noch durch die Netzhaut des Auges aufgenommen werden; sie werden natürlich mehr ihren ätherischen als ihren festen Stoff berühren, aber trotzdem kann man sie als Eindrücke ansehen, die nur ein besonderes Organ ansprechen, das darauf spezialisiert ist, sie aufzunehmen, und nicht die ganze Oberfläche des Ätherkörpers.

Es gibt allerdings einige außergewöhnliche Fälle, in denen andere Teile des Ätherkörpers auf diese neuen Schwingungen ebenso leicht oder sogar leichter als das Auge antworten. Es gibt verschiedene Erklärungen dafür, doch hauptsächlich ist dies die Wirkung einer teilweisen astralen Entwicklung, denn man wird finden, daß die sensitiven Teile des Körpers fast immer mit einem der Chakrams, der Vitalitätszentren im Astralkörper, korrespondieren. Wenngleich diese Zentren auf ihrem eigenen Plane, falls das astrale Bewußtsein noch nicht genügend entwickelt ist, noch nicht wirken können, so sind sie doch stark genug, um den Ätherstoff, den sie durchdringen, zu stärkerer Tätigkeit anzuregen.

Bei den Astralsinnen selbst ist die Art der Wirksamkeit ganz anders. Der Astralkörper hat keine speziellen Sinnesorgane – eine Tatsache, die vielleicht einiger Erklärung bedarf, da viele Studierende, die seine Physiologie zu verstehen suchen, es schwer finden, was über die vollkommene Durchdringung des physischen Körpers durch den Astralstoff gesagt wurde und über die genaue Übereinstimmung zwischen den beiden Körpern sowohl wie über die Tatsache, daß jedes physische Objekt notwendigerweise sein astrales Gegenstück hat, miteinander in Einklang zu bringen.

Nun sind all diese Angaben zweifellos wahr, und doch ist es möglich, daß Menschen, die im Astralen nicht normal sehen können, sie mißverstehen. Zu jeder Art der physischen Materie gehört eine ihr entsprechende Art von Astralstoff, mit dem sie beständig verbunden ist – von dem sie nur durch eine sehr starke Ausübung okkulter Kraft getrennt werden kann, und selbst dann können die beiden Stoffarten nur so lange auseinander gehalten werden, wie diese Kraft dazu aufrechterhalten wird. Doch ist die Verbindung der astralen Teilchen untereinander weit loser, als dies bei den korrespondierenden Teilchen des physischen Stoffes der Fall ist.

In einer Eisenstange z. B. hat man eine Masse physischer Moleküle in festem Zustande – das heißt, sie sind verhältnismäßig nur einer kleinen Veränderung in ihrer relativen Lage zu einander fähig, obgleich jedes derselben mit unglaublicher Schnelligkeit in seiner eigenen Sphäre vibriert. Das astrale Gegenstück davon besteht aus dem, was wir oft festen Astralstoff nennen – das heißt, aus dem Stoff der untersten und dichtesten Unterabteilung des Astralplanes; aber nichtsdestoweniger verändern seine Teilchen schnell und beständig ihre relative Lage, indem sie sich untereinander so leicht bewegen wie die einer Flüssigkeit des physischen Planes. Es existiert also keine fortdauernde Verbindung zwischen irgendeinem physischen Partikel und dem betreffenden Teil des Astralstoffes, der in irgendeinem gegebenen Augenblick als sein Gegenstück wirkt.

Das ist auch der Fall in Beziehung auf den Astralkörper des Menschen, den wir für unseren Zweck als aus zwei Teilen bestehend betrachten können – nämlich die dichtere Ansammlung, die die genaue Lage des physischen Körpers einnimmt, und die Wolke des feineren Astralstoffes, die diesen umgibt. Innerhalb dieser Teile und untereinander geht fortwährend ein äußerst rascher Kreislauf der beschriebenen Teilchen vor sich, so daß man bei dem Beobachten der sich bewegenden Moleküle des Astralkörpers unwillkürlich an die Bewegung in stark kochendem Wasser denken muß.

Daraus folgt also, obgleich jedes Organ des physischen Körpers immer eine gewisse Menge Astralstoff als Gegenstück haben muß, daß es dieselben Partikel doch nie länger als einige Sekunden behält, und daher existiert nichts, was der Spezialisierung des physischen Nervenstoffes in Seh- oder Gehörnerven und dergleichen entspricht, so daß zwar das physische Auge oder Ohr zweifellos stets sein Gegenstück aus Astralmaterie hat, dieses besondere Teil der Astralmaterie aber dennoch weder mehr (noch weniger) fähig ist, auf die Schwingungen zu antworten, die astrales Sehen oder Hören hervorbringt, als irgendein anderer Teil des Körpers.

Man darf nicht vergessen, daß, obgleich hier beständig von »astralem Sehen« und »astralem Hören« gesprochen werden muß, um ein Verständnis herbeizuführen, alles, was wir unter diesen Ausdrücken verstehen, nur die Fähigkeit ist, auf solche Vibrationen zu antworten, die dem Bewußtsein des Menschen, wenn er in seinem Astralkörper tätig ist, Informationen derselben Natur vermitteln, wie seine Augen und Ohren es tun, während er in seinem physischen Körper lebt. Aber in den gänzlich andersartigen astralen Zuständen sind besondere Organe nicht nötig zur Erreichung dieses Resultates; in jedem Teil des Astralkörpers gibt es Materie, die fähig ist, so zu reagieren, und folglich sieht der in seinem Astralkörper funktionierende Mensch ebenso gut die Gegenstände hinter sowie unter und über sich, ohne seinen Kopf umdrehen zu müssen.

Es ist jedoch noch ein anderer Punkt zu beachten, der nicht außer acht gelassen werden darf, nämlich die Frage der bereits erwähnten Chakrams. Die Schüler der Theosophie wissen, daß sowohl im Astral- wie im Äther-Körper des Menschen gewisse Kraftzentren existieren, die der Reihe nach durch das heilige Schlangen-Feuer belebt werden müssen; wenn der Mensch in der Entwicklung fortschreitet. Obgleich man diese Kraftzentren nicht Organe im gewöhnlichen Sinne des Wortes nennen kann, da der Mensch nicht durch sie sieht oder hört, so wie im physischen Leben durch Auge und Ohr, so hängt doch offensichtlich die Kraft, diese astralen Sinne zu gebrauchen, sehr stark von ihrer Belebung ab, indem jedes derselben in dem Maße, wie es sich entwickelt, dem Astralkörper die Kraft verleiht, auf eine neue Schwingungsreihe zu antworten.

Dennoch haben auch diese Zentren keine beständige Ansammlung von Astralstoff, die mit ihnen in Verbindung stände. Es sind einfach Wirbel in der Materie des Körpers – Wirbel, durch die alle Partikel der Reihe nach hindurchgehen – Punkte vielleicht, an denen eine höhere Kraft von höheren Plänen auf den Astralkörper einwirkt. Selbst diese Beschreibung gibt nur eine teilweise Vorstellung von ihrem Aussehen, denn tatsächlich sind es vierdimensionale Wirbel, so daß die Kraft, die durch sie hindurchgeht und die die Ursache ihrer Existenz ist, von nirgendher emporzuquellen scheint. Da aber alle Partikel der Reihe nach durch sie hindurchgehen, so ist es klar, daß es ihnen auf diese Weise möglich ist, in allen Atomen des Körpers die Kraft zu erwecken, für eine gewisse Art von Schwingungen empfänglich zu sein, so daß alle Astralsinne in allen Teilen des Körpers gleich tätig sind.

Das Sehen auf dem Mentalplane ist davon wiederum ganz verschieden, denn hierbei kann man nicht mehr von besonderen Sinnen wie Gesicht und Gehör sprechen, sondern hier hat man es mit einem Allgemeinsinn zu tun, der auf die ihn erreichenden Vibrationen so vollkommen reagiert, daß er, wenn irgend ein Gegenstand in den Bereich seiner Wahrnehmung gelangt, ihn sogleich vollkommen erkennt und ihn sozusagen sieht, hört und fühlt und durch diesen einen gleichzeitigen Vorgang alles von ihm weiß, was gewußt werden kann. Aber selbst diese wunderbare Fähigkeit ist nur dem Grade und nicht der Art nach von denen verschieden, die wir jetzt in unserer Gewalt haben; auf dem Mentalplane so gut wie auf dem physischen werden die Eindrücke immer noch durch Schwingungen vermittelt, die von dem gesehenen Gegenstand zum Seher hinführen.

Auf dem buddhischen Plane begegnet man zum ersten Male einer ganz neuen Fähigkeit, die mit den bisher besprochenen nichts gemein hat, denn dort erkennt ein Mensch ein Objekt auf eine ganz verschiedene Weise, bei der äußere Schwingungen keine Rolle spielen. Das Objekt wird ein Teil seiner selbst, und er betrachtet es von innen, anstatt von außen. Aber mit dieser Kraft hat gewöhnliches Hellsehen nichts zu tun.

Die vollständige oder teilweise Entwicklung jeder Fähigkeiten fällt unter unsere Definition des Hellsehens – die Kraft zu sehen, was dem gewöhnlichen physischen Blick verborgen ist. Aber diese Fähigkeiten können auf verschiedene Weise entwickelt werden, und es wird gut sein, hierüber einige Worte zu sagen.

Wenn es einem Menschen möglich wäre, während seiner Evolution von allen außer den freundlichsten und sanftesten Einflüssen von außen isoliert zu sein und sich von Anfang an vollkommen regelmäßig und normal zu entwickeln, würde er seine Sinne wahrscheinlich auch in regelrechter

Ordnung entfalten. Seine physischen Sinne würden allmählich ihre Grenze immer mehr erweitern, bis sie auf alle physischen Schwingungen antworten könnten, sowohl auf die des Ätherstoffes wie auf die der gröberen Materie; dann würde in richtiger Folge die Empfänglichkeit für die gröberen Teile des Astralplanes auftreten, und später würden auch die feineren Teile mit eingeschlossen werden, bis endlich zur gegebenen Zeit die mentale Fähigkeit erwachen würde.

Im wirklichen Leben ist jedoch eine so regelmäßige Entwicklung kaum jemals möglich, und mancher Mensch hat gelegentliche Lichtblicke von astralem Bewußtsein, ohne daß seine ätherische Sehkraft überhaupt erweckt worden wäre. Diese Unregelmäßigkeit in der Entwicklung ist eine der Hauptursachen dafür, daß der Mensch in den Fragen des Hellsehens so außerordentlich leicht Irrtümern unterworfen ist – wovon er sich nur durch einen langen Lehrgang sorgfältiger Übung unter einem dazu befähigten Lehrer frei machen kann.

Studierenden der theosophischen Schriften ist es wohl bekannt, daß es solche Lehrer gibt, – und daß selbst in diesem materialistischen Jahrhundert die alte Redensart gilt: „Wenn der Schüler bereit ist, ist auch der Meister bereit", und: „Wenn der Jünger fähig ist, in die Halle des Lernens einzutreten, wird er dort stets seinen Meister finden". Auch wissen sie wohl, daß man nur unter solcher Führung seine latenten Kräfte mit Sicherheit entwickeln kann, da es ihnen bekannt ist, wie leicht sich der ungeübte Hellseher über die Bedeutung und den Wert dessen, was er sieht, täuschen, oder sogar seine Vision vollständig entstellen kann, wenn er sie ins physische Bewußtsein herabbringt.

Daraus folgt nicht, daß selbst der Schüler, der in dem Gebrauch okkulter Kräfte regelmäßigen Unterricht erhält, diese genau in der oben beschriebenen Ordnung entwickeln wird. Seine vorherige Entwicklung ist vielleicht nicht derart gewesen, um diesen Weg für ihn als den leichtesten oder wünschenswertesten erscheinen zu lassen; aber er steht jedenfalls unter der Leitung eines wirklich befähigten Führers seiner spirituellen Entwicklung, und er kann beruhigt sein, daß der Weg, auf dem er geführt wird, der beste für ihn ist.

Ein zweiter großer Vorteil, den er dabei gewinnt, ist der, daß er alle Kräfte, die er erwirbt, endgültig beherrscht und sie somit beständig und in vollkommener Weise benutzen kann, wenn er sie für seine theosophische Arbeit braucht; während diese Kräfte bei nicht geschulten Menschen sich oft nur teilweise und unwillkürlich zeigen und sozusagen nach ihrem eigenen Willen auftauchen und verschwinden.

Es könnte nun mit gutem Grund eingewendet werden, daß es, wenn die Fähigkeit des Hellsehens, wie gesagt wurde, ein Teil der okkulten Ent-

wach gehalten werden, daß es die Erinnerung von dem, was es gesehen oder gelernt hat, seinem physischen Gehirn einprägen kann.

Wenn die erste dieser Veränderungen stattgefunden hat, dann ist die zweite von geringer Bedeutung, da dann das Ego, der wahre Mensch, fähig ist, von der Unterweisung, die auf diesem Plane erlangt werden kann, Nutzen zu ziehen, selbst wenn er nicht die Befriedigung erlangt, irgendeine Erinnerung daran in sein Wachbewußtsein mit herüberzubringen.

Studierende fragen oft, in welcher Weise sich diese Fähigkeit des Hellsehens bei ihnen selbst zuerst zeigen wird – wie sie es wissen können, wann sie die Stufe erreicht haben, auf der die ersten schwachen Anzeichen dafür sich bemerkbar machen. Da die Fälle so ganz voneinander verschieden sind, ist es unmöglich, auf diese Frage irgendeine allgemein gültige Antwort zu geben.

Einige Menschen beginnen sozusagen ganz plötzlich und werden unter einem ungewöhnlichen Anreiz nur für einmal fähig, irgendeine auffallende Vision zu sehen; und sehr oft geschieht es in solchem Falle, daß der Betreffende, da diese Erfahrung sich nicht wiederholt, mit der Zeit zu glauben beginnt, daß er bei dieser Gelegnheit das Opfer einer Halluzination gewesen sein müsse. Andere fangen damit an, von Zeit zu Zeit die glänzenden Farben und Schwingungen der menschlichen Aura gewahr zu werden; andere sehen und hören immer mit zunehmender Häufigkeit Dinge, für die ihre Umgebung blind und taub ist; wieder andere sehen Gesichter, Landschaften oder farbige Wolken im Dunkeln vor ihren Augen schweben, ehe sie einschlafen; doch machen wohl die meisten zuerst die Erfahrung durch, daß sie anfangen, sich mit einer größeren Klarheit dessen zu erinnern, was sie während des Schlafes auf den anderen Plänen gesehen und gehört haben.

Da nun der Boden in gewisser Beziehung vorbereitet ist, kann damit angefangen werden, die verschiedenen Erscheinungen des Hellsehens näher zu betrachten.

Sie sind allerdings, sowohl in ihrer Natur wie in ihren Graden so voneinander verschieden, daß es nicht leicht ist zu entscheiden, wie sie am besten einzuteilen sind. Man könnte sie z. B. einteilen nach der Art des Hellsehens, die angewandt wird – ob sie mental, astral oder nur ätherisch ist. Ferner könnte man sie nach der Fähigkeit des Hellsehers einteilen, indem man in Betracht zieht, ob es ein geschulter oder ein ungeschulter ist; ob seine Schau regelmäßig und unter seiner Herrschaft ist oder vereinzelt und unabhängig von seinem Willen auftritt; ob er seine höhere Sehkraft nur ausüben kann, wenn er unter mesmerischem Einfluß steht, oder ob dieser Beistand unnötig für ihn ist; ferner, ob er imstande ist, seine Fähigkeit zu benutzen, wenn er sich im Wachzustande befindet, oder ob er sie nur dann ausüben kann, wenn er im Schlaf oder Trance-Zustand seinen Körper zeitweise verläßt.

Alle diese Unterschiede sind wichtig, und sie müssen alle bei den weiteren Ausführungen in Betracht gezogen werden, aber vielleicht wird im allgemeinen die beste Einteilung die sein, die sich in gewisser Hinsicht an das System anlehnt, das A. P. Sinnett in seinem Buch »Rationale of Mesmerism« angewandt hat. Wir werden daher die Erscheinungen mehr nach der in Anwendung kommenden Fähigkeit des Hellsehens, als nach den Plänen, auf denen sie ausgeübt wird, einteilen, so daß also die Beispiele des Hellsehens unter folgende Rubriken zu gruppieren sind:

1. Einfaches Hellsehen – das heißt, ein einfaches Öffnen des Blickes, das seinen Besitzer befähigt, diejenigen astralen oder ätherischen Wesenheiten zu sehen, die in seiner Umgebung sind, das aber nicht die Kraft einschließt, entfernte Orte zu beobachten oder Szenen, die einer andern als der gegenwärtigen Zeit angehören.
2. Hellsehen im Raum – die Fähigkeit, Szenen oder Ereignisse zu sehen, die von dem Seher räumlich entfernt sind und entweder für gewöhnliche Beobachtung zu weit oder durch dazwischenliegende Gegenstände verborgen sind.
3. Hellsehen in der Zeit – das heißt, die Fähigkeit, Gegenstände oder Ereignisse zu sehen, die von dem Seher zeitlich entfernt liegen, oder mit andern Worten, die Kraft, in die Vergangenheit oder in die Zukunft zu blicken.

II.

Einfaches Hellsehen: Allseitig

Das wurde von uns als einfaches Öffnen des ätherischen oder astralen Sehens definiert, das seinen Besitzer befähigt, alles zu erkennen, was auf den entsprechenden Ebenen um ihn her gegenwärtig ist. Doch ist diese Fähigkeit im allgemeinen nicht von der Kraft begleitet, irgendetwas auf große Entfernungen zu sehen oder in die Vergangenheit oder Zukunft zu schauen. Es ist kaum möglich, diese letzteren Fähigkeiten gänzlich auszuschließen, denn astrales Sehen hat notwendigerweise eine größere Reichweite als physisches, und bruchstückartige Bilder der Vergangenheit sowohl wie der Zukunft treten oft zufällig in den Sehkreis solcher Hellseher, die nicht wissen, wie sie besonders danach suchen sollen; aber es besteht dennoch ein sehr großer Unterschied zwischen solchen zufälligen Lichtblicken und der bewußten Kraft, den Blick entweder in den Raum oder in die Zeit zu richten.

Unter sensitiven Personen findet man alle Abstufungen dieser Art des Hellsehens, von der Fähigkeit des Menschen, der einen unbestimmten Eindruck empfängt, den man kaum mit dem Namen Hellsehen bezeichnen kann, bis zu dem vollen Besitz des ätherischen und astralen Schauens. Vielleicht wird die einfachste Methode für uns die sein, wenn wir anfangen zu beschreiben, was dem Hellseher, wenn er diese Sehkraft voll entwickelt hat, sichtbar sein würde, da dann die Fälle des nur teilweisen Besitzes derselben ganz natürlich an ihre Stelle der Einteilung kommen würden.

Betrachten wir zuerst das ätherische Hellsehen. Das besteht einfach, wie bereits gesagt worden ist, in der Empfänglichkeit, auf eine weit größere Reihe physischer Schwingungen als gewöhnlich zu reagieren, aber dennoch bringt sein Besitz mancherlei in Sicht, wofür der größte Teil der menschlichen Rasse noch blind ist. Wir wollen einmal sehen, wie der Anblick der bekannten, belebten oder unbelebten Gegenstände sich verändert, und dann, zu welchen gänzlich neuen Faktoren er uns führt. Aber es sei daran erinnert, daß das, was ich nun beschreibe, nur das Resultat der vollen und vollkommen beherrschten Fähigkeit ist, und daß die meisten Fälle, die man im wirklichen Leben findet, wahrscheinlich in einer oder der andern

Richtung weit dahinter zurückbleiben werden.

Die auffallendste Veränderung, die durch den Erwerb dieser Fähigkeit in der Erscheinung unbelebter Gegenstände eintritt, ist die, daß die meisten derselben fast durchsichtig werden, was seinen Grund in der Verschiedenheit der Wellenlänge einiger der Schwingungen hat, für die der Mensch jetzt empfänglich geworden ist. Er fühlt sich fähig, mit der größten Leichtigkeit das sprichwörtliche Kunststück zu vollbringen, »durch eine Mauer hindurchzusehen«. Denn seiner neu erworbenen Sehkraft scheint die Mauer kaum dichter zu sein als ein leichter Nebel. Er sieht daher, was in einem Nebenzimmer geschieht, fast so, als wenn überhaupt keine Wand dazwischen wäre; er kann genau den Inhalt eines verschlossenen Behälters beschreiben oder einen versiegelten Brief lesen; mit einiger Übung kann er eine gegebene Stelle in einem geschlossenen Buche finden. Obgleich dieses letztere Experiment für die astrale Sehkraft sehr leicht auszuführen ist, so bietet es allerdings dem, der nur ätherisches Hellsehen ausübt, große Schwierigkeiten, weil jede Seite durch alle diejenigen hindurchgesehen werden muß, die darüber liegen.

Man hat oft gefragt, ob jemand unter diesen Umständen immer mit seiner abnormen Sehkraft sieht, oder nur dann, wenn er es will. Die Antwort darauf ist, daß, wenn seine Fähigkeit vollkommen entwickelt ist, er sie auch ganz beherrscht, und er kann je nach Wunsch entweder die Kraft des Hellsehens oder die gewöhnliche Sehkraft benutzen. Er geht von der einen zur andern so schnell und natürlich über, wie wir den Brennpunkt unserer Augen verändern, wenn wir von unserem Buche aufsehen, um die Bewegungen irgendeines eine Meile entfernten Gegenstandes zu betrachten. Es ist sozusagen ein Einstellen des Bewußtseins auf den einen oder den andern Aspekt des betrachteten Gegenstandes; und obgleich der betreffende Mensch den Aspekt dessen, worauf seine Aufmerksamkeit für den Augenblick gerichtet ist, ganz klar im Auge hat, so wird er sich stets auch des andern Aspektes unbestimmt bewußt sein, geradeso wie wir, wenn wir unsern Blick auf einen Gegenstand in unsern Händen richten, doch auch unbestimmt die entgegengesetzte Wand des Zimmers als Hintergrund sehen.

Eine weitere sehr merkwürdige Veränderung, die mit dem Besitz dieser Sehkraft verbunden ist, besteht darin, daß der feste Boden, auf dem der Mensch geht, für ihn bis zu einem gewissen Grade durchsichtig wird, so daß er bis zu einer beträchtlichen Tiefe in ihn hineinblicken kann, etwa so, wie wir jetzt durch klares Wasser hindurchsehen können. Das befähigt ihn, ein unter dem Boden wühlendes Geschöpf zu beobachten, ein Kohlen- oder Metallager, das nicht zu weit unter der Oberfläche liegt, und anderes mehr zu entdecken.

Die Grenze des ätherischen Hellsehens beim Blicken durch feste Stoffe scheint derjenigen ähnlich zu sein, die uns beim Sehen durch Wasser oder Nebel auferlegt ist. Über eine gewisse Entfernung hinaus können wir nicht sehen, weil das Medium, durch das wir blicken, nicht vollkommen durchsichtig ist.

Das Aussehen der lebenden Wesen ist auch sehr verändert für den Menschen, der seine Sehkraft soweit entwickelt hat. Die Körper der Menschen und Tiere sind für ihn größtenteils durchsichtig, so daß er die Tätigkeit der verschiedenen inneren Organe beobachten und in gewissem Maße auch einige ihrer Krankheiten erkennen kann.

Seine erweiterte Sehkraft befähigt ihn auch, mehr oder weniger klar verschiedene Klassen von Elementalen und anderen Geschöpfen wahrzunehmen, deren Körper die Strahlen innerhalb des gewöhnlich sichtbaren Spektrums nicht zu reflektieren imstande sind. Unter den so geschauten Wesenheiten werden einige der niederen Arten der Naturgeister sein – nämlich diejenigen, deren Körper aus dem dichteren Ätherstoffe bestehen. Zu dieser Klasse gehören Elfen, Gnomen und Kobolde, über die man in dem schottischen und irischen Hochland und in entlegenen Orten in der ganzen Welt noch heutzutage so viel zu erzählen weiß.

Das große Reich der Naturgeister ist im großen Ganzen ein astrales, doch gibt es viele von ihnen, die dem ätherischen Teil des physischen Planes angehören, und diese kommen den gewöhnlichen Menschen natürlich viel leichter zum Bewußtsein als die andern. So finden wir tatsächlich beim Lesen der üblichen Märchen häufig ganz deutliche Anzeichen, daß wir es mit dieser Klasse von Wesen zu tun haben. Jeder, der die Geschichten von Elfen und Feen studiert, weiß, wie oft darin irgendeine geheimnisvolle Salbe oder ein Zaubermittel erwähnt werden, die, wenn jemand seine Augen damit bestreicht, ihn befähigen, die Wesen des Elfenreiches zu sehen, wo er sie auch treffen mag.

Häufig wird dann in Geschichten dieser Art weiter erzählt, daß der Mensch, der eine solche Zaubersalbe benutzt hat, wenn er einem Elfenwesen in irgendeiner Weise seine neue Fähigkeit verrät, von letzterem ins Auge gestochen und so nicht nur der ätherischen Sehkraft, sondern auch der physischen beraubt wird.

Wenn die erworbene Sehkraft astral gewesen wäre, dann würde ein solches Verfahren vollkommen nutzlos gewesen sein, denn keine Beschädigung des physischen Organs kann die astrale Sehkraft berühren; ist aber die durch die Salbe hervorgerufene Sehkraft ätherisch, dann wird die Zerstörung des physischen Auges sie in den meisten Fällen plötzlich auslöschen, da das Auge der Mechanismus ist, durch den diese Fähigkeit wirkt.

Ferner wird jeder, der diese eben besprochene Kraft des Hellsehens besitzt, auch imstande sein, den Ätherkörper des Menschen wahrzunehmen; da aber dieser in der Größe fast ganz identisch mit dem physischen ist, so erregt er kaum die Aufmerksamkeit, außer wenn er im Trance-Zustande oder unter dem Einfluß von Betäubungsmitteln teilweise nach außen tritt. Wenn er sich nach dem Tode ganz von dem physischen Körper trennt, ist er dem Hellseher deutlich sichtbar und kann öfters über frischen Gräbern schwebend gesehen werden, wenn man durch Friedhöfe geht. Bei spiritistischen Sitzungen wird solch ein Hellseher den Ätherstoff aus der Seite des Mediums allmählich ausströmen sehen, und er kann beobachten, in welcher verschiedenen Weise die sich mitteilenden Wesenheiten diesen zu ihren Zwecken benutzen.

Eine andere Tatsache, die ihm ganz sicher bald zum Bewußtsein kommen wird, ist die Erweiterung seiner Wahrnehmung in bezug auf Farben. Er wird fähig sein, einige gänzlich neue Farben zu sehen, die nicht im geringsten den uns jetzt bekannten ähnlich sind und die daher mit den uns zur Verfügung stehenden Worten nicht beschrieben werden können. Und zwar wird er nicht nur neue Gegenstände sehen, die ganz diesen neuen Farben angehören, sondern er wird auch entdecken, daß die ihm bekannten Dinge ihre Färbung verschiedentlich verändert haben, je nachdem sie irgend eine Schattierung dieser neuen Farben mit den alten vermischt tragen oder nicht, so daß zwei Farbenflächen, die dem gewöhnlichen Auge wie eine erscheinen, seinem schärferen Blicke oft deutlich verschiedene Schattierungen zeigen.

Wir haben jetzt einige der hauptsächlichsten Veränderungen besprochen, die in den Anschauungskreis eines Menschen eintreten, wenn er die ätherische Sehkraft erlangt; und es sei daran erinnert, daß in den meisten Fällen auch in seinen anderen Sinnen zu gleicher Zeit entsprechende Veränderungen eintreten werden, so daß er fähig sein wird, mehr als die meisten seiner Umgebung zu hören und vielleicht auch zu fühlen. Nehmen wir nun an, daß er außerdem noch die Kraft erlangt, auf dem Astralplane zu sehen, welche weiteren Veränderungen würden dann eintreten?

Nun, diese würden sehr groß und mannigfaltig sein; eine ganz neue Welt erschlösse sich tatsächlich seinen Augen. Wir wollen ihre Wunder kurz in derselben Ordnung betrachten wie vorher und zuerst den Unterschied klarlegen, der in der Erscheinung lebloser Dinge eintreten würde; und zwar will ich damit beginnen, hier eine kürzlich darüber in der Zeitschrift »The Vahan« gegebene eigenartige Antwort anzuführen.

»Es besteht ein großer Unterschied zwischen ätherischem und astralem Sehen, und das letztere scheint mit der vierten Dimension in Beziehung zu stehen.«

„Um den Unterschied zu begreifen, wird es am besten sein, ein Beispiel zu nehmen. Wenn jemand einen Mann mit beiden Sehkräften nacheinander betrachtet, dann sieht er in beiden Fällen die Knöpfe auf der Rückseite seines Rockes, nur würde er sie beim ätherischen Sehen durch ihn hindurchsehen und würde die Innenseite als am nächsten liegend betrachten können; beim astralen Schauen dagegen würde er dies nicht nur so beobachten können, in der Weise, als ob er direkt hinter dem Manne stände."

Oder wenn man einen hölzernen Würfel, der auf allen Seiten beschrieben ist, mit dem ätherischen Auge betrachtet, so würde der Würfel als aus Glas, also ganz und gar durchsichtig erscheinen; die Schrift auf der gegenüberliegenden Seite würde er verkehrt sehen, während die auf der rechten und linken Seite stehende Schrift nur dann deutlich sichtbar würde, wenn man sich weiterbewegt, da man sie sonst von der Seite aus betrachten müßte. Mit der astralen Schau jedoch würde man alle Seiten mit einem Male beobachten können und alle in der rechten Stellung, so als ob die Seiten des Würfels auf einer Ebene ausgebreitet würden, und man könnte auch jeden Teil im Inneren ebenso gut sehen, zwar nicht durch die andern hindurch, sondern ganz vor einem aufgerollt. Man würde ihn von einer andern Richtung betrachten, im rechten Winkel zu allen uns bekannten Richtungen".

„Betrachtet man die Rückseite einer Uhr ätherisch, dann sieht man durch sie hindurch alle Räder und durch diese das Zifferblatt, aber verkehrt; beim astralen Schauen jedoch sieht man das Zifferblatt in der rechten Lage und alle Räder einzeln daliegen, aber nicht eins über dem andern.«

Hier haben wir mit einem Male den Grundton, den wichtigsten Umstand bei dem Wechsel: der Mensch sieht jetzt alles von einem durchaus neuen Standpunkte aus, anders wie irgendetwas, das er sich jemals vorher hat vorstellen können. Es bietet ihm nicht mehr die geringste Schwierigkeit, irgendeine Seite in einem geschlossenen Buche zu lesen, weil er sie jetzt nicht mehr durch alle andern davor- oder dahinterliegenden Seiten hindurchzusehen braucht, sondern sie gerade vor sich sieht, so als ob sie die einzige sichtbare Seite wäre. Die Tiefe, in der eine Metall- oder Kohlen-Ader liegt, ist ihm jetzt kein Hindernis mehr, weil er jetzt nicht mehr durch die dazwischenliegende tiefe Erde hindurchblickt. Die Dicke einer Wand oder die Anzahl der Wände, die sich zwischen dem Beobachter und seinem Objekt befinden, würde für das ätherische Sehen einen großen Unterschied ausmachen, doch bei dem astralen Schauen nicht den geringsten, weil sie dann gar nicht zwischen den Beobachter und seinen Gegenstand zu liegen kämen. Das klingt natürlich paradox und scheint unmöglich, und es ist für den, der nicht besonders dazu geschult ist, die Vorstellung zu begreifen, ganz unerklärlich, und dennoch ist es absolut wahr.

Das führt uns mitten in die vielumstrittene Frage der vierten Dimension – eine Frage von tiefstem Interesse, wenngleich zu behandeln.

Der Besitz dieser außerordentlichen und kaum zu erklärenden Kraft muß aber nun bei allem, was folgt, im Gedächtnisse behalten werden. Diese legt jeden Punkt im Innern jedes festen Körpers dem Blicke des Sehers absolut offen vor, gerade so, wie jeder Punkt im Innern eines Kreises dem Blicke des darauf Schauenden daliegt.

Aber selbst das ist durchaus nicht alles, was diese Kraft ihrem Träger verleiht. Er sieht nicht nur ebenso gut die Innenseite wie die Außenseite jedes Gegenstandes, sondern auch dessen astrales Gegenstück. Jedes Atom und Molekül der physischen Materie hat seine entsprechenden astralen Atome und Moleküle, und die Masse, die daraus aufgebaut ist, ist unserm Hellseher deutlich sichtbar. Gewöhnlich ragt das astrale Gegenstück eines Gegenstandes etwas über den physischen Teil desselben hinaus, und so sieht man Metalle, Steine und andere Dinge von einer astralen Aura umgeben.

Man kann daraus ersehen, daß man selbst beim Studium der anorganischen Materie unendlich durch den Besitz dieser Sehkraft gewinnt. Man sieht nicht nur den astralen Teil des betrachteten Gegenstandes, der vorher ganz verborgen war, man sieht nicht nur viel mehr von seiner physischen Gestalt als früher, sondern auch das, was schon bisher sichtbar war, wird jetzt viel klarer und richtiger gesehen. Ein kurzes Nachdenken hierüber wird zeigen, daß diese neue Sehkraft einer wahren Vorstellung viel näher kommt als das physische Sehen. Wenn man einen zum Beispiel gläsernen Würfel astral betrachtet, dann werden alle Seiten desselben gleich erscheinen, wie sie es auch tatsächlich sind, während man auf dem physischen Plan die entferntere Seite in der Perspektive sieht – das heißt, sie erscheint kleiner als die näher liegende Seite, was natürlich nur eine Täuschung ist, die von unserer physischen Beschränktheit herrührt.

Wenn wir nun sehen, welche zusätzlichen Möglichkeiten die astrale Schau beim Beobachten lebender Wesen bietet, dann erkennen wir wohl noch klarer die Vorteile des astralen Schauens. Es zeigt dem Hellseher die Aura der Pflanzen und Tiere, und Begierden und Empfindungen sowohl wie die Gedanken dieser letzteren liegen klar vor seinen Augen.

Aber im Verkehr mit Menschen wird man den Wert dieser Kraft wohl am meisten schätzen, denn der Hellseher wird oft imstande sein, ihnen weit besser zu helfen, wenn er sich durch die Informationen leiten läßt, die er durch die Gabe des höheren Schauens empfängt.

Er wird fähig sein, die Aura bis zum Astralkörper zu sehen, und obgleich die höheren Körper des Menschen noch vor seinem Blicke verborgen sind, so wird er es durch sorgfältige Beobachtung dennoch möglich finden, über diese höheren Körper mancherlei zu erfahren aus dem, was innerhalb seines Bereiches liegt. Seine Fähigkeit, den Ätherkörper zu beobachten, wird ihm sehr hilfreich dabei sein, Mängel und Krankheiten des Nervensystems zu erkennen, während er aus dem Aussehen des Astralkörpers sogleich alle Empfindungen, Leidenschaften, Wünsche und Neigungen des vor ihm sich befindenden Menschen wahrnimmt, wie auch viele von seinen Gedanken.

Wenn er jemand ansieht, dann wird er ihn von dem leuchtenden Nebel seiner astralen Aura umgeben sehen, die von allerlei glänzenden Farben durchzuckt ist, und die sich bei jedem neu auftretenden Gedanken oder Gefühl beständig in Färbung und Glanz ändert. Er wird diese Aura von dem schönen Rosa der reinen Liebe, dem reichen Blau der Hingebung, dem harten, trüben Braun der Selbstsucht, dem tiefen Scharlachrot des Zornes, dem schmutzigen Rot der Sinnlichkeit, dem bleiernen Grau der Furcht, den schwarzen Wolken des Hasses und der Bosheit oder von irgendeinem anderen der hundertfältigen Anzeichen überflutet sehen, die ein geübtes Auge so leicht zu lesen lernt, und so wird niemand seine wahren Gefühle über irgendeinen Gegenstand vor einem in dieser Weise Schauenden verbergen können.

Diese verschiedenen Andeutungen über die Aura sind an und für sich ein Studium von höchstem Interesse, aber es fehlt hier an Raum, um eingehend darüber zu sprechen. In meinem Buch »Der sichtbare und der unsichtbare Mensch« findet man Ausführliches über die Aura nebst einer großen Anzahl farbiger Illustrationen.

Die astrale Aura zeigt dem Hellseher nicht nur die zeitweilige Wirkung der im Moment durch sie hindurchziehenden Empfindung, sondern sie gibt ihm auch durch die Anordnung und Proportionen der Farben im Zustande verhältnismäßiger Ruhe einen Aufschluß über die allgemeinen Neigungen und den Charakter ihres Eigentümers. Denn der Astralkörper ist der Ausdruck von all dem, was sich vom Menschen auf dem Astralplane ausdrücken kann, so daß man also von dem, was man hier sieht, mit beträchtlicher Sicherheit auf vieles schließen kann, was den höheren Plänen angehört.

In dieser Beurteilung des Charakters wird unser Hellseher von dem Teil des Denkens der betreffenden Person unterstützt werden, der sich auf dem Astralplan manifestiert und infolgedessen auch in seinen Gesichtskreis tritt. Die wahre Heimat des Gedankens ist auf dem Mentalplane, und jeder Gedanke zeigt sich dort als eine Schwingung des Mentalkörpers. Ist jedoch der Gedanke in irgendeiner Weise selbstsüchtig oder irgendwie mit einer Empfindung oder einem Wunsch verbunden, dann steigt er sogleich auf die astrale Welt herab und nimmt eine sichtbare Form von Astralmaterie an.

Bei der Mehrzahl der Menschen werden fast alle Gedanken unter die eine oder die andere dieser Bezeichnungen fallen, so daß tatsächlich ihre ganze Persönlichkeit klar vor der astralen Sehkraft unseres Freundes liegen wird, da ihre Astralkörper und die beständig von ihnen ausstrahlenden Gedankenformen wie ein offenes Buch für ihn sind, indem ihre Charakterzüge so deutlich geschrieben stehen, daß der, welcher sie lesen kann, es sicher tut. Jeder, der Aufschluß darüber haben will, wie die Gedankenformen sich dem Hellseher zeigen, mag darüber in dem von mir gemeinsam mit Frau Annie Besant verfaßten Buch »Gedankenformen« nachlesen und die beigefügten Illustrationen betrachten.

Wir haben nun gesehen, welche Veränderung in der Erscheinung sowohl der leblosen wie der belebten Gegenstände eintritt, wenn jemand, der die volle astrale Sehkraft hat, sie betrachtet: es soll nun beschrieben werden, was für gänzlich neue Dinge gesehen werden können. Er wird sich einer weit größeren Fülle in der Natur nach mancherlei Richtungen hin bewußt sein, doch wird seine Aufmerksamkeit hauptsächlich von den Lebewesen dieser neuen Welt angezogen werden. Eine ausführliche Schilderung derselben wurde bereits in dem Abschnitt über die »Astralebene« gegeben. Hier sollen nur einige Klassen der mannigfaltigen Bewohner der Astralwelt erwähnt werden.

Er wird einen Eindruck bekommen von den proteusartigen Formen der endlosen Flut der Elementalessenz, die ihn ewig wirbelnd, oft gleichsam drohend umgibt, sich aber stets vor einer entschiedenen Anstrengung des Willens zurückzieht; er wird erstaunt sein über die große Schar von Wesenheiten, die durch die guten oder bösen Gedanken und Wünsche der Menschen an diesem weiten Meer für eine Zeit lang zu einem gesonderten Dasein herausgerufen werden. Er wird die mannigfaltigen Arten der Naturgeister bei ihrer Arbeit oder ihren Spielen beobachten können; bisweilen wird er fähig sein, mit immer größerem Entzücken die wunderbare Evolution einiger der niederen Arten aus dem herrlichen Reiche der Devas zu studieren, die in gewisser Beziehung den Scharen der Engel in der christlichen Terminologie entsprechen.

Aber vielleicht werden ihn noch mehr als alle diese die menschlichen Bewohner der Astralwelt interessieren, und er wird finden, daß sie zwei großen Klassen angehören – nämlich denen, die wir die Lebenden nennen, und jenen andern, meist viel lebendigeren Wesen, die wir mit einer so törichten Fehlbezeichnung »Tote« nennen. Unter den ersten wird er bisweilen jemand finden, der vollständig wach und bewußt ist, der vielleicht ausgeschickt wurde, um ihm eine Botschaft zu bringen oder ihn scharf beobachtet, um zu sehen, was für Fortschritte er macht, während die meisten seiner Nahbarn, wenn sie im Schlafe ihren physischen Körper verlassen haben, müßig umhertreiben und so in ihre eigenen Gedanken eingehüllt sind, daß sie sich dessen, was um sie her vorgeht, gar nicht bewußt werden.

Unter der großen Schar der kürzlich Verstorbenen wird er alle Grade von Bewußtsein und Intelligenz finden, und die verschiedensten Charaktere, – denn der Tod, der unserer beschränkten Sehkraft als ein so absoluter Wechsel erscheint, ändert in Wirklichkeit den Menschen selbst gar nicht. Am Tage nach seinem Tode ist er genau derselbe Mensch, der er vorher war, mit denselben Neigungen, denselben Eigenschaften, denselben Tugenden und Lastern, nur mit dem Unterschiede, daß er seinen physischen Körper abgeworfen hat; doch macht der Verlust desselben in keinerlei Weise einen andern Menschen aus ihm, nicht mehr, als etwa das Ausziehen eines Überrocks das zu tun vermöchte. So wird also unser Forscher in der Astralwelt unter den Toten intelligente und dumme, gutherzige und mürrische, ernste und leichtsinnige, spirituelle und sinnliche Menschen finden, gerade so wie unter den Lebenden.

Da er die Toten nicht nur sehen, sondern auch mit ihnen sprechen kann, so kann er ihnen oft sehr nützlich sein und ihnen Informationen und Belehrungen geben, die für diese von unschätzbarem Werte sind. Viele von ihnen befinden sich in einem Zustande der größten Überraschung und Verwirrung und bisweilen sogar heftiger Qual, weil sie die Tatsachen der andern Welt so ganz ungleich den kindischen Legenden finden, die alles sind, was die volkstümliche Religion des Westens über diesen äußerst wichtigen Gegenstand zu bieten hat, und daher ist jemand, der diese neue Welt versteht und darüber Aufklärung geben kann, tatsächlich ein Helfer in der Not.

Auch auf vielfältige andere Weise kann ein Mensch, der diese Fähigkeit vollkommen besitzt, den Lebenden ebenso wie den Toten hilfreich sein; aber darüber habe ich bereits in meinem kleinen Buch »Unsichtbare Helfer« geschrieben. Außer den astralen Wesenheiten wird auch er astrale Leichen sehen – Schatten und Schalen in allen Stadien des Zerfalles; aber diese sollen hier nur erwähnt werden, da Ausführlicheres darüber bereits im Abschnitt über die »Astralebene« gesagt wurde.

Eine weitere wundervolle Wirkung, die der volle Besitz des astralen Hellsehens zur Folge hat, ist, daß sein Bewußtsein jetzt keine Unterbrechung mehr erleidet. Wenn er sich abends schlafen legt, dann überläßt er seinen physischen Körper der Ruhe, die dieser braucht, während er in seinem viel bequemeren Astralkörper seinen Verrichtungen nachgeht. Am Morgen kehrt er zurück und geht wieder in seinen physischen Körper ein, aber ohne im geringsten das Bewußtsein oder die Erinnerung zwischen den beiden Zuständen zu verlieren, und so ist er imstande, gleichsam ein doppeltes Leben zu führen, das dennoch nur eins ist, und sich während der ganzen Zeit seines Lebens nützlich zu betätigen, anstatt ein Drittel davon in stumpfer Bewußtlosigkeit zu verlieren.

Eine andere seltsame Macht, in deren Besitz er sich befindet, (obgleich die volle Herrschaft darüber eher den mentalen Fähigkeiten angehört) ist die, daß er das kleinste physische oder astrale Atom ganz nach Belieben vergrößern kann, etwa wie durch ein Mikroskop - wenngleich es kein Mikroskop gibt und wahrscheinlich auch nicht geben wird, das nur den tausendsten Teil dieser psychischen, vergrößernden Kraft besitzt. Dadurch wird das hypothetische Molekül und Atom, das die Wissenschaft angenommen hat, für den Okkultisten eine sichtbare und lebendige Wirklichkeit, und bei dieser näheren Prüfung findet er, daß sie viel zusammengesetzter in ihrem Baue sind, als die Wissenschaftler es je vermutet haben. Er wird auch fähig, mit der äußersten Aufmerksamkeit und dem lebhaftesten Interesse alle Arten der elektrischen, magnetischen und anderen ätherischen Funktionen zu verfolgen; und wenn einige der Spezialisten in diesen Zweigen der Wissenschaft fähig werden, die Kraft zu entwickeln, um das zu sehen, worüber sie so leicht schreiben, dann kann man wunderbare und schöne Offenbarungen erwarten.

Das ist eine der *siddhis* oder Kräfte, von denen in orientalischen Büchern gesagt wird, daß sie in denjenigen Menschen erwachen, die sich der spirituellen Entwicklung hingeben, obgleich der Name, unter dem sie darin erwähnt wird, vielleicht nicht sogleich zu erkennen ist. Sie wird darin »die Kraft« genannt, „ sich selbst nach Belieben groß oder klein zu machen„ und der Grund für diese Beschreibung, die die Tatsache in so seltsamer Weise umzukehren scheint, ist der, daß die Methode, durch die das Kunststück zustande gebracht wird, gerade die in diesen alten Büchern angegebene ist. Durch die Benützung eines zeitweiligen Sehwerkzeugs von unvorstellbarer Kleinheit wird die Welt des unendlichen Kleinen so deutlich gesehen; und in derselben (oder vielmehr in der entgegengesetzten) Weise, indem man den Umfang des benutzten Mechanismus zeitweise enorm vergößert, wird es möglich, unseren Blick zu erweitern, - im physischen Sinne sowohl wie hoffentlich auch im moralischen - viel weiter, als die Wissenschaft es jemals für den Menschen als möglich erachtet hat. So ist also die Veränderung in der Größe tatsächlich im Bewußtseinsträger des Forschers zu suchen und nicht in irgendetwas, das außer ihm liegt; und das alte Buch des Orientalen hat also diesen Fall doch genauer beschrieben als wir.

Psychometrie und »Zweites Gesicht« in excelsios wird unser Freund auch zu den ihm zur Verfügung stehenden Fähigkeiten finden; aber es wird besser sein, diese in einem späteren Kapitel zu behandeln, da sie in fast all ihren Erscheinungen entweder Hellsehen in der Zeit oder im Raum einschließen.

Bis jetzt wurde, wenngleich nur in sehr allgemeinen Umrissen, beschrieben, was ein geschulter Forscher, der die volle Kraft des astralen Hellsehens besitzt, in der unendlich größeren Welt, die sich ihm durch dieses Schauen erschließt,sehen würde; aber es ist noch nichts von der erstaunlichen Veränderung in seiner Denkungsweise gesagt worden, die bewirkt wird durch die durch eigene Erfahrung errungene Gewißheit von der Existenz der Seele, ihrem Fortleben nach dem Tode, der Wirkung des Karmagesetzes und anderer Fragen von gleichgroßer Wichtigkeit. Man muß den Unterschied zwischen der, wenngleich stärksten intellektuellen Überzeugung und der bestimmten Kenntnis, die man durch persönliche Erfahrung erlangt hat, fühlen, um ihn richtig zu schätzen.

III.

Teilweises einfaches Hellsehen

Die Erfahrungen des ungeschulten Hellsehers jedoch - und es sei daran erinnert, daß zu dieser Klasse nahezu alle europäischen Hellseher außer einigen wenigen gehören - werden weit hinter dem zurückbleiben, was ich versucht habe zu schildern; sie werden in mancherlei Weise dahinter zurückbleiben – im Grade, in der Mannigfaltigkeit oder in der Fortdauer, besonders aber in der Genauigkeit.

So wird z. B. bei manchen die Fähigkeit des Hellsehens bleibend, aber sehr einseitig sein und sich nur auf eine oder zwei Klassen der zu beobachtenden Phänomene erstrecken; sie werden sich vielleicht mit irgendeinem einzelnen Bruchteil der höheren Sehkraft begabt finden, offensichtlich ohne die anderen Kräfte des Sehens zu besitzen, die gewöhnlich damit in Verbindung stehen oder oft sogar diesem Bruchteil vorausgehen. Einer meiner besten Freunde hat z. B. sein ganzes Leben hindurch die Gabe besessen, den atomischen Äther und die atomische Astralmaterie zu sehen und sowohl in der Dunkelheit wie bei Licht ihre Struktur zu erkennen und wie sie alles andere durchdringt, aber er hat nur selten Wesenheiten gesehen, deren Körper aus den viel leichter sichtbaren niederen ätherischen oder dichteren astralen Stoffen bestehen, und jedenfalls ist er nicht ständig fähig, sie wahrzunehmen. Er ist einfach im Besitz dieser besonderen Fähigkeit, ohne irgendeinen offensichtlichen Grund dafür und ohne irgendeine erkennbare Beziehung zu etwas anderem, außer daß ihm dadurch die Existenz dieser atomischen Pläne bewiesen und ihre Anordnung gezeigt wird, kann man nicht leicht einsehen, wozu sie ihm jetzt nützen soll. Doch sie ist da, und sie ist ein Pfand für Größeres, das kommen wird – für weitere Kräfte, die noch ihrer Entwicklung harren.

Es gibt viele Fälle - ähnlich nicht in dem Besitze dieser besonderen Form der Sehfähigkeit, (die in meiner Erfahrung einzig ist), sondern darin, daß sie die Entwicklung eines nur kleinen Teiles des vollen und klaren Schauens auf dem Astral- und Ätherplane zeigen. In neun Fällen unter zehn wird es bei solch einseitigem Hellsehen aber auch an Genauigkeit fehlen – das heißt, es werden oft nur sehr unbestimmte Eindrücke und Schlußfolgerungen dabei zu Tage treten, anstatt der klar umrissenen Definition und der Sicherheit des darin geschulten Menschen. Beispiele dieser Art findet man sehr häufig und besonders unter den Leuten, die sich als Probe- und »Berufs-Hellseher« ankündigen.

Dann gibt es wieder solche, die nur zeitweise hellsehend sind und zwar unter gewissen besonderen Bedingungen. Unter diesen gibt es verschiedene Unterabteilungen, einige davon sind imstande, den Zustand des Hellsehens nach Belieben hervorzubringen, indem sie dieselben Bedingungen wieder herbeiführen, während das Hellsehen bei anderen sporadisch auftritt, ohne irgendeine wahrnehmbare Beziehung zu ihrer Umgebung, und bei manchen zeigt sich die Fähigkeit überhaupt nur ein oder zwei Mal in ihrem Leben.

Zu der ersten dieser Unterabteilungen gehören jene, die nur im magnetischen Trance-Zustand hellsehend sind – die außerhalb dieses Zustandes unfähig sind, irgendetwas Außergewöhnliches zu sehen oder zu hören. Diese können bisweilen einen hohen Grad von Erkenntnis erlangen und außerordentlich genau in ihren Angaben sein, aber wenn das der Fall ist, dann machen sie gewöhnlich einen Lehrgang regelmäßiger Schulung durch, sind aber dennoch aus irgendeinem Grunde unfähig, sich ohne fremde Hilfe von dem bleiernen Gewicht des irdischen Lebens freizumachen.

In dieselbe Klasse können wir diejenigen einreihen – es sind hauptsächlich Orientalen – die nur unter dem Einfluß gewisser Drogen oder durch das Ausüben gewisser Zeremonien vorübergehend hellsehend werden. Der die Zeremonie Ausübende hypnotisiert sich bisweilen selbst durch die Wiederholung derselben und wird in diesem Zustande bis zu einem gewissen Grade hellsehend: öfters noch versetzt er sich einfach in einen passiven Zustand, in dem irgendeine andere Wesenheit von ihm Besitz ergreifen und durch ihn sprechen kann. Bisweilen haben seine Zeremonien aber gar nicht den Zweck, auf ihn selbst einzuwirken, sondern irgendeine astrale Wesenheit anzurufen, die ihm die gewünschte Auskunft erteilt, aber das ist natürlich ein Beispiel von Magie und nicht von Hellsehen. Sowohl die Drogen wie die Zeremonien sind Methoden, die streng zu vermeiden sind von denen, die die höhere Seite des Hellsehens erreichen und diese Gabe für ihren eigenen Fortschritt und zur Hilfe anderer anwenden wollen. Der mittelafrikanische Medizinmann oder Zauberdoktor und einige der Schamanen unter den Tartaren sind gute Beispiele für diesen Typus.

Diejenigen, die nur gelegentlich eine gewisse hellseherische Kraft haben, ohne daß sie es selbst wünschen, sind oft hysterische und sehr nervöse Personen, bei denen diese Gabe zum großen Teil eine der Symptome ihrer Krankheit ist. Der physische Körper ist bei ihnen bis zu einem solchen Grade geschwächt, daß er für eine gewisse Art ätherischen oder astralen

Schauens kein Hindernis ist. Ein extremes Beispiel dieser Klasse ist der Trinker, der sich im Zustande des Säuferwahnsinns befindet, und der in der Verfassung absoluten physischen Ruins und unreiner psychischer Erregung, die durch die Verwüstungen dieses grausigen Übels hervorgerufen werden, fähig ist, eine Zeit lang die ekelhaften Elementare und anderen Wesenheiten zu sehen, die er dadurch, daß er dieser erniedrigenden Leidenschaft so lange frönte, in seine Umgebung gezogen hat. Es gibt jedoch andere Fälle, bei denen die Kraft des Hellsehens aufgetreten und wieder verschwunden ist, ohne irgendeine erkennbare Beziehung zu der physischen Gesundheit; aber höchst wahrscheinlich würde auch bei diesen, wenn man sie gründlich genug untersucht hätte, eine Veränderung im Zustande des Ätherkörpers zu konstatieren gewesen sein.

Diejenigen, die nur ein Beispiel von Hellsehen in ihrem ganzen Leben zu verzeichnen haben, sind sehr schwer erschöpfend zu klassifizieren wegen der großen Mannigfaltigkeit der begleitenden Umstände. Bei vielen ist diese Erfahrung an irgendeinem Höhepunkt ihres Lebens eingetreten, bei dem man verstehen kann, daß eine zeitweise Erhöhung ihrer Fähigkeiten stattgefunden hat, die genügen mag, um die Sachlage zu erklären.

Bei einer anderen Unterabteilung derselben ist dieser vereinzelte Fall das Sehen einer Erscheinung gewesen, die meistens von irgendeinem Freunde oder Verwandten, der im Sterben lag, herrührte. Dabei können zwei Möglichkeiten vorliegen, und in jeder ist der starke Wunsch des Sterbenden die treibende Kraft. Diese Kraft mag ihn befähigt haben, sich für einen Moment zu materialisieren, in welchem Falle natürlich gar kein Hellsehen erforderlich war; oder was wahrscheinlicher ist, sie kann in magnetischer Weise auf den Beobachter gewirkt, für den Moment seine physische Empfänglichkeit eingeschläfert und seine höhere Sensivität wachgerufen haben. In beiden Fällen ist die Vision die Wirkung dieses Ereignisses und wiederholt sich nicht, ganz einfach deshalb, weil die nötigen Bedingungen sich nicht wiederholen.

Es bleibt jedoch noch ein unaufklärbarer Rest von Fällen, in denen ein vereinzeltes Beispiel unzweifelhaften Hellsehens vorkommt, während uns die Gelegenheit, bei der es auftritt, ganz trivial und unwichtig erscheint. Über diese Fälle können wir nur Hypothesen aufstellen; die verursachenden Bedingungen bestehen augenscheinlich nicht auf dem physischen Plane, und jeder Fall müßte ganz besonders untersucht werden, bevor wir mit einiger Sicherheit über die Gründe sprechen könnten. In manchen Fällen schien es, als ob eine astrale Wesenheit sich bemühte, irgendeine Mitteilung zu machen, und nur imstande war, eine unwichtige Einzelheit derselben mitzuteilen - da der nützliche und wichtige Teil von dem, was sie zu sagen hatte, sich nicht dem Bewußtsein des Betreffenden einprägen ließ.

Bei der Erforschung der Erscheinungen des Hellsehens begegnet man allen diesen verschiedenen Typen und noch manchen anderen, und auch eine gewisse Anzahl von Fällen bloßer Halluzination tritt dabei sicherlich zu Tage, die sorgfältig von der Liste der Beispiele gestrichen werden muß. Wer diesen Gegenstand zu seinem Studium macht, der braucht eine unerschöpfliche Geduld und eine feste Beharrlichkeit; wenn er sich jedoch lange genug damit beschäftigt hat, dann wird er allmählich die Ordnung in diesem Chaos entdecken und eine Ahnung bekommen von den großen Gesetzen, unter denen die ganze Evolution wirkt.

Es wird ihm in seinen Bemühungen sehr nützlich sein, wenn er in derselben Ordnung vorgeht, die wir angenommen haben - das heißt, wer sich zuerst die Mühe nimmt, sich so gründlich wie möglich mit den wirklichen Tatsachen der Welten vertraut zu machen, mit denen das gewöhnliche Hellsehen zu tun hat. Wenn er gelernt hat, was tatsächlich mit astralem und ätherischem Schauen zu sehen ist und welches die natürlichen Grenzen desselben sind, dann wird er sozusagen eine Richtschnur haben, wonach er die zu beobachtenden Fälle messen kann. Da alle Vorkommnisse des teilweisen Hellsehens sich notwendigerweise in dieses Ganze einfügen lassen müssen, so wird er, wenn er den Umriß des ganzen Schemas im Kopfe hat, es mit einiger Übung leicht finden, die Beispiele, mit denen er es zu tun hat, zu klassifizieren.

Bis jetzt haben wir noch nichts über die noch wunderbaren Möglichkeiten des Hellsehens auf dem Mentalplane gesagt, und es ist auch nicht nötig, viel darüber zu sagen, da es äußerst unwahrscheinlich ist, daß der Forscher jemals Beispiele davon kennenlernen wird, außer unter den entsprechend dafür vorbereiteten Schülern in einigen der höchsten Schulen des Okkultismus. Diesen öffnet es noch eine weitere Welt, die viel größer ist, als alle darunter liegenden - eine Welt, in der alles, was wir uns an höchster Pracht und Glanz vorstellen können, zum alltäglichen Leben gehört. Ein kleiner Bericht über die wunderbare Kraft, ihren unaussprechlichen Segen, ihre herrlichen Gelegenheiten zum Lernen und Wirken, wurde im Abschnitt über die »Mentalebene« gegeben, auf die wir daher verweisen.

Alles, was diese neue Welt geben kann - wenigstens alles, was er davon in sich verarbeiten kann - liegt im Bereiche des trainierten Schülers, aber für den ungeübten Hellseher ist es kaum möglich, mit ihr in Berührung zu kommen. Es kann im magnetischen Trancezustand geschehen, kommt aber äußerst selten vor, denn das verlangt fast übermenschliche Eigenschaften in bezug auf hohes spirituelles Streben und absolute Reinheit des Denkens und der Motive sowohl auf Seiten des Sehers wie des Operateurs.

Einer solchen Art des Hellsehens und der noch höheren, die zu dem nächsten, darüber liegenden Plane gehört, kann man mit Recht den Namen des spirituellen Schauens geben; und da die himmlische Welt, für die es unsere Augen öffnet, jetzt und stets um uns ist, ist es angebracht, sie schon in diesem Kapitel kurz zu erwähnen, obgleich es nötig sein wird, wieder darauf zurückzukommen, wenn das Hellsehen im Raume behandelt werden wird, was im nächsten Kapitel geschehen soll.

IV.

Beabsichtigtes Hellsehen im Raum

Diese Art von Hellsehen ist als die Fähigkeit definiert worden; Ereignisse oder Szenen sehen zu können, die räumlich von dem Seher entfernt und zu weit für gewöhnliche Beobachtung sind. Die Beispiele dafür sind so zahlreich und so mannigfaltig, daß wir versuchen wollen, eine mehr ins einzelne gehende Einteilung derselben zu geben. Die Art der Einteilung selbst ist von keiner Wichtigkeit, sofern sie nur umfassend genug ist, um alle anderen Fälle einzuschließen; vielleicht wird es gut sein, sie unter die großen Hauptabteilungen des beabsichtigten und unbeabsichtigten Hellsehens im Raume zu gruppieren, mit einer dazwischenliegenden Klasse als zum Teil beabsichtigt – ein sonderbarer Titel, den ich später erklären werde.

So wie vorher will ich wieder damit anfangen, das zu beschreiben, was dem vollkommen geschulten Hellseher in dieser Hinsicht möglich ist, und versuchen zu erklären, wie und unter welchen Einschränkungen seine Kraft wirkt. Danach werden wir die mannigfaltigen Beispiele des einseitigen und ungeschulten Sehens leichter verstehen können. Was ist also zunächst über beabsichtigtes Hellsehen zu sagen?

Aus dem, was früher über astrales Hellsehen gesagt wurde, geht klar hervor, daß jeder, der diese Kraft ganz beherrscht, imstande ist, tatsächlich alles in dieser Welt zu sehen, was er zu sehen wünscht. Die geheimsten Orte liegen seinem Blicke offen, und dazwischenliegende Hindernisse existieren für ihn nicht wegen der Veränderung in seinem Aussichtspunkt, so daß, wenn wir ihm die Fähigkeit einräumen, sich in seinem Astralkörper fortzubewegen, er ohne Schwierigkeit überall hingehen und alles innerhalb der Grenzen des Planeten sehen kann. Tatsächlich ist ihm das auch in hohem Grade möglich, ohne daß er den Astralkörper bewegt, wie wir gleich sehen werden.

Betrachten wir die Methoden mit denen dieses übernatürliche Gesicht zur Anwendung kommen kann, um Ereignisse aus der Entfernung zu beobachten, etwas genauer! Wenn z. B. ein Mensch in Europa bis in die kleinsten Einzelheiten sieht, was in demselben Moment in Indien oder Amerika geschieht, wie geht das vor sich?

Es ist eine sehr geistreiche Hypothese aufgestellt worden, um diese Erscheinung zu erklären. Diese besagt, daß jeder Gegenstand fortwährend nach allen Richtungen Strahlen aussendet, die in mancher Beziehung den Lichtstrahlen ähnlich, wenngleich unendlich feiner sind als diese, und daß das Hellsehen nichts anderes ist als die Fähigkeit, vermittelst dieser feinen Ausstrahlung zu sehen. Die Entfernung würde in diesem Falle kein Hindernis für die Sichtbarkeit sein, da diese Strahlen alle dazwischen befindlichen Gegenstände durchdringen und imstande sind, sich wechselseitig uneingeschränkt in allen Richtungen zu durchkreuzen, ohne sich zu vermischen, genauso, wie es die Schwingungen des gewöhnlichen Lichtes tun.

Obgleich das Hellsehen nicht genau in dieser Weise wirkt, so ist die Theorie in den meisten ihrer Prämissen dennoch ziemlich zutreffend. Es ist zweifellos, daß jeder Gegenstand nach allen Richtungen hin ausstrahlt, und genau in dieser Weise, obgleich auf einem höheren Plane, scheint sich die Akasha-Chronik zu bilden. Da über diese im nächsten Kapitel etwas gesagt werden wird, brauchen wir sie hier nur kurz zu erwähnen. Die Erscheinungen der Psychometrie hängen auch von diesen Ausstrahlungen ab, wie gleich erklärt werden wird.

Es stehen jedoch einige Schwierigkeiten im Wege, wenn man diese ätherischen Schwingungen (denn das sind sie natürlich) als Mittel benutzen will, um etwas zu sehen, was in der Entfernung vor sich geht. Dazwischenliegende Gegenstände sind nicht ganz durchsichtig, und da die in der zu beobachtenden Szene auftretenden Personen wahrscheinlich wenigstens ebenso durchsichtig sind, so ist es klar, daß eine große Verwirrung daraus entstehen würde.

Die neue Dimension, die ins Spiel kommen würde,wenn astrale Ausstrahlungen, statt ätherischer wahrgenommen werden würden, würde einigen der Schwierigkeiten vorbeugen, würde aber andererseits einige neue Komplikationen verursachen, so daß für unseren praktischen Zweck, wenn wir versuchen wollen, die Theorie des Hellsehens zu verstehen, diese Hypothese der Ausstrahlungen aus unseren Betrachtungen zu streichen ist und wir zu denjenigen Methoden des Sehens aus der Ferne übergehen müssen, die dem Forscher tatsächlich zur Verfügung stehen. Man wird finden, daß es fünf Methoden gibt, von denen vier wirklich verschiedene Arten des Hellsehens sind, während die fünfte eigentlich nicht dazu gehört, sondern in das Gebiet der Magie fällt. Diese letzte soll zuerst betrachtet werden.

I. *Hellsehen mit Hilfe eines Naturgeistes.* Diese Methode erfordert durchaus nicht den Besitz einer physischen Fähigkeit von Seiten des Experimentierenden; er braucht nur zu wissen, wie er einen Bewohner der Astralwelt veranlassen kann, die Forschung für ihn anzustellen. Das kann entweder durch Anrufung oder durch Beschwörung geschehen; das heißt, der Operateur kann entweder seinen astralen Gehilfen durch Gebete und Opfergaben überreden, ihm die Hilfe, die er wünscht, zu geben, oder er kann seine Hilfe durch die entschlossene Ausübung eines hochentwickelten Willens erzwingen.

Diese Methode ist im Osten, (wo die vermittelnde Wesenheit gewöhnlich ein Naturgeist ist) und im alten Atlantis sehr viel angewandt worden, wo die Herren des dunklen Angesichts« eine hoch organisierte und besonders boshafte Art von künstlichen Elementen zu diesem Zweck benutzten. Manchmal wird bei spiritistischen Sitzungen in unseren Tagen auf ähnliche Art Auskunft erlangt, aber dann ist der benutzte Botschafter meistens ein kürzlich verstorbenes menschliches Wesen, das sich mehr oder weniger frei auf dem Astralplane bewegt - wenngleich es auch hier bisweilen ein gefälliger Naturgeist sein kann, der sich zum Spaße als den verstorbenen Verwandten des Betreffenden ausgibt. Jedenfalls hat diese Methode, wie bereits gesagt wurde, nichts mit Hellsehen zu tun, sondern mit Magie; und sie wird hier nur erwähnt, damit der Leser nicht in Verlegenheit gerät, falls er einmal versuchen wollte, derartige Fälle unter eine der folgenden Rubriken zu gruppieren.

2. Hellsehen mittelst einer astralen Strömung. Das ist ein in der theosophischen Literatur häufig und ziemlich ungenau angewandter Ausdruck, um eine große Mannigfaltigkeit von Erscheinungen damit zu bezeichnen und unter anderen auch die, welche ich jetzt erklären will. Was tatsächlich durch den Forscher, der diese Methode annimmt, bewirkt wird, ist eigentlich nicht das In – Bewegung – setzen eines Stromes aus Astralmaterie, sondern mehr die Errichtung eines zeitweiligen Telefons, das durch diese hindurchgeht.

Es ist unmöglich, hier eine erschöpfende Abhandlung über die astrale Physik zu geben, selbst wenn ich die erforderlichen Kenntnisse hätte, sie zu beschreiben; es genügt zu wissen, daß es möglich ist, eine bestimmte Verbindungslinie aus Astralmaterie herzustellen, die wie ein Telegrafendraht wirkt, um Schwingungen zu übermitteln, durch die alles, was am anderen Ende desselben vorgeht, gesehen werden kann. Man muß nun verstehen, daß solch eine Linie nicht durch eine direkte Projektion durch den mit Astralmaterie gefüllten Raum entsteht, sondern indem man auf eine oder vielmehr auf viele Linien aus Teilchen dieses Stoffes in solcher Weise wirkt, daß sie einen Kanal für die gewünschten Schwingungen bilden.

Diese vorbereitende Wirkung kann in zweierlei Weise verursacht werden - entweder durch Kraftübertragung von einem Teilchen zum anderen, bis die Linie gebildet ist, oder durch Anwendung einer Kraft von einem höheren Plane aus, die fähig ist, gleichzeitig auf die ganze Linie zu wirken. Natürlich verlangt die letzte Methode eine weit höhere Entwicklung, da sie die Kenntnis von Kräften (und die Macht, sie zu gebrauchen) einer viel höheren Welt verlangt, so daß derjenige, der seine Linie in dieser Weise gestalten könnte, sie selbst überhaupt nicht brauchen würde, da er leichter und vollständiger mittelst einer viel höheren Fähigkeit sehen könnte.

Selbst das einfachere rein astrale Verfahren ist schwer zu beschreiben, obgleich es leicht auszuführen ist. Man kann sagen, daß es dem Magnetisieren einer Eisenstange ähnlich ist; denn es besteht eigentlich aus der, durch eine Anstrengung des menschlichen Willens hervorgerufenen Polarisation einer Anzahl paralleler Linien von Astralatomen, die von dem Operateur zu der Szene reichen, die er beobachten will. Alle so berührten Atome werden während der Zeit mit ihren Achsen genau parallel zueinander gehalten, so daß sie eine Art Röhre, die nur auf kurze Zeit besteht, bilden, durch die der Hellseher blicken kann. Diese Methode hat den Nachteil, daß die Telegrafenlinien der Beschädigung oder sogar der Zerstörung ausgesetzt sind durch irgendeinen genügend starken astralen Strom, der zufällig ihren Weg kreuzt; ist aber die ursprüngliche Willensanstrengung ziemlich entschieden, dann kommt das äußerst selten vor.

Der Anblick einer entfernten Szene, den man mittelst dieses »astralen Stromes« genießt, ist in mancher Beziehung dem durch ein Teleskop gesehenen ähnlich. Menschliche Gestalten erscheinen gewöhnlich sehr klein, wie auf einer entfernten Bühne, aber trotz dieser Verkleinerung erscheinen sie so deutlich, wie aus der Nähe gesehen. Bisweilen ist es auf diesem Wege ebenso gut möglich zu hören, was gesagt wird, wie zu sehen, was geschieht; aber da das in den meisten Fällen nicht eintritt, so müssen wir es eher als eine neu hinzutretende Kraft ansehen und nicht als eine notwendige Beigabe der Sehkraft.

Man wird bemerken, daß der Seher in diesem Falle seinen physischen Körper gewöhnlich gar nicht verläßt; er schickt weder seinen Astralkörper, noch irgendeinen andern Teil seiner selbst von sich aus nach der Richtung, nach der er blickt, sondern er verfertigt sich einfach ein zeitweiliges astrales Teleskop. Er verfügt folglich bis zu einem gewissen Grade über den Gebrauch seiner physischen Kräfte, auch während er die entfernte Szene beobachtet; er beherrscht z. B. noch seine Stimme, so daß er beschreiben kann, was er sieht, während er seine Beobachtungen anstellt. Das Bewußtsein des Menschen ist tatsächlich noch deutlich an diesem Ende der Linie.

Die Tatsache hat jedoch ebenso ihre Beschränkungen wie ihre Vorteile, und auch diese gleichen in mancherlei Hinsicht den Beschränkungen, denen ein Mensch ausgesetzt ist, wenn er auf dem physischen Plane ein Teleskop benutzt. Der Beobachter kann z. B. seinen Gesichtspunkt nicht ändern; sein Teleskop hat sozusagen ein besonderes Anschauungsfeld, das nicht vergrößert oder geändert werden kann; er betrachtet seine Szene von einer bestimmten Richtung aus, und er kann nicht plötzlich umwenden und sehen, wie sie von der andern Seite aussieht. Wenn er genügende physische Kraft auszugeben hat, dann kann er das Teleskop, das er benutzt, fallen lassen und sich ein gänzlich neues verfertigen, das sein Objekt ihm in etwas anderer Weise näher bringt; aber dieses Verfahren wird wahrscheinlich nicht leicht in der Praxis angewandt werden.

Doch man wird vielleicht sagen, daß die bloße Tatsache, daß er astrales Hellsehen anwendet, ihn befähigen sollte, die Szene von allen Seiten zu gleicher Zeit zu sehen. Das würde der Fall sein, wenn er diese Kraft in normaler Weise auf einen Gegenstand richten würde, der ihm ziemlich nahe ist – sozusagen innerhalb seiner astralen Reichweite; aber bei einer Entfernung von Hunderten oder Tausenden von Meilen ist der Fall ganz anders. Astrales Schauen gibt uns den Vorteil einer neuen Dimension, doch ist noch etwas wie eine Position in dieser Dimension, und das ist natürlich ein mächtiger Faktor, der den Gebrauch der Kräfte auf diesem Plan beschränkt. Die gewöhnliche dreidimensionale Sehkraft befähigt den Menschen, zu gleicher Zeit jeden Punkt im Inneren einer zweidimensionalen Figur, wie zum Beispiel einem Quadrat, zu sehen, aber damit das möglich sei, muß das Quadrat innerhalb einer vernünftigen Entfernung von unsern Augen sein. Die bloße neue Dimension wird einem Menschen, der in London ist, nur wenig in seinem Bemühen helfen, ein Quadrat in Kalkutta zu betrachten.

Wenn die astrale Sehkraft dadurch eingeengt wird, daß sie durch eine Art Röhre gelenkt wird, dann wird sie dadurch ebenso eingeschränkt, wie das physische Sehen unter ähnlichen Umständen beschränkt würde, obgleich es, wenn man im vollen Besitze der Kraft ist, fortfahren wird, selbst aus der Entfernung, die Auren zu zeigen, und dadurch die Empfindungen und die meisten Gedanken der beobachteten Leute.

Vielen Menschen wird diese Art Hellsehen sehr viel leichter, wenn sie irgendeinen physischen Gegenstand bei der Hand haben, der als Ausgangspunkt für ihre astrale Röhre benutzt werden kann – als passender Brennpunkt für ihre Willenskraft. Eine Kristallkugel ist der gewöhnlichste und wirksamste solcher Brennpunkte, da sie den großen Vorteil hat, selbst Eigenschaften zu besitzen, die physische Kräfte anregen und stärken; es werden aber auch andere Gegenstände benutzt, auf die wir später noch besonders zurückkommen werden, wenn wir das zum Teil absichtliche Hellsehen behandeln.

In Verbindung mit dieser astralen Strom-Form des Hellsehens wie mit andern finden wir, daß es einige Hellseher gibt, die unfähig sind, sie zu benutzen, außer wenn sie unter mesmerischem Einflusse stehen. Das Besondere dabei ist, daß es unter diesen Hellsehern zwei verschiedene Arten gibt, die eine bei der der Mensch, nachdem er durch den magnetischen Einfluß frei geworden, nun imstande ist, sich selbst ein Teleskop zu machen, die andere, bei der der Magnetiseur fähig ist hindurchzusehen. In diesem letzteren Falle hat die Versuchsperson augenscheinlich nicht Kraft genug, um sich selbst eine Röhre zu bilden, und der Magnetiseur, obgleich er die nötige Willenskraft hat, ist nicht hellsehend, sonst könnte er durch seine eigene Röhre ohne fremde Hilfe hindurchsehen.

Bisweilen, wenngleich selten, besitzt die geformte Röhre noch eine andere Eigenschaft des Teleskops – jene, die Gegenstände zu vergrößern, auf die sie gerichtet ist, bis sie die Lebensgröße zu haben scheinen. Natürlich müssen die Gegenstände immer bis zu einem gewissen Grade vergrößert werden, denn sonst würden sie völlig unsichtbar sein, aber gewöhnlich richtet sich das nach der Größe der astralen Röhre, und das Ganze ist einfach ein winziges sich bewegendes Bild. In den wenigen Fällen, in denen die Figuren nach dieser Methode wie in Lebensgröße gesehen werden, ist es wahrscheinlich, daß eine ganz neue Kraft dabei auftaucht: aber wenn das geschieht, dann ist eine scharfe Beobachtung nötig, um sie von den Beispielen unserer nächsten Klasse zu unterscheiden.

3. Hellsehen durch die Projektion einer Gedankenform. Diese Methode des Hellsehens verlangt eine etwas höhere Entwicklung als die vorige, da sie eine gewisse Beherrschung des Mentalplanes bedingt. Die theosophischen Forscher wissen, daß der Gedanke Form annimmt, jedenfalls auf seiner eigenen Ebene, in den meisten Fällen aber auch auf dem Astralplane; es ist aber vielleicht nicht so allgemein bekannt, daß, wenn ein Mensch sich stark an irgendeinen Platz hindenkt, die von diesem besonderen Gedanken angenommene Form dem Denker ähnlich ist und an dem betreffenden Orte so erscheint.

Diese Form muß im Wesentlichen aus Materie des Mentalplanes bestehen, aber in sehr vielen Fällen wird sie auch Astralstoff an sich ziehen, wodurch sie leichter sichtbar wird. Es gibt tatsächlich viele Beispiele, in denen sie von derjenigen Person gesehen wurde, an die der Gedanke gerichtet war – sehr wahrscheinlich vermittelst des unbewußten magnetischen Einflusses, der von dem Denker ausströmte. In dieser Gedankenform wird jedoch nichts von dem Bewußtsein des Denkers mit eingeschlossen sein. Einmal ausgesandt, ist sie gewöhnlich eine ganz getrennte Wesenheit – zwar nicht vollständig ohne Verbindung mit ihrem Urheber, aber doch insofern, als die Möglichkeit, irgendeinen Eindruck durch sie zu empfangen, in Frage kommt.

Diese dritte Art des Hellsehens besteht also in der Kraft, so weit eine Verbindung mit der neu gebildeten Gedankenform zu unterhalten und Gewalt über sie zu haben, daß man durch sie Eindrücke bekommen kann. Die auf die Form gemachten Eindrücke werden in diesem Falle dem Denker übermittelt – nicht durch eine astrale Telegrafenlinie wie vorher, sondern durch sympathische Schwingungen. In einem vollkommenen Beispiel dieser Art Hellsehen ist es beinahe so, als ob der Seher einen Teil seines Bewußtseins in die Gedankenform verlegte und sie als eine Art Vorposten benütze, von dem aus eine Beobachtung möglich ist. Er sieht fast so gut, als wenn er selbst an dem Orte seiner Gedankenform stände.

Die Figuren, die er betrachtet, erscheinen ihm in Lebensgröße und ganz in der Nähe, anstatt klein und aus der Entfernung, wie in dem vorhergehenden Falle; und es ist ihm möglich, seinen Sehpunkt zu ändern, wenn er will. Hellhören kommt vielleicht seltner bei dieser Art Hellsehen vor, als bei der letzten, doch an Stelle dessen tritt bis zu einem gewissen Grade eine Art mentaler Wahrnehmung der Gedanken und Absichten derer, die man sieht.

Da das Bewußtsein des Sehers noch in seinem physischen Körper ist, so ist er imstande, (auch während er die Fähigkeit ausübt) zu hören und zu sprechen, so weit er das tun kann, ohne seine Aufmerksamkeit abzulenken. In dem Augenblick, in dem seine Aufmerksamkeit versagt, ist die ganze Vision verschwunden, und er muß eine neue Gedankenform schaffen, bevor er sie wieder aufnehmen kann. Beispiele, in denen diese Art des Sehens von ungeschulten Personen einigermaßen vollkommen besessen wird, sind natürlich seltner als bei der vorhergehenden Art, weil hier die Fähigkeit der Gedankenbeherrschung erforderlich ist und im allgemeinen feinere Kräfte angewandt werden.

4. Hellsehen durch Wanderungen im Astralkörper. Wir kommen hier zu einer ganz neuen Art des Hellsehens, bei der das Bewußtsein des Sehers weder in seinem physischen Körper, noch mit ihm verbunden bleibt, sondern vollständig auf die Szene versetzt ist, die er betrachtet. Obgleich für den ungeschulten Seher zweifellos größere Gefahren damit verbunden sind, als bei irgendeiner der früher beschriebenen Methoden, so ist es doch die am meisten befriedigende Form des Hellsehens für ihn, denn die unendlich höhere Art, die im fünften Punkt behandelt werden wird, ist nur ganz besonders geschulten Forschern zugänglich.

Bei dieser Art Hellsehen befindet sich der Körper des Menschen entweder im Schlafe oder im Trancezustande, und die Organe desselben sind daher, solange die Beobachtung dauert, nicht zu benutzen, so daß die Beschreibung des Gesehenen und alle Fragen über Einzelheiten verschoben werden müssen, bis der Wanderer auf den physischen Plan zurückkehrt. Anderseits ist aber das Schauen viel vollkommener und umfassender; der Mensch hört und sieht alles, was vor sich geht, und kann sich nach Belieben innerhalb der sehr weiten Grenzen des Astralplanes bewegen. Er kann mit Muße alle andern Bewohner dieses Planes sehen und studieren, so daß die große Welt der Naturgeister (von der das sagenhafte Feenreich nur ein sehr kleiner Teil ist) und sogar die mancher niederen Devas offen vor ihm liegt.

Er hat auch den großen Vorteil, daß er imstande ist, sich an den vor seinen Augen sich abspielenden Szenen sozusagen zu beteiligen – nach Belieben mit diesen verschiedenen astralen Wesenheiten zu sprechen, von denen man so interessante und merkwürdige Auskunft erlangen kann. Wenn er außerdem lernt, sich zu materialisieren, (was nicht schwer ist, wenn er einmal den Kunstgriff kennt) dann wird er imstande sein, an physischen Ereignissen oder Gesprächen aus der Ferne teilzunehmen und sich nach Belieben einem abwesenden Freunde zu zeigen.

Außerdem hat er die Möglichkeit, dem, was er wünscht, nachzuspüren. Bei den vorher beschriebenen Arten des Hellsehens konnte er für alle praktischen Zwecke eine Person oder einen Ort nur dann finden, wenn er sie bereits kannte oder dadurch das Berühren eines mit ihnen in Beziehung stehenden Gegenstandes damit in Verbindung gesetzt wurde, wie bei der Psychometrie. Zwar ist bei der dritten Methode ein gewisses Umherbewegen möglich, doch ist der Prozeß langwierig, außer bei ganz kurzen Entfernungen.

Mittelst des Astralkörpers jedoch kann ein Mensch sich nach jeder beliebigen Richtung hin ganz frei und schnell bewegen und kann z. B. ohne Mühe irgendeinen auf einer Landkarte bezeichneten Ort finden, ohne daß er diesen oder irgendeinen damit in Beziehung stehenden Gegenstand vorher gekannt hat. Auch ist er imstande, sich ebenso leicht hoch in die Luft zu erheben und das betreffende Land aus der Vogelperspektive zu beobachten, um dessen Ausdehnung, den Umriß seiner Küstenlinie oder seinen allgemeinen Charakter zu studieren. Tatsächlich ist also seine Macht und Freiheit in jeder Hinsicht weit größer, wenn er diese Methode benutzt, als in einem der vorhergehenden Fälle.

Ein gutes Beispiel des vollen Besitzes dieser Kraft ist in dem Werke von Frau *Crowe* »The Night Side of Nature« (Seite 127), die sich auf eine Darstellung des deutschen Schriftstellers *Jung-Stilling* stützt. In dieser Geschichte wird von einem Hellseher erzählt, der in der Nähe von Philadelphia in Amerika gewohnt haben soll. „Er lebte sehr zurückgezogen

sie vor dem Hause auf- und abging. Als die Nachbarn wach wurden, erzählte sie ihnen den Vorgang, aber diese meinten, sie habe nur geträumt. Sie verneinte das natürlich eifrig, doch glaubte man ihr nicht, bis die Nachricht von der anderen Seite der Geschichte aus West-Malling eintraf und die Leute zugeben mußten, daß doch etwas daran gewesen sein könne."

Ein bemerkenswerter Umstand in der Geschichte ist, daß die Mutter aus dem gewöhnlichen Schlaf in den tiefen Trancezustand übergehen mußte, bevor sie ihre Kinder mit Bewußtsein besuchen konnte. Ähnliche Berichte über dieses Thema gibt es jedoch eine große Zahl in der Literatur.

Zwei andere Geschichten von genau derselben Art - in denen eine sterbende Mutter, die dringend ihre Kinder zu sehen verlangt, in einen tiefen Schlaf fällt, sie besucht und bei der Rückkehr erzählt, daß sie es getan habe - werden von Dr. *F. G. Lee* berichtet. In einer der Geschichten erscheint die Mutter, die sterbend in einem Orte Ägyptens lag, ihren Kindern in Torquay und wird bei hellem Tageslicht von allen fünf Kindern und von dem Kindermädchen gesehen („Glimpses of the Supernatural" Band II, Seite 64). In der andern wird die sterbende Frau eines Quäkers in Cockermouth deutlich von ihren drei Kindern in Settle gesehen und erkannt, während der Rest der Geschichte ganz mit der oben angeführten identisch ist („Glimpses in the Twilight," Seite 94). Obgleich diese Beispiele weniger allgemein bekannt sind, als das der *Mary Goffe,* so scheint der Beweis ihrer Echtheit ebenso gut, wie man aus den Zeugnissen des ehrwürdigen Verfassers der Werke, aus denen sie angeführt sind, ersieht.

Derjenige, der diese vierte Art des Hellsehens vollkommen beherrscht, verfügt über viele und große Vorteile außer den bereits erwähnten. Er kann nicht nur ohne Mühe und Kosten die schönsten und berühmtesten Orte der Erde besuchen, sondern er hat auch Zugang zu allen Bibliotheken der Welt, und man stelle sich vor, was das für einen Gelehrten bedeutet! Was muß es für den wissenschaftlich gesinnten Menschen sein, vor seinen Augen so viele Vorgänge der geheimen Chemie der Natur sich abspielen zu sehen, oder für den Philosophen, wenn ihm das Wirken der großen Mysterien des Lebens und des Todes so viel mehr als je geoffenbart wird? Für ihn sind diejenigen, die diesen Plan verlassen haben, nicht mehr tot, sondern lebend und noch für eine lange Zeit zu erreichen; für ihn sind viele religiöse Begriffe nicht mehr eine Sache des Glaubens, sondern des Wissens. Vor allem kann er sich der Schar der unsichtbaren Helfer anschließen und im großen Maße nützlich wirken. Zweifellos ist das Hellsehen, selbst wenn es nur auf den Astralplan beschränkt ist, ein großes Geschenk für den Schüler.

Gewiß hat es auch seine Gefahren, besonders für die nicht Geschulten: Gefahren von bösen Wesenheiten verschiedener Arten, welche die erschrecken und verletzen, die nicht den Mut haben, ihnen kühn gegenüberzutreten. Gefahren, in der verschiedenartigsten Weise getäuscht zu werden oder das Geschaute falsch zu verstehen und zu deuten; und die größte von allen Gefahren, eingebildet zu werden und es für unmöglich zu halten, sich zu irren. Aber etwas gesunder Menschenverstand und Erfahrung werden einen Menschen leicht davor bewahren.

5. *Hellsehen durch Umherwandern im Mayavirupa.* Das ist einfach eine höhere und gleichsam eine herrlichere Form der letztgenannten Art. Der hierbei benutzte Körper ist nicht mehr der Astralkörper, sondern ein Ersatzwerkzeug, das für diese besondere Gelegenheit aus der Marterie des Verstandeskörpers des Sehers geschaffen wird - ein Körper also, der zum Mentalplane gehört und der in sich alle Möglichkeiten des wunderbaren Wahrnehmungsvermögens dieses Planes trägt, das so erhaben in seiner Wirkung und doch so schwer zu beschreiben ist.

Ein Mensch, der in diesem Körper tätig ist, läßt seinen Astralkörper mit seinem physischen Körper zurück, und wenn er sich aus irgendeinem Grunde auf dem Astralplane zeigen will, so benutzt er dazu nicht seinen eigenen Astralkörper, sondern materialisiert sich einen solchen zu seinem zeitweiligen Bedarf durch eine einzige Anstrengung seines Willens.

Die großartigen Vorteile, die der Besitz dieser Macht gibt, sind die Fähigkeit, in das ganze herrliche und schöne, hohe Land der Seligkeit Eingang zu haben und ferner auch beim Wirken auf dem Astralplane der Besitz des weit mehr umfassenden mentalen Wahrnehmungsvermögens, das dann Tiefen der Erkenntnis eröffnet und in der Tat allen Irrtum so gut wie unmöglich macht. Dieser höhere Flug ist jedoch nur dem geschulten Seher möglich, denn um den Mayavirupa zum ersten Mal zu bilden, bedarf es der Hilfe eines qualifizierten Meisters.

Bevor wir das Thema des vollständigen und absichtlichen Hellsehens beschließen, wird es gut sein, einige Worte der Beantwortung einer oder zweier Fragen über seine Grenzen zu widmen, die den Forschern häufig gestellt werden. Ist es dem Seher möglich, werden wir oft gefragt, jede Person, mit der er in Verbindung treten will, ausfindig zu machen, die sich irgendwo entweder lebend oder tot in der Welt befindet?

Diese Frage muß man mit einer Bedingung bejahen. Ja, es ist möglich, jede Person zu finden, wenn der Seher sich in einer oder der anderen Weise mit ihr in Rapport setzen kann. Es würde hoffnungslos sein, unbestimmt in den Raum zu tauchen, um einen gänzlich Fremden unter all den Millionen, die um uns sind, ganz ohne Anhaltspunkte herauszufinden; doch genügt andererseits gewöhnlich ein sehr kleiner Anhaltspunkt.

Weiß der Hellseher irgendetwas von dem Menschen, den er sucht, dann wird es ihm nicht schwerfallen, ihn zu finden, denn jeder Mensch hat sozusagen seinen eigenen musikalischen Akkord, - einen Akkord, der der Ausdruck seines Wesens als Ganzes ist und der vielleicht durch eine Art Durchschnittsrhythmus der Schwingungen aller seiner verschiedenen Körper auf ihren entsprechenden Plänen hervorgebracht wird. Wenn der Hellseher diesen Akkord zu unterscheiden und anzuschlagen versteht, dann zieht er durch sympathische Schwingungen sogleich die Aufmerksamkeit des Menschen, wo dieser auch sein mag, auf sich und ruft eine augenblickliche Antwort von ihm hervor.

Ob der betreffende Mensch lebend oder kürzlich gestorben ist, würde keinen Unterschied ausmachen, und ein Hellseher der fünften Art könnte ihn sogleich selbst unter den unzähligen Millionen in der Himmelswelt finden, obgleich der Betreffende in diesem Falle selbst nicht wissen würde, daß er beobachtet wird. Natürlich würde ein Seher, dessen Bewußtsein nicht höher als bis zum Astralplane reicht - der daher eine der früheren Methoden des Hellsehens anwendet - überhaupt nicht imstande sein, jemand im Devachan zu finden; doch selbst dieser würde wenigstens sagen können, daß der Gesuchte auf dem Mentalplane i s t , aus der bloßen Tatsache, weil das Anschlagen des Akkordes auf dem Astralplane keine Antwort hervorrief.

Wenn der gesuchte Mensch für den Hellseher ein Fremder ist, dann wird dieser irgendetwas brauchen, das in Beziehung zu ihm steht, um als Anknüpfungspunkt zu dienen - eine Photographie, ein von ihm geschriebener Brief, ein Gegenstand, der ihm gehört hat und mit seinem persönlichen Magnetismus gesättigt ist; irgendetwas Derartiges würde in den Händen eines geübten Sehers genügen.

Man vermute aber nicht, daß es Schülern, denen diese Kunst gelehrt worden ist, frei steht, eine Art Auskunftsbüro zu errichten, durch das man mit verlorenen oder toten Verwandten verkehren kann. Eine Botschaft, die man von dieser Seite einem solchen zuschickt, kann je nach den Umständen übermittelt werden oder nicht, aber selbst wenn das der Fall wäre, würde keine Antwort überbracht werden, sonst würde die Sache zum Phänomen - etwas, wovon auf dem physischen Plane gilt, daß es ein Akt der Magie war.

Eine andere oft gestellte Frage ist die, ob es bei der Ausübung des psychischen Hellsehens eine Grenze in der Entfernung gibt. Die Antwort darauf scheint zu sein, daß es außer den entsprechenden Plänen keine Grenze gibt. Es sei daran erinnert, daß der Astral- und Mentalplan unserer Erde ebenso nur zu ihr gehören wie ihre Atmosphäre, obgleich sie sich auch in unserem dreidimensionalen Raume viel weiter von ihr erstrecken als die physische Luft. Folglich würde der Übergang zu anderen Planeten oder das genaue Betrachten derselben für irgend ein System des Hellsehens, das mit diesen Ebenen in Beziehung steht, unmöglich sein. Es ist ganz leicht und möglich für den Menschen, der sein Bewußtsein bis auf den buddhischen Plan erheben kann, auf irgendeinen anderen Stern, der zu unserer Weltenkette gehört, überzugehen, aber das liegt außerhalb unseres gegenwärtigen Themas.

Es kann jedoch mancherlei neue Information über andere Planeten durch den Gebrauch solcher hellseherischer Fähigkeiten, wie wir sie beschrieben haben, erfahren werden. Es ist möglich, die Sicht viel klarer zu machen, indem man sich über die beständigen Unruhen der irdischen Atmosphäre erhebt, und es ist auch nicht schwer zu lernen, eine außerordentlich hohe, vergrößernde Kraft auszuüben, so daß man selbst durch gewöhnliches Hellsehen sehr interessante astronomische Kenntnisse erlangen kann. Aber so weit diese Erde und ihre unmittelbare Umgebung in Betracht kommen, existiert tatsächlich keine Grenze.

V.

Halb-absichtliches Hellsehen im Raum

Unter diesem etwas sonderbaren Titel bringe ich die Fälle aller derjenigen Leute zusammen, die es entschieden darauf anlegen, etwas zu sehen, aber keine Vorstellung haben, was es sein wird, und ihre Sehkraft nicht beherrschen, wenn die Visionen begonnen haben, die sich in einen empfänglichen Zustand versetzen und dann einfach warten, daß etwas geschieht. Viele Trance-Medien kommen unter diese Rubrik; sie hypnotisieren sich entweder selbst oder werden durch irgendeinen „Kontrollgeist" hyponotisiert und beschreiben dann die Szenen oder Personen, die zufällig vor ihnen vorbei schweben. Bisweilen sehen sie jedoch in diesem Zustande etwas, was in der Entfernung geschieht, und daher haben sie eine Stelle unter unsern »Hellsehern im Raume.«

Doch die größte und weitverbreitetste Schar dieser halbabsichtlichen Hellseher sind die verschiedenen Arten der Kristall-Blicker, diejenigen, die, wie Andrew Lang es ausdrückt, »eine Kristallkugel, eine Schale, einen Spiegel, einen Tintenfleck (Ägypten und Indien), einen Blutstropfen (bei den Maories von Neuseeland), eine Schüssel mit Wasser (Indianer), einen Teich (Römer und Afrikaner), Wasser in einer Glasschale (in Fez) oder irgendeine polierte Oberfläche anstarren.« (Dreams and Ghosts Seite 57.)

Zwei Seiten später gibt Andrew Lang ein sehr gutes Beispiel der in dieser Weise am häufigsten gesehenen Art der Erscheinung: »Ich hatte einer jungen Dame, Frl. Baillie, eine Glaskugel gegeben,« sagte er, »doch hatte sie sehr wenig Erfolg damit. Sie lieh diese Frl. Leslie, die ein großes, viereckiges, altmodisches, rotes, mit Muslin bedecktes Sofa sah, das sie im nächsten Landhause, welches sie besuchte, fand. Frl. Baillie's Bruder, ein junger Athlet, lachte über diese Experimente, nahm die Kugel mit in sein Studierzimmer und kam ganz bleich aussehend zurück. Er gab zu, daß er eine Vision gesehen hatte – jemand, denn er kannte, unter einer Lampe sitzend. Er würde es innerhalb einer Woche ausfindig machen, ob er recht gesehen habe oder nicht. Das war um 5.30 Uhr am Sonntag Nachmittag.«

»Am Dienstag war Herr Baillie auf einem Tanzvergnügen in einer etwa vierzig Meilen von seinem Hause entfernten Stadt, wo er ein Frl. Preston traf. Er sagte zu ihr: »Am Sonntag ungefähr um halb sechs Uhr saßen Sie unter einer Lampe in einem Kleide, das ich noch nie bei Ihnen gesehen habe, einer blauen Bluse mit Spitzen über den Schultern, und gossen einem Herrn in blauem Serge Tee ein; sein Rücken war mir zugekehrt, so daß ich nur die Spitze seines Schnurrbarts sehen konnte.«

»Nun, die Jalousien werden aufgezogen gewesen sein,« sagte Frl. Preston.

»Ich war in Dulby,« antwortete Herr Baillie, und das war er tatsächlich.

Das ist ein ganz typischer Fall von Kristall-Blicken – das Bild ist in allen Einzelheiten korrekt, wie man sieht, und doch absolut unwichtig und ohne besondere Bedeutung irgendeiner Art für den einen oder den andern Teil, außer daß es Herr Baillie bewies, daß das Kristall-Blicken etwas auf sich hat. Die Erscheinungen tragen vielleicht häufiger einen romantischen Charakter – Menschen in ausländischer Kleidung oder schöne, unbekannte Landschaften.

Nun, was ist die Erklärung für diese Art Hellsehen? Wie ich bereits oben erwähnt habe, gehört sie gewöhnlich zu der Art des Astralstromes, und der Kristall oder ein anderer Gegenstand wirken nur als Brennpunkt für die Willenskraft des Sehers und als passender Ausgangspunkt für sein Astralfernrohr. Es gibt einige, die durch ihren Willen Einfluß auf das haben können, was sie sehen, das heißt, sie können ihr Teleskop auf das, was sie wünschen, einstellen; doch die große Mehrheit bildet nur eine zufällige Röhre und sieht, was gerade am andern Ende derselben vorgeht.

Bisweilen ist die Szene verhältnismäßig nahe, wie in dem eben angeführten Falle, ein anderes Mal ist es eine entfernte, orientalische Landschaft; auch kann es bisweilen eine Widerspiegelung eines Teiles der Akasha-Chronik sein, und dann enthält das Bild Figuren in altertümlichen Gewändern. Dieses Phänomen würde dann zu unserer dritten großen Abteilung des »Hellsehens in der Zeit« gehören. Man sagt, daß auch bisweilen zukünftige Szenen in Kristallen gesehen werden – aber das ist eine weitere Entwicklung, auf die wir später zurückkommen müssen.

Ich habe einen Hellseher gekannt, der statt der gewöhnlichen glänzenden Oberfläche eine stumpfe, schwarze benutzte, nämlich eine Hand voll pulverisierter Kohle in einer Untertasse. Es scheint wirklich von keiner Bedeutung zu sein, was als Konzentrationspunkt benutzt wird, außer daß reiner Kristall einen zweifellosen Vorteil über andere Substanzen hat, da die besondere Anordnung seiner Elementalessenz ihn in hervorragendem Maße geeignet macht, physische Fähigkeiten anzuregen.

Wahrscheinlich ist es jedoch, daß in Fällen, wo ein kleiner, glänzender Gegenstand zur Anwendung kommt – wie z. B. ein Lichtpunkt oder ein Blutstropfen, den die Maories benutzen – diese nur Beispiele einer Selbst-hypnose sind. Bei außereuropäischen Völkern finden häufig vor oder während des Experimentes magische Zeremonien und Anrufungen statt, und es ist daher möglich, daß dadurch entstandenes Hellsehen tatsächlich das einer fremden Wesenheit ist, wodurch das Phänomen nur das Beispiel von zeitweiliger Besessenheit und gar nicht ein solches von Hellsehen ist.

VI.

Unbeabsichtigtes Hellsehen im Raume

Unter diese Rubrik können wir alle diejenigen Fälle gruppieren, in denen Visionen irgendeines Ereignisses, das in der Entfernung stattfindet, ganz unerwartet und ohne Vorbereitung geschaut werden. Es gibt Menschen, die zu derartigen Visionen neigen, während sie bei andern nur einmal im Leben vorkommen. Die Visionen sind sehr mannigfaltig und mehr oder weniger vollkommen und rühren offenbar von den verschiedensten Ursachen her. Manchmal ist der Grund der Vision ganz klar und die Angelegenheit von höchster Wichtigkeit, während man bei andern Fällen keinerlei Ursache entdecken kann und die gesehenen Ereignisse nur trivialer Art sind.

Bisweilen treten diese Lichtblicke der übernatürlichen Fähigkeit als Visionen im Wachzustande auf, und bisweilen während des Schlafes als lebhafte und oft wiederholte Träume. In letzterem Falle wird die Art des Schauens gewöhnlich zu unserer vierten Unterabteilung des Hellsehens im Raume gehören, denn im Schlafe besucht der Mensch häufig in seinem Astralkörper Orte, mit denen er durch seine Neigungen oder Interessen eng verbunden ist, und beobachtet einfach, was dort vorgeht; bei dem ersten Fall dagegen ist es wahrscheinlich, daß die zweite Art des Hellsehens mittelst der astralen Strömung in Erscheinung tritt. Doch werden dann der Strom oder die Röhre ganz unbewußt gebildet und ist oft die automatische Wirkung eines starken Gedankens oder einer Empfindung, die vom einen oder anderen Ende der Röhre projiziert wird – entweder von dem Seher oder von der gesehenen Person.

Es wird am einfachsten sein, einige Beispiele der verschiedenen Arten anzuführen und dazwischen weitere Erklärungen einzustreuen, wenn es nötig ist. Herr Stead hat eine große und mannigfaltige Auswahl kürzlich gesehener und gut beglaubigter Fälle in seinem Buche »Real Ghost Stories« gesammelt, und ich werde einige meiner Beispiele daraus entnehmen und sie, um Raum zu sparen, etwas abkürzen.

Es gibt Fälle, bei denen es jedem theosophischen Forscher sofort klar wird, daß das vereinzelte Hellsehen von jemandem der Schar der sogenannten »Unsichtbaren Helfer« besonders veranlaßt wurde, damit jemand, der sich in großer Not befindet, Hilfe erwiesen wird. Zu dieser Klasse gehört unzweifelhaft die Geschichte, die Kapitän Yount aus dem Napa Valley in Kalifornien Dr. Bushnell erzählt, der sie in seinem Buche »Nature and the Supernatural« wiedergibt (Seite 14):

»Vor sechs oder sieben Jahren hatte er in einer Nacht mitten im Winter einen Traum, in dem er eine Gesellschaft von Auswanderern sah, die durch den Schnee der Berge aufgehalten wurde und im Begriff war, vor Hunger und Kälte umzukommen. Er gewann ein deutliches Bild der Landschaft, in der ihm eine sehr hohe senkrechte Felswand auffiel; er sah die Männer die Wipfel von Bäumen abschneiden, die aus tiefen Lagern von Schnee hervorragten; er konnte sogar die Gesichtszüge der Personen unterscheiden, auf denen sich ihre große Verzweiflung ausprägte.

»Er erwachte und war von der Deutlichkeit und der offensichtlichen Wirklichkeit des Traumes tief ergriffen. Endlich schlief er wieder ein und träumte genau denselben Traum noch einmal. Am Morgen konnte er ihn nicht vergessen. Als er kurz darauf einen alten Jagdkameraden traf, erzählte er ihm seine Geschichte und war um so mehr erstaunt und ergriffen, als dieser ohne Zögern sich einer solchen Landschaft erinnerte. Dieser Kamerad war über die Sierra durch den Carson Valley Pass gekommen und erklärte, daß eine Stelle auf dem Pass genau seiner Beschreibung entsprach.»

»Das bestimmte den Kapitän. Er sammelte sofort eine Anzahl Leute und rüstete sie mit Mauleseln, wollenen Decken und allen nötigen Vorräten aus. Die Nachbarn lachten über seine Leichtgläubigkeit.

»Das macht nichts,« sagte er »ich bin in der Lage, das zu tun, und ich will es, denn ich glaube bestimmt, daß es sich so verhält, wie ich geträumt habe.«

Die Leute wurden in die Berge geschickt, die hundertfünfzig Meilen entfernt waren, und zwar direkt nach dem Carson Valley Pass. Dort fanden sie die Gesellschaft genau in der im Traume geschilderten Verfassung, und sie brachten den Rest, der noch am Leben war, zurück.

Da nicht behauptet wird, daß Kapitän Yount öfters Visionen hatte, so ist es klar, daß ein Helfer, der den traurigen Zustand der Auswanderer beobachtete, die nächste empfängliche und auch sonst geeignete Persönlichkeit (die zufällig der Kapitän war) im Astralkörper an den Ort führte und versuchte, die Szene fest seinem Gedächtnis einzuprägen. Der Helfer kann auch vielleicht einen »astralen Strom« für den Kapitän gebildet haben; doch ist die erste Annahme wahrscheinlicher. Jedenfalls liegen hier das Motiv und im großen und ganzen auch die Methode der Arbeit klar zu Tage.

Bisweilen mag der »Astralstrom« durch einen starken, gefühlvollen Gedanken am andern Ende der Linie gebildet worden sein, und das kann auch geschehen, selbst wenn der Denker es nicht beabsichtigt. In der recht treffenden Geschichte, die ich im folgenden berichte, ist die Verbindung offensichtlich dadurch entstanden, daß der Arzt so häufig an Frau Broughton dachte, doch hatte er augenscheinlich nicht den besonderen Wunsch, daß sie sehen sollte, was er zu der Zeit tat. Aus der festen Lage des Betrachtungspunktes, der nicht der vom Arzte sympathisch übertragene war, (wie es hätte sein können) geht hervor, daß es diese Art des Hellsehens war, die dabei angewandt wurde, denn sie sieht nur einen Rücken, ohne ihn zu erkennen. Die Geschichte ist in den Abhandlungen der »Society for Psychical Research«, Band II, Seite 160, zu finden.

Frau Broughton erwachte in einer Nacht des Jahres 1844 und weckte ihren Mann, um ihm zu sagen, daß sich etwas Schreckliches in Frankreich ereignet hätte. Er bat sie, wieder einzuschlafen und ihn nicht zu stören. Sie versicherte ihm, daß sie nicht geschlafen habe, als sie das sah, was sie ihm erzählen wollte – und was sie tatsächlich gesehen hatte.

»Zuerst einen Wagenunfall – den sie nicht sah, sondern nur die Folgen desselben – einen zerbrochenen Wagen, eine herumstehende Volksmenge, eine Gestalt, die sanft aufgehoben und in das nächste Haus gebracht wurde, ferner eine Gestalt auf dem Bette liegen, die sie dann als den Herzog von Orleans erkannte. Allmählich versammelten sich Freunde um das Bett – unter ihnen verschiedene Mitglieder der königlichen Familie Frankreichs – die Königin, dann der König, die alle stillschweigend und tränenden Auges auf den anscheinend sterbenden Herzog blickten. Einer der Anwesenden (sie konnte seinen Rücken sehen, doch wußte sie nicht, wer es war) war ein Arzt. Er stand über den Herzog gebeugt und fühlte seinen Puls, die Uhr in der andern Hand haltend. Dann verschwand alles, und sie sah nichts mehr.«

»Sobald es Tag war, notierte sie in ihrem Tagebuch alles, was sie gesehen hatte. Das geschah vor Erfindung des Telegrafen, und es vergingen zwei Tage oder mehr, bevor die »Times« den »Tod des Herzogs von Orleans meldete.« Als Frau B. bald darauf Paris besuchte, sah und erkannte sie den Platz des Unfalls und erhielt Aufklärung über ihren Eindruck. Der Arzt, der am Bette des sterbenden Herzogs gestanden hatte, war einer ihrer alten Freunde, und während dieses Ereignisses war sein Gemüt beständig mit ihr und ihrer Familie beschäftigt gewesen.«

Ein öfter vorkommender Fall ist der, wenn durch eine starke Zuneigung der nötige astrale Strom gebildet wird; wahrscheinlich fließt dann eine ziemlich beständige Strömung gegenseitiger Gedanken fortwährend zwischen den beiden Personen, und irgendeine plötzliche Not oder ein furchtbares Unglück auf einer der beiden Seiten versehen diesen Strom zeitweise mit der polarisierenden Kraft, die nötig ist, um das astrale Teleskop zu schaffen. Ein anschauliches Beispiel hierfür wird in folgendem aus den gleichen „Abhandlungen" (Band I, Seite 30) angeführt.

Am 9. September 1848 bei der Belagerung von Mooltau wurde Generalmajor R...., C. B., der damals Regimentsadjutant war, sehr schwer und gefährlich verwundet, und da er glaubte, daß er sterben würde, bat er einen seiner Offiziere, der bei ihm war, seinen Ring abzuziehen und ihn seiner Frau zu schicken, die sich zu der Zeit mehr als hundertundfünfzig Meilen entfernt in Ferozepore befand.

»In der Nacht des 9. September 1848,» schreibt seine Frau, »lag ich, halb schlafend, halb wachend auf meinem Bett, als ich deutlich sah, wie mein Mann gefährlich verwundet von dem Schlachtfelde getragen wurde, und ich hörte ihn sagen: Nehmen Sie diesen Ring von meinem Finger und schicken Sie ihn meiner Frau. Den ganzen folgenden Tag konnte ich den Anblick und die Stimme nicht vergessen.«

»Bald darauf hörte ich, daß General R.... bei dem Angriff auf Mooltau schwer verwundet worden sei. Er blieb jedoch am Leben und lebt noch. Erst einige Zeit nach der Belagerung hörte ich von General L...., dem Offizier, der meinem Mann von dem Schlachtfelde tragen half, daß dieser die Bitte wegen des Ringes tatsächlich gestellt hatte, genau so, wie ich das zur selben Zeit in Ferozepore gehört hatte.«

Dann gibt es die sehr große Klasse gelegentlicher hellseherischer Visionen, die keine nachweisbare Ursache haben – die scheinbar ganz bedeutungslos sind und in keiner erkennbaren Beziehung zu irgendwelchen Ereignissen stehen, die dem Seher bekannt sind. Dazu gehören viele Visionen von Landschaften, die manche Leute kurz vor dem Einschlafen sehen. Ich führe ein Kapitel und einen sehr realistischen Bericht einer Erfahrung dieser Art aus Herrn W. F. Stead's Reals Ghost Stories (Seite 65) hier an.

»Ich ging zu Bette, doch konnte ich nicht einschlafen. Ich schloß meine Augen und wartete auf den Schlaf. Statt des Schlafes erschien mir eine Reihenfolge von seltsam lebhaften hellseherischen Bildern. Es war kein Licht im Zimmer und ganz dunkel; auch hatte ich die Augen geschlossen. Aber trotz der Dunkelheit war ich mir plötzlich bewußt, eine Szene von einzigartiger Schönheit zu sehen. Es war, als wenn ich ein lebendiges Miniaturbild ungefähr von der Größe eines Schiebers an einer Laterna magica wahrnahm. Ich erinnere mich an die Szene im gegenwärtigen Augenblick so gut, als ob ich sie neuerlich vor mir sähe. Es war eine Küstenlandschaft. Der Mond schien auf das Wasser, dessen Wellen kräuselnd an das Ufer kamen. Gerade vor mir führte ein langer Hafendamm in das Wasser.«

»Auf jeder Seite der Mole erhoben sich unregelmäßige Klippen über die Meeresoberfläche. Am Ufer standen mehrere viereckige und roh gebaute Häuser, die keinerlei Gebäuden, die ich bis jetzt gesehen hatte, ähnelten. Nichts regte sich, aber der Mond war da und das Meer und das Mondlicht auf den kräuselnden Wellen gerade so, als wenn ich die Szene wirklich sehen würde.«

»Es war so schön, daß ich, wie ich mich erinnere, dachte, wenn die Szene so andauert, würde ich sie mit solchem Interesse betrachten, daß ich gar nicht einschlafen würde. Ich war ganz wach, und zu gleicher Zeit, als ich die Szene sah, hörte ich deutlich das Tröpfeln des Regens draußen an dem Fenster. Dann veränderte sich plötzlich das Bild ohne ersichtlichen Grund.«

»Das monderhellte Meer verschwand, und ich blickte nun in das Innere eines Lesezimmers. Es schien, als ob es am Tage als Schulzimmer verwendet worden sei und des Abends als Lesezimmer benutzt wurde. Ich erinnere mich, daß ich sah, wie einer der Leser, der eine merkwürdige Ähnlichkeit mit Tim Harrington hatte, obgleich er es nicht war, eine Zeitschrift oder ein Buch hochhob und lachte. Es war kein Bild – es war wirklich da.«

»Die Szene sah genau so aus, wie wenn man durch ein Opernglas schaut, ich sah das Muskelspiel, den Glanz der Augen, jede Bewegung der unbekannten Personen an jenem fremden Orte. Ich sah das alles, ohne die Augen zu öffnen, und meine Augen hatten auch nichts damit zu tun. Man sieht solche Dinge sozusagen mit einem andern Sinne, der mehr im Inneren des Kopfes als in den Augen liegt.«

»Die Bilder standen mit nichts in Beziehung; sie waren durch nichts, was ich gelesen oder wovon ich gesprochen hatte, hervorgerufen worden; sie waren einfach da, als wenn ich durch ein Glas auf etwas blickte, das irgendwo in der Welt geschah. Ich hatte diesen Anblick, und dann verschwanden sie; ich habe auch nie wieder eine ähnliche Erfahrung gehabt.«

Herr Stead betrachtet das als eine »armselige Erfahrung«, und man kann es vielleicht im Vergleich mit größeren Möglichkeiten so ansehen; doch ich kenne viele Forscher, die sehr dankbar sein würden, wenn sie auch nur eine derartige persönliche Erfahrung zu verzeichnen hätten. Obgleich sie an sich nur gering ist, gibt sie doch dem Seher sofort einen Anknüpfungspunkt an das Ganze. Hellsehen würde für jeden eine lebendige Wirklichkeit sein, der ein ähnliches Erlebnis gehabt hat, das ihn in direkte Berührung mit der unsichtbaren Welt brachte. Diese Bilder waren viel zu deutlich, als daß sie bloße Spiegelungen der Gedanken anderer hätten sein können, und außerdem zeigt uns die Beschreibung unverkennbar, daß es Ansichten waren, die durch ein astrales Teleskop gesehen wurden; Herr Stead muß also entweder ganz unbewußt selbst einen Strom hervorgerufen haben, oder (was viel wahrscheinlicher ist) irgendeine freundliche astrale Wesenheit setzte diesen für ihn in Bewegung und gab ihm, um Langeweile zu vertreiben, jene Bilder anzusehen, die zufällig am anderen Ende der Röhre zur Hand waren.

VII

Hellsehen in der Zeit: Die Vergangenheit

Hellsehen in der Zeit – das heißt, die Fähigkeit, Vergangenheit und Zukunft zu lesen – ist, wie alle anderen Arten des Hellsehens, eine Gabe, die verschiedene Menschen in ganz verschiedenem Grade besitzen, von dem Menschen, der beide Fähigkeiten vollständig beherrscht, bis zu dem, der nur gelegentlich unbeabsichtigte und vollkommene Lichtblicke oder Spiegelungen dieser Szenen früherer Tage empfängt.

Ein Mensch der letzteren Art könnte zum Beispiel eine Vision von irgendeinem Ereignisse der Vergangenheit haben; aber sie würde der größten Entstellung ausgesetzt sein, und selbst wenn sie ziemlich genau wäre, würde sie nur ein isoliertes Bild darstellen, und er würde wahrscheinlich nicht imstande sein, sie mit vorhergehenden oder nachfolgenden Geschehnissen in Verbindung zu bringen oder irgendetwas Ungewöhnliches zu erklären, das darin vorkommt.

Der geschulte Seher anderseits kann das mit seinem Bilde zusammenhängende Geschehen rückwärts oder vorwärts, so weit es ihm wünschenswert ist, verfolgen und mit gleicher Leichtigkeit den Ursachen desselben auf den Grund gehen oder die daraus entstehenden Wirkungen erkennen.

Wir werden es wahrscheinlich leichter finden, diesen etwas schwierigen Teil unseres Themas zu begreifen, wenn wir es in den sich natürlich ergebenden Unterabteilungen verfolgen, und zwar zuerst das rückwärts in die Vergangenheit blickende Hellsehen behandeln und das Hellsehen in die Zukunft einer späteren Prüfung überlassen. In jedem der beiden Fälle wird es gut für uns sein, wenn wir versuchen, soviel wie möglich von dem m o - d u s o p e r a n d i zu verstehen, obgleich uns dies auch im besten Falle nur in begrenztem Maß gelingen wird, erstens, weil unsere Forscher bis jetzt über einige Teile dieses Gegenstandes nur sehr unvollkommene Kenntnisse haben, und zweitens, weil es uns immer wieder an Worten fehlt, um auch nur den hundertsten Teil selbst von dem Wenigen auszudrücken, das wir tatsächlich über höhere Pläne und Fähigkeiten wissen. –

Bei einer ins einzelne gehenden Schau der entfernten Vergangenheit fragen wir uns also, wie wird sie erlangt und zu welcher Daseinsebene der Natur gehört sie? Die Antwort auf diese beiden Fragen ist die, daß sie aus der Akasha-Chronik abgelesen wird; doch diese Behauptung wird ihrerseits wieder für viele Leser eine gewisse Erklärung verlangen.

Der Ausdruck ist nicht ganz korrekt, denn obgleich die Chronik zweifellos aus dem Akasha, dem Stoff des Mentalplanes gelesen wird, so gehört sie doch nicht zu ihm. Noch unpassender ist der andere Name »Aufzeichnungen im Astrallichte«, der bisweilen auch gebraucht wurde, denn diese Aufzeichnungen liegen weit höher als im Astralplane, und alles, was man auf dem Astralplan darüber wissen kann, sind nur bruchstückhafte Bilder einer Art doppelter Widerspiegelung darin, wie ich sogleich erklären werde.

Wie so viele andere unserer theosophischen Ausdrücke ist das Wort Akasha in sehr freier Weise benützt worden. In einigen unserer früheren Bücher wurde es als gleichbedeutend mit Astrallicht gebraucht, und in anderen wurde es angewandt, um jede beliebige Art unsichtbarer Materie zu bezeichnen, von m u l a p r a k r i t i bis zum physischen Äther herab. In späteren Büchern ist der Gebrauch dieses Wortes auf die Materie des Mentalplanes beschränkt worden, und in diesem Sinne könnte man die Aufzeichnungen akashisch nennen, denn obgleich sie ursprünglich ebensowenig auf diesem wie auf dem Astralplane gemacht wurden, so kommen wir dort zuerst in Berührung mit ihnen und finden es möglich, in verläßlicher Weise mit ihnen zu arbeiten.

Dieses Thema der Aufzeichnungen ist durchaus nicht leicht zu behandeln, denn es ist eines aus jener zahlreichen Klasse, die zu ihrem vollen Verständnisse weit höhere Fähigkeiten verlangt als irgendeine, die die Menschheit bis jetzt entwickelt hat. Die wahre Lösung ihrer Probleme liegt auf viel höheren Plänen, als die uns jetzt bekannten, und jedes Bild, das wir uns auch darüber machen mögen, wird doch notwendigerweise immer ein sehr unvollkommenes sein, da wir sie nur von unten, anstatt von oben betrachten können. Die Vorstellung, die wir uns darüber machen, kann daher nur unvollständig sein, doch braucht sie uns nicht irre zu führen, man darf nur nicht denken, daß das winzige Teilchen, das wir sehen können, das vollkommene Ganze ist. Wenn wir sorgfältig darauf achten, daß die Begriffe, die wir bilden, so genau wie möglich sind, soweit sie reichen, dann brauchen wir nichts umzulernen, sondern nur hinzuzufügen, wenn wir im Verlaufe unserer weiteren Entwicklung allmählich höhere Weisheit erlangen. Es sei demnach gleich am Anfang daran erinnert, daß ein gründliches Verständnis unseres Themas auf unserer jetzigen Evolutionsstufe eine Unmöglichkeit ist, und daß mancherlei Fragen aufsteigen werden, die vorläufig noch nicht erklärt werden können, obgleich es oft möglich sein wird, Analogien zu zeigen und den Weg anzugeben, auf dem eine Erklärung liegen muß.

Wir wollen nun versuchen, unsere Gedanken in die Zeit zurückzuversetzen, wo unser Sonnensystem seinen Anfang nahm. Wir alle kennen die gewöhnliche astronomische Hypothese seines Ursprungs - das, was man gewöhnlich die Nebeltheorie nennt - nach der es zuerst wie ein riesiger, glühender Nebelfleck vorhanden war mit einem Durchmesser, der weit größer war als die Bahn selbst der äußersten Planeten. Als dann im Laufe der unzähligen Zeitalter diese enorme Kugel sich allmählich abkühlte und zusammenzog, bildete sie das System, wie wir es kennen. -

Die okkulte Wissenschaft nimmt diese Theorie in groben Umrissen in dem Sinne an, daß sie die rein physische Seite der Evolution unseres Systems korrekt darstellt, doch fügt sie hinzu, daß, wenn wir unsere Aufmerksamkeit nur auf diese physische Seite beschränken, wir eine sehr unvollkommene und unzusammenhängende Vorstellung von den wirklichen Tatsachen bekommen. Sie behauptet, um damit zu beginnen, daß das erhabene Wesen, welches es unternimmt, ein System zu gestalten (und welches wir bisweilen den Logos des Systems nennen), zuerst in seinem Denken einen vollkommenen Begriff des Ganzen mit allen seinen aufeinanderfolgenden Weltenketten entwirft. Durch den bloßen Akt dieser Begriffsbildung ruft es das Ganze auf dem Plane seines Denkens - ein Plan, der natürlich weit höher ist als alle, die wir kennen - in gleichzeitige, objektive Existenz; von diesem Plane steigen die verschiedenen Planeten, sobald es erforderlich ist, in jenen Zustand weiterer Materialität herab, der ihnen bestimmt ist. Wenn wir nicht beständig diese Tatsache der wirklichen Existenz des ganzen Systems von dem ersten Anfang an auf einem höheren Plane vor Augen haben, dann werden wir die physische Entwicklung, die wir hier unten sehen, stets falsch auffassen.

Aber der Okkultismus weiß noch mehr darüber zu sagen. Er lehrt nicht nur, daß dieses ganze wunderbare System, zu dem wir gehören, von dem Logos sowohl auf den tieferen wie auf den höheren Plänen ins Leben gerufen wurde, sondern auch, daß die Verbindung desselben mit ihm noch viel inniger ist, denn es ist ganz und gar ein Teil von ihm - eine teilweise Offenbarung seiner selbst auf dem physischen Plane - und daß die Bewegung und die Kraft des ganzen Systems seine Kraft ist und alles innerhalb der Grenzen seiner Aura lebt. So erstaunlich diese Vorstellung ist, wird sie denen nicht ganz unbegreiflich sein, die sich mit dem Studium der Aura bereits beschäftigt haben.

Wir wissen, daß, wenn jemand sich auf dem aufwärtsführenden Pfade höher entwickelt, sein Kausalkörper, der die bestimmende Grenze seiner Aura ist, sowohl an Größe wie an Leuchtkraft und Reinheit der Farbe deutlich zunimmt. Viele von uns wissen aus Erfahrung, daß die Aura eines Schülers, der bereits einen beträchtlichen Fortschritt auf dem Pfade gemacht hat, viel größer ist als die eines Menschen, der eben den ersten

Schritt darauf zu machen beginnt, während bei einem Adepten die verhältnismäßige Zunahme noch weit stärker ist. Wir lesen in ganz exotischen östlichen Schriften von der ungeheuren Ausdehnung der Aura Buddhas; ich glaube, daß an einer Stelle drei Meilen als Umfang angegeben ist; aber wie groß ihr genaues Maß auch sein mag, so ist es klar, daß wir hier einen Bericht mehr von der Tatsache des außerordentlich schnellen Wachstums des Kausalkörpers haben, wenn der Mensch auf dem aufwärtsführenden Pfade fortschreitet. Die Schnelligkeit dieses Wachstums schreitet zweifellos in geometrischer Progression fort, und man darf sich daher nicht wundern, wenn gesagt wird, daß die Aura eines Adepten auf einer noch höheren Stufe die ganze Welt in sich einschließe; und so können wir unser Denken allmählich zu der Erkanntnis erheben, daß es ein Wesen gibt, das so erhaben ist, daß es unser ganzes Sonnensystem umfaßt. Doch es sei daran erinnert, so ungeheuer uns das auch scheinen mag, daß dies doch nur wie ein kleiner Tropfen in dem großen Ozean des Raumes ist.

Buchstäblich wahr ist es daher von dem Logos (der in sich alle Kräfte und Eigenschaften hat, mit denen wir uns den höchsten uns vorstellbaren Gott begabt denken können), wie es von alters her gesagt wurde, daß: alle Dinge »aus ihm und durch ihn und in ihm sind« und »daß wir in ihm leben, weben und sind«.

Wenn dem so ist, so muß alles, was innerhalb unseres Systems geschieht, absolut im Bewußtsein seines Logos vor sich gehen, und wir verstehen also, daß alle Aufzeichnungen sein Gedächtnis sein müssen; und ferner ist es klar, daß auf welchem Plane auch dieses wunderbare Gedächtnis existiert, es über allem, das wir kennen, weit erhaben sein muß, und daß alle Aufzeichnungen, die wir zu lesen fähig sind, nur eine Widerspiegelung dieser großen, beherrschenden Wirklichkeit in den dichteren Stoffen der tieferen Pläne sein können.

Auf dem Astralplane ist es sofort offenkundig, daß dies so ist - daß das, womit wir es zu tun haben, nur die Spiegelung einer Spiegelung und zwar eine sehr unvollkommen ist, denn Aufzeichnungen, die man dort erreichen kann, sind äußerst fragmentarisch und oft gänzlich entstellt. Wir wissen, wie allgemein Wasser als Symbol des Astrallichtes benutzt wird, und in diesem besonderen Falle ist es ein ganz vorzügliches Symbol. Von der Oberfläche eines stillen Wassers können wir ein klares Spiegelbild der Umgebung bekommen, gerade wie bei einem Spiegel; doch ist es im besten Falle eben nur ein Spiegelbild - eine Wiedergabe in zwei Dimensionen von dreidimensionalen Gegenständen – und daher in allen seinen Eigenschaften, außer in der Farbe, verschieden von dem, was es darstellt, und außerdem ist es immer umgekehrt.

Ist aber die Oberfläche des Wassers vom Winde gekräuselt, was sehen wir dann? Eine Widerspiegelung zwar noch, jedoch so gebrochen und entstellt, daß sie uns keine oder eine ganz falsche Vorstellung von der Gestalt und der wirklichen Erscheinung der reflektierten Gegenstände gibt. Bisweilen wird es uns einen Augenblick gelingen, ein klares Spiegelbild von einem kleinen Teil der Szene zu erhalten - von einem einzigen Blatte eines Baumes, z. B.; doch es würde viel Mühe und eine gute Kenntnis der Naturgesetze erfordern, wenn man sich einen einigermaßen richtigen Begriff des reflektierten Gegenstandes machen wollte, indem man selbst eine große Anzahl solch isolierter Fragmente eines Bildes desselben zusammensetzen würde.

Nun gibt es auf dem Astralplane niemals auch nur eine annähernd stille Oberfläche, sondern wir haben es im Gegenteil mit einer solchen zu tun, die sich in rapider und verwirrender Bewegung befindet. Man stelle sich daher vor, wie wenig klar und bestimmt die Spiegelbilder sind, die wir erhalten. Daher kann ein Hellseher, der nur die Gabe des astralen Schauens besitzt, sich nie darauf verlassen, daß ein Bild der Vergangenheit, das ihm erscheint, vollständig und genau ist; hier und da mag ein Teil desselben richtig sein, doch hat er keine Mittel zu erkennen, welcher Teil es ist. Wenn er unter Aufsicht eines erfahrenen Lehrers steht, dann kann ihm nach langer und sorgfältiger Schulung gezeigt werden, wie er zwischen verläßlichen und unverläßlichen Eindrücken zu unterscheiden hat, um aus den gebrochenen Reflexen eine Art Bild von dem reflektierten Gegenstand zu konstruieren; doch lange bevor er diese Schwierigkeiten bemeistert hat, wird er gewöhnlich das mentale Sehen entwickelt haben, das solche Arbeit unnötig macht.

Auf dem nächsten Plane, den wir den Mentalplan nennen, sind die Zustände ganz anders. Dort sind die Aufzeichnungen vollständig und genau, und es würde unmöglich sein, sich beim Lesen zu irren. Das heißt, wenn drei Hellseher, die die Fähigkeit des mentalen Schauens besitzen, bestimmte Aufzeichnungen darin prüfen wollten, dann würden sie in jedem Falle dasselbe Spiegelbild in ihrer Vision sehen, und jeder von ihnen würde einen genauen Eindruck bei dem Lesen desselben bekommen. Daraus folgt jedoch nicht, daß, wenn sie später ihre Eindrücke auf dem physischen Plane vergleichen, ihre Berichte genau übereinstimmen müßten . Es ist eine bekannte Tatsache, daß, wenn drei Leute, die hier in der physischen Welt Zeugen einer Begebenheit sind und diese nachher beschreiben, ihre Berichte sehr voneinander verschieden sind, denn jeder wird besonders diejenigen Punkte bemerken, die ihm am meisten auffallen, und wird sie unbewußt zu den hervorragendsten Punkten des Ereignisses machen, dabei aber bisweilen andere Punkte unbeachtet lassen, die in Wirklichkeit viel wichtiger sind.

Nun würde bei einer Beobachtung auf dem Mentalplane diese persönliche Auffassung die empfangenen Eindrücke nicht nennenswert verändern, denn da jeder eine gründliche Darstellung von dem Ganzen bekäme, würde es ihm unmöglich sein, die einzelnen Teile anders als im richtigen Verhältnis zu sehen, doch außer bei sorgfältig geschulten und erfahrenen Personen tritt dieser Faktor stets in Erscheinung, wenn die Eindrücke auf die niederen Pläne übertragen werden. Es liegt in der Natur der Dinge, daß irgendein hier auf dem physischen Plane gegebener Bericht von einer Vision oder Erfahrung auf dem Mentalplan unmöglich vollkommen sein kann, da neun Zehntel von dem, was man dort sieht oder fühlt, mit Worten unserer Sprache überhaupt nicht ausgedrückt werden können; und weil jeder Ausdruck daher einseitig sein muß, so liegt natürlich die Möglichkeit vor, daß eine Auswahl in dem auszudrückenden Teile getroffen wird. Aus diesem Grunde ist in unsern theosophischen Forschungen der letzten Jahre so viel Nachdruck auf beständiges Kontrollieren und Berichtigen der hellseherischen Zeugnisse gelegt worden, und nichts, was nur von einer Person gesehen wurde, durfte in unsern letztgedruckten Büchern erscheinen.

Aber selbst wenn die Möglichkeit des Irrtums aus diesem Faktor der persönlichen Auffassung durch sorgfältige wechselseitige Überprüfung auf ein Minimum beschränkt worden ist, so bleibt doch immer noch die große Schwierigkeit des Übermittelns der Eindrücke von einem höheren Plan zu einem niederen. Das ist in mancher Hinsicht der Schwierigkeit analog, die ein Maler empfindet, wenn er sich bemüht, eine dreidimensionale Landschaft auf einer flachen Oberfläche darzustellen - das heißt tatsächlich in zwei Dimensionen. Gerade wie der Maler lange und sorgsam Auge und Hand üben muß, bevor er die Natur einigermaßen gut wiedergeben kann, so braucht auch der Hellseher eine lange und sorgfältige Schulung, ehe er auf einem tieferen Plane genau beschreiben kann, was er auf einem höheren gesehen hat; und es ist fast ebenso unwahrscheinlich, eine genaue Beschreibung von einer ungeübten Person zu bekommen, als eine vollkommene Landschaft von jemand, der niemals zeichnen gelernt hat.

Es sei auch daran erinnert, daß selbst das vollkommenste Bild in der Tat unendlich weit davon entfernt ist, eine Reproduktion der dargestellten Szene zu sein, denn kaum eine einzige Linie oder ein Winkel können jemals dieselben sein wie in dem Originale. Es ist einfach ein genialer Versuch, mit bloß einem unserer fünf Sinne mittels Linien und Farben auf einer flachen Oberfläche einen Eindruck hervorbringen zu wollen, der ähnlich demjenigen ist, den wir durch den Anblick der Szene selbst empfangen würden. Außer durch das Erwecken einer Vorstellung, die aber ganz von schon vorher gehabten Erlebnissen abhängt, kann das Bild uns nichts von dem Brausen des Meeres, von dem Duft der Blumen, dem Geschmack der Früchte oder der Weiche oder Härte der abgebildeten Gegenstände übermitteln.

Genau gleicher Art, obgleich weit größer, sind die Schwierigkeiten, die ein Hellseher empfindet, wenn er versucht, auf dem physischen Plane zu beschreiben, was er auf dem astralen gesehen hat; und sie werden noch sehr vergrößert durch die Tatsache, daß er, anstatt nur in das Denken seiner Zuhörer Begriffe zurückzurufen, mit denen sie bereits vertraut sind, wie der Künstler es tut, wenn er Menschen oder Tiere, Felder oder Bäume malt, mit den zu seiner Verfügung stehenden unvollkommenen Mitteln versuchen muß, in ihnen Begriffe hervorzurufen, die ihnen in den meisten Fällen absolut neu sind.

Wie lebhaft und ergreifend seine Schilderungen auch seinen Zuhörern erscheinen mögen, so braucht man sich nicht zu wundern, daß er selbst sie ganz unzulänglich findet und das Gefühl hat, als ob seine besten Bemühungen unmöglich eine Vorstellung von dem, was er gesehen hat, übermitteln können. Und es sei daran erinnert, daß, wenn uns hier unten ein Bericht von einer auf dem Mantalplane gelesenen Aufzeichnung gegeben wird, dieser schwierige Prozeß der Übertragung von dem höheren zum tieferen Plane nicht einmal, sondern zweimal stattgefunden hat, da das Gedächtnis durch den dazwischenliegenden Astralplan hindurchgehen mußte. Selbst in dem Falle, wenn die mentalen Fähigkeiten des Forschers so entwickelt sind, daß er sie während des Wachzustandes in seinem physischen Körper benutzen kann, so wird er doch stets in Verlegenheit gebracht durch die absolute Unfähigkeit der physischen Sprache, das auszudrücken, was er sieht.

Man versuche es einen Augenblick, sich ganz vorzustellen, was die sogenannte vierte Dimension ist, die wir bereits in einem früheren Kapitel erwähnt haben. Es ist leicht an unsere drei Dimensionen zu denken - uns die Länge, Breite und Höhe irgendeines Gegenstandes vorzustellen; und wir wissen, daß jede dieser drei Dimensionen durch eine Linie dargestellt wird, die zu den beiden anderen einen rechten Winkel bildet. Die Idee der vierten Dimension ist die, daß wir uns eine Linie vorstellen, die zu allen drei bereits existierenden rechte Winkel bildet.

Nun kann der gewöhnliche Verstand diese Idee nicht im geringsten begreifen, obgleich einige wenige Menschen, die dieses Thema besonders studierten, sich allmählich die Fähigkeit erworben haben, sich eine oder zwei sehr einfache vierdimensionale Figuren vorzustellen.

Dennoch können keine Worte, die auf unserem Plan zur Verfügung stehen, dem Denken anderer irgendein Bild dieser Figuren vermitteln, und jeder Leser, der in dieser Hinsicht nicht besonders geschult ist, würde es ganz unmöglich finden, wenn er versuchen wollte, sich eine solche Gestalt sichtbar vorzustellen. Wollte man nun eine derartige Form in physischen Worten genau darstellen, so würde das in der Tat die genaue Beschreibung eines einzigen Gegenstandes auf dem Astralplan sein, aber wenn wir die Aufzeichnungen auf dem Mentalplane untersuchen wollten, so hätten wir die zusätzliche Schwierigkeit einer fünften Dimension zu überwinden! Es muß also selbst dem oberflächlichsten Beobachter einleuchten, daß es unmöglich ist, diese Aufzeichnungen vollkommen zu erklären.

Wir haben diese Aufzeichnungen das Gedächtnis des Logos genannt, doch sind sie viel mehr als ein Gedächtnis im gewöhnlichen Sinne des Wortes. Wenngleich wir uns unmöglich vorstellen können, wie diese Bilder von seinem Standpunkt aus erscheinen, so wissen wir doch, daß in dem Maße, wie wir höher und höher steigen, wir uns dem wahren Gedächtnis nähern müssen – daß wir also seiner Anschauungsweise näherkommen. Daraus ist das große Interesse des Hellsehers in Beziehung auf diese Aufzeichnungen zu erklären, wenn er sich auf dem buddhischen Plan befindet – dem höchsten, den sein Bewußtsein erreichen kann, selbst wenn es den physischen Körper verlassen hat, bis er die Höhe der Arhats erreicht.

Hier wird er nicht länger durch Zeit und Raum beschränkt; er braucht nicht mehr, wie auf dem Mentalplan auf eine Reihe Ereignisse zurückzublicken, denn Vergangenheit, Gegenwart und Zukunft sind für ihn alle gleichzeitig gegenwärtig,so sinnlos das auch hier unten klingen mag. Obgleich selbst dieser erhabene Plan noch unendlich tief unter dem Bewußtsein des Logos liegt, so ist es doch klar genug aus dem, was wir dort sehen, daß die Aufzeichnungen für den Logos weit mehr sein müssen, als was wir Gedächtnis nennen; denn alles, was in der Vergangenheit geschehen ist, und alles, was in der Zukunft geschehen wird, geschieht jetzt vor seinen Augen in derselben Weise, wie die Ereignisse der sogenannten Gegenwart. Durchaus unglaublich, ganz unbegreiflich natürlich für unsern beschränkten Verstand; und dennoch absolut wahr.

Natürlich können wir nicht auf unserer gegenwärtigen Erkenntnisstufe erwarten zu verstehen, wie eine solche wunderbare Wirkung entsteht, und eine Erklärung versuchen zu wollen, würde uns nur in einen Nebel von Worten hüllen, aus dem wir keine wirkliche Kenntnis erlangen würden. Doch eine Gedankenrichtung fällt mir ein, die vielleicht den Weg, auf dem die Erklärung möglicherweise liegen mag, angeben kann; und alles, was uns zu der Vorstellung verhilft, daß eine solche erstaunliche Behauptung trotz allem nicht ganz unmöglich sein mag, wird dazu beitragen, unser Denken zu weiten.

Ich erinnere mich, vor etwa dreißig Jahren ein sehr merkwürdiges, kleines Buch gelesen zu haben, das, wie ich glaube, »*The Stars and the Earth*« betitelt war, dessen Absicht es war zu beweisen, wie es wissenschaftlich möglich ist, daß die Vergangenheit und die Gegenwart dem Geiste Gottes absolut gleichzeitig erscheinen können. Seine Beweisführung fiel mir damals als entschieden geistreich auf, und ich will sie in folgendem kurz zusammenfassen, da ich denke, daß sie in Verbindung mit dem Gegenstand, den wir betrachten, Anregungen bringen kann.

Wenn wir etwas sehen, ob es nun ein Buch ist, das wir in der Hand halten, oder ein Stern, der Millionen von Meilen entfernt ist, so geschieht das vermittelst einer Schwingung im Äther, die gewöhnlich ein Lichtstrahl genannt wird, und die von dem gesehenen Gegenstand zu unsern Augen übergeht. Nun ist die Schnelligkeit dieser Schwingung so groß – etwa 186 000 Meilen in der Sekunde – daß, wenn wir irgendeinen Gegenstand in unserer eigenen Welt betrachten, wir ihn tatsächlich als augenblicklich gegenwärtig ansehen können. Haben wir dagegen mit planetarischen Entfernungen zu tun, so müssen wir auch die Schnelligkeit des Lichtes mit in Betracht ziehen, denn es erfordert eine beträchtliche Zeit, um die unendlich weiten Räume zu messen. So dauert es z. B. acht und eine viertel Minute, daß das Licht der Sonne zu uns kommt, so daß, wenn wir die Sonnenkugel betrachten, wir sie vermittelst eines Lichtstrahles sehen, der sie vor mehr als acht Minuten verließ.

Daraus folgt ein sehr merkwürdiges Ergebnis. Der Lichtstrahl, durch den wir die Sonne sehen, kann uns nur den Stand der Dinge übermitteln, den jener Leuchtkörper besaß, als der Strahl seine Reise begann, und er wird nicht im geringsten durch irgendetwas berührt, das nach seinem Verlassen geschah; weshalb wir also die Sonne nicht sehen, wie sie ist, sondern wie sie vor acht Minuten war, das heißt, daß, wenn irgendetwas Wichtiges in der Sonne geschieht – die Bildung eines neuen Sonnenflecks z. B. – ein Astronom, der zu der Zeit den Sonnenkörper durch sein Teleskop beobachtet, diesen Vorgang, während er geschieht, absolut nicht sehen kann, da der ihm die Nachricht überbringende Lichtstrahl ihn erst acht Minuten später erreicht.

Der Unterschied ist noch auffallender, wenn wir die Fixsterne betrachten, weil da die Entfernungen so unendlich viel größer sind. Der Polarstern z. B. ist so weit entfernt, daß das Licht, das sich mit der oben erwähnten unbegreiflichen Schnelligkeit bewegt, etwas länger als fünfzig Jahre braucht, um zu uns zu gelangen, und daraus ergibt sich die sonderbare, aber unvermeidliche Schlußfolgerung, daß wir den Polarstern nicht sehen, wie und wo er in diesem Augenblicke ist, sondern so, wie und wo er vor fünfzig Jahren war. Noch mehr, – würde morgen irgendeine kosmische Katastrophe den Polarstern zerschmettern, dann würden wir ihn trotzdem noch bis an unser Lebensende friedlich am Himmel scheinen sehen; unsere Kinder würden aufwachsen, das mittlere Lebensalter erreichen und ihrerseits ihre Kinder um sich versammeln, ehe die Nachricht von diesem furchtbaren Unfall unser Auge erreichte. So gibt es andere Sterne, die so weit entfernt sind, daß das Licht Tausende von Jahren braucht, um von ihnen zu uns zu gelangen, und bezüglich ihres Zustandes ist unsere Kenntnis daher Tausende von Jahren hinter der Zeit.

Nun wollen wir diese Beweisführung einen Schritt weiter verfolgen. Angenommen, man könnte einen Menschen in eine Entfernung von 186 000 Meilen von der Erde versetzen und ihm die wunderbare Fähigkeit verleihen, aus dieser Entfernung trotzdem zu sehen, was hier geschieht, und zwar so deutlich, als wenn er noch dicht neben uns stände. Es ist klar, daß ein Mensch in dieser Stellung alles eine Sekunde später sehen würde, als es wirklich geschieht, und daher im gegenwärtigen Augenblick das sehen würde, was vor einer Sekunde geschehen ist. Wenn man die Entfernung verdoppelt, würde er zwei Sekunden hinter der Zeit sein und so weiter; versetzt man ihn in die Entfernung der Sonne (wobei man ihn dieselbe mysteriöse Sehkraft beibehalten läßt), dann wird er auf uns niederblicken und beobachten, nicht was wir jetzt tun, sondern was wir vor acht und einer viertel Minute ausgeführt haben. Versetzt man ihn nun auf den Polarstern, so würde er vor seinen Augen die Ereignisse sich abspielen sehen, die vor fünfzig Jahren stattgefunden haben; er würde die kindlichen Spielereien derer beobachten können, die in demselben Augenblicke bereits Menschen im mittleren Lebensalter wären. So seltsam das klingen mag, so ist es doch buchstäblich und wissenschaftlich wahr und kann nicht geleugnet werden.

In dem kleinen Buche wurde dann ganz logisch weiter ausgeführt, daß Gott, da er allmächtig ist, die wunderbare Sehkraft besitzen muß, die wir unserm Beobachter verliehen hatten, und ferner, da er allgegenwärtig ist, muß er an jeder der von uns erwähnten Stationen sein und auch an jedem dazwischenliegenden Punkte, nicht nacheinander, sondern gleichzeitig. Aus diesen Prämissen folgt nun der unvermeidliche Schluß daß alles, was jemals seit dem Beginn der Welt geschehen ist, in diesem selben Augenblicke vor dem Auge Gottes stattfinden muß – nicht nur als eine bloße Erinnerung daran, sondern derart, daß der wirkliche Vorgang selbst jetzt von ihm beobachtet wird.

Das alles ist sehr materialistisch gedacht und gehört dem Plane der rein physischen Wissenschaft an, und wir können daher sicher sein, daß das Ge dächtnis des Logos nicht in dieser Weise wirkt; doch es ist klar ausgeführt und unbestreitbar, und wie ich bereits gesagt habe, kann es uns nützlich sein, da es einen Blick in Möglichkeiten tun läßt, die uns sonst vielleicht nicht erschlossen wären.

Aber vielleicht fragt jemand, wie es möglich ist, unter der verwirrenden Fülle dieser Aufzeichnungen der Vergangenheit, irgendein besonderes Bild herauszufinden, wenn es gebraucht wird? Es ist eine Tatsache, daß der ungeschulte Hellseher es gewöhnlich nicht kann ohne ein besonderes Bindeglied, das ihn mit dem verlangten Gegenstand in Rapport bringt. Die

Psychometrie ist ein treffendes Beispiel dafür, und es ist ganz wahrscheinlich, daß unser gewöhnliches Gedächtnis tatsächlich nur eine andere Erscheinung desselben Begriffes ist. Es scheint, als ob eine Art magnetischer Anziehung oder Verwandtschaft zwischen jedem Stoffteilchen und der Aufzeichnung besteht, die seine Geschichte enthält – eine Verwandtschaft, die es befähigt, als eine Art Leitungsdraht zwischen dieser Aufzeichnung und der Fähigkeit desjenigen zu wirken, der es lesen kann.

Ich brachte z. B. einmal aus Stonehenge ein winziges Stückchen Gestein, nicht größer als ein Stecknadelkopf, mit, steckte es in einen Umschlag und gab es einer psychometrisch begabten Dame; diese hatte keine Ahnung, was es war, begann aber sogleich, diese wunderbare Ruine und ihre öde Umgebung zu beschreiben, und fuhr dann weiter fort, eine lebhafte Schilderung zu geben von Szenen, die sich dort offenbar in früheren Zeiten abgespielt hatten, bewies also dadurch, daß dieses unendlich kleine Bruchstück genügend gewesen war, um sie mit den Aufzeichnungen in Verbindung zu setzen, die mit dem Orte seines Ursprungs in Beziehung standen. Die Szenen, die sich während unseres Lebenslaufes abspielen, wirken anscheinend in derselben Weise auf die Zellen unseres Gehirns, wie die Geschichte von Stonehenge auf dieses Steinteilchen wirkte: sie stellen eine Verbindung mit jenen Zellen her, vermittelst derer unser Bewußtsein mit diesem besonderen Teile der Aufzeichnungen in Beziehung gebracht wird, und dadurch „erinnern" wir uns an das, was wir erlebt haben.

Selbst ein geschulter Hellseher braucht ein Verbindungsglied, um die Aufzeichnung eines Ereignisses zu finden, das er vorher nicht kannte. Wenn er z. B. die Landung Julius Caesars an der Küste Englands beobachten will, so kann er das auf verschiedene Art tun.

Hat er früher einmal den Schauplatz der Szene besucht, so würde es am einfachsten sein, sich das Bild des Ortes ins Gedächtnis zu rufen und dann die Aufzeichnungen zurückzugehen, bis er die gewünschte Periode erreicht hat. Wenn er den Ort nicht kennt, so kann er sich zeitlich zurückversenken bis zum Datum des Ereignisses und dann im Ärmelkanal nach einer Flotte römischer Galeeren suchen, oder er könnte die Aufzeichnungen über römisches Leben in jener Periode prüfen, wobei es ihm nicht schwer fallen dürfte, eine so hervorragende Gestalt wie die Caesars herauszufinden, und er könnte ihm dann, sobald er ihn gefunden hat, durch alle seine gallischen Kriege hindurch folgen, bis er seinen Fuß auf britischen Boden setzte.

Er wird oft gefragt, wie diese Aufzeichnungen aussehen, ob sie dem Auge nahe oder entfernt erscheinen oder die Figuren darin groß oder klein sind, ob die Bilder einander wie in einem Panorama folgen oder ineinander übergehen wie Nebelbilder usw. Man kann darauf nur antworten, daß ihre Erscheinung bis zu einem gewissen Grade wechselt, je nach den Bedingungen, unter denen sie gesehen werden. Auf dem Astralplane ist die Wiederspiegelung meistens ein einfaches Bild, obgleich die geschauten Figuren sich gelegentlich bewegen, in diesem Falle findet statt einer bloßen Momentaufnahme eine längere und vollkommene Widerspiegelung statt.

Auf dem Mentalplane können sie zwei ganz verschiedene Erscheinungen darbieten. Wenn der Seher, der diesen Plan besucht, nicht besonders an sie denkt, dann bilden die Aufzeichnungen einfach für alles, was geschieht, einen Hintergrund, ebenso wie die Reflexe in einem großen Spiegel an der rückseitigen Wand eines Raumes für das Leben der darin sich befindenden Leute einen Hintergrund bilden. Man muß sich stets daran erinnern, daß sie unter diesen Bedingungen wirklich bloße Reflexe aus der unaufhörlichen Wirksamkeit eines großen Bewußtseins auf einem weit höheren Plane sind und Ähnlichkeit mit den Bildern eines Kinematographen haben. Sie gehen nicht ineinander über wie Nebelbilder, noch folgen sie hintereinander in einer Reihe gewöhnlicher Bilder; aber die Tätigkeit der reflektierten Figuren geht fortwährend weiter, so, als wenn man Schauspieler auf einer entfernten Bühne beobachten würde.

Doch wenn der geübte Forscher seine Aufmerksamkeit auf irgendeine besondere Szene lenkt oder sie vor sich zu haben wünscht, so findet augenblicklich ein außerordentlicher Wechsel statt, denn dies ist die Ebene der Gedanken, und an etwas zu denken bedeutet, es sofort vor sein Bewußtsein zu bringen. Will z. B. jemand die Aufzeichnungen des Ereignisses sehen, das wir vorhin erwähnt haben, – die Landung Julius Caesars – so befindet er sich innerhalb eines Augenblickes nicht wie auf ein Bild blickend, sondern an dem Ufer unter den Legionären und die ganze Szene spielt sich um ihn herum ab, und zwar ganz genau so, wie er sie gesehen haben würde, wenn er in seinem physischen Körper an jenem Herbstmorgen im Jahre 55 v. Chr. dort gestanden hätte. Da das, was er sieht, nur Spiegelung ist, so wissen die handelnden Personen natürlich nichts von ihm, noch kann er im geringsten, so sehr er sich auch bemühen würde, den Verlauf ihrer Handlung ändern, er kann nur die Geschwindigkeit regeln, mit der das Drama sich vor ihm abspielen soll – er kann die Ereignisse eines ganzen Jahres in einer einzigen Stunde vor seinen Augen sich wiederholen lassen, oder er kann auch jederzeit den Fluß der Bewegung aufhalten und irgendeine besondere Szene, so lange er will, in Muße betrachten.

Tatsächlich sieht er nicht nur, was er gesehen hätte, wenn er zu der Zeit physisch dabei gewesen wäre, sondern viel mehr. Er hört und versteht alles, was die Menschen sagen, und er ist sich aller ihrer Gedanken und Motive bewußt, und eine der interessantesten Möglichkeiten, die sich demjenigen erschließen, der gelernt hat, die Aufzeichnungen zu lesen, ist das Studium der Gedankenwelt vergangener Zeitalter, – der Gedanken der Höhlenbewohner und Pfahlbautenbewohner so gut wie jener, die die mächtigen Zivilisationen von Atlantis, Ägypten oder Chaldaea beherrschten. Man kann sich leicht einen Begriff machen, welche herrlichen Möglichkeiten sich vor demjenigen eröffnen, der im vollen Besitze dieser Kraft ist. Er hat vor sich ein Feld historischer Forschung von hervorragendem Interesse. Er kann nicht nur mit Muße auf die ganze Geschichte zurückblicken, die wir kennen, und während er sie prüft, die vielen Irrtümer und falschen Auffassungen richtigstellen, die sich in die uns überkommenen Berichte eingeschlichen haben, sondern auch nach Belieben die ganze Geschichte des Weltalls durchwandern und die langsame Entwicklung des Intellekts im Menschen beobachten, sowie das Herabsteigen der Herrn der Flamme und das Wachstum der mächtigen Zivilisationen, die sie gegründet haben.

Auch ist sein Studium nicht auf den Fortschritt der Menschheit allein beschränkt; er hat vor sich wie in einem Museum, alle seltsamen Tier- und Pflanzenformen, die in den Tagen, als die Welt jung war, existierten; er kann alle wunderbaren geologischen Veränderungen verfolgen, die stattgefunden haben, und den Verlauf der großen Umwälzungen beobachten, die immer wieder die ganze Erdoberfläche veränderten.

In einem besonderen Falle ist sogar eine noch innigere Verbindung mit der Vergangenheit dem Leser der Aufzeichnungen möglich. Wenn er im Laufe seiner Nachforschungen auf eine Szene zu blicken hat, an der er in einem früheren Leben selbst teilgenommen hat, so kann er auf zweierlei Art verfahren, er kann sie entweder in der gewöhnlichen Weise als Zuschauer betrachten (obgleich stets, wie schon bemerkt, als ein solcher, dessen Einsicht und Mitempfinden vollkommen sind), oder er kann sich noch einmal mit dieser langverstorbenen Persönlichkeit, die ihm einst angehörte, identifizieren – sich für die Zeit in jenes Leben von damals versetzen und die Gedanken und Empfindungen, die Freuden und Leiden einer vorhistorischen Vergangeneit ganz wieder erleben. Man kann sich keine wilderen und lebhafteren Abenteuer vorstellen, als manche von denen, die er so durchmachen mag; doch durch all das hindurch darf er niemals das Bewußtsein seiner eigenen Individualität verlieren – und er muß sich die Kraft bewahren, nach Belieben in seine jetzige Persönlichkeit zurückzukehren.

Es ist oft gefragt worden, wie es einem Forscher möglich ist, den Zeitpunkt irgendeines Bildes aus der weit entfernten Vergangenheit, das er aus den Aufzeichnungen ausgräbt, genau zu bestimmen. Zwar ist es bisweilen ziemlich langwierig, einen genauen Zeitpunkt aufzufinden, doch ist das meistens möglich, wenn es sich lohnt, Zeit und Mühe dafür aufzuwenden. Wenn wir es mit der Zeit der Römer oder Griechen zu tun haben, dann ist die einfachste Methode gewöhnlich die, die Gedanken der intelligentesten Person, die im Bilde gegenwärtig ist, zu prüfen und zu sehen, welches Datum sie annimmt, oder der Forscher kann den Betreffenden beobachten, wie er einen Brief oder ein anderes Dokument schreibt, und sehen, ob und was für ein Datum er setzt. Hat man einmal das römische oder griechische Datum so erlangt, dann ist nur mehr eine Berechnung nötig, um es auf unsere eigene Zeitrechnung zu übertragen.

Eine andere, häufig angewandte Methode ist die, sich von der beobachteten Szene zu einem zeitgenössischen Ereignis in einer großen und wohlbekannten Stadt, wie z. B. Rom zu wenden, um zu sehen, welcher Kaiser dort herrschte oder welche Konsuln in dem Jahre regierten; und sind solche Tatsachen entdeckt, dann wird ein Blick auf irgendein gutes Geschichtswerk das übrige leicht herausfinden. Bisweilen kann ein Zeitpunkt gefunden werden durch Prüfung einer öffentlichen Bekanntmachung oder irgendeines gesetzlichen Dokumentes; tatsächlich ist die Schwierigkeit in den Zeiten, von denen wir sprechen, leicht zu überwinden.

Die Sache ist jedoch durchaus nicht so einfach, wenn wir es mit viel früheren Perioden zu tun haben – mit einer Szene aus dem alten Ägypten, Chaldaea oder China, oder, um noch weiter zurückzugehen, von Atlantis selbst oder irgendeiner seiner zahlreichen Kolonien. Ein Zeitpunkt kann zwar noch leicht genug aus den Gedanken irgendeines gebildeten Menschen abgelesen werden, aber es ist nicht mehr möglich, ihn auf unsere eigene Zeitrechnung zu übertragen, da der betreffende Mensch mit Zeitaltern rechnet, von denen wir nichts wissen, oder nach den Regierungszeiten von Königen, deren Geschichte in der Nacht der Zeiten verloren ist.

Unsere Methoden sind jedoch noch nicht erschöpft. Es sei daran erinnert, daß es dem Forscher möglich ist, die vor ihm liegenden Aufzeichnungen mit jeder gewünschten Geschwindigkeit durchzusehen, ein Jahr in der Sekunde, wenn er will, oder noch viel schneller. Nun gibt es einige Ereignisse in der alten Geschichte, derenDaten bereits genau festgelegt worden sind – wie z. B. der Untergang von Poseidonis im Jahre 9564 v. Chr. Es ist daher klar, wenn aus dem allgemeinen Anschein der Umgebung als wahrscheinlich hervorgeht, daß ein geschautes Bild in meßbarer Entfernung von einem dieser Ereignisse liegt, so kann es durch den einfachen Prozess eines raschen Durchlaufens der Aufzeichnungen und Zählens der dazwischenliegenden Jahre in Beziehung zu diesem Ereignisse gebracht werden.

Wenn jedoch diese Jahre nach Tausenden zählen, wie es bisweilen geschehen kann, dann würde diese Methode unerträglich langwierig sein. Wir müßten dann auf die astronomische Methode zurückgreifen. Infolge der Bewegung, die gewöhnlich die Präzession des Frühlingspunktes genannt wird, obgleich sie wohl oder genauer als eine Art zweite Rotation der

Erde beschrieben werden könnte, ändert sich der Winkel zwischen dem Äquator und der Ekliptik beständig, aber langsam. So finden wir nach langen Zeiträumen den Erdpol nicht mehr gegen dieselbe Stelle in der scheinbaren Himmelssphäre gerichtet; oder in anderen Worten, unser Polarstern ist nicht wie gegenwärtig der Stern Alpha des Kleinen Bären, sondern irgendein anderer Himmelskörper; und aus dieser Stellung des Erdpoles, die durch sorgfältige Beobachtung des nächtlichen Himmels des zu betrachtenden Bildes leicht zu bestimmen ist, kann ein annäherndes Datum ohne Schwierigkeit berechnet werden.

Bei der Schätzung des Zeitpunktes von Ereignissen, die vor Millionen von Jahren in früheren Rassen stattgefunden haben, wird die Periode einer solchen sekundären Rotation (der Präzession des Frühlingspunktes) häufig als Maßeinheit benutzt, doch ist natürlich absolute Genauigkeit in solchen Fällen gewöhnlich nicht erforderlich, und abgerundete Zahlen sind für alle praktischen Zwecke genügend, wenn man es mit so entfernten Zeitabschnitten zu tun hat.

Man muß sich jedoch nicht vorstellen, daß es jedem möglich ist, die Aufzeichnungen des eigenen Lebens oder des Lebens anderer genau zu lesen ohne vorhergegangene, gründliche Schulung. Wie bereits bemerkt wurde, ist die Fähigkeit des mentalen Hellsehens erforderlich, ehe man sie in wirklich zuverlässiger Weise lesen kann, wenn man auch gelegentlich auf dem Astralplane Reflexe davon bekommen kann. Tatsächlich muß diese Kraft vollkommen von dem Seher beherrscht werden, während er bewußt in seinem physischen Körper ist, um die Möglichkeit eines Irrtums auf ein Mindestmaß herabzusetzen, und diese Fähigkeit zu erreichen, erfordert Jahre unaufhörlicher Arbeit und strenger Selbstzucht.

Manche Menschen scheinen zu erwarten, daß, sobald sie ihr Gesuch um Aufnahme in die Theosophische Gesellschaft unterzeichnet haben und Mitglied geworden sind, damit sogleich die Fähigkeit erwerben, sich zumindest an drei oder vier ihrer vergangenen Inkarnationen zu erinnern; einige beginnen wirklich sogleich, sich Rückerinnerungen einzubilden, und erklären, daß sie in ihrer vorigen Inkarnation Maria Stuart, Cleopatra oder Julius Caesar waren! Natürlich machen sich diejenigen, die so törichte überspannte Behauptungen aufstellen, nur lächerlich; aber leider wird diese Lächerlichkeit, wenngleich ungerechterweise, leicht auf die Gesellschaft übertragen, deren Mitglieder sie sind, und daher ist es ratsam, daß, wenn jemand von der Überzeugung erfüllt ist, er sei Homer oder Schakespeare gewesen, dies erst mit vernünftigem Hausverstand auf dem physischen Plane überprüft, bevor er diese Mitteilungen der Welt bekannt gibt.

Es ist wahr, daß einige Menschen Lichtblicke von Szenen aus ihren früheren Leben in Träumen gehabt haben, doch sind diese natürlich meist fragmentarisch und unzusammenhängend. Ich hatte selbst in meiner Jugend eine Erfahrung dieser Art. Unter meinen Träumen wiederholte sich einer fortwährend, – ein Traum von einem Hause mit einer Säulenhalle, von der man eine schöne Bucht überschaute, nicht weit davon ein Hügel, auf dessen Spitze ein schönes Gebäude stand. Ich kannte dieses Haus sehr gut, und ich war so vertraut mit der Lage seiner Räume und dem Ausblick von der Tür desselben, wie ich es mit dem Innern und der Lage meines eigenen Hauses in diesem Leben bin. Damals wußte ich nichts von Wiederverkörperung, so daß es mir nur als ein seltsames Zusammentreffen erschien, daß dieser Traum sich so oft wiederholte; und erst einige Zeit, nachdem ich Mitglied der Gesellschaft geworden war und mir ein Wissender einige Bilder aus meiner letzten Inkarnation zeigte, entdeckte ich, daß dieser beständige Traum in Wirklichkeit eine teilweise Erinnerung gewesen war, und daß das Haus, welches ich so gut kannte, jenes war, in dem ich vor mehr als zweitausend Jahren geboren worden war.

Doch obgleich es verschiedene Fälle der Wiedererinnerung gibt, in denen einige recht erinnerte Szenen auf diese Weise von einem Leben zum andern gekommen sind, so ist doch eine ziemlich hohe Entwicklung okkulter Kräfte erforderlich, ehe ein Forscher eine Reihe von Inkarnationen verfolgen kann, seien es seine eigenen oder die eines andern Menschen. Das wird klar, wenn wir uns die Bedingungen der zu lösenden Aufgabe vor Augen halten. Um jemand von diesem Leben zu dem vorhergehenden zu folgen, muß man zuerst sein jetziges Leben rückwärts bis zu seiner Geburt verfolgen und dann in umgekehrter Reihenfolge die Stufen durcheilen, durch die das Ego in die Inkarnation herunterstieg.

Das wird uns offensichtlich zu dem Zustand des Egos auf seinem eigenen Plan den höheren Ebenen des Mentalplanes zurückführen; daraus kann man ersehen, daß der Forscher, um diese Aufgabe wirksam auszuführen, imstande sein muß, den mit diesem erhabenen Plane in Beziehung stehenden Sinn zu gebrauchen, und zwar während des Wachzustandes in seinem physischen Körper – mit andern Worten; sein Bewußtsein muß in dem sich reinkarnierenden Ego selbst seinen Mittelpunkt haben und nicht mehr in der niederen Persönlichkeit. Wenn so die Erinnerung des Egos erweckt ist, dann werden seine eigenen Inkarnationen wie ein offenes Buch vor ihm ausgebreitet liegen, und er wird auch imstande sein, wenn er es wünscht, die Zustände eines andern Egos auf dieser Ebene zu prüfen und es rückwärts durch sein Devachan – und Astralleben, durch welches es hindurchging, zu verfolgen, bis er schließlich bis zu dem letzten physischen Tode dieses Egos gelangen würde und dann weiter hindurch zu seinem vorhergehenden Leben.

Es gibt keinen andern Weg als diesen, um mit absoluter Sicherheit die Lebenskette zu verfolgen: und daher können wir solche Leute sogleich als bewußte oder unbewußte Betrüger beiseite stellen, die ankündigen, daß sie imstande sind, für so und so viel Mark pro Kopf die Inkarnationen irgendeines Menschen ausfindig zu machen. Es ist wohl kaum nötig zu sagen, daß der wahre Okkultist seine Kunst nicht öffentlich anzeigt und unter keinen Umständen jemals Honorare für irgendeine Demonstration seiner Kräfte annimmt.

Natürlich kann ein Forscher, der die Kraft erwerben will, eine Reihe Inkarnationen zu verfolgen, es nur von einem erfahrenen Lehrer lernen. Es hat Leute gegeben, die fest behaupteten, daß es für einen Menschen nur nötig sei, harmonisch devotionell und „brüderlich" zu sein, und die ganze Weisheit der Zeitalter würde ihm sogleich zufliegen; doch mit etwas gesundem Menschenverstand erkennt man sofort die Lächerlichkeit einer solchen Anschauung. Ein Kind kann noch so gut sein; wenn es aber das Einmaleins lernen will, muß es sich hinter das Rechenbuch setzen und studieren, und genau dasselbe ist der Fall mit der Fähigkeit, spirituelle Kräfte zu gebrauchen. Die Kräfte selbst werden sich ohne Zweifel in dem Maße offenbaren, wie der Mensch sich entwickelt, doch kann er nur durch beständige, ernste Arbeit und ausdauernde Anstrengung lernen, wie er sie in zuverlässiger Weise und am vorteilhaftesten benutzt.

Denken wir einmal an diejenigen, die während des Schlafes auf dem Astralplane andern helfen wollen; es ist klar, daß, je mehr Kenntnis sie hier besitzen, desto besser ihre Dienstleistungen auf diesem höheren Plane sein werden. Z. B. würde ihnen die Kenntnis fremder Sprachen nützlich sein, denn obgleich man auf dem Mentalplane direkt durch Gedankenübertragung miteinander verkehren kann, welche Sprachen man auch sonst sprechen mag, so ist das auf dem Astralplane nicht der Fall, und ein Gedanke muß hier bestimmt in Worte gekleidet werden, bevor er verständlich ist. Will man daher jemand auf diesem Plane helfen, so muß einem eine gemeinsame Sprache zur Verfügung stehen, mittelst derer man sich mitteilen kann, und je mehr Sprachen man sprechen kann, desto nützlicher wird man sein. Es gibt wohl tatsächlich keine Art von Kenntnissen, die der Okkultist bei seiner Arbeit nicht auf irgendeine Weise verwenden könnte.

Es wird gut sein, wenn alle Studierenden stets daran denken, daß der Okkultismus die Apotheose des gesunden Menschenverstandes ist und daß nicht jede Vision, die sie haben, notwendigerweise ein Bild aus der Akasha-Chronik sein muß und nicht jedes Erlebnis eine Offenbarung von oben. Es ist weit besser, sich durch einen gesunden Skeptizismus einem Irrtum auszusetzen als durch zu große Leichtgläubigkeit; und es ist eine vorzügliche Regel, niemals nach einer okkulten Erklärung für irgendetwas zu suchen, wenn eine klare physische Erklärung zur Verfügung steht. Es ist unsere Pflicht, danach zu streben, stets Fassung zu bewahren und nie unsere Selbstbeherrschung zu verlieren, sondern alles, was uns geschieht, von einem gesunden, vernünftigen Standpunkt aus zu betrachten; dann werden wir bessere Theosophen, weisere Okkultisten und nützlichere Helfer sein, als wir es vorher waren.

Wie bei den früher beschriebenen Arten des Hellsehens, so finden wir auch hier alle Grade der Fähigkeit, in dieses Gedächtnis der Natur zu schauen, von dem geschulten Hellseher, der die Aufzeichnungen selbst nach Belieben lesen kann, bis herab zu demjenigen, der nur gelegentlich einen kleinen Lichtblick davon bekommt oder der sogar nur ein einziges Mal einen solchen gehabt hat. Doch selbst wer diese Gabe nur teilweise und gelegentlich besitzt, findet sie hochinteressant. Der mit der Fähigkeit der Psychometrie Begabte, der einen mit der Vergangenheit physisch in Beziehung stehenden Gegenstand braucht, um alles um sich her wieder ins Leben zurückzurufen, und der Kristallblicker, der bisweilen sein weniger zuverlässiges Astralteleskop auf irgendeine längst vergangene historische Szene richten kann, mögen beide großes Vergnügen an der Ausübung ihrer Fähigkeiten haben, auch wenn sie nicht immer genau verstehen, wie ihre Wirkungen zustande kommen, und wenn sie diese Fähigkeiten nicht unter allen Umständen gänzlich beherrschen können.

Bei niederen Manifestationen dieser Kräfte finden wir oft, daß sie unbewußt ausgeübt werden; mancher Kristallblicker beobachtet Szenen aus der Vergangenheit, ohne sie von Visionen der Gegenwart unterscheiden zu können, und manche unklar psychisch veranlagte Person sieht fortwährend Bilder vor ihren Augen aufsteigen, ohne selbst zu wissen, daß sie die verschiedenen Gegenstände ihrer Umgebung tatsächlich psychometrisiert, wenn sie zufällig mit ihnen in Berührung kommt oder ihnen nahe ist.

Eine interessante Art dieser Klasse von Psychikern ist derjenige Mensch, der nur Personen psychometrisieren kann und nicht leblose Gegenstände, wie es sonst meist der Fall ist. Meistens zeigt sich diese Fähigkeit unregelmäßig, so daß ein solcher Psychiker, wenn er einem Fremden vorgestellt wird, oft in einem Augenblick irgendein bedeutendes Ereignis in dessen früheren Inkarnationen sieht, aber bei andern ähnlichen Ereignissen keinen besonderen Eindruck empfangen wird. Seltener begegnen wir jemand, der detaillierte Bilder aus dem Leben jedes Menschen liest, dem er begegnet. Vielleicht war eins der besten Beispiele dieser Klasse der schweizerische Schriftsteller *Zschokke*, der in seiner Selbstbiographie diese außergewöhnliche Fähigkeit, die er besaß, folgendermaßen beschreibt:

„Ich erlebte es gelegentlich bei meiner ersten Begegnung mit einem gänzlich Fremden, daß, während ich seinem Gespräch schweigend zuhörte, sein vergangenes Leben bis zu diesem Augenblick mit mancherlei unbedeutenden Umständen, die zu einer oder der anderen Szene desselben gehören, mir wie ein Traum vor Augen trat, jedoch deutlich, gänzlich unwillkürlich und ungewollt und nur wenige Minuten andauernd."

»Lange Zeit hindurch war ich geneigt, diese vorbeischwebenden Visionen als einen Streich der Phantasie zu betrachten, - um so mehr, als meine Traumvision die Kleidung und die Bewegungen der handelnden Personen, den Anblick des Zimmers, die Möbel und andere Zufälligkeiten der Szene vor mir entfalteten; bis ich einmal in einer scherzhaften Laune meiner Familie die geheime Geschichte einer Näherin erzählte, die eben das Zimmer verlassen hatte. Ich hatte sie nie zuvor gesehen. Die Zuhörer waren jedoch erstaunt und lachten und wollten nicht glauben, daß ich nichts von dem früheren Leben dieser Person gewußt hatte, da alles, was ich über sie gesagt hatte, vollkommen der Wahrheit entsprach.«

»Ich war nicht weniger erstaunt, daß meine Traumvision mit der Wirklichkeit übereinstimmte. Ich achtete seitdem mehr darauf, und sooft es die Schicklichkeit erlaubte, erzählte ich den Leuten, deren Leben so an mir vorübergezogen war, den Inhalt meiner Traumvision, um von ihnen entweder Widerspruch oder Bestätigung zu erhalten. Doch stets wurde mir meine Erzählung bestätigt, nicht ohne Erstaunen von Seiten derer, die sie angaben.«

»Einmal ging ich an einem Jahrmarktstage, von zwei jungen, noch jetzt lebenden Förstern begleitet, nach der Stadt Waldshut. Als wir des Abends von unserer Wanderung müde waren, gingen wir in ein Wirtshaus, genannt die »Rebe«. Wir nahmen mit einer zahlreichen Gesellschaft am gemeinsamen Tische unser Abendbrot ein, als einige von ihnen anfingen, sich über die Eigentümlichkeiten und die Einfalt der Schweizer lustig zu machen, da diese an Mesmerismus, Lavaterś physiognomisches System und dergleichen glaubten. Einer meiner Gefährten, der sich durch diese Spöttereien in seinem Nationalstolz beleidigt fühlte, bat mich, ihnen darauf zu antworten, besonders einem jungen Manne von überlegenem Aussehen, der mir gegenüber saß und einer zügellosen Spottsucht gefrönt hatte.«

»Nun geschah es, daß die Lebensereignisse dieses Menschen gerade kurz vorher vor meinem Blick gestanden hatten. Ich wandte mich ihm zu mit der Frage, ob er mir offen und wahr antworten wollte, wenn ich ihm die geheimsten Stellen seiner Lebensgeschichte erzählen würde, obwohl er mir so wenig bekannt war wie ich ihm? »Das würde sogar noch etwas weiter gehen als Lavaterś Physiognomik«, meinte ich. Er versprach, daß, wenn ich ihm die Wahrheit sagte, er das offen zugeben wolle. Ich erzählte ihm daraufhin die Begebenheiten, mit denen ich durch meine Vision bekannt geworden war, und die Tischgesellschaft erfuhr die Lebensgeschichte des jungen Handwerkers, seine Schulzeit, seine kleinen Sünden und schließlich auch von einem Schurkenstreich, den er an der Kasse seines Dienstherrn verübt hatte. Ich beschrieb den ungewohnten Raum mit den weißen Wänden, in dem rechts von der braunen Tür die kleine schwarze Kassette auf dem Tisch gestanden hatte. Der Mann gab sehr betroffen die Richtigkeit jedes Umstandes zu – selbst das letztere, was ich nicht einmal erwartet hatte.«

Nachdem der würdige *Zschokke* diese Episode erzählt hat, fährt er ganz ruhig mit der Überlegung fort, ob nicht vielleicht trotz alledem diese wunderbare, so oft von ihm bewiesene Kraft tatsächlich doch immer nur das Resultat bloßen zufälligen Zusammentreffens gewesen sein mag.

Man findet verhältnismäßig wenige Berichte von Personen, die die Gabe des Schauens in die Vergangenheit haben, in der Literatur über diesen Gegenstand, und man könnte daraus schließen, daß diese Fähigkeit weit seltener ist als das Schauen in die Zukunft. Ich glaube jedoch, daß der Grund hierfür darin liegt, daß die erstere Gabe nicht so allgemein erkannt wird. Wie ich bereits sagte, kann es sehr leicht geschehen, daß jemand ein Bild der Vergangenheit sieht, ohne als solches zu erkennen, wenn nicht etwas darin ist, das besondere Aufmerksamkeit erregt, wie z. B. eine Gestalt in einer Rüstung oder in altertümlichen Gewändern. Ein Vorausblicken wird vielleicht auch bisweilen nicht gleich als solches erkannt; aber das Eintreten des vorausgesehenen Ereignisses ruft es wieder lebhaft ins Gedächtnis zurück, so daß es nicht leicht übersehen werden kann. Es ist daher wahrscheinlich, daß gelegentliche Einblicke in diese Spiegelungen der akashischen Aufzeichnungen viel häufiger vorkommen, als man nach den veröffentlichten Berichten glauben würde.

VIII.

Hellsehen in der Zeit: Die Zukunft

Selbst wenn wir uns dunkel imstande fühlen, die Vorstellung zu begreifen, daß die ganze Vergangenheit gleichzeitig und lebendig in einem genügend erhabenen Bewußtsein gegenwärtig sein kann, so wird es uns weit schwerer, wenn wir zu verstehen trachten, wie auch die ganze Zukunft in diesem Bewußtsein eingeschlossen sein kann. Wenn wir an die mohammedanische Lehre des Kismet oder an die kalvinistische Prädestinationstheorie glauben könnten, dann würde die Auffassung leicht genug sein, aber da wir wissen, daß diese beiden Lehren groteske Entstellungen der Wahrheit sind, so müssen wir uns nach einer annehmbareren Hypothese umsehen.

Es mag vielleicht noch Leute geben, die die Möglichkeit des Voraussehens leugnen, doch ihr Leugnen beweist nur ihre Unkenntnis der Beweise für diese Tatsache. Die große Anzahl authentischer Berichte läßt nicht daran zweifeln, aber bei vielen ist eine vernünftige Erklärung nicht leicht zu finden. Es ist klar, daß das Ego eine gewisse Fähigkeit des Voraussehens besitzt, und wenn die vorhergesehenen Ereignisse immer von großer Wichtigkeit wären, so könnte man annehmen, daß ein sehr starker Antrieb es nur für diese eine Gelegenheit befähigt hat, einen deutlichen Eindruck des Gesehenen auf seine niedere Persönlichkeit zu machen. Ohne Zweifel ist das die Erklärung für viele Fälle, bei denen Tod oder großes Unglück vorausgesehen werden, doch bei einer großen Anzahl bekannter Beispiele scheint diese Erklärung nicht zu passen, da die vorausgesagten Ereignisse häufig äußerst trivial und unwichtig sind.

Eine wohlbekannte Geschichte vom »Zweiten Gesicht« in Schottland wird klar machen, was ich meine. Einem Manne, der nicht an okkulte Dinge glaubte, wurde von einem Hellseher des Hochlands der nahe Tod eines Nachbarn angekündigt. Die Prophezeiung wurde mit vielen Einzelheiten gegeben, das Begräbnis genau beschrieben und die Namen der vier Leichenträger und anderer Anwesenden genannt. Der Betreffende soll über die ganze Geschichte gelacht und sie bald darauf vergessen haben, doch der zur angesagten Zeit eintreffende Tod des Nachbarn rief ihm die Voraussage ins Gedächtnis zurück, und er faßte den Entschluß, auf alle Fälle einen Teil der Prophezeiung zunichte zu machen und selbst einer der Leichenträger zu sein. Es gelang ihm, alles nach Wunsch einzurichten, aber gerade, als sich der Leichenzug in Bewegung setzen sollte, wurde er wegen einer unbedeutenden Angelegenheit von seinem Posten weggerufen, was ihn jedoch nur eine oder zwei Minuten aufhielt. Als er in aller Eile zurückkam, sah er zu seinem Erstaunen, daß die Prozession sich ohne ihn in Bewegung gesetzt hatte und daß die Prophezeiung genau in Erfüllung gegangen war, denn die vier Leichenträger waren die in der Vision geschauten Leute.

Nun ist hier eine sehr geringfügige Sache, die für niemand von Bedeutung gewesen wäre, Monate lang vorhergesagt worden; und obwohl jemand eine bestimmte Anstrengung macht, den prophezeiten Vorgang zu ändern, so mißlingt es ihm gänzlich. Dies sieht sicherlich wie eine Vorherbestimmung bis in die kleinste Einzelheit aus, und nur, wenn wir diese Frage von höheren Plänen aus untersuchen, sind wir imstande, dieser Theorie zu entgehen. Natürlich kann jetzt, wie ich bereits in anderem Zusammenhang sagte, eine endgültige Erklärung noch nicht gefunden werden und sie wird es auch nicht, bis unsere Erkenntnis eine weit umfassendere ist als jetzt; vorläufig können wir nur hoffen, den Weg zu weisen, auf dem diese Erklärung gefunden werden kann.

Es besteht kein Zweifel darüber, daß das, was jetzt geschieht, die Wirkung von Ursachen ist, die in der Vergangenheit gelegt worden sind, so daß also das, was in der Zukunft geschehen wird, das Resultat von schon jetzt wirkenden Ursachen ist. Selbst auf dem physischen Plane können wir berechnen, daß, wenn gewisse Handlungen ausgeführt werden, gewisse Wirkungen darauf folgen müssen, doch kann unsere Rechnung leicht gestört werden durch das Dazwischentreten von Faktoren, die wir nicht mit in Betracht ziehen konnten. Erheben wir jedoch unser Bewußtsein auf den Mentalplan, dann können wir die Wirkungen unserer Handlungen viel weiter übersehen.

Wir können z. B. die Wirkung eines zufälligen Wortes verfolgen, nicht nur auf die Person, an die es gerichtet war, sondern durch sie auf viele andere, wie es in immer weiteren Kreisen fortgeht, bis es das ganze Land beeinflußt zu haben scheint, und ein einziger Blick auf eine solche Vision ist wirksamer, als eine ganze Anzahl moralischer Lehren, um uns zur äußersten Vorsicht in Gedanken, Worten und Taten zu veranlassen. Wir sehen von diesem Plane aus nicht nur vollkommen die Wirkung jeder Handlung, sondern erkennen auch, wo und in welcher Weise die Wirkungen anderer, scheinbar in keinerlei Beziehung zu ihr stehenden Handlungen auf sie einwirken und sie verändern. Man kann tatsächlich sagen, daß die Wirkungen aller jetzt bestehenden Ursachen deutlich sichtbar sind – daß die Zukunft, wie sie sein würde, wenn nicht ganz neue Ursachen entstehen, vor unserem Blick offen daliegt.

Neue Ursachen tauchen natürlich auf, da der Mensch einen freien Willen hat; doch bei allen Durchschnittsmenschen kann man den Gebrauch, den sie von ihrer Willensfreiheit machen werden, mit ziemlicher Sicherheit vorher berechnen. Der Durchschnittsmensch hat so wenig wirklichen Willen, daß er eigentlich ganz das Geschöpf der Verhältnisse ist; sein Verhalten in früheren Inkarnationen bringt ihn in eine bestimmte Umgebung hinein, und ihr Einfluß auf ihn ist so sehr der bei weitem wichtigste Faktor in seiner Lebensgeschichte, daß sein zukünftiger Lebenslauf mit fast mathematischer Sicherheit vorhergesagt werden kann. Bei einem entwickelten Menschen liegt der Fall anders; die Hauptereignisse seines Lebens sind für ihn auch durch seine vergangenen Taten bestimmt, aber die Art und Weise, in der er ihnen erlauben wird, auf ihn einzuwirken, wie er sich ferner dazu stellen und vielleicht über sie triumphieren wird – das alles liegt allein an ihm und kann selbst auf dem Mentalplane nur als Wahrscheinlichkeit vorhergesehen werden.

Betrachtet man in dieser Weise von oben herab das Leben eines Menschen, so scheint es, als ob er seinen freien Willen nur in gewissen Krisen seiner Laufbahn walten lassen kann. Er erreicht einen Abschnitt in seinem Leben, wo deutlich zwei oder drei verschiedene Wege offen vor ihm liegen; er ist absolut frei, denjenigen zu wählen; den er will, und obgleich jemand, der seinen Charakter gründlich kennt, fast sicher weiß, wie er wählen wird, so ist doch ein solches Wissen seines Freundes keine zwingende Macht.

Er hat jedoch gewählt, so muß er weitergehen und die Folgen auf sich nehmen; wenn er einen bestimmten Weg eingeschlagen hat, so wird er wahrscheinlich in vielen Fällen gezwungen sein, ihn eine sehr lange Zeit hindurch zu verfolgen, bevor er die Gelegenheit hat, einen anderen zu gehen. Seine Lage ist etwa die eines Zugführers; wenn dieser zu einem Kreuzungspunkt kommt, dann kann er die Weichen entweder so oder so stellen und nach Belieben auf der einen oder anderen Linie weiterfahren; hat er jedoch eine Richtung eingeschlagen, dann ist er gezwungen, sie beizubehalten, bis er einen neuen Knotenpunkt erreicht, auf dem er eine neue Gelegenheit zu wählen hat.

Wenn man nun vom Mentalplan herabsieht, so sind diese Knotenpunkte deutlich sichtbar, und alle Wirkungen jeder einzelnen Wahl liegen offen vor uns, und wir können sicher sein, daß sie bis in die kleinste Einzelheit eintreten werden. Der einzige Punkt, der unbestimmt bleiben muß, wird der wichtigste von allen sein, nämlich der, welche Wahl der Mensch treffen wird. Wir würden tatsächlich nicht ein, sondern mehrere Zukunftsbilder vor unseren Augen entrollt sehen, ohne daß wir vielleicht imstande sein würden zu entscheiden, welches von ihnen sich verwirklichen wird. Meistens werden wir eine so ausschlaggebende Wahrscheinlichkeit sehen, daß wir nicht zögern brauchen, uns zu entscheiden, doch der Fall, den ich beschrieben habe, ist gewiß theoretisch möglich. Jedoch wird uns selbst dieses Wissen befähigen, mit Sicherheit ziemlich viel vorauszusagen; und es ist nicht schwer, sich vorzustellen, daß eine weit höhere Kraft als die unsrige immer voraussehen kann, welcher Weg gewählt wird, und ihn folglich mit absoluter Sicherheit prophezeien kann.

Auf dem buddhischen Plan jedoch ist ein solcher mühsamer Prozeß nicht nötig, denn, wie ich bereits gesagt habe, die Vergangenheit, die Gegenwart und die Zukunft sind in einer für uns ganz unerklärlichen Weise dort gleichzeitig existierend. Man kann diese Tatsache nur annehmen, denn der Grund dafür liegt in der Beschaffenheit dieses Planes, und die Art, in der diese höhere Kraft wirkt, ist natürlich für das physische Gehirn ganz unbegreiflich. Dennoch kann man ab und zu eine Andeutung finden, die uns einer, wenn auch schwachen Möglichkeit des Begreifens etwas näher bringt. Eine solche Andeutung gab Dr. Oliver Lodge in seiner Ansprache an die British Association in Cardiff. Er sagte:

„Eine einleuchtende und hilfreiche Vorstellung ist die, daß die Zeit nur eine relative Art und Weise ist, die Dinge anzusehen; wir gehen in einem bestimmten Schritte durch die Erscheinungen hindurch, und dieses subjektive Fortschreiten deuten wir auf objektive Art, als ob die Ereignisse sich in dieser Reihenfolge und in diesem bestimmten Rhythmus bewegen müßten. Aber das mag nur eine Art sein, sie zu betrachten. Die Ereignisse existieren vielleicht in gewissem Sinne immer, sowohl die vergangenen wie die kommenden, und es mag sein, daß wir es sind, die zu ihnen gelangen und nicht sie, die sich ereignen. Der Vergleich mit einem Reisenden in einem Eisenbahnzuge ist hier nützlich. Wenn der Reisende den Zug nie verlassen, noch seine Geschwindigkeit ändern könnte, dann würde er die Landschaften wahrscheinlich als notwendigerweise aufeinander folgend betrachten und nicht imstande sein, ihre gleichzeitige Existenz zu begreifen .... Wir erkennen daher einen möglichen vierten dimensionalen Aspekt der Zeit, deren unerbittliches Weiterfließen eine natürliche Folge unserer jetzigen Beschränkung sein kann. Und können wir einmal die Vorstellung erfassen, daß Vergangenheit und Zukunft wirklich existieren, dann können wir zugeben, daß sie möglicherweise einen beherrschenden Einfluß auf alle gegenwärtigen Handlungen ausüben, und daß beide gemeinsam den höheren »Plan« oder die Totalität der Dinge bilden, nach welcher wir, wie es mir scheint, im Zusammenhang mit der Bestimmtheit des Verhaltens lebender Wesen, die bewußt zu einem bestimmten vorbedachten Ziel geführt werden, zu suchen gezwungen sind."

Die Zeit ist in Wirklichkeit durchaus nicht die vierte Dimension; aber wenn wir sie für den Augenblick von diesem Standpunkte aus betrachten, dann kann es uns etwas helfen, das Unfaßbare zu begreifen. Nehmen wir an, daß wir einen hölzernen Kegel im rechten Winkel zu einem Blatt Papier halten und ihn langsam mit der Spitze zuerst hindurchstoßen. Eine Mikrobe, die auf der Oberfläche dieses Papiers lebt, und die nicht die Fähigkeit hat, etwas außerhalb dieser Oberfläche wahrzunehmen, würde nicht nur niemals den Kegel als Ganzes sehen können, sondern sie könnte sich überhaupt keinen Begriff von einem solchen Körper machen. Alles, was sie sehen könnte, würde die plötzliche Erscheinung eines winzigen Kreises sein, der allmächlich und auf geheimnisvolle Weise größer würde, bis er schließlich aus ihrer Welt so plötzlich und unbegreiflich verschwindet, wie er hineingekommen ist.

Was also in Wirklichkeit eine Reihe von Querschnitten des Kegels war, würde ihr als aufeinanderfolgende Stufen in dem Leben eines Kreises erscheinen, und es würde ihr unmöglich sein, die Idee zu begreifen, daß diese aufeinanderfolgenden Stufen gleichzeitig gesehen werden können. Und doch ist es natürlich leicht für uns, die wir von einer andern Dimension darauf niederblicken, zu sehen, daß die Mikrobe einfach in einem Irrtum befangen ist, der aus ihrer eigenen Beschränkung der Anschauungsweise entsteht, und daß der Kegel die ganze Zeit als Ganzes existiert. Unsere eigene Täuschung hinsichtlich der Vergangenheit, der Gegenwart und Zukunft ist vielleicht dieser Tatsache nicht unähnlich, und die Anschauung, die man von irgendeiner Folge von Ereignissen vom buddhischen Plane aus gewinnt, entspricht der Anschauung des Kegels als Ganzes. Natürlich bringt uns jeder Versuch, diese Annahme weiter auszuführen, in eine Reihe erstaunlicher Paradoxe hinein; aber die Tatsache bleibt eine Tatsache, und es kommt die Zeit, wo es unserer Fassungskraft vollständig klar sein wird.

Wenn das Bewußtsein des Schülers auf dem buddhischen Plane voll erweckt ist, dann ist ihm daher vollkommene Voraussicht möglich, obgleich er vielleicht, nein, bestimmt noch nicht fähig sein wird, das ganze Resultat seines Schauens vollständig und in der richtigen Reihenfolge in dieses Leben herabzubringen. Dennoch liegt ein großes Maß klares Vorausschauen augenscheinlich in seiner Macht, wann immer er es ausüben will; und selbst wenn er es nicht ausübt, kommen häufige Blitzstrahlen eines Vorherwissens in sein gewöhnliches Leben hinein, so daß er oft eine augenblickliche Intuition hat und weiß, wie die Dinge sich zutragen werden, selbst ehe sie noch begonnen haben.

Außer diesem vollkommenen Vorausschauen finden wir, daß ebenso wie bei den anderen Arten auch alle Grade dieser Art des Hellsehens existieren, von der gelegentlichen, unbestimmten Warnung, der man eigentlich im

viel wirklicher – ist, als die Welt, die wir um uns sehen. Mit andern Worten, wie so viele meiner Landsleute bin ich verflucht mit der Gabe des »Zweiten Gesichts« – jener schrecklichen Fähigkeit, die durch Visionen bald eintreffendes Unglück voraussagt.«

»Eine solche Vision hatte ich eben jetzt, und sie war so schauerlich, daß ich in diesen Zustand des Entsetzens kam, den ihr wahrgenommen habt. Ich sah einen Leichnam vor mir – nicht den eines Menschen, der eines friedlichen, natürlichen Todes gestorben, sondern der das Opfer eines entsetzlichen Unfalls geworden war; eine gräßliche, gestaltlose Masse, mit geschwollenem, zerquetschtem, unkennbarem Gesicht; ich sah, wie diese fürchterliche Gestalt in einen Sarg gelegt und die Trauerzeremonie darüber gehalten wurde. Ich sah den Begräbnisplatz und den Geistlichen: und obgleich ich weder den Ort, noch den Geistlichen je zuvor gesehen habe, so kann ich mir doch beide deutlich vorstellen; ich sah sie, mich selbst, Beauchamp, uns alle und noch viele andere, die als Leidtragende umherstanden, ich sah die Soldaten ihre Gewehre erheben, nachdem der Trauergottesdienst vorüber war, ich hörte die Salve, die sie abfeuerten – und dann verlor ich das Bewußtsein.«

Als er von dieser Gewehrsalve sprach, sah ich mit einem Schauder zu Beauchamp hinüber, und den Blick des Entsetzens auf dem hübschen Gesichte dieses Skeptikers werde ich nie vergessen«.

Das ist nur eine Episode (und durchaus nicht die wichtigste) in einer sehr merkwürdigen Geschichte psychischer Erfahrung, aber da uns im Moment nur das darin vorkommende Beispiel des »Zweiten Gesichts« interessiert, so brauche ich hier nur zu erzählen, daß die Abteilung junger Soldaten im Laufe des Tages den Leichnam ihres kommandierenden Offiziers in dem schrecklichen, von Herrn Cameron so genau beschriebenen Zustande entdeckten. Der Bericht sagt weiter:

»Als wir am folgenden Abend an unserem Bestimmungsort angekommen waren und unsere traurigen Ausagen von der authentischen Behörde niedergeschrieben worden waren, machte ich mit Cameron einen stillen Spaziergang, um unter dem besänftigenden Einfluß der Natur die Traurigkeit abzuschütteln, die unsern Geist lähmte. Plötzlich ergriff er meinen Arm, und indem er durch ein Staket zeigte, sagte er mit zitternder Stimme: »Ja, da ist es! Das ist der Kirchhof, den ich gestern sah.« Und als wir später dem Kapellan des Postens vorgestellt wurden, bemerkte ich, wenngleich es meine Freunde nicht sahen, den nicht zu unterdrückenden Schauder, mit dem Cameron seine Hand erfaßte, und ich wußte, daß er in ihm den Geistlichen seiner Vision erkannt hatte.«

Was den okkulten Sinn in alledem betrifft, so nehme ich an, daß Herrn Camerons Vision ein reines Beispiel vom »Zweiten Gesicht« zeigte; wenn dem so war. so bewies die Tatsache. daß die beiden Menschen. die ihm am nächsten standen (einer bestimmt – wahrscheinlich beide berührten ihn tatsächlich) daran so weit teil hatten. daß sie die abschließende Salve hörten. während die andern. die ihm nicht so nahe waren. nichts vernahmen. daß die Stärke. mit der die Vision den Seher beeinflußte. Schwingungen in seinem Gedankenkörper erzeugte. die auf diejenigen Personen. die mit ihm in Berührung standen. übertragen wurden wie bei gewöhnlicher Gedankenübertragung.

Man könnte eine große Anzahl Beispiele ganz ähnlicher Natur aufzählen. In bezug auf die symbolische Art dieses Hellsehens sagen gewöhnlich diejenigen. die diese Gabe besitzen. daß. wenn eine lebende Person mit einem gespensterhaften Leichentuche umhüllt gesehen wird. dieses Geschehen ein sicheres Anzeichen ihres Todes ist. Der Tag des herannahenden Todes wird entweder dadurch angezeigt. wie weit der Körper von dem Leichentuch eingehüllt ist. oder durch die Tageszeit. in der die Vision gesehen wird: denn. wenn sie am frühen Morgen erscheint. dann heißt es. daß der betreffende Mensch im Laufe desselben Tages sterben wird. während. wenn die Vision am Abend gesehen wird. der Tod erst zu irgendeinem Zeitpunkt innerhalb eines Jahres eintreten wird.

Eine andere Art (und eine sehr merkwürdige) der symbolischen Form des »Zweiten Gesichts« ist die. in der sich diejenige Person. deren Tod vorausgesagt wird. dem Seher als eine kopflose Erscheinung zeigt. Ein Beispiel dieser Klasse wird in dem Buche »Signs before Death« gegeben: es geschah in der Familie des Dr. Ferrier. obgleich in diesem Falle. wenn ich mich recht erinnere. die Vision erst in der Zeit des Todes oder ganz kurz vorher erschien.

Wenn wir uns von den Hellsehern. die regelmäßig im Besitze einer gewissen Fähigkeit sind. obgleich deren Manifestationen nur gelegentlich ganz von ihnen beherrscht werden. abwenden. so finden wir eine große Anzahl vereinzelter Fälle von Vorausschau bei Leuten. bei denen diese Gabe nicht regelmäßig auftritt. Vielleicht am häufigsten äußert sie sich in Träumen. obgleich auch Beispiele von Visionen im Wachzustande bekannt sind. Bisweilen bezieht sich das Vorausblicken auf ein Ereignis von großer Bedeutung für den Seher und rechtfertigt so die Tätigkeit des Egos. das sich die Mühe gemacht hat. den Eindruck hervorzubringen. In andern Fällen dagegen scheint die Begebenheit nicht besonders wichtig zu sein oder sie steht mit dem Menschen. der die Vision hat. in gar keiner Beziehung. Manchmal ist es klar. daß das Ego (oder die sich mitteilende Wesenheit. wer immer sie sein mag) beabsichtigt. das niedere Selbst vor einem herannahenden Unglück zu warnen. entweder um dieses abzuwenden. oder. wenn das nicht möglich ist. den Schock durch die Vorbereitung zu ver-

ringern.
Das so vorausgeahnte Ereignis ist verständlicherweise am häufigsten der Tod – bisweilen der Tod des Sehers selbst, bisweilen der eines ihm Nahestehenden. Diese Art des Vorausschauens ist in der Literatur über diesen Gegenstand so allgemein vertreten, daß es kaum nötig ist, solche Beispiele anzuführen; doch ein oder zwei Fälle, in denen der prophetische Blick, obgleich wirklich nützlich, keinen so düsteren Charakter hatte, werden sich als für den Leser nicht uninteressant erweisen. Das Folgende stammt aus jener wertvollen Schatzkammer für alle Erforscher des Unheimlichen, dem Buch von Frau Crowe »Night Side of Nature«.

»Vor einigen Jahren träumte Dr. Watson, der jetzt in Glasgow wohnt, daß er eine Aufforderung erhalten hatte, einen Patienten an einem Orte, der einige Meilen von seinem Wohnorte entfernt war, zu besuchen; er bestieg sein Pferd und ritt fort, und als er an einem Sumpfe vorbeikam, sah er einen Stier, der wütend auf ihn zukam, und dessen Hörnern er nur dadurch entkam, daß er sich an einen Ort flüchtete, der für das Tier unzugänglich war; dort wartete er lange Zeit, bis schließlich Leute kamen, die seine Lage sahen, und ihn befreiten«.

»Als er am nächsten Morgen beim Frühstück saß, kam diese Aufforderung wirklich; er lächelte über das seltsame Zusammentreffen (wie er glaubte) und begab sich zu Pferde dahin. Er kannte den Weg gar nicht, den er zu machen hatte, doch allmächlich kam er an den Sumpf, den er erkannte, und da erschien auch der Stier, der geradeswegs auf ihn zukam. Doch sein Traum hatte ihm den Zufluchtsort gezeigt, auf den er sogleich zueilte, und dort verbrachte er drei oder vier Stunden, von dem Tiere belagert, bis Bauern kamen und ihn befreiten. Dr. Watson erklärt, daß er ohne den Traum nicht gewußt hätte, wohin er hätte flüchten können.«

Ein anderer Fall, in dem ein viel längerer Zwischenraum die Warnung von der Erfüllung trennte, wird von Dr. F. G. Lee in dem Buche »Glimpses of the Supernatural«, Band 1, Seite 240 angeführt.

»Frau Hannah Green, die Haushälterin einer Familie auf dem Lande in Oxfordshire, träumte in einer Nacht, daß sie an einem Sonntagabend allein im Hause zurückblieb, sie hörte dann ein Klopfen an der Tür des Haupteinganges, und als sie hinging, fand sie einen verdächtig aussehenden Landstreicher mit einem Knüppel bewaffnet, der durchaus in das Haus hinein wollte. Es schien ihr, als ob sie eine Zeitlang mit ihm gerungen habe, um das zu verhindern, jedoch erfolglos, sie wurde niedergeschlagen und blieb bewußtlos liegen, worauf er ins Haus ging. Daraufhin erwachte sie.«

»Da sich eine geraume Zeit hindurch nichts ereignete, vergaß sie den Traum bald, und, wie sie selbst sagt, war er vollständig aus ihrem Gedächtnis entschwunden. Sieben Jahre später jedoch wurde dieselbe Haushälterin mit zwei andern Dienstboten in einem alleinstehenden Hause in Kensington (der späteren Stadtwohnung der Familie) zurückgelassen, um das Haus zu versorgen, da ereignete es sich an einem Sonntagabend, daß die beiden andern Dienstboten ausgingen und sie allein das Haus hütete. Plötzlich wurde sie durch ein lautes Klopfen an der vorderen Haustür aufgeschreckt.«

»Nun kam ihr die Erinnerung an ihren früheren Traum plötzlich mit besonderer Lebendigkeit und bemerkenswerter Stärke zurück, und sie empfand mit Schrecken ihre Einsamkeit. Daher war sie, nachdem sie zunächst eine auf dem Tisch in der Halle stehende Lampe angezündet hatte, – während welcher Zeit das laute Klopfen mit Nachdruck wiederholt wurde – so vorsichtig erst auf einen Treppenabsatz zu gehen und dort das Fenster zu öffnen; da erblickte sie, aufs höchste erschrocken, genau denselben Mann, den sie Jahre zuvor im Traume gesehen hatte, mit dem Knüppel bewaffnet, Einlaß begehrend.«

»Mit großer Geistesgegenwart ging sie hinunter zum Haupteingange, verschloß diesen sowie die anderen Türen und Fenster fester, läutete dann die verschiedenen Klingeln des Hauses sehr heftig und erleuchtete die oberen Räume, wodurch schließlich der Zudringliche vertrieben wurde.«

Es ist klar, daß der Traum auch in diesem Falle von praktischem Nutzen war, da die würdige Haushälterin ohne ihn zweifellos aus reiner Gewohnheit die Tür in der gewöhnlichen Weise geöffnet haben würde, nachdem das Klopfen ertönte.

Doch nicht nur im Traum prägt das Ego seinem niederen Selbst das ein, was ihm seiner Meinung nach nötig zu wissen ist. Viele Beispiele, die das zeigen, könnte man aus den Büchern entnehmen, aber anstatt Fälle daraus anzuführen, will ich ein Beispiel geben, das mir erst vor einigen Wochen eine mir bekannte Dame erzählte – eine Geschichte, die wenigstens den Vorteil hat, neu zu sein, wenngleich kein romantischer Vorfall darin erzählt wird.

Meine Freundin hat zwei ganz kleine Kinder; vor kurzer Zeit erkältete sich das ältere von ihnen (wie man glaubte) sehr stark und litt mehrere Tage an einer vollständigen Verstopfung des oberen Teiles der Nase. Die Mutter glaubte, es würde bald vorübergehen, und nahm es nicht sehr ernst, bis sie eines Tages plötzlich vor sich in der Luft etwas sah, was ihr wie das Bild eines Zimmers erschien mit einem Tisch in der Mitte, auf dem ihr Kind bewußtlos oder tot lag, und einige Leute, die sich darüber beugten. Die kleinsten Einzelheiten der Szene standen ihr deutlich vor Augen, und es fiel ihr besonders auf, daß das Kind ein weißes Nachtgewand trug, während sie wußte, daß ihre kleine Tochter nur rosafarbene Nachthemden besaß.

Diese Vision machte einen starken Eindruck auf sie, und es kam ihr zum ersten Male der Gedanke, daß das Kind doch vielleicht an etwas Ernsterem litt, als an einer Erkältung; sie fuhr daher mit ihm in ein Krankenhaus, um es untersuchen zu lassen. Der Arzt, der das Kind untersuchte, entdeckte ein gefährliches Gewächs in der Nase und sagte, daß es entfernt werden müßte. Einige Tage darauf wurde das Kind in das Krankenhaus gebracht, um dort operiert zu werden. Als die Mutter im Krankenhaus ankam, fand sie, daß sie vergessen hatte, ein Nachthemd für das Kind mitzubringen; daher mußten ihr die Schwestern ein solches verschaffen, und dieses war weiß. Am nächsten Tage wurde die Operation an dem Mädchen in diesem weißen Nachthemde vollzogen und zwar in demselben Raum, den die Mutter in ihrer Vision gesehen hatte, und so erfüllte sich alles genau.

In allen diesen Fällen erreichte die Vorausschau ihren Zweck, doch die Bücher sind voll von Geschichten, in denen die Warnungen vernachlässigt oder bespöttelt wurden, und von dem Unheil, das daraus folgte. Manchmal wird die Nachricht jemand gegeben, der tatsächlich nicht in der Lage ist, in der Sache etwas zu tun', wie in dem historischen Beispiel, als John Williams, ein Bergwerkdirektor in Cornwall, bis in die kleinste Einzelheit acht oder neun Tage, ehe es geschah, die Ermorderung des damaligen Schatzkanzlers Spencer Perceval in der Vorhalle des Abgeordnetenhauses voraussah. Selbst in diesem Falle jedoch ist es immerhin möglich, daß etwas hätte getan werden können, denn es heißt, daß Herr Williams einen so starken Eindruck von seinem Traume hatte, daß er seine Freunde fragte, ob er nicht nach London reisen solle, um Herrn Perceval zu warnen. Unglücklicherweise rieten sie ihm davon ab, und das Attentat wurde verübt. Es scheint nicht sehr wahrscheinlich, daß, selbst wenn Herr Williams nach London gegangen wäre, um seine Geschichte zu erzählen, man ihm viel Aufmerksamkeit geschenkt hätte, dennoch ist es möglich, daß einige Vorsichtsmaßregeln getroffen worden wären, die den Mord hätten verhindern können.

Es läßt sich wenig darüber sagen, welche besondere Tätigkeit auf den höheren Plänen zu dieser seltsamen prophetischen Vision führte. Die beiden Menschen waren einander gänzlich unbekannt, so daß der Grund dafür nicht in einer starken Sympathie gefunden werden kann. Wenn es ein Versuch war, den irgendein Helfer machte, um das drohende Schicksal abzuwenden, so scheint es sonderbar, daß keine beeindruckbare Person gefunden werden konnte, die näher bei London wohnte. Vielleicht sah Herr Williams während des Schlafes auf dem Astralplane in irgendeiner Weise dieses Reflexbild der Zukunft, und da er dadurch natürlich sehr in Schrecken versetzt war, beeindruckte er seinen niederen Verstand damit in der Hoffnung, daß etwas getan werden könnte, das Unglück zu verhindern; doch ist es unmöglich, den Fall mit Sicherheit zu erklären, ohne die Akasha-Chronik zu prüfen, um zu sehen, was tatsächlich vor sich ging.

Ein typisches Beispiel absolut zweckloser Voraussicht erzählt Herr *Stead* in seinem Buche »Real Ghost Stories« (Seite 83) von seiner Freundin Frl. Freer, gewöhnlich als Frl. X. genannt. Diese Dame sah einmal, als sie sich in einem Landhause aufhielt, im Wachzustande und bei vollem Bewußtsein einen leichten Jagdwagen mit zwei Schimmeln bespannt, vor der Haustür stehen; zwei Freunde saßen darin, von denen einer aus dem Wagen stieg und mit einem Fox-Terrier spielte. Sie bemerkte, daß er einen Mantel trug und beobachtete auch besonders die frischen Wagenspuren, die von dem Jagdwagen auf dem Kies herrührten. Dennoch stand zu der Zeit kein Wagen da; aber eine halbe Stunde später kamen wirklich zwei Fremde in einem solchen Fuhrwerk angefahren, und jede Einzelheit der Vision dieser Dame erfüllte sich ganz genau. Herr *Stead* führt dann ein anderes Beispiel einer gleich zwecklosen Vorherschau an, in dem sieben Jahre den Traum (denn in diesem Falle war es ein Traum) von seiner Erfüllung trennten.

Alle diese Beispiele (und es sind nur zufällig ausgewählte aus vielen hunderten) zeigen, daß dem Ego eine gewisse Art der Voraussicht zweifellos möglich ist, und solche Fälle würden viel häufiger vorkommen, wenn die niederen Körper der Mehrzahl der sogenannten zivilisierten Menschheit nicht so außerordentlich dicht und wenig empfänglich wären - Eigenschaften, die hauptsächlich dem groben, praktischen Materialismus unserer Zeit zuzuschreiben sind. Ich denke hier nicht an ein Bekenntnis des materialistischen Glaubens im allgemeinen, sondern an die Tatsache, daß fast jeder in allen praktischen Geschäften des täglichen Lebens einzig und allein durch Beweggründe weltlichen Interesses in einer oder der anderen Form geleitet wird.

In vielen Fällen mag das Ego selbst unentwickelt sein, und daher ist seine Voraussicht sehr unbestimmt; in anderen wieder sieht es vielleicht selbst klar, findet aber seine niederen Körper so unempfänglich, daß es ihm nur gelingt, seinem physischen Gehirn eine unbestimmte Ahnung von kommendem Unglücke einzuprägen. Ferner gibt es Fälle, in denen eine Warnung überhaupt nicht von dem Ego herrührt, sondern von einer äußeren Wesenheit, die aus irgendeinem Grunde, ein freundschaftliches Interesse an der Person nimmt, die diese Vision hat. In dem Werke, das ich vorhin anführte, spricht Herr *Stead* von der Sicherheit, die er mehrere Monate vorher fühlte, daß ihm die Leitung der »Pall Mall Gazette« belassen würde, obgleich damals wenig Aussicht dazu vorhanden war. Ob dieses Vorausschauen die Wirkung eines Eindruckes von seinem eigenen Ego war, oder die eines freundschaftlichen Winkes von irgendjemand anderem, ist unmöglich ohne genaue Nachforschungen zu sagen, aber sein Vertrauen war ganz berechtigt.

Es gibt noch eine weitere Art des Hellsehens in der Zeit, die man nicht unerwähnt lassen sollte. Sie ist verhältnismäßig selten, doch kennt man genügend Beispiele, die unsere Aufmerksamkeit beanspruchen können, obgleich die angegebenen Umstände gewöhnlich leider nicht alle diejenigen einschließen, die nötig sind, um sie mit Sicherheit zu bestimmen. Ich denke hier an die Berichte, in denen geisterhafte Armeen oder gespensterhafte Tierherden gesehen worden sind. In dem Buche »The Night Side of Nature« (Seite 462 ff.) haben wir Berichte von mehreren solchen Visionen. Es wird darin erzählt, wie in Havarah Park, in der Nähe von Ripley eine Abteilung Soldaten in weißen Uniformen, die aus mehreren Hundert bestand, von glaubhaften Leuten gesehen wurde, daß sie mehrere Manöver durchführten und dann verschwanden; und das einige Jahre vorher in der Nähe von Inverness eine ähnliche geisterhafte Truppe von einem achtbaren Farmer und seinem Sohn gesehen wurde.

Auch in diesem Falle war die Zahl der Truppen sehr groß und die Zuschauer zweifelten anfangs nicht im geringsten, daß es wirkliche Gestalten von Fleisch und Blut waren. Sie zählten wenigstens sechzehn Reihen Kolonnen und hatten Zeit genug, um jede besonders zu beobachten. Die vorderen Reihen marschierten zu sieben nebeneinander, und sie waren von vielen Frauen und Kindern begleitet, die zinnerne Kannen und andere Kochgeräte trugen. Die Männer waren rot gekleidet, und ihre Waffen glänzten im Sonnenschein. In ihrer Mitte befand sich ein Tier, ein Hirsch oder ein Pferd, was sie nicht genau unterscheiden konnten, das sie mit ihren Bajonetten wütend vorwärts trieben.

Der jüngere der beiden Männer bemerkte zu dem älteren, daß die hinteren Reihen immer von Zeit zu Zeit gezwungen waren zu laufen, um den Vortrab einzuholen; und der ältere, der selbst Soldat gewesen war, sagte ihm, daß das immer der Fall sei, und empfahl ihm, daß er, wenn er jemals dienen würde, versuchen sollte, wenn möglich in den Vorderreihen zu marschieren. Es war nur ein Offizier zu Pferde da; er ritt auf einem grauen Dragonerpferde und trug einen goldbesetzten Hut und einen blauen Husarenmantel mit offenen, rotgefütterten Ärmeln. Die beiden Zuschauer beobachteten ihn so genau, daß sie nachher sagten, sie würden ihn überall erkennen. Sie fürchteten jedoch, von den Truppen mißhandelt oder gezwungen zu werden, mit ihnen zu gehen; sie nahmen an, daß die Truppen aus Irland gekommen und in Kyntyre gelandet seien; und während sie versuchten, über einen Felsen zu klettern, um ihnen aus dem Wege zu gehen, verschwand die ganze Erscheinung.

Ein Phänomen derselben Art wurde zu Anfang des Jahrhunderts in Paderborn in Westfalen gesehen und zwar von mindestens dreißig Leuten: da aber einige Jahre später an demselben Orte eine Musterung von zwanzigtausend Mann abgehalten wurde, so nahm man an, daß die Vision eine Art »Zweites Gesicht« gewesen sein mußte - eine in dieser Gegend häufig vorkommenden Fähigkeit.

Solche Geisterscharen werden jedoch bisweilen gesehen, wo eine Armee gewöhnlicher Menschen unmöglich hätte marschieren können, weder vorher noch nachher. Einen der merkwürdigsten Berichte solcher Erscheinungen gibt *Harriet Martineau* in ihrer Beschreibung der »Englischen Seen«. Sie schreibt wie folgt:

»Dieser Souter oder Soutra Fell ist der Berg, auf dem Geister zu Myriaden erschienen, in Zwischenräumen von zehn Jahren im letzten Jahrhundert; und sechsundzwanzig ausgewählte Zeugen haben dort dieselben Erscheinungen gesehen, ebenso alle Bewohner sämtlicher Hütten in Sichtweite des Berges und zwar jedesmal während eines Zeitraumes von zweieinhalb Stunden - die Geistererscheinung verschwand erst durch den Eintritt der Dunkelheit! Der Berg ist aber, wohlgemerkt, voller Abgründe, die jedes Marschieren von Truppeneinheiten unmöglich machen; und die nördliche sowie westliche Seite haben eine fast senkrechte Wand von 300 Meter Höhe.

Am Sommersonnwendabend im Jahre 1735 sah ein Knecht des Landwirts *Lancaster* eine halbe Meile von dem Berge entfernt die östliche Seite seines Gipfels von Truppen bedeckt, die eine Stunde lang vorwärts marschierten. Sie kamen in deutlich sichtbaren Kolonnen von einer Anhöhe im Norden und verschwanden in einer Spalte am Gipfel. Als der arme Bursche das erzählte, wurde er von allen Seiten ausgelacht, so wie es den ersten Beobachtern immer geht, wenn sie etwas Wunderbares sehen. Zwei Jahre später, auch am Sonnwendabend, sah Herr *Lancaster* einige Männer dort, die scheinbar ihren Pferden folgten, als wenn sie von der Jagd zurückkämen. Er machte sich keine Gedanken darüber, aber als er zehn Minuten später wieder hinschaute, sah er die Gestalten jetzt zu Pferde, und es folgte ihnen eine endlose Schar von Truppen in Fünferreihen; sie kamen wie die früheren von der Anhöhe und zogen über die Spalte. Die ganze Familie sah das und ihre Schwenkungen, denn jede Kompanie wurde von einem berittenen Offizier, der hin und her galoppierte, in Ordnung gehalten. Als die Dämmerung eintrat, schien die Disziplin nachzulassen, die Truppen bewegten sich im ungleichen Schritte, bis sich alles in der Dunkelheit verlor. Nun wurde natürlich auch die Familie Lancaster verlacht wie vorher der Knecht; aber ihre Rechtfertigung ließ nicht auf sich warten.

Am Mittsommerabend in dem schrecklichen Jahre 1745 sahen sechsundzwanzig Personen, die von der Familie besonders dazu aufgefordert waren, alles, was vordem gesehen worden war und noch mehr. Zwischen den Truppen befanden sich jetzt Wagen; und jeder wußte, daß auf dem

Gipfel von Souter Fell keine Wagen fahren konnten und nie hatten fahren können. Es war eine unglaubliche Menge; denn die Truppen füllten einen Raum von einer halben Meile aus und marschierten schnell - bis die Dunkelheit sie verbarg - während sie noch immer weiter marschierten. Es war nichts Nebelhaftes oder Undeutliches an der Erscheinung dieser Gespenster. Sie schienen so wirklich zu sein, daß einige Leute am nächsten Morgen hinauf gingen, um die Hufabdrücke der Pferde zu suchen; und es war ihnen unheimlich, daß sie nicht eine einzige Fußspur auf dem Gras oder Heidekraut finden konnten. Die Zeugen beschworen ihre Aussage über diesen Vorfall vor einem Richter; und die ganze Gegend erwartete mit großer Furcht die kommenden Ereignisse der schottischen Empörung.

Es stellte sich heraus, daß zwei andere Personen während der Zwischenzeit - nämlich im Jahre 1743 - etwas Ähnliches gesehen, es aber verschwiegen hatten, um nicht auch wie ihre Nachbarn verspottet zu werden. Herr *Wren aus Wilton Hall* und sein Knecht sahen an einem Sommerabend einen Mann und einen Hund auf dem Berge, die einige Pferde an einer Stelle verfolgten, die so steil war, daß es einem Pferde unmöglich gewesen wäre, dort Fuß zu fassen. Die Eile, mit der alles vor sich ging, war ungeheuer, und ihr Verschwinden am südlichen Ende des Abhanges so schnell, daß Herr Wren und der Knecht am nächsten Morgen hinaufgingen, um die Leiche des Mannes zu suchen, der sicher dabei umgekommen sein mußte. Sie fanden jedoch keine Spur von Mann, Pferd oder Hund; und sie kamen zurück und schwiegen. Als sie später darüber sprachen, erging es ihnen nicht viel besser, obgleich sie sechsundzwanzig Kameraden hatten, die ebenfalls verlacht worden waren.

Was nun die Erklärung anbetrifft, so behauptet der Herausgeber des »Londsale Magazine« (Jahrgang II, Seite 313) man habe herausgefunden, daß die Rebellen am Mittsommerabend 1745 an der Westküste von Schottland exerzierten, und daß ihre Bewegungen von einem durchsichtigen Dampf reflektiert worden seien ähnlich der Fata Morgana. Das ist eigentlich keine Erklärung; aber so weit wir wissen, hat man bis jetzt keine andere gefunden. Diese Tatsachen förderten jedoch viel mehr zu Tage, wie den Geistermarsch derselben Art, der im Jahre 1707 in Leicestershire gesehen wurde, und die Erzählung von der Wanderung der Heere über Helvellyn am Abend vor der Schlacht bei Marston Moor.

Es gibt andere Berichte, in denen Herden von geisterhaften Schafen auf bestimmten Wegen gesehen worden sind, und außerdem gibt es natürlich verschiedene deutsche Geschichten von gespensterhaften Jägerkavalkaden und Räubern.

Nun sind bei diesen Fällen, wie so oft bei der Nachforschung okkulter Erscheinungen, verschiedene Ursachen möglich, von denen jede einzelne die beobachteten Vorgänge hätten entstehen lassen können, doch in Ermangelung genauerer Auskunft können wir kaum etwas anderes tun als erraten, welche von diesen möglichen Ursachen in irgendeinem besonderen Falle diese Wirkung hervorrief.

Die allgemein angenommene Erklärung (wenn nicht die ganze Geschichte als Erfindung lächerlich gemacht wird) ist die, daß das, was man sieht, ein durch Luftspiegelung entstandener Reflex der Bewegungen wirklicher Truppenkörper ist, die in beträchtlicher Entfernung stattfinden. Ich habe selbst bei verschiedenen Gelegenheiten die gewöhnliche Luftspiegelung beobachtet und kenne daher ihre faszinierende Macht der Täuschung; doch es scheint mir, daß es eine gänzlich neue Art der Luftspiegelung geben müßte, ganz verschieden von der, wie sie die Wissenschaft bis jetzt kennt, um die Erzählungen von geisterhaften Heeren, die bisweilen innerhalb weniger Meter Entfernung vom Zuschauer vorbeigehen, zu klären.

Es können vor allem, wie in dem oben erwähnten westfälischen Beispiel, einfache Fälle von Voraussehen in riesenhaftem Maß sein - von wem hervorgerufen und zu welchem Zwecke, ist nicht leicht zu erraten; ferner mögen sie öfter der Vergangenheit angehören als der Zukunft und tatsächlich der Reflex von Szenen aus der Akasha-Chronik sein - obgleich auch hier wieder der Grund und die Methode solcher Reflexe nicht ersichtlich sind.

Es gibt sehr viele Klassen von Naturgeistern, die vollkommen fähig wären, wenn sie es aus irgendeinem Grunde tun wollten, solche Erscheinungen durch die wunderbare Einbildungskraft hervorzurufen, und solches Tun würde auch ganz in Einklang stehen mit ihrer Freude am Irreführen und Beeinflussen menschlicher Wesen. Auch mag es bisweilen eine freundliche Absicht sein, um ihre Freunde vor Ereignissen zu warnen, von denen sie wissen, daß sie stattfinden werden. Es scheint, als ob eine Erklärung in dieser Richtung die vernünftigste wäre, um die außergewöhnlichen Phänomene zu begründen, die Frl. *Martineau* beschreibt - das heißt, wenn die von ihr erzählten Geschichten auf Wahrheit beruhen.

Eine andere Möglichkeit ist in einigen Fällen die, daß das, was man für Soldaten gehalten hat, einfach die Naturgeister selbst waren, die sich in geordneten Formationen bewegten, an denen sie viel Vergnügen finden, obgleich man zugeben muß, daß diese Bewegungen selten von einer Art sind, daß sie mit militärischen Übungen verwechselt werden können außer von ganz Unwissenden.

Die Herden von Tieren sind wahrscheinlich in den meisten Fällen bloße Aufzeichnungen aus der Akasha-Chronik, doch es gibt Beispiele, wo sie wie die »wilden Jäger« der deutschen Sagen zu einer ganz anderen Klasse von Erscheinungen gehören, die außerhalb unseres Themas liegt. Die Forscher des Okkultismus sind mit der Tatsache vertraut, daß die Umstände, die eine Szene des Entsetzens oder des Leidens umgeben, sich gelegentlich in einer Form reproduzieren, die nur eine geringe Entwicklung psychischer Fähigkeit verlangen, um gesehen zu werden; und es ist bisweilen vorgekommen, daß verschiedene Tiere mit zu einer solchen Umgebung gehörten und folglich ebenfalls durch die Wirkung des Schuldbewußtseins des Mörders von Zeit zu Zeit reproduziert wurden.

Welche Tatsachen auch den verschiedenen Geschichten der geisterhaften Reiter und Jägerscharen zu Grunde liegen mögen, so kann man sie doch im allgemeinen auch auf diese Kategorie verweisen; augenscheinlich ist dies ebenfalls die Erklärung einiger Visionen gespensterhafter Armeen, so wie der bemerkenswerten Wiederholung der Schlacht bei Edgehill, die einige Monate nach der wirklichen Schlacht von Zeit zu Zeit stattgefunden haben soll, wie ein Friedensrichter, ein Geistlicher und andere Augenzeugen in einer sonderbaren zeitgenössischen Flugschrift betitelt »Erstaunliche Kriegs- und Schlachtgeräusche in Edgehill bei Keinton in Northamptonshire« bezeugt haben. Dieser Flugschrift zufolge wurde der Fall zu der Zeit von einigen Offizieren der Armee untersucht, die viele von den Geistergestalten, die sie sahen, erkannten. Das sieht entschieden wie ein Beispiel der schrecklichen Macht der zügellosen menschlichen Leidenschaften aus, sich zu wiederholen und in irgendeiner seltsamen Weise zu materialisieren.

In einigen Fällen ist es klar, daß die beobachteten Herden von Tieren ganz einfach Horden von unreinen künstlichen Elementen gewesen sind, die diese Form annahmen, um die ekelhaften Ausströmungen von besonders scheußlichen Orten wie z. B. in der Nähe von Galgen aufzusaugen. Ein Beispiel dieser Art findet man in der berühmten Geschichte »Gyb Ghosts« oder Geister des Galgens in dem Buche »More Glimpses of the World Unseen« Seite 109, wo beschrieben wird, daß sie wiederholt in der Form von Herden mißgestalteter, schweineartiger Geschöpfe gesehen wurden, die Nacht für Nacht an jenem unreinen Orte umherliefen, die Erde aufwühlten und miteinander kämpften. Doch das gehört eher in das Kapitel der Geistererscheinungen als in die des Hellsehens.

IX.

Methoden der Entwicklung

Wenn jemand von der Wirklichkeit der wunderbaren Kraft des Hellsehens überzeugt wird, dann ist seine erste Frage gewöhnlich die: »Wie kann ich selbst diese Fähigkeit entwickeln, die in jedem latent liegen soll.

Nun gibt es tatsächlich viele Methoden, durch welche diese Kraft entwickelt werden kann, doch für den allgemeinen Gebrauch kann nur eine mit Sicherheit empfohlen werden - die, von der wir zuletzt sprechen wollen. Unter den wenigen fortgeschrittenen Völkern der Welt ist der Zustand des Hellsehens auf mancherlei nicht einwandfreie Weise hervorgerufen worden: bei einigen nicht arischen Stämmen Indiens durch berauschende Mittel oder durch das Einatmen betäubender Dämpfe; bei den Derwischen durch das Drehen in einem wilden, inbrünstigen religiösen Tanze, bis sich Schwindel und Unempfindlichkeit einstellen; bei den Anhängern der schauderhaften Übungen des Voodoo-Kultus durch furchtbare Opfer und ekelhafte Gebräuche schwarzer Magie. Solche Methoden sind glücklicherweise in unserer Rasse nicht gebräuchlich, aber auch bei uns wenden eine große Anzahl Pfuscher in dieser alten Kunst eine Art Selbst-Hypnose an, wie z. B. das Blicken auf einen hellen Fleck oder das wiederholte Hersagen einer Formel, bis schließlich ein Zustand halber Betäubung eintritt; während eine andere Schule ähnliche Resultate zu erlangen sucht dadurch, daß sie eines der indischen Systeme der Regulierung des Atems anwendet.

Alle diese Methoden sind eindeutig abzulehnen als unzuverlässig für die Anwendung durch Menschen, die nicht wissen, was sie tun, und bloß vage Experimente in einer für sie unbekannten Welt durchführen. Selbst die Methode sich durch einen andern mesmerisieren zu lassen, um hellsehend zu werden, ist eine, vor der ich selbst mit entschiedenem Widerwillen zurückscheuen würde, und sie sollte nur dann versucht werden, wenn zwischen dem Magnetiseur und dem Magnetisierten absolutes Vertrauen und Sympathie, ferner eine vollkommene Reinheit des Herzens, der Seele, des Gemütes und der Absicht herrschen: Eigenschaften, wie man sie eigentlich nur bei Heiligen findet.

Experimente in Verbindung mit dem mesmerischen Trancezustand sind hochinteressant, da sie (unter anderem) dem Skeptiker einen Beweis der Tatsache des Hellsehens geben können, doch außer unter solchen Umständen, die, ich gebe zu,fast unmöglich zu erfüllen sind – würde ich niemals jemandem raten, sich als Versuchsperson dazu herzugeben.

Heilmagnetismus (wobei der Versuch gemacht wird, ohne den Patienten überhaupt in Trance zu versetzen,ihn von seinen Schmerzen zu befreien, seine Krankheit fortzubringen oder ihm durch magnetische Striche Lebenskraft zuzuführen) ist etwas ganz anderes; und ist der Magnetiseur, selbst wenn er ganz ungeschult ist, in einem guten Gesundheitszustande und wird er von reinen Absichten geleitet, so kann dem Patienten kein Schaden erwachsen. In einem so extremen Fall wie einer chirurgischen Operation könnte es vernünftig sein, sich in magnetische Trance versetzen zu lassen, doch ist das sicherlich kein Zustand, mit dem man leichthin Experimente machen sollte. Ich würde jedenfalls jemand, der mir die Ehre erweist, mich über diesen Gegenstand nach meiner Meinung zu fragen, den Rat geben, nicht zu versuchen, die für ihn noch außergewöhnlichen Naturkräfte zu erforschen, bis er erstens sorgfältig alles studiert hat, was darüber geschrieben worden ist, oder – was bei weitem das Beste ist, – bis er unter der Leitung eines erfahrenen Lehrers steht.

Doch wo, wird man fragen, ist der erfahrene Lehrer zu finden? Sicherlich nicht unter denen, die sich als Lehrer ankündigen, die sich für so und so viel Geld anbieten, die heiligen Mysterien der Zeitalter mitzuteilen oder »Entwicklungskurse« abhalten, zu denen beliebige Bewerber nach Zahlung einer bestimmten Summe zugelassen werden.

Es ist in dieser Abhandlung viel über die Notwendigkeit einer sorgsamen Schulung gesagt worden – über die ungeheuren Vorteile, die der geschulte vor dem ungeschulten Hellseher voraus hat; doch das bringt uns wieder zu der gleichen Frage zurück – wo findet man diese zuverlässige Schulung?

Die Antwort ist, daß sie dort zu finden ist, wo man sie immer seit Anfang der Weltgeschichte gefunden hat – in den Händen der Großen Weißen Bruderschaft der Adepten, die heute wie eh und je der menschlichen Evolution führend und helfend zur Seite steht im Einklang mit den großen kosmischen Gesetzen, die für uns der Ausdruck des göttlichen Willens sind.

Aber wie, so wird man fragen, kann man zu ihnen gelangen? Wie soll der nach Erkenntnis dürstende Bewerber ihnen seinen Wunsch nach Belehrung andeuten?

Noch einmal – einzig durch die altehrwürdigen Methoden. Es gibt kein neues Patent, wodurch sich ein Mensch ohne Mühe befähigen kann, ein Schüler dieser Schule zu werden – keinen mühelosen Weg, der zu dem Wissen führt, das dort zu erwerben ist. Heutzutage wie im grauen Altertum muß jeder, der die Aufmerksamkeit der Adepten auf sich ziehen will, den langsamen und mühevollen Pfad der Selbstentwicklung beschreiten – er muß sich selbst in die Hand nehmen und sich zu dem machen, der er sein sollte. Die Stufen dieses Pfades sind kein Geheimnis; ich habe sie in meinem Buche »Unsichtbare Helfer« angegeben, so daß ich sie hier nicht zu wiederholen brauche. Der Weg ist nicht leicht zu gehen, und dennoch muß ihn früher oder später jeder beschreiten, denn die großen Gesetze der Entwicklung führen die Menschheit langsam, aber unwiderstehlich ihrem Ziele zu.

Aus denen, die diesen Pfad wandeln, wählen die großen Meister ihre Schüler aus, und nur wer sich selbst dazu befähigt, belehrnt zu werden, kann des Unterrichts teilhaftig werden. Ohne diese Qualifikationen wird die Mitgliedschaft in einer Loge oder Gesellschaft, ob geheim oder nicht, niemand auch nur im geringsten seinem Ziele näher bringen. Wir alle wissen zwar, daß unsere Theosophische Gesellschaft auf Wunsch einiger dieser Meister gegründet wurde und daß einige aus ihren Reihen erwählt worden sind, um in engere Verbindung mit ihnen zu treten. Doch diese Wahl hängt von dem Ernst des Kandidaten ab und nicht von der bloßen Mitgliedschaft der Gesellschaft oder irgendeines Zweiges derselben.

Das ist also der einzige, absolut sichere Weg, um Hellsehen zu entwickeln – mit ganzer Energie den Pfad der moralischen und geistigen Evolution zu betreten, auf dem sich auf einer bestimmten Stufe diese und die andern der höheren Fähigkeiten von selbst entfalten werden. Doch gibt es eine Übung, die alle Religionen gleicherweise anraten – die, wenn sorgfältig und ehrfurchtsvoll ausgeführt, keinem menschlichen Wesen schaden kann, und wodurch öfters eine sehr reine Art des Hellsehens entwickelt wurde; das ist die Übung der Meditation.

Man setze sich an jedem Tage eine bestimmte Zeit fest – eine Zeit, in der man sicher ist, daß man ruhig und ungestört bleibt, aber besser zur Tageszeit als zur Nachtzeit – und versuche dann einige Minuten lang, sich von allen irdischen Gedanken vollständig frei zu machen, um dann die ganze Kraft seines Wesens auf das höchste spirituelle Ideal zu richten, das man kennt. Man wird finden, daß es viel schwerer ist, als man glaubt, derartige vollkommene Kontrolle über seine Gedanken zu gewinnen, doch wenn man sie erlangt, so kann das nur von wohltätigstem Einflusse sein, und in dem Maße wie die Fähigkeit, sein Denken zu erheben und zu konzentrieren, wächst, eröffnen sich allmählich neue Welten vor den Augen des Schülers.

Als eine Art Vorübung, um die Meditation dann vollkommener zu gestalten, ist es gut, wenn man in allen Angelegenheiten des täglichen Lebens – selbst in den unbedeutendsten sich übt, möglichst konzentriert zu sein. Wenn man einen Brief schreibt, so denke man an nichts anderes, als an den

Brief, bis er geschrieben ist; beim Lesen eines Buches lasse man nicht seine Gedanken umherwandern, sondern konzentriere sich auf das, was der Verfasser hat sagen wollen. Der Verstand muß vollständig beherrscht werden, ebenso die Leidenschaften; mit großer Geduld muß absolute Gedankenbeherrschung erworben werden, so daß man stets genau weiß, was man denkt und warum man so denkt – damit man den Verstand benutzen kann, ihn auf etwas richten oder ruhen zu lassen, so wie ein geübter Fechter seine Waffe dahin richtet, wohin er will.

Wenn allerdings diejenigen, welche die Fähigkeit des Hellsehens so dringend ersehnen, sie vorübergehend einen Tag oder nur eine Stunde lang besitzen könnten, so ist es durchaus nicht sicher, daß sie wünschen würden, die Gabe zu behalten. Wohl eröffnet sie ihnen neue Welten des Studiums, neue Kräfte der Nützlichkeit, und aus diesem letzteren Grunde fühlen die meisten von uns, daß es der Mühe wert ist, aber es sei daran erinnert, daß für jemand, der noch die Pflicht hat, in der Welt zu leben, diese Gabe durchaus keine ungemischte Freude bedeutet. Auf dem, dessen Blick sich geöffnet hat, lasten der Kummer und das Elend, das Übel und die Begierden der Welt wie eine stets gegenwärtige Bürde, so daß er sich in den ersten Tagen seiner Erkenntnis geneigt fühlt, die leidenschaftlichen Ausbrüche zu wiederholen, die in den Zeilen Schillers ertönen:

Dein Orakel zu verkünden, warum warfest du
mich hin,
In die Stadt der ewig Blinden, mit dem aufgeschloss-
nen Sinn!
Frommt's, den Schleier aufzuheben, wo das nahe
Schrecknis droht?
Nur der Irrtum ist das Leben, und das Wissen ist
der Tod.
Nimm, o nimm die traur'ge Klarheit mir vom Aug'
den blut'gen Schein!
Schrecklich ist es, deiner Wahrheit sterbliches Gefäß
zu sein!

Doch das ist natürlich ein Gefühl, das vorübergeht, denn das höhere Schauen zeigt dem Schüler bald etwas, das jenseits des Kummers liegt, es bringt seiner Seele bald die überwältigende Gewißheit, daß, worauf immer die Erscheinungen hier unten auch hindeuten mögen, doch alle Dinge zweifellos zum endgültigen Wohle aller zusammenwirken. Er weiß, daß die Sünde und das Leid existieren, ob er fähig ist, sie wahrzunehmen oder nicht, und daß, wenn er sie sehen kann, er doch besser imstande ist, wirksame Hilfe zu bringen, als wenn er in der Dunkelheit wirken müßte; und so lernt er allmählich, seinen Teil an dem Karma der Welt zu tragen.

Es gibt einige auf Abwege Geratene, die zwar das Glück haben, in Fühlung mit dieser höheren Kraft zu sein, aber trotzdem jedes rechten, damit in Beziehung stehenden Gefühls so bar sind, daß sie diese Fähigkeit zu den gemeinsten Zwecken gebrauchen – sich tatsächlich sogar zu »Berufs-Hellsehern« hergeben! Es braucht wohl nicht gesagt zu werden, daß ein solcher Mißbrauch der Kraft eine Entehrung und Erniedrigung ist, die nur beweist, daß ihr unglücklicher Besitzer sie auf irgendeine Weise erworben hat, bevor die moralische Seite seiner Natur genügend entwickelt war, um die Verantwortung zu ertragen, die sie auferlegt. Ein Blick darauf, wieviel schlechtes Karma ein derartiges Wirken in sehr kurzer Zeit verursacht, verwandelt aber den Widerwillen gegen den unglücklichen Frevler bei dieser gotteslästerlichen Torheit in Mitleid.

Man hat bisweilen den Einwurf gemacht, daß die Gabe des Hellsehens alle Ruhe des Privatlebens zerstöre und den Seher befähige, die intimen Angelegenheiten anderer auszuspionieren. Zweifellos befähigt diese Kraft dazu, aber die Vorstellung ist für jeden, der praktisch etwas von der Sache versteht, sehr belustigend. Eine solche Einwendung könnte wohl begründet sein betreffs der sehr beschränktenKräfte des »Berufs-Hellsehers«, aber wer diejenigen damit beschuldigt, die diese Fähigkeit durch lange Schulung erworben haben und sie folglich ganz besitzen, vergißt drei wesentliche Tatsachen: erstens, es ist ganz undenkbar, daß jemand, der die herrlichen durch wahres Hellsehen erschlossenen Gebiete der Beobachtung vor sich hat, jemals den leisesten Wunsch haben könnte, die wertlosen banalen Angelegenheiten irgendeines Menschen zu erspähen; zweitens, selbst wenn unser Hellseher unwahrscheinlicherweise eine solche unschickliche Neugierde für Dinge kleinlichen Klatsches fühlen sollte, es doch so etwas wie die Ehre eines »Gentleman« gibt, die auf jenem Plane so gut wie auf diesem natürlich verhindern würde, diesem Gedanken auch nur für einen Augenblick nachzugeben; und drittens, falls jemand aus irgendeiner unbekannten Möglichkeit ein niederes Wesen treffen sollte, für das die obigen Erwägungen nicht in Betracht kommen, so werden jedem Schüler, sobald er die Fähigkeit nur im geringsten zu entwickeln beginnt, genaue Belehrungen gegeben über die Beschränkungen, denen der Gebrauch derselben ausgesetzt ist.

Kurz gesagt, die Einschränkungen bestehen darin, daß jegliches neugierige Ausspähen, jeglicher selbstsüchtige Gebrauch der Kraft und das Zurschaustellen von Phänomenen verboten sind. Das heißt, daß dieselben Beweggründe, die die Handlungen eines rechtschaffen denkenden Menschen auf dem physischen Plane bestimmen, auch auf dem astralen und mentalen Plane Geltung haben; daß der Schüler unter keinen Umständen die Macht, die seine vermehrte Erkenntnis ihm verleiht, zu seinem eigenen weltlichen Vorteil benutzt oder überhaupt mit geschäftlichem Gewinne in irgendwelche Beziehung bringt; und daß er niemals eine Beweissitzung, wie das in spiritistischen Kreisen genannt wird, geben darf – das heißt, etwas zu tun, das Skeptikern auf dem physischen Plane unwiderleglich beweisen könnte, daß er eine für sie scheinbar außergewöhnliche Kraft besitzt.

Betreffs dieses letzteren Verbotes sagen manche oft: »Aber warum das nicht? Es würde so leicht sein, die Skeptiker zu widerlegen und zu überzeugen, und es würde ihnen gut tun.« Solche Kritiker vergessen, daß erstens niemand von denen, die etwas wissen, die Zweifler widerlegen oder überzeugen wollen oder sich im geringsten in einer oder der anderen Weise um die Haltung der Skeptiker kümmert; und zweitens scheinen sie nicht zu verstehen, wieviel besser es für diesen Skeptiker ist, wenn er allmählich in eine vernünftige Auffassung der natürlichen Tatsachen hineinwächst,anstatt plötzlich durch einen Schlag, sozusagen hineingestoßen zu werden. Doch dieses Thema ist vor Jahren in dem Buch »The Occult World« (»Die okkulte Welt«) von A. P. Sinnett ausführlich behandelt worden, und es ist daher unnötig, die dort angeführten Beweise zu wiederholen.

Es ist für einige unserer Freunde sehr schwer zu verstehen, daß das alberne Geschwätz und die müßige Neugierde, die das Leben der unbesonnenen Mehrzahl auf der Erde vollständig ausfüllen, keinen Raum in dem viel wirklicheren Leben des Jüngers finden; und daher fragen sie bisweilen, ob ein Hellseher, selbst wenn er es nicht besonders wünscht, nicht zufällig irgendein Geheimnis bemerken könnte, das jemand anders zu bewahren suchte, so wie man zufällig einen Satz in dem Briefe eines andern sehen kann, der offen auf dem Tische liegt. Natürlich könnte er es, aber was liegt daran? Ein Ehrenmann würde sogleich seinen Blick abwenden, in dem einen Falle so gut wie in dem andern, und es würde sein, als ob er nichts gesehen hätte. Wenn diejenigen, die solche Einwände machen, nur erfassen könnten, daß kein okkulter Schüler sich um anderer Leute Angelegenheiten kümmert, außer wenn es seine Aufgabe ist zu versuchen, ihnen zu helfen, und daß er stets eine Welt voll eigener Arbeit zu tun hat, dann würden sie nicht so hoffnungslos weit davon entfernt sein, die Tatsachen des umfassenderen Lebens des geschulten Hellsehers zu verstehen.

Selbst aus dem Wenigen, das ich in bezug auf die dem Schüler auferlegten Beschränkungen gesagt habe, ersieht man klar, daß er in sehr vielen Fällen viel mehr weiß, als er sagen darf. Das gilt natürlich in viel weiterem Sinne auch für die großen Meister der Weisheit selbst, und darum achten diejenigen, die das Vorrecht haben, gelegentlich mit ihnen zu verkehren, auf das leiseste Wort, selbst wenn das mit der direkten Lehre nichts zu tun hat.

Denn die Meinung eines Meisters oder selbst eines ihrer höheren Schüler über irgendeinen Gegenstand ist die eines Mannes, dessen Fähigkeit zu urteilen zu der unsrigen in gar keinem Verhältnisse steht.

Seine Stellung und seine erweiterten Fähigkeiten sind in Wirklichkeit das Erbe der ganzen Menschheit, und so weit wir von jenen erhabenen Kräften auch jetzt noch entfernt sein mögen, so werden sie dennoch einmal unser sein. Doch wie anders wird dann diese alte Welt sein, wenn die Menschheit insgesamt die Fähigkeit des höheren Hellsehens ihr eigen nennt! Man stelle sich vor, welche Veränderungen in der Geschichtsforschung vor sich gehen, wenn alle die Aufzeichnungen lesen können. Ebenso in der Wissenschaft, wenn alle Vorgänge, über die die Menschen jetzt nur Theorien aufstellen, in ihrem ganzen Verlaufe beobachtet werde können; in der Medizin, wenn der Arzt sowohl als auch der Patient in gleicher Weise klar und deutlich alles sehen können, was vor sich geht; in der Philosophie, wenn es nicht mehr möglich ist, über ihre Grundlage zu diskutieren, weil alle einen viel weiteren Aspekt der Wahrheit erkennen können; in der Arbeit, wenn jedes Wirken eine Freude sein wird, weil jedem nur das zu tun gegeben wird, was er am besten kann; in der Erziehung, wenn Verstand und Herz der Kinder offen vor dem Auge des Lehrers liegen, der es versucht, ihren Charakter zu bilden; in der Religion, wenn es keine Möglichkeit mehr gibt, ihre allgemeinen Dogmen zu bestreiten, da die Wahrheit über die Zustände nach dem Tode und das große Gesetz, das die Welt regiert, vor allen Augen offen daliegt.

Wie viel leichter wird es dann den entwickelten Menschen sein, einander unter so viel freieren Bedingungen zu helfen! Die Möglichkeiten, die sich uns eröffnen, sind wie weite Alleen, die sich nach allen Richtungen hin erstrecken, so daß unsere siebente Runde tatsächlich ein wahres goldenes Zeitalter sein wird. Es ist gut für uns, daß die ganze Menschheit nicht eher diese hohen Fähigkeiten besitzen kann, als sie sich zu einem weit höheren Grade der Moral und der Weisheit entwickelt haben wird, sonst würden wir, jedoch unter noch schlimmeren Umständen, den furchtbaren Untergang der großen Zivilisation der Atlanter wieder erleben, die nicht erkennen wollten, daß vermehrte Macht auch zu größerer Verantwortlichkeit verpflichtet. Aber wir selbst, die meisten von uns, befinden uns auch unter eben diesen Menschen; hoffen wir, daß wir durch jenes Mißlingen weiser geworden sind, und daß, wenn sich die Möglichkeiten des höheren Lebens vor uns noch einmal eröffnen, wir dieses Mal die Prüfung besser bestehen werden.